CHENGXIANG RONGHE FAZHAN

XIANYU RENKOU BIANDONG QUSHI
YU GONGGONG FUWU JUNDENGHUA

城乡融合发展

县域人口变动趋势与公共服务均等化

杨胜利◎著

中国财经出版传媒集团
中国财政经济出版社
·北 京·

图书在版编目（CIP）数据

城乡融合发展 ：县域人口变动趋势与公共服务均等化 / 杨胜利著. -- 北京 ：中国财政经济出版社，2025. 7. -- ISBN 978-7-5223-3970-2

Ⅰ. C924.24；D669.3

中国国家版本馆CIP数据核字第20254AZ039号

责任编辑：张　莹　　责任校对：胡永立

封面设计：陈宇琰　　责任印制：党　辉

城乡融合发展：县域人口变动趋势与公共服务均等化

CHENGXIANG RONGHE FAZHAN：XIANYU RENKOU BIANDONG QUSHI YU GONGGONG FUWU JUNDENGHUA

中国财政经济出版社 出版

URL：http：//www. cfeph. cn

E－mail：cfeph@ cfeph. cn

社址：北京市海淀区阜成路甲 28 号　邮政编码：100142

营销中心电话：010－88191522　编辑部电话：010－88190912

天猫网店：中国财政经济出版社旗舰店

网址：https：//zgczjjcbs. tmall. com

涿州汇美亿浓印刷有限公司印刷　各地新华书店经销

成品尺寸：170mm×240mm　16 开　27.5 印张　397 000 字

2025 年 7 月第 1 版　2025 年 7 月河北第 1 次印刷

定价：108.00 元

ISBN 978－7－5223－3970－2

（图书出现印装问题，本社负责调换，电话：010－88190548）

本社质量投诉电话：010－88190744

打击盗版举报热线：010－88191661　QQ：2242791300

国家社科基金项目（24BRK034）

全国统计科学规划重点项目（2022LZ32）

河北大学哲学社会科学培育项目（2022HPY009）

河北大学雄安新区研究专项项目（2023HXA021）

河北省教育厅基础研究重点培育项目（JCZX2023002）

河北省统计科学研究计划重点项目（2024HZ01）

河北省社会科学发展研究项目（202401009）

序

党的二十届三中全会提出“城乡融合发展是中国式现代化的必然要求”，县域作为城乡融合发展的重要载体，其重要性不言而喻。随着新型城镇化和乡村振兴战略的深入实施，县域人口迁移流动、职住城乡分离、空间分布等也随之发生显著变化。当前，我国人口发展呈现出少子化、老龄化以及区域人口增减分化的新特征，这些新特征在县域表现尤为突出，成为制约我国人口高质量发展的关键因素，同时对均衡县域内、县域间的教育、培训、医疗、文化、体育、健康、交通、通信、商业娱乐、金融保险、产权、劳动保障等公共服务资源配置公平与效率的关系提出了新要求。由于公共服务领域的相关制度具有普惠性，其不仅能够保障民生、改善人民的生活品质，而且能长足性地提升人的发展能力，满足人民日益增长的美好生活需要。这些制度是推进城乡融合发展、建设美丽乡村的基本要求，也是促进经济可持续发展、实现共同富裕目标的重要抓手，因此，探索县域人口变动趋势和公共服务均等化具有重要意义和时代特点。

该书基于城乡融合发展视角，探讨了县域内人口结构变动与公共服务供需匹配的问题，考察了县域内人口现状和公共服务需求现状，预测了人口趋势和公共服务需求趋势，评估了人口布局合理性和城镇化方向。该书还对乡村振兴和新型城镇化对县域内人口变动影响的理论假设进行了检验。该书通过质性研究对县域内人口现状、人口城镇化、公共服务供给水平进行了实证分析，并采用综合评价模型、计量模型对人口布局优化和城乡人口生活质量提升路径进行了检验，得出科学的应对策略。该书具有以下几个特点。

一是创新性。该书基于城乡融合发展视角构建县级区域内人口结构优化模型和公共服务均等化机制，为提升县域内城乡居民生活质量及公共服务资源供给效率提供了新思路。该书将城乡融合、人口结构、公共服务三个方面结合起来，深入分析了我国城乡融合发展过程中县域公共服务均等化的变化，运用数理统计和空间计量等方法，探讨了人口变动与公共服务之间的相互作用关系，并通过耦合协调模型分析了它们之间的相互逻辑关系，从而为推进县域公共服务均等化提供理论支持。从地理学学科角度来看，县域内公共服务均等化是一个时间过程，也是城乡融合发展的一种空间表现。该书从时空变迁的角度对县域内人口分布与公共服务供给匹配问题进行系统研究，具有一定的创新性。

二是实践性。该书的另一个显著特点是强调了研究的应用性。作者的每项分析都源自县域人口发展的实践，能用于解决民生问题。县域内人口分布变动是宏观经济社会因素和微观个体因素共同作用的结果，其中，城镇化、人口流动和乡村振兴是三个关键因素。作者在研究中将这些因素相结合，从整体上分析了县域内人口结构变动的规律。基于人口变动规律，作者探讨了公共服务资源供给规模、供给结构、供给模式、供需平衡、区域协调等问题。在测算公共服务均等化程度的模型中，作者将人口因素纳入其中，科学确定公共服务供给标准。这些研究均来自实践、服务实践，为完善相关政策提供了参考。同时，作者在分析国内外典型案例的基础上，对县域人口发展与公共服务均等化趋势进行规划设计，开展了非常全面且多维度的实证研究，并提出了促进县域人口合理变动、公共服务均等化的对策建议。这不仅揭示了县域人口变动与公共服务供需匹配存在的问题，还预测了未来发展趋势，并为政策更新提供了启示。

三是科学性。该书不仅注重理论研究，而且特别强调了实证研究的重要性。该书在人口结构、公共服务均等化、公平与效率等理论的基础上，从现状分析与未来预测两个维度，对县域人口结构的变动对公共服务资源空间优化配置的影响进行了深入研究，全面剖析了城乡融合发展背景下县域公共服务体系构建的问题。该书在县域尺度上，从人口总量、人口结构、人口素质、人口流动等方面，分析了我国县域人口变动的时空变动特征和趋势，利用队列要素预测方法，分别从全国层面、区域层面、省际层面、市际层面、县际层面对我国县域人口未来变动和分布情况做出预测；构建了县域公共服务供给水平、城乡融合发展水平测度指标体系，并进行了评价；探讨了在县域公共服务资源优化配置中，政府、社会、市场和个人各自的职责变动以及效应的演变问题。该书所运用的研究方法合理，具有一定的科学性。

在该书出版之际，作为杨胜利的导师，我非常乐意为该书作序。县域人口变动与公共服务资源优化配置涉及领域较为广泛，既涉及人口学领域，也涉及公共管理、空间规划、城镇化、乡村振兴等领域，如何把握绝对均等与相对均等？如何在兼顾效率与公平的原则下推进公共服务资源的城乡、区域共享？如何实现宜城则城、宜乡则乡？如何提升城乡居民对公共服务的满意度？所有这些问题都需要学术界和政府相关部门进行深入思考，该书就是作者对这些问题思考和研究初始成果，我希望他将来能够持之以恒，继续深化研究，在学术研究和实际工作中取得更大的成绩。

高向东

华东师范大学经管书院院长、教授

2024 年 11 月 22 日

前言

2022 年 5 月 6 日中共中央办公厅、国务院办公厅出台了《关于推进以县城为重要载体的城镇化建设的意见》，提高县城辐射带动乡村能力，促进县乡村功能衔接互补做出了明确规划。2023 年 5 月 5 日，十二届中央财经委员会第一次会议强调以人口高质量发展支撑中国式现代化，把人口高质量发展同人民高品质生活紧密结合起来，促进人的全面发展和全体人民共同富裕。新时期下县域人口发展面临着新机遇和新挑战。截至 2021 年底，中国内地共有 1866 个县，县域面积占全国国土面积的 90% 左右，其常住人口超过 100 万的县 92 个，常住人口在 50 万—100 万的县 416 个。县域常住人口规模最大的是江苏省昆山市（县级市）和福建省晋江市（县级市），常住人口总量都超过了 200 万；常住人口少于 5 万的县域有 106 个，比如甘肃的阿克塞县和肃北县常住人口总量分别为 1.1 万人和 1.51 万人。虽然县域人口总体上处于逐步减少态势，但规模仍较大，“七普”全国县域人口总量为 73775 万人，占我国内地总人口的比重为 52.5%。与此同时县域人口增减分化明显，2010—2020 年人口净流入的县有 121 个，人口净流入超过 1 万人的县有 92 个，人口净流入超过 30 万的县 15 个，其余各县人口呈现出净流出状态。根据第七次人口普查公报公布的常住人口数计算，我国县域人口净流出规模突破了 1.5 亿，县域人口流出强度仍较大，比如河南 110 个县中，有 107 个县的人口为净流出状态，其中，商城县、固始县和息县的人口流出率均超过了 40%，信阳、周口和驻马店的人口流出率超过了 30%。综合来看，当前县域内不仅有大量流出人口，还有大量回流或流入人口；不仅有大量县内乡城流动人口，还有大量省内跨县或者跨省流动人口；不仅有大量留守老人、留守儿童、留守妇女，还有大量城中村群租和乡村群租人口；不仅有需要转移的大量劳动力，还面临着人口老龄化严重、文化素质整体偏低、人口规模大和收入不高的问题。县域人口的复杂性和脆弱性成为推进共同富裕中需要重点关注群体之一。因此，在推进共同富裕的背景下，探究当前县域人口变动的新趋势、新特点，解决其生存发展需求，就显得十分重要而紧迫。

党的十八大以来，党中央国务院采取系列重大举措，增强县域经济发展活力，提升县域经济发展质量，有效地缩小了城乡差距、推进了乡村振兴。当前，我国城乡融合发展水平显著提高，但与快速推进的工业化、城镇化相比，农业农村发展步伐还跟不上，城乡居民收入差距还有待弥合，城乡发展不平衡、乡村发展不充分仍是社会主要矛盾的集中体现，主要表现在水平仍有所波动，效率值也有较大提升空间，且存在一定的地区差异，城乡间人口、社会的融合速度有所减弱，城乡要素双向流动格局尚未形成。城乡融合发展是“产业主导、多元协同发展”机制下人口、土地、产业共同促进的结果，需要消除城乡在社会、经济、生活等方面的二元对立状态。完善城乡融合发展机制，统筹新型工业化、城镇化和乡村全面振兴已成为实现城乡融合发展的必要途径。因此，应因城施策，因地制宜，发挥资源禀赋优势，加快区域互助，扩大城镇公共服务辐射范围，尊重城乡主体功能，优化城乡产业空间布局，进一步促进城乡土地资源合理配置，改善农业劳动力供给结构，促进县域经济高质量发展，加快推进数字化建设，进而推动城乡一体化发展，助力中国式现代化建设。

本书以探寻城乡融合发展视角下县级区域内人口结构优化和公共服务均等化机制为研究对象，通过现状分析、趋势预测、耦合协调测算、供需平衡分析等，从不同侧面对县域人口变动与公共服务资源空间布局进行了详细全面的探讨。可以概括为八个层次：第一层次是我国县域人口发展特征与动态演变规律。主要从县域人口总量、人口结构、人口素质、人口流动和就业等方面对县域人口发展现状进行分析，揭示我国县域人口发展的区域差异，并分析县域人口变动可能带来的突出问题和挑战。第二层次是我国县域人口空间分布现状与区域增减分化特征。通过历次人口普查分县资料和空间基础地理信息，绘制和分析我国县域人口在区域、省级、县级层面的时空变动特征，从总量、年龄结构、城镇化率、素质结构、婚姻状况、流动状况、就业状况等方面对我国县域的人口数据进行空间分析，并以江苏省、河北省、甘肃省作为典型地区做出具体分析，厘清我国县域人口的空间分布现状与区域增减分化特征。第三层次是我国县域公共服务供需现状与影响因素。分析我国县域各项公共服务基本现状和空间差异。在对我国县域公共服务供给情况进行时空差异分析的基础上，测度城乡融合背景下我国县域公共服务均等化水平和乡村振兴背景下城乡公共服务融合发展状况。同时，探究我国县域公共服务差异的影响因素，进而了解我国县域公共服务均等化面临的新机遇和挑战。

第四层次是县域公共服务均等化对我国县域人口发展的影响。主要运用数理统计和空间计量相结合的方法，从县域公共服务水平对县域人口规模的影响、县域经济高质量发展对人口流动的影响两大角度展开分析。第五层次是我国县域人口发展趋势预测与未来空间分布变动。主要通过队列要素人口预测的方法对我国县域未来人口数量进行全国、区域、省级、县级四大层面的预测和时空演变特征分析，包括县域人口总量、人口性别结构、人口年龄结构、人口城乡结构、育龄妇女人口等方面，预测我国县域内、县域间人口发展趋势和未来空间分布变动。第六层次是我国县域人口发展和空间分布变动对公共服务发展的影响。依据我国 2010 年、2020 年的县域人口和公共服务相关数据，通过构建人口结构与公共服务发展的耦合协调度模型，进行时空序列分析。第七层次是县域人口变动与公共服务均等化国内外经验借鉴。对浙江省海盐县“数智国医”、四川省洪雅县“335”模式推进“学区制”改革、新疆维吾尔自治区吉木萨尔县“健康 + 养生”农村互助养老模式进行分析，深入探究县域内人口变动趋势与公共服务均等化的关系，主要通过收集分析各地公共服务均等化的相关政策文件、政府工作报告及相关数据，对案例做法展开逻辑分析和归纳，进而总结现有政策和实践经验以推动县域公共服务均等化。第八层次是城乡融合发展下县域人口变动与公共服务均等化对策建议。基于五大指导思想和四大指导原则，从人口发展、公共服务供给、公共服务资源布局三个方面提出我国人口发展与公共服务均等化目标，进而从促进人口与公共服务协调发展、推动共建共治共享等视角提出我国县域人口与公共服务发展的未来实践路径。

本书在撰写过程中，河北大学经济学院院长成新轩教授对编写工作给予了悉心指导，作者对此深表谢意。本书写作过程中河北大学人口学专业的研究生刘金盼、刘博涵、王海燕、苗玉静、樊逸凡、单璐汀和张梓萌参加了资料收集，应用统计学专业的研究生张静和农村发展专业的研究生黄雅欣参加了书稿校对等工作。撰写过程中还得到了华东师范大学经管书院院长高向东教授、河北大学副校长宋凤轩教授、河北大学人口与健康发展研究中心主任王金营教授、中国财政经济出版社张莹老师的具体指导和多次审阅，在此一并表示感谢。

由于作者水平有限，书中不足之处在所难免，敬请读者谅解。

作者

2024 年 11 月 22 日

目　录

第一章

绪 论

2003 年 10 月，党的十六届三中全会首次提出“完善公共财政制度，逐步实现基本公共服务均等化”，这是在我国经济转轨、社会转型的关键时期作出的重大战略决策。中共十六届五中全会通过了《中共中央关于制定国民经济和社会发展第十一个五年规划的建议》，再次明确“按照公共服务均等化原则，加大对欠发达地区支持力度”。2017 年，国务院印发《“十三五”推进基本公共服务均等化规划》（国发〔2017〕9 号），要求在公共教育、就业创业、社会保险、医疗卫生、社会服务、住房保障、公共文化体育、残疾人服务八个领域积极推进公共服务均等化。结合党和国家的发展战略，城乡公共服务均等化已成为我国社会转型时期推动经济持续稳定发展、保障和改善民生、全面推动社会建设的战略主题。随着我国公共服务均等化的推进，县域在公共服务均等化中的作用愈发凸显。党的十八大报告系统地指出，“建立健全城乡融合发展体制机制和政策体系，以县域为基本单元推进城乡融合发展”。2022 年 5 月，中共中央办公厅、国务院办公厅印发了《关于推进以县城为重要载体的城镇化建设的意见》，明确指出县城是我国城镇体系的重要组成部分，是城乡融合发展的关键支撑，对促进新型城镇化建设、构建新型工农城乡关系具有重要意义。在当前我国经济、社会、人口形势发生重大变化的背景下，县域作为国家经济的重要组成部分，在推进城乡公共服务均等化中的作用不言而喻。

一、研究背景

目前，中国特色社会主义已进入新时代，社会主要矛盾为“人民日益增长的美好生活需要和不平衡不充分的发展之间的矛盾”。公共服务领域的相关制度具有普惠性，其不仅能够保障民生、改善人民的生活品质，还能长足性地提升人的发展能力，因此要满足人民日益增长的美好生活需要，就必须推进城乡公共服务均等化进程。县域作为统筹城乡发展的最小单元，在城乡公共服务均等化工作落实过程中的作用至关重要。县域的公共服务均等化不仅是城乡居民在基本物质生存需要满足基础上对美好生活的进一步需要，更是推进城乡融合发展、建设美丽乡村的基本要求，也是促进经济可持续发展、实现共同富裕目标的重要抓手，因此，推进县级区域公共服务均等化是我国新时代面临的重要任务。

（一）县域人口增加，人口流动趋势改变

“县”是我国存在时间最长的行政区划单位。春秋时期，秦始皇推行郡县制，“县”正式成为行政区划单位。同时，“县”也是我国最稳定的行政区划单位。广义上讲，县域泛指包括直辖市、市辖区在内的县级行政区，而实际上我们对县的理解通常建立在狭义角度，即包括县和县级市在内的县级区域。截至 2020 年底，全国共有 1312 个县，在我国所有区县级行政单位中的占比约为 60%，县及县级市的面积加起来占国土面积的 90% 左右（如图 1－1 所示）。

第七次人口普查数据显示，截至 2020 年底，我国居住在县域的人口已接近 7 亿人，5 亿农村人口主要分布在县域内的乡村地区。2010—2020 年，在全国减少 149 个县的情况下，县域常住人口仍增加了 1973 万人，增幅达 14%。从县域范围看，县城已逐渐成为县域人口的集聚高地，人口集聚规

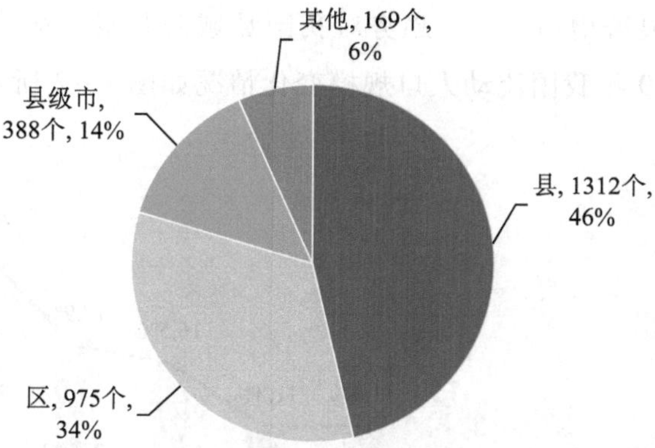

图 1-1 2020 年我国区县级行政单位类型统计

数据来源：2020 年 12 月 31 日，民政部统计数据。

模稳步扩大，对于公共服务的需求也不断增长。值得注意的是，截至 2020 年 11 月，我国人口城镇化率已达 63.89%，大型城市的人口容量与福利水平已接近饱和。未来县域在提高城镇化水平方面有巨大潜力。2022 年 5 月，中共中央办公厅、国务院办公厅印发的《关于推进以县城为重要载体的城镇化建设的意见》提出，到 2025 年，以县城为重要载体的城镇化建设取得重要进展，县城短板弱项进一步补齐补强，一批具有良好区位优势和产业基础、资源环境承载能力较强、集聚人口经济条件较好的县城建设取得明显成效，公共资源配置与常住人口规模基本匹配。因此，提高县域内公共服务供给水平、推进县级区域内公共服务均等化，是进一步提升我国城镇化质量、推进新型城镇化工作的必然要求。

随着经济的持续增长，我国人口流动趋势愈发明显。根据第七次人口普查数据，截至 2020 年 11 月，我国流动人口总量已高达 3.75 亿人，占全国总人口数的 26%，与 2010 年第六次人口普查相比，流动人口总数增加 1.54 亿人，占全国总人口的比重上升了 9.5 个百分点。近年来，我国新型城镇化建设取得重大进展，城镇化水平与质量都有了大幅提升。与此同时，流动人口特征也发生了显著变化。截至 2020 年，全国省内流动人口数量为 2.5 亿人，较 2010 年增长了 85.7%；跨省流动人口数量为 1.25 亿人，10 年间增长了 45.37%。可以看出，省内流动人口较跨省流动人口增长更为活跃。目前我国跨省流动人口数量减少，回乡人员增加，省内县域间的流动人口数量显著增加。这一趋势对我国县域公共服务均等化提出了新要求。1982—2020 年我国流动人口规模变化情况如图 1－2 所示。

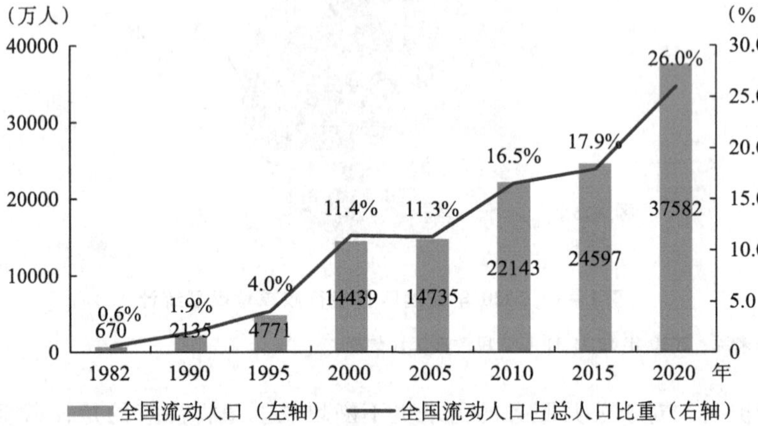

图 1－2　1982—2020 年我国流动人口规模变化情况

数据来源：全国历次人口普查和 1% 人口抽样调查数据。

（二）城乡融合发展推进的内在要求

城乡关系是我国最基本的社会经济关系。自改革开放以来，我国城乡关系发生了剧烈变动，农业、农村和农民问题一直是国家关注的焦点，由城乡二元体制导致的城乡发展不均衡问题也愈发受到关注。进入 21 世纪，我国开始着力解决城乡发展不均衡问题，自 2004 年起，中央一号文件连续 19 年聚焦“三农”问题，对我国农业农村改革及农业发展作出了具体部署，主题从农民增收、现代农业建设转向城乡统筹与城乡融合、乡村振兴等层面。在城乡融合发展逐步成为发展总基调的背景下，我国逐步实现新型城镇化与乡村振兴“双轮驱动”，加速推进城乡融合发展进程。

党的十九大报告指出，我国社会的主要矛盾已经转变为人民日益增长的美好生活需要和不平衡不充分的发展之间的矛盾。目前，我国面临的最大的不平衡是城乡不平衡，而最大的不足是农村发展的不足，城乡发展不均衡已成为制约我国共同富裕目标实现的重要壁垒。主要原因在于要素流动呈现出的“单向”特征，即资本、劳动力、土地等要素长期从乡村输入城市，导致乡村地区生产要素匮乏、资本存量不足，进而加剧了乡村要素外流，如此循环，致使乡村发展愈发滞后。要从根本上解决我国城乡发展不均衡的现状，就要破除体制机制的弊端，促进城乡要素的双向自由流动和平等交换。因此，推进城乡融合是解决我国主要矛盾、实现共同富裕目标的关键所在。自2017年党的十九大首次提出“建立健全城乡融合发展体制机制与政策体系”以来，我国相继发布一系列政策文件，着力推进城乡融合发展进程。具体而言，2019年，为重塑我国城乡关系、畅通城乡要素流动渠道，中共中央、国务院发布了《中共中央、国务院关于建立健全城乡融合发展体制机制和政策体系的意见》，对我国城乡融合发展体制机制改革及发展路径作出顶层设计。该意见强调为实现城乡要素合理配置、城乡基本公共服务普惠共享等创造条件，助力城乡相互渗透。在城镇与乡村层面，一方面，我国出台乡村振兴战略，并于2018年5月和9月相继发布《关于实施乡村振兴战略的意见》及《乡村振兴战略规划（2018—2022年）》，对推进新时代乡村全面振兴工作进行了战略部署与顶层设计。2021年与2022年连续两年发布主题为乡村振兴的一号文件，充分彰显国家对于乡村振兴战略工作推进的重视。除此之外，2021年2月，国务院直属机构，国家乡村振兴局正式挂牌，同年4月，我国通过《中华人民共和国乡村振兴促进法》，为推进我国城乡融合发展、巩固脱贫攻坚成果同乡村振兴有效衔接奠定基础。另一方面，2018—2022年，我国积极部署新型城镇化战略，推动大中小城市、小城镇以及新型农村社区协调发展和相互促进，强调加快推进城乡融合发展，旨在通过提高城镇化质量助力新时代城乡融合发展目标。

乡村振兴和新型城镇化是新时代国家的重要战略部署，是实现城乡融合发展目标的重要抓手，两者本质均是为畅通城乡要素流动渠道、平衡城乡要素分配并最终实现现代化服务。目前，我国加速推进县域乡村振兴及新型城镇化战略落实，县域逐步成为城乡融合发展的主战场。进一步提升县域城镇化水平，进而推进县域城乡融合发展，就必须重视广大县域居民的公共服务需求，提升县域居民生活质量。2022年中央一号文件提出“加强基本公共服务县域统筹”，是适应农村人口结构和社会形态变化、强化县城综合服务能力，提升城乡公共服务均等化水平的重要举措。2022 年 3 月 17 日，国家发展改革委关于印发《2022 年新型城镇化和城乡融合发展重点任务》的通知（发改规划〔2022〕371 号），明确“以县域为基本单元推动城乡融合发展，推进城镇基础设施向乡村延伸，公共服务和社会事业向乡村覆盖”。放眼全局不难看出，县域公共服务均等化的推进既是我国乡村振兴战略与新型城镇化建设推进的必然选择，也是新时代我国城乡融合发展推进的内在要求。城乡融合、乡村振兴与新型城镇化关系如图 1－3 所示。

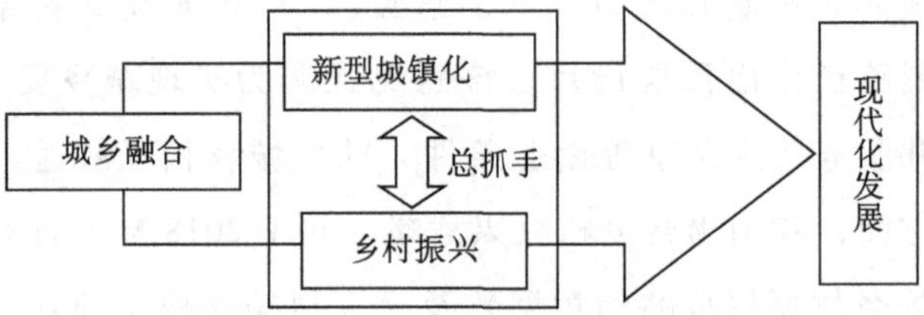

图 1－3　城乡融合、乡村振兴与新型城镇化关系示意图

（三）公共服务均等化的重要性日益凸显

党的十八大以来，以习近平同志为核心的党中央高度重视推进基本公共服务均等化，持续加大财政投入、不断深化体制改革、积极创新供给机制、逐步健全服务体系，实现了基本公共服务总体均等化，有效提升了公共服务水平，增进了民生福祉，先后颁布了《国家基本公共服务体系“十二五”规划》《“十三五”推进基本公共服务均等化规划》《“十四五”公共服务规划》等一系列政策，形成了具有中国特色的民生保障制度体系。进入新发展阶段，公共服务均等化在继续秉持“普惠性、兜底性、保基本、均等化、可持续”原则的同时，其政策思路和深化方向都面临新的时代诉求，其建设成效关乎共同富裕实现的广度和深度，进而影响全面建设社会主义现代化国家的进程及成效。

党的十九届五中全会公报明确了基本公共服务均等化是实现共同富裕的重要内容，凸显其在“中国之治”中的独特地位。党的二十大报告指出，高质量发展是全面建设社会主义现代化国家的首要任务。高质量发展不仅在于经济产业的高速增长与提档升级，更在于社会治理与公共服务的稳定与活力扩张。公共服务的不断提档升级，有利于增强人民对发展的现实感知和对发展成效的切身体验，突出以人民为中心、共享发展成果的现代化追求。公共服务关乎民生、连接民心，是人民群众获得感、幸福感、安全感的重要保障。此外，报告还提出“增进民生福祉，提高人民生活品质”，并就“着力解决好人民群众急难愁盼问题，健全基本公共服务体系，提高公共服务水平，增强均衡性和可及性”作出部署，这既体现了坚持人民至上的根本立场，也为做好公共服务工作提供了行动指南。

新时代以来，我国公共服务供给取得了历史性成就，但基本公共服务在城乡、区域、人群间仍有差距，非基本公共服务供需矛盾还较为突出、普惠性难以充分实现。学者们普遍认为，公共服务存在地区、城乡、群体之间的不均等现象。通常，东部地区公共服务均等化水平高于中西部，其空间分布与我国人口密度分布“胡焕庸线”大体一致，城市的公共服务均等化水平高于农村。也有学者研究发现，以北京、乌鲁木齐为代表的一、二线城市的公共服务水平虽然较高，但城乡间的差异较大；而以钦州、菏泽为代表的三、四线城市的城乡公共服务均等化水平则相对较高。此外，公共服务在不同群体之间存在不均等现象，如男女性别间、不同年龄分段间享受的基本公共服务存在不均衡；具体到某一单项公共服务项目，非均等化状况同样存在，如不同区域、城乡、学校和群体之间，存在义务教育基本公共服务的供给不均等。特定区域内部也存在公共服务非均等化现象，如京津冀三地基本公共服务存在明显差距，市际间基本公共服务均等化水平呈现明显的不均衡特征，呈现出明显的自东北向西南衰减的梯度格局特征。

公共服务作为社会与居民参与高质量发展共建共治，以及发展成果共富共享的重要途径，在中国式现代化发展格局中还需得到进一步重视与强化。公共服务均等化需要以问题为导向，综合考虑各维度、各方面的影响因素，在综合平衡中进行整体优化。在城乡融合发展的大背景下，通过加大政府投入和政策支持力度、完善基础设施建设、优化资源配置和人才流动等措施，可以促进城乡之间公共服务水平实现科学、有效的平衡，让城乡群众共享现代化发展成果，以增进公共服务均衡可及，实现高质量发展，以及经济发展与社会治理、公共服务同频共振、互联互促。这一定程度上也促成了未来中国式现代化公共服务发展趋势，有利于真正建设共治共享的发展格局。促进基本公共服务均等化，作为我国保障公民基本生存与发展权利事业在新时代的延续，在持续保障人民群众全方位多维度基本权利的同时，成为扎实推进共同富裕的必然要求和重要举措。

（四）县域人口高质量发展在中国式现代化建设中的作用日益突出

人口高质量发展是指人口总量充裕、人口整体素质不断提高、人口结构优化、现代化人力资源分布合理、人口长期均衡发展、与经济社会高质量发展相适应的人口发展。二十届中央财经委员会第一次会议提出，“以人口高质量发展支撑中国式现代化”。县域是我国行政管理体制的基础单元，也是我国区域经济发展的基石。县域辖区面积占全国的89%，常住人口达到7.46亿人，县域人口占全国人口的70%以上。

县域经济是国民经济的基本单元，是连接城市经济和农村经济的重要纽带，在推动我国经济社会高质量发展、推进乡村全面振兴、实现共同富裕方面发挥着至关重要作用。党的十八大以来，党中央国务院实施了一系列重大举措，以增强县域经济发展活力，提升县域经济发展质量，为缩小城乡差距、推进乡村振兴作出重要贡献。2022年，中共中央办公厅、国务院办公厅印发《关于推进以县城为重要载体的城镇化建设的意见》，对县城发展作出系统性部署，这是首个针对县城城镇化的中央层级政策文件；2023年，中共中央、国务院发布的《关于做好2023年全面推进乡村振兴重点工作的意见》中多次提及“县域”，该意见在规划、产业、公共服务、基础设施等方面作出了重要安排，大力支持县域经济的发展；2024年政府工作报告提出，“培育发展县域经济，补齐基础设施和公共服务短板，使县城成为新型城镇化的重要载体”。党的二十大报告提出，全面建设社会主义现代化国家，最艰巨最繁重的任务仍然在农村。当前，与快速推进的工业化、城镇化相比，农业农村发展步伐尚显滞后，城乡居民收入差距还有待缩小，城乡发展不平衡、乡村发展不充分仍是社会主要矛盾的集中体现。

人口是县域经济社会发展的重要基础和核心要素。有研究表明，人口数量与经济规模、商业热度以及投资潜力存在显著的正相关关系。在区域人口增减分化的新趋势和新发展阶段下，县域人口红利逐渐减弱，这要求我们要更加紧密地结合县域经济的发展定位与人口流量、流向、流效，以人为本规划县域经济发展大局，把握县域人才和劳动力变化规律，不断强化人口在协同推进新型城镇化和乡村振兴、构建新型工农城乡关系以及促进县域经济高质量发展等方面的重要支撑作用。高质量发展是全面建设社会主义现代化国家的首要任务，人口高质量发展一定程度上决定了经济社会高质量发展的长期走向。县域作为国家治理的基本单元，是推进乡村振兴的主阵地，是实现城乡融合发展的重要切入点，也是促进区域协调发展、推进共同富裕的关键所在。

二、研究意义

（一）理论意义

目前，中国特色社会主义已进入新时代，社会主要矛盾为“人民日益增长的美好生活需要和不平衡不充分的发展之间的矛盾”。鉴于公共服务领域的相关制度具有普惠性，其不仅保障了民生、改善人民的生活品质，还促进了人的发展能力的长期提升。因此，要满足人民日益增长的美好生活需要，就必须推进城乡公共服务均等化进程。县域作为统筹城乡发展的最小单元，在城乡公共服务均等化工作落实过程中的作用不言而喻。县级区域的公共服务均等化是城乡居民在满足基本物质需求基础上对美好生活的进一步追求，也是推进城乡融合发展、建设美丽乡村的基本要求，更是促进经济可持续发展、实现共同富裕目标的重要抓手。因此，分析和探索县域人口变动趋势和公共服务建设对推进县级区域公共服务均等化具有重要意义：首先，加大县域城乡公共服务供给，满足城乡居民不断增长的物质文化生活需求，实现供需匹配，缩小农村与城市之间的差距，已经成为乡村振兴和新型城镇化的内在要求。其次，公共服务均等化理论不仅关注公共服务资源的人均占有量，更关注其可达性。公共服务资源追求人口规模效益，如何在规模效益和均等化之间取得平衡，一直是城乡融合发展关注的热点问题。最后，基于公共服务供需匹配的视角，对县域人口分布、城乡人口结构变动机制和这种机制的县际差异进行研究，对公共服务资源均等化理论是一种有益补充。

（二）实践意义

首先，县域内人口在群体之间、城乡之间、东中西部之间、省际之间的变动表现各异，导致对公共服务资源的需求也存在较大差异，供需匹配程度和缺口也各不同。例如，某些地区县域经济非常强大，人口规模增速快、密度大、城镇化率高，城乡融合发展程度高；另一些地区县域经济较弱，农村人口比重大，人口外流严重，导致教育、医疗、交通、文化等公共服务资源面临严重短缺。研究我国县域人口变动的趋势，可以更好地了解我国人口流动和分布的变化，有利于满足县域人口的公共服务需求、提升公共服务满意度，进而促进人口合理分布和城乡协调发展。其次，从公共服务供需匹配视角关注人口发展问题，有利于从宏观层面把握县域人口分布、城镇化的相关问题和地域差异，有针对性地探讨宏观调控和引导措施，促进相关政策完善。最后，在城乡融合发展的背景下，县域公共服务水平是影响城乡融合发展的重要因素，研究人口变动与公共服务均等化之间的关系，可以促进城乡公共服务均等化。同时，公共服务均等化是提高县域人口生活质量的重要保障，有利于提高县域人口的生活质量、改善县域人口质量，进而促进县域经济的发展，推动城乡一体化建设。

三、研究内容与技术路线

在县域尺度上，本书从人口总量、人口结构、人口素质、人口流动等方面，深入分析我国县域人口变动的时空变化特征和趋势，利用队列要素预测方法分别从全国层面、区域层面、省际层面、市际层面、县际层面对我国县域人口未来变动和分布情况作出预测。同时，分析我国城乡融合发展过程中县域公共服务均等化的变化，运用数理统计和空间计量等方法来探讨人口变动与公共服务之间的相互作用关系，并通过耦合协调模型分析它们之间的相互关系现状，为推进县域公共服务均等化提供理论支持。此外，基于国内外典型案例的分析，本书对县域人口发展与公共服务均等化趋势进行了规划设计，并提出促进县域人口合理变动、公共服务均等化的策略建议。

（一）研究内容

（1）本书基于城乡融合发展背景，从县域人口结构变动与公共服务供需匹配探究及原因溯源入手，考察了县域人口现状和公共服务需求现状，预测了县域内及县际间人口趋势和公共服务需求趋势，并设计了在人口布局合理性和城镇化趋势下的县域公共服务均等化策略。

（2）对乡村振兴和新型城镇化背景下县域人口分布趋势的理论假设作出检验。测算县域人口分布与公共服务资源供需匹配状况，设计基于城乡融合发展的公共服务均等化评估指标体系，并采用科学的方法建立公共服务均等化评估框架和模型。通过质性研究对县域人口现状、人口城镇化、公共服务需求进行实证分析，并利用计量模型检验质性分析结果。

（3）分析县域人口分布与公共服务资源供需匹配的影响因素。通过人口预测模型对人口布局优化和城乡公共服务资源优化配置动态趋势进行规划设计，并提出了科学合理的对策建议。

(4) 基于城乡融合发展视角构建县域人口结构优化模型和公共服务资源优化配置框架。本书引入城乡融合发展的视角，旨在提升县域城乡居民生活质量，提高公共服务资源供给效率，为研究提供了新思维。将城乡融合、人口结构、公共服务三个方面结合起来研究，突破了“重规模，轻效率、轻结果”的研究范式，推进了公共服务资源的优化配置、空间整合、提质增效。

(5) 设计基于人地关系的公共服务均等化评估指标体系。本书准确界定了“人口结构”“公共服务资源”及其子维度的含义，结合宏观和微观影响因素，构建指标体系，对公共服务均等化和规模效益进行科学的测量和评估。跳出人口政策建议本身，基于“公共服务均等化”的理念，全方位推进城乡融合发展。

(二) 技术路线

根据研究目标及主要研究内容，研究技术路线如图 1-4 所示。

四、研究特色

(一) 本书研究具有时代价值

党的二十届三中全会提出“城乡融合发展是中国式现代化的必然要求”，而县域是城乡融合发展的重要载体。随着新型城镇化和乡村振兴战略的深入实施，县域人口迁移流动、职住城乡分离以及空间分布等方面都发生了显著变化。目前，我国人口发展呈现出少子化、老龄化、区域人口增减分化的新特征，这些特征在县域尤为突出，成为影响我国人口高质量

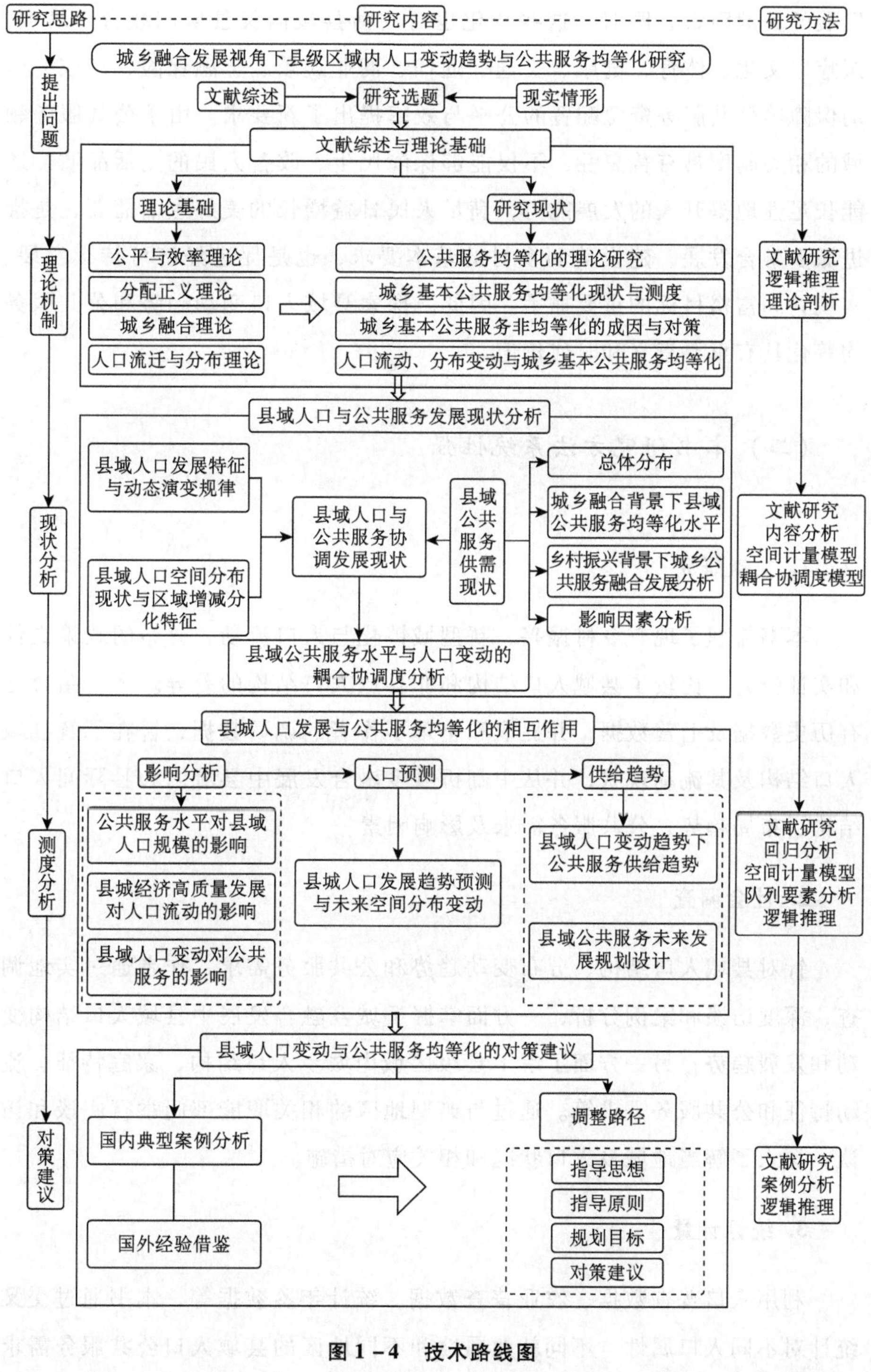

研究思路
研究内容
研究方法
城乡融合发展视角下县级区域内人口变动趋势与公共服务均等化研究
文献综述
研究选题
现实情形
提出问题
文献综述与理论基础
理论基础
研究现状
公平与效率理论
分配正义理论
城乡融合理论
人口流迁与分布理论
公共服务均等化的理论研究
城乡基本公共服务均等化现状与测度
城乡基本公共服务非均等化的成因与对策
人口流动、分布变动与城乡基本公共服务均等化
理论机制
文献研究 逻辑推理 理论剖析
县域人口与公共服务发展现状分析
县域人口发展特征与动态演变规律
县域人口空间分布现状与区域增减分化特征
县域人口与公共服务协调发展现状
县域公共服务供需现状
总体分布
城乡融合背景下县域公共服务均等化水平
乡村振兴背景下城乡公共服务融合发展分析
影响因素分析
县域公共服务水平与人口变动的耦合协调度分析
现状分析
文献研究 内容分析 空间计量模型 耦合协调度模型
县域人口发展与公共服务均等化的相互作用
影响分析
人口预测
供给趋势
公共服务水平对县域人口规模的影响
县域经济高质量发展对人口流动的影响
县域人口变动对公共服务的影响
县域人口发展趋势预测与未来空间分布变动
县域人口变动趋势下公共服务供给趋势
县域公共服务未来发展规划设计
测度分析
文献研究 回归分析 空间计量模型 队列要素分析 逻辑推理
县域人口变动与公共服务均等化的对策建议
国内典型案例分析
国外经验借鉴
调整路径
指导思想
指导原则
规划目标
对策建议
对策建议
文献研究 案例分析 逻辑推理

图 1－4　技术路线图

发展的关键因素。同时，这些变化也对均衡县域内及县域间教育、培训、医疗、文化、体育、健康、交通、通信、商业娱乐、金融保险、产权、劳动保障等公共服务资源配置的公平与效率提出了新要求。由于公共服务领域的相关制度具有普惠性，不仅能够保障民生、改善人民的生活品质，还能长足性地提升人的发展能力，满足人民日益增长的美好生活需要，是推进城乡融合发展、建设美丽乡村的基本要求，也是促进经济可持续发展、实现共同富裕目标的重要抓手。因此，探索县域人口变动趋势和公共服务均等化具有重要意义和时代价值。

（二）本书研究方法系统性强

1. 文献研究

本书梳理了现有乡村振兴、新型城镇化与人口流动、分布的政策文件和实证研究，比较了县域人口结构和非县域人口结构的差异。本书结合已有历史数据及七普数据，并提取和整理了作者的调研数据，旨在了解县域人口结构及其流动现状，并从中剖析城乡融合发展中县域内和县际间人口结构、布局趋势、公共服务需求及影响因素。

2. 社会调查

针对县域人口结构、分布变动趋势和公共服务需求，作者通过实地调查、深度访谈和案例分析，一方面掌握了城乡融合发展中县域人口结构变动和发展趋势；另一方面了解了县级区域内城乡人口结构、家庭特征、流动特征和公共服务需求等。通过与典型地区的相关职能部门举行座谈和访谈，深入了解当地城乡人口状况和相关应对措施。

3. 统计计量

利用人口普查数据、农业普查数据、统计年鉴数据等，本书通过交叉统计对不同人口属性、不同就业属性和不同地区的县域人口公共服务需求度进行测算。采用因子分析、聚类分析等方法探索县级区域内人口结构的特征，并创建了城乡融合发展的公共服务需求度量表。本书采用 Logistic 模型、加权回归模型、空间滞后模型，对城乡融合发展中县级区域内人口流动和分布的微宏观机理进行检验，并对未来发展趋势作出科学预测。在此基础上，对人口结构和公共服务供需匹配系统及各子系统（人口流动系统、人口城镇化系统、乡村振兴系统、公共服务供给系统、人口自然增长系统、人口机械增长系统）之间的关系进行量化分析，探究可行性对策。

（三）本书研究框架全面系统

本书所做研究，展现了县域人口变动与公共服务供需匹配存在的问题、未来变动趋势及政策更新启示的初步认识和结论。这不仅对县域人口变动下公共服务资源优化配置、空间整合、效率提升具有较大意义，而且我们也认识到县域公共服务均等化并非追求绝对的相等，而是要实现公共服务资源城乡、区域共享。在布点上除了追求均衡可及、优质共享外，还需要兼顾效率原则，要坚持宜城则城、宜乡则乡的原则。城乡、区域（空间）视角下县域人口变动与公共服务均等化的研究，尤其是未来县域城乡融合发展规划的研究，尚处于刚刚起步阶段，研究角度、研究方法还需要社会广泛关注。本书研究得出以下结论：

（1）重视县域人口分布与公共服务匹配问题，是推进乡村振兴战略的一项积极举措。县域人口分布问题应该纳入城乡融合发展体系框架中系统研究。

（2）县域人口在城乡结构、家庭结构、流动结构上都存在较大差异，县域人口有着自身独特的公共服务需求，其生活需求更容易受到人口流动和“城乡职住分离”的影响，导致公共服务供需出现不匹配问题。

（3）县域公共服务均等化是一个渐进的过程，是城乡融合发展的一种空间表现，对县域人口分布与公共服务供给匹配问题应该从时空变迁的角度进行系统研究。

五、概念界定

（一）城乡融合发展

城乡融合发展的概念最早由英国社会学者埃比尼泽·霍华德在其著作《明日的田园城市》中提出。随着欧洲工业革命的兴起，用机械化的大生产代替人力手工劳作，大大提高了生产效率。工业技术的进一步运用，让人口迅速向城市集中，形成了城市化的发展趋势。正如马克思所阐述的，资产阶级的兴起，使城市人口快速增加，让一大部分人口脱离了农村的生活状态，走向城乡。

自党的十八大以来，我国坚持“工业支援农业、城市助力农村”的发展理念，出台并实施了一系列政策和措施，以工业推动农业、城市带动乡村，加速推进城乡一体化进程。根据国家发展改革委发布的《2022年新型城镇化和城乡融合发展重点任务》通知，我们致力于推进城镇基本公共服务的均等化、强化农民工的就业支持与技能培训、完善相关政策体系，以深化城乡融合。地方政府在规划布局、产业发展、资源配置、公共服务及生态保护等多方面推进一体化，着力弥补农村发展的不足，促进城乡共同进步。党的二十大报告明确提出，要“保持城乡发展的融合态势，促进城乡要素的自由流动”。坚持把农业农村发展放在优先位置，围绕劳动力、资本、技术等要素配置进行改革，逐步构建起全面共享、广泛覆盖的基本公共服务体系，构建城乡发展命运共同体，探讨城乡融合的新型网络构建，特别是要素市场化配置的改革，将推动城乡产业互动、促进商贸物流的顺畅、加速经济循环，利用城市的辐射效应激发农村的发展潜力，增强城乡融合的内生动力。

融合是指不同的事物最终形成一个整体的过程。城乡融合是指城市和乡村从以往分割的状态逐渐融为一体的过程。受到城乡二元结构的影响，城市与乡村的发展存在很大的差距。随着经济的发展，城乡失衡所带来的各类问题日益凸显，城乡融合是在此背景下，为了满足城乡的要素流动和居民需求以及产业发展需要所提出来的新型城乡协调发展道路。从内涵上讲，城乡融合发展是一条可持续发展的道路，将城市与乡村视为一个整体，强调公平性原则。从外延上，城乡融合是指包括产业、制度、基础设施以及基本公共服务均等化在内的多重维度的融合。城乡融合发展要改变以往的发展战略，加大对农村地区的关注，以往的发展策略多聚焦于城市，这种发展模式制约了城乡融合的进程，新的发展战略应当注重城乡的协调统一和平等发展。社会学和人类学界从城乡关系的角度出发，认为城乡融合应当打破之前的城乡壁垒，促进生产要素在二者间的合理流动，使资源在城乡之间能够实现合理的配置，城市和乡村的社会生活能够紧密联系在一起，逐步缩小二者之间的差距，最终实现将城市和乡村融为一体。

城市与乡村是不可分割的融合体。学者们对中国城乡融合的发展进行了历史回顾与梳理，为厘清城乡关系有机联系和发展逻辑奠定了坚实基础。刘合光（2022）从共同富裕角度分析城乡融合发展的逻辑与路径。黄花（2022）认为实现城乡融合主要在三个方面，包括推进县城建设、缩小收入差距和资源双向流动。车冰清等（2017）认为影响城乡融合的因素主要集中在农村的大规模发展上。王大超、赵红（2022）利用 Tobit 模型发现老龄化程度、平均受教育程度、产业结构、“三权分置”改革政策和地方财政自主权对城乡融合发展影响显著；马志飞等（2022）利用地理探测器模型，认为财政分权、财政支农支出比例、产业高级化和经济发展水平有助于城乡融合的发展；张爱婷等（2022）从城乡融合、乡村发展和城市发展三个维度构建指标体系，测度了黄河流域省份的城乡融合发展水平。杨飞虎等（2020）分别从城乡的产业、治理、富裕、宜居和要素五个维度出发，构建综合评价指标体系对中国城乡融合发展水平进行了测度。

本研究认为城乡融合发展是人类历史发展的必然趋势，这种融合是要在城乡之间实现政治、经济、社会、文化、生态等各方面的融合，而这些融合需要通过一系列的基本公共服务均等化来实现。本研究关注城乡融合发展下基本公共服务均等化问题，是在合理处理城乡关系的前提下研究基本公共服务均等化，即将基本公共服务均等化放在城乡融合发展规划下分析。因此，本书所分析的基本公共服务均等化主要是从城乡基本公共服务一体化的角度展开，城乡融合发展下的基本公共服务均等化研究重点聚焦于县域县城和乡村之间、县际之间的基本公共服务供给水平和质量均等，针对直接关系到城乡居民生活福利水平的公共教育、社会保障、医疗以及基础设施等公共服务内容讨论其城乡、县际的均等化水平并探索促进其均等化的措施。

（二）公共服务均等化

公共服务依据其内容可以划分为基本公共服务与非基本公共服务。其中基本公共服务是指与人民生存发展有着直接联系的公共服务，是最低层次的公共服务标准，基本公共服务分为基本公共教育、劳动就业服务、社会保障、基本社会服务、基本医疗卫生、人口和计划生育、基本住房保障、公共文化体育、残疾人基本公共服务等九大类。提出基本公共服务这一概念，主要受两方面的影响，一是受限于经济发展水平，我国目前的社会发展状况还不能均衡地向全社会提供所有公共服务；二是借鉴西方发达国家的经验避免落入中等收入陷阱，在社会发展的过程中，我们既要注重发展又要兼顾公平，要在可承担的经济范围内来最大化地提供公共服务，这就引申出了基本和非基本两种公共服务，对于基本公共服务，我们要尽可能做到均等化，非基本的部分可以采取差异化的发展方式。

学术界普遍认为“城乡基本公共服务均等化”是指让城乡居民享受到同等水平的基本公共服务，主要在于提升农民能够享受到的基本公共服务水平。要界定基本公共服务，重点需要厘清“基本”的内涵，代表性的观点有四种：第一种观点从最低需求的角度出发，认为基本公共服务应覆盖全体公民，满足公民对公共资源的最低需求，主要涉及公共教育、公共卫生、公共文化、公共交通、社会保障等方面的内容（蓝相洁等，2015）。第二种观点根据需求的公益性程度以及需求满足过程中对政府依赖程度的不同，将基本公共服务定义为公民迫切需求且必须由政府承担和提供的公共服务（项继权，2008）。《“十四五”推进基本公共服务均等化规划》指出，基本公共服务是由政府主导、保障全体公民生存和发展需要、与经济社会发展水平相适应的公共服务，这与第二种观点相符。第三种观点则强调将公共服务划分为纯公共服务和准公共服务两种，认为基本公共服务均等化的对象仅指那些需要付费的纯公共服务和部分准公共服务，如医疗卫生、基本教育等（郭小聪等，2010）。第四种观点认为基本公共服务应当是与民生密切相关的纯公共服务（安体富等，2007）。综上，基本公共服务应当具备四个特征：一是由政府主导提供；二是公民迫切需求，是生存发展所必需的，与民生息息相关；三是具有较强的公益属性，个人无法直接提供；四是具有阶段性和动态性，随着社会发展，其范畴不断变化。

“均等化”强调的是大致均衡，而非绝对意义的相等。一般而言，对于“均等”的理解主要包括四种倾向：结果平等、机会平等、能力平等及需求平等（项继权，2008），但在现实中，这四种平等很难同时实现，应有所侧重。故对“均等化”的理解，学者们的侧重点也略有不同，可归纳为大致均等论、最小差距说、底线均等论、机会和结果均等四类。大致均等论主要从字面意思对“均等化”进行解读，强调实现地区、城乡、人人之间基本公共服务水平的大体相等、一致，持此观点的学者主要有安体富、任强、常修泽、贾康。其中，常修泽又将均等划归为两种情况：一种是全体公民享有基本公共服务的机会和原则相等；另一种是全体公民获得的基本公共服务大致相等，并且强调最应当实现的均等是机会和结果的均等（常修泽，2007）。最小差距说更关注政府为推进基本公共服务均等化所作的努力及过程，认为“均等化”指政府尽可能地缩小公民间享有基本公共服务的差距，最大限度地提升公民可以享有的基本公共服务水平（李曼音等，2018），持此观点的学者主要有李曼音、王谦等。底线均等论则主张保障公民均可以享有一定标准之上的基本公共服务，在实现底线需求的基础上允许各地存在范围、程度等方面的差异，主要代表学者为郭小聪、曹静晖等。除此之外，《“十四五”推进基本公共服务均等化规划》更强调基本公共服务的可及性和机会均等，认为“均等化”最主要的是保障公民能够均等地得到基本公共服务的机会。对于“均等化”的标准，学术界也存在争议。安体富等指出，学术界主要存在三种理解：最低标准（强调保底）、平均标准（强调达到中等的平均水平）及相等的标准（强调结果均等）。实际上，随着经济社会的不断发展，出现了第四种理解——质量标准，强调提升农民获得感、幸福感（缪小林等，2020）。

（三）人口分布

人口分布是指人口在一定时间内的空间存在形式和分布状况。具体来说，它包括人口在各个地区、城市、乡村以及各种地理单元中的数量和密度，同时也涉及人口在不同性别、年龄、民族、文化等构成上的分布情况。人口分布反映了人口在不同地区的集聚和分散状态，是人口地理研究的重要内容之一。人口分布受多种因素的影响，包括自然环境、经济发展、社会政策、历史文化等。例如，自然环境恶劣或者资源匮乏的地区可能人口分布较少；而经济发展水平高、基础设施完善的地区则可能吸引更多人口居住和工作。此外，政府的人口政策和迁移政策也会对人口分布产生重要影响。人口分布的状况对于国家的经济发展、社会进步、资源环境利用以及政策制定等方面都有重要意义。近年来，随着城镇化水平的加快，我国很多乡村变成了城市，中国的人口城乡结构发生了很大改变。据国家统计局数据，受经济回升向好、人口迁移流动更加活跃等因素影响，城镇人口继续增加。2023 年末，我国城镇常住人口达 93267 万人，比 2022 年增加 1196 万人；乡村常住人口 47700 万人，减少 1404 万人。常住人口城镇化率为 66.16%，比 2022 年提高 0.94 个百分点。从提高幅度看，2023 年较 2022 年扩大 0.44 个百分点。总之，随着经济的快速发展和城镇化进程的推进，人口城乡结构经历了显著的变化。

人口城乡结构是指一个国家或地区中城市和乡村人口的比例和分布情况，它反映了人口在不同地域居住和活动的分布状态。人口城乡结构的变化受多种因素影响，包括经济发展、城市化进程、工业化水平、政策导向和社会变迁等。过去几十年中，大量的农村人口转移到城市，推动了城市化的快速发展。这一过程中，城市人口比例不断上升，城市规模不断扩大，同时形成了新的城乡关系和社会结构。人口城乡结构可以划分为多种不同的类型，主要包括城镇型和乡村型两大类。具体来说，乡村人口比重超过60%的被称为乡村型人口城乡结构，而城镇人口比重超过60%的则称为城镇型人口城乡结构。此外，还有更细致的分类，如城镇人口比重为1%～39%的定为乡村型人口城乡结构，其中1%～19%为低乡村型，20%～39%为高乡村型；城镇人口比重为40%～59%的定义为城乡型人口城乡结构，其中40%～49%和50%～59%分别是低城乡型和高城乡型人口城乡结构；而城镇人口比重为60%以上的属于城镇型人口城乡结构，其中60%～79%和80%～99%分别属于低城镇型和高城镇型人口城乡结构。

在人口城乡结构的变化中，有几个关键点值得关注：第一，城市化与人口流动。城市化为农村人口提供了更多的就业机会，吸引了大量农民工进入城市务工，形成了大规模的人口流动。这一流动不仅改变了城乡人口比例，还带来了城市社会结构的多元化。第二，户籍制度与社会融合。我国的户籍制度（户口）传统上区分了城镇户口和农村户口，这导致了城乡之间在教育、医疗、社会保障等方面的权益差异。随着城市化的发展，户籍制度逐渐改革，推动了城乡之间社会服务的均等化。第三，农业转移人口市民化。农业转移人口市民化是人口城乡结构调整的重要内容。政府通过政策推动，让有意愿的进城农民工在城镇落户，享受与城镇居民同等的社会服务与权益，这有助于缩小城乡差距，促进社会和谐。第四，乡村全面振兴。在国家层面，乡村全面振兴战略旨在提升农村地区的基础设施建设、改善农民生活水平、推进农业现代化，以及通过政策支持引导优秀人才和资本回流农村，促进城乡融合发展。第五，公共资源配置。城乡公共资源的配置对人口城乡结构有重要影响。政府通过优化资源配置，增加对农村地区的投资，改善农村居民的生活条件，有助于减缓农村人口向城市的单向流动。总体而言，人口城乡结构的变化是一个动态的、复杂的过程，受到多方面因素的共同作用。当前，我国政府正通过新型城镇化和乡村全面振兴等战略，推动城乡融合发展，实现人口城乡结构的优化，以促进社会经济的均衡和持续发展。

在人口城乡结构变动中，县域人口变化最大，县域、县城、就地城镇化受到越来越多的关注。2022 年，中共中央办公厅和国务院办公厅印发《关于推进以县城为重要载体的城镇化建设的意见》，随着新型城镇化各项工作的推进，我国城镇化空间布局持续优化，新型城镇化质量稳步提高，县域人口布局不断优化。县域人口布局是指在一定时期内，县域范围内人口在空间上的分布和构成情况，以及人口分布与经济社会发展、资源环境、城乡规划等相互关系的总和。它包括人口数量、密度、构成、分布以及人口布局的变化趋势等方面，是反映一个县域人口分布状态的重要指标。县域人口布局的优化目的是实现人口、资源、环境与经济社会发展的协调，提高县域整体质量和竞争力。优化县域人口布局需要充分考虑以下五个方面：第一，人口数量与结构。根据县域经济社会发展需求，合理预测人口规模，调控人口增长速度，优化人口结构，提高人口素质。第二，人口分布。按照城乡融合发展的要求，优化城乡人口布局，促进城镇人口与农村人口合理流动，提高城镇人口比重，合理规划县城和重点镇的人口规模和布局。第三，人口集聚与疏散。在人口集聚地区，加强城市基础设施建设，提高城市承载能力，引导人口合理分布；在人口疏散地区，要发挥资源优势，培育新的经济增长点，吸引人口转移。第四，人口与资源环境的关系。充分考虑资源环境承载能力，合理控制人口规模，促进人口、资源、环境的可持续发展。第五，人口政策与政策引导。完善人口政策体系，发挥政策引导作用，促进人口合理流动和分布。我国在推进县域人口布局优化方面已经取得了一定的成果。例如，一些地区通过实施户籍制度改革、优化城乡规划、加强基础设施建设等措施，促进了人口合理流动和分布。但总体来看，我国县域人口布局仍存在一定程度的失衡，如城乡人口比例不协调、部分地区人口过度集聚等。因此，未来还需要进一步加强县域人口布局优化工作，为经济社会发展奠定良好的人口基础。

根据我国现有的统计数据和研究成果，全国人口分布及各县人口分布情况具有一定的特点。首先，在全国范围内，人口分布不均，以黑河—腾冲线为界，东部地区人口密集，西部地区人口稀少。东部地区地形平坦、土壤肥沃、气候适宜、交通便利、水源充足、经济发达，因此吸引了大量人口聚居。西部地区地形崎岖、交通不便、气候干旱、经济欠发达，导致人口较少。其次，在各县人口分布方面，根据国家统计局的数据，截至第七次人口普查，中国数量超过80万人口的县有171个，以东部地区为主，主要分布在山东省（24个）、河南省（23个）、江苏省（22个）、安徽省（17个）、广东省（16个）；超过百万人口的县有128个，主要集中在河南、安徽和四川。其中，安徽的临泉县人口数量最多，超过220万。江苏的沭阳县、广西的博白县、四川的岳池县和湖北的监利县也是人口较多的县。此外，我国还有一些人口较少的县，如西藏自治区的墨脱县，人口数量仅几万。此外，我国人口分布还受到经济发展水平、教育资源、医疗卫生条件等因素影响。一般来说，经济发达、教育资源丰富的地区，人口聚集较多；而经济欠发达、资源匮乏的地区，人口相对较少。值得注意的是，近年来，因国家政策的支持和地区发展的需要，一些西部地区开始逐步吸引人口迁入，人口分布情况也在发生变化。随着国家的发展和城乡一体化进程的推进，未来中国的人口分布可能会发生变化。综上所述，我国全国范围内及各县的人口分布情况受到多种因素的影响，呈现出不均衡的特点。这种分布特点对于我国的经济发展、社会政策制定和资源配置等方面都具有重要影响。

第二章

文献综述与理论基础

基本公共服务均等化是实现共同富裕的着力点。随着我国城乡融合发展的推进，城乡公共服务均等化的重要性进一步凸显，政府及社会各界对公共服务均等化问题空前重视。国内外学者也对公共服务均等化问题进行了大量研究，取得了丰富的理论成果。基于城乡融合视角对公共服务均等化问题进行的研究不仅拓展了既有研究的范围，而且符合时代发展的要求。本章从公共服务均等化的内涵界定标准与现状测度等方面对国内外相关文献与研究成果进行总结梳理，以便下一步研究的开展。

一、文献综述

（一）公共服务均等化的理论研究

1. 公共服务均等化内涵

19 世纪后半叶，德国社会政策学派代表人瓦格纳最早提出了公共服务理念，首次从政府职责角度开展公共服务研究。此后，关于公共服务的研究逐步成为经济学的主流。1912 年，法国学者莱昂·狄骥首次界定了公共服务的概念，他认为现代公法制度背后所隐含的原则是：提供公共服务就是政府的法定义务。莱昂·狄骥还提出了任何与社会团结的实现和促进不可分割的且必须由政府来加以规范和控制的活动，就是公共服务。随着研究的深入，学界对于公共服务的关注逐渐从其内涵转向公共服务供给能力与供给原则等方面。早期大部分学者从公平性角度来探究公共服务均等化问题，萨缪尔森在其著作《公共支出的纯理论》中将均衡概念与公共服务相结合，认为政府行使职责转变的目的之一是实现公共服务均等化。福利经济学代表学者庇古认为，公共服务越是均等化，社会福利也就越多。目前，西方学界普遍认为，公共服务的内涵是包括公共安全、公共社会服务、公共经济服务在内的具有公共属性的，由政府提供的公共产品和价值产品。所以，公共服务均等化的作用也得到了普遍认同。

国内学者在公共服务与公共服务均等化方面，取得了丰富的研究成果。随着我国社会主要矛盾的转变，人民日益增长的美好生活需要在不断推动我国政府进行公共服务体制改革与创新，我国基本公共服务均等化政策的推进逐步呈现出“普惠化—均等化—优质化”的变动趋势（姜晓萍等，2020）。近年来，国内有关基本公共服务均等化的研究内容不断丰富，主要可以归纳为以下两个方面：一是均等化水平测度与评价。对一个国家或地区进行公共服务均等化水平测度是研究其公共服务均等化水平的首要环节，既有研究大多通过构建基本公共服务均等化评价指标体系对一个国家或地区的公共服务均等化水平进行测度，从指标选择上看，大多指标体系选择公共教育、医疗卫生（刘小春等，2021）、社会保障、基础设施建设（魏福成，2015；杨晓军等，2020）等指标，也有学者从公共安全（辛冲冲等，2019）、环境保护等角度对公共服务供给及均等化水平进行了测度。从方法上看，加权算术平均法（安体富等，2008）、熵权法（宋佳莹，2022）、主客观组合赋权法等在公共服务均等化水平测度上被广泛使用。除此之外，基尼系数（卢成会，2022）、泰尔指数、变异系数等均被广泛用于公共服务均等化评价。这些关于我国及国内各地区间基本公共服务均等化现状的研究一致表明，随着时间的推进我国公共服务均等化水平在不断提高，但目前我国各省市之间依旧存在较为明显的公共服务供给水平差异（彭迪云，2021）。二是公共服务均等化影响因素及优化政策探索。影响公共服务均等化程度的因素有很多：地区转移支付（吉福星等，2019；乔俊峰等，2019）、政策激励因素（张军，2007）、财政事权匹配程度（庞伟，2017）、财政均等化程度（陈莹，2017）、金融支持（杨刚强，2020）等都被认为能够显著影响各地区公共服务均等化水平。学者们从进一步完善转移支付制度、提高财权与事权匹配程度、优化地方政府服务等角度提出了相关政策改革建议。

2. 公共服务均等化的衡量标准

公共服务均等化测度的研究十分丰富。国外学者和机构通过构建指标体系及选择多样化统计指标对基本公共服务均等化进行测度。例如，对义务教育均等化测评，欧盟构建了包括社会政治影响、教育过程、教育产出和背景性四类指标，对教育公平性作出测评。Hutmacher 等（2001）构建了包括三个维度（群体、个体和弱势个体）和四个层次（教育内外部影响、教育过程、政治背景和社会文化背景）的指标体系，用于衡量国家间、地区间的教育水平差异。国内从宏观供给侧视角衡量基本公共服务均等化的方法十分丰富。魏福成、胡洪曙（2015）构建了基本公共服务供给指标体系和均等化评估方法，运用综合评价法从七大类公共服务供给测度了 2005—2012 年各省份的基本公共服务均等化水平；李华、董艳玲（2020）使用熵权法、Dagum 基尼系数和 Kernel 密度估计相结合从八个维度测度了 2006—2017 年我国各省市的基本公共服务均等化指数。吕光明、陈欣悦（2022）则从供给侧角度将维度进一步细分至县域，运用引入加权 α 均值的组基尼系数测度了不同县域间的基本公共服务均等化程度。目前，鲜有文献从微观需求侧衡量基本公共服务均等化水平，而王大哲等（2022）使用 2016 年中国流动人口动态监测调查数据基于个体角度从五个方面测度了基本公共服务均等化水平。

（二）城乡基本公共服务均等化现状与测度的研究

学界对基本公共服务均等化进行了大量的定量研究，就基本公共服务均等化衡量指标与现状等方面进行了探讨。经学界多年的探索，已形成了一套大多数学者认可的衡量基本公共服务均等化程度的方法。对基本公共服务水平进行评估，通常需要构建多层次指标体系，并通过合成这些指标来进行测度。在多层次指标体系构建的过程中，依据《“十三五”推进基本公共服务均等化规划》提出的包括基本医疗卫生和基本公共教育在内的八项基本公共服务内容，基于研究目标和数据可得性等因素，可选择一项或是几项作为一级指标，并进一步拓展二级乃至三级指标（熊兴等，2018；张德钢等，2021）。在指标合成方面，通常采用的合成方式有熵值法及其拓展（熊兴等，2018；张德钢等，2021；李华等，2020）以及层次分析法等（王雪晴等，2021）。在对基本公共服务水平进行评估后，需要对该指标进一步计算得到基本公共服务均等化状况。常见的方法有基尼系数法（熊兴等，2018；张德钢等，2021；李华等，2020；王雪晴等，2021）、泰尔指数法等（李百灵，2022），由此对基本公共服务水平的地区差异进行分析研究。

1. 城乡公共服务均等化现状

(1) 城乡公共服务均等化取得显著成效。

一是学有所教方面。国家相继出台了一系列政策，各地各级政府也在不断增加对教育的投入，有效解决了农村孩子上学难、上学贵的问题。中央财政投入专项资金，全面改善贫困地区义务教育薄弱学校的基本办学条件。在农村义务教育阶段，中小学生人均公用经费基准定额提高了40元，中西部地区小学达到600元、初中800元，东部地区小学650元、初中850元。此外，6.4万个教学点实现了数字教育资源全覆盖，偏远农村地区的400多万孩子由此享受到了优质教育资源。农村义务教育学生营养餐补助标准从3元提高至4元，进一步提高了3000多万农村孩子的营养保障水平。进城务工人员的随迁子女在流入地参加高考的政策大约惠及了5.6万名考生。

二是在病有所医方面。随着城乡医疗服务体系、公共卫生服务体系和医疗保障体系的建立，以及免费基本公共卫生服务项目的不断增加，广大农民看病贵、看病难的问题基本得到了解决。例如，枣庄市出台了《居民基本医疗保险暂行办法》，将城镇居民医保和新型农村合作医疗制度整合，建立统筹城乡的居民基本医疗保险制度，由市级居民医保经办机构统一核算、统筹使用，实现管理体制、政策制度、信息系统相统一，让参与医疗保险的城市居民和农村居民享受同样的补助、同样的报销比例等参保待遇。

三是在老有所养方面。近年来，我国政府不断出台相关政策，逐步解决农村居民的基本养老问题。各级政府也在加快推进农村居民的养老保险工作，使广大农村居民能够老有所养、老有所依。2014年2月，国务院印发《关于建立统一的城乡居民基本养老保险制度的意见》，决定将新型农村社会养老保险和城镇居民社会养老保险制度合并实施，在全国范围内建立统一的城乡居民基本养老保险制度。

（2）城乡公共服务均等化仍面临的挑战。

一是财政投入不均衡。虽然政府不断加大对农村基本公共服务的财政投入和支持，但目前我国城乡之间的公共财政支出仍存在差距，仍缺乏足够的财力保证城乡基本公共服务的大致均等化。特别是乡镇财政短缺、农村经济发展水平相对较低等问题的存在，导致农村基本公共服务供给的增加只能是一种较低水平的改善，城乡基本公共服务均等化的财力供给与财力需求之间的缺口仍然很大。

二是资源配置不平衡。在义务教育方面：义务教育资源主要集中于城市以及城市中的重点学校，农村教育资源和师资相对匮乏。从区域看，中西部地区教育发展相对滞后。各学校之间的教育水平存在显著差异，这些差异体现在办学条件、师资配备、教育质量、管理水平等方面，更为关键的是它们所享有的权利也存在不均衡。从群体看，进城务工人员随迁子女义务教育还没有全部纳入流入地的财政保障和教育发展规划，随迁子女平等接受义务教育还存在不少困难。在医疗卫生方面：农村卫生院、诊所存在资金匮乏、医疗设施差、医护人员学历低、职称低、技术水平低、技术培训少等问题。部分乡镇卫生院的软硬件设施都不到位，导致原本想在乡镇卫生院诊疗的村民不得不转到更大的医院就诊，这就违背了基层卫生医疗机构解决农民看病难的初衷。在社会保障方面：虽然近年来农村居民社会保险覆盖面进一步扩大，但与城市居民相比仍有一定差距，给农村居民发放的养老金不能从根本上解决农村居民的养老问题。在基础设施方面：以往我国公共财政在农村投入方面有所欠缺，致使农村公共基础设施相对比较落后、简陋，有些地区的人居环境较差。近年来，对农村公共基础设施投入虽有所加大，但与城市相比，还存在一定差距。

三是公共服务不均等。农村教育资源的匮乏、卫生服务资源供给能力的不足、社会保障体系的不健全等导致广大农民很难享受到与城市居民同等的权利。除此之外，部分进城务工人员在就业、住房、医疗以及子女受教育等基本公共服务方面，与城市居民相比有较大差距。这种城乡基本公共服务之间的差距和矛盾，已经成为重大社会隐患。

2. 城乡公共服务均等化测度方法

在理论研究的基础上，学者们尝试对城乡基本公共服务均等化发展进行量化研究，通过建立评价指标体系来测度和评价城乡基本公共服务均等化水平（韩增林等，2015），选择教育服务、文化服务、医疗卫生服务、基础设施服务等作为指标，利用信息熵原理构建了基本公共服务均等化指数体系，并测度省域城乡基本公共服务均等化程度。高萍等（2013）利用泰尔指数测算了我国城乡公共产品在教育、医疗卫生、社会保障等方面供给的不均等化程度，探讨了农村公共产品政府供给的优先顺序。马晓冬等（2014）构建了教育、卫生、环境、基础设施等公共服务发展水平的评价指标体系，综合运用熵值模型、协调度模型、障碍度模型，对江苏13个省辖市的城乡公共服务发展水平进行了综合评价。采用多维定量评价方法，对揭示我国不同地区的城乡公共服务发展差距与均等化水平，具有重要的实践意义，后续研究应引入更多样化的研究方法，细化研究领域。

目前，学界关于基本公共服务均等化的测度有两种方法：一种是根据基本公共服务水平的差距测度基本公共服务均等化程度；另一种是以财政收入或支出的差距测度基本公共服务均等化程度。财政分权制度下财政主体的选择行为不同，财力均等化不等同于公共服务均等化，因此，现有文献多采用前一种方法进行分析。基本公共服务水平评价是均等化测度的前提，综合评价法（刘成奎等，2011）、主成分分析法（武立超等，2014）、熵权 TOPSIS 法（熊兴等，2014）、层次分析组合熵值法（成华等，2019）、线性组合熵权法（辛冲冲等，2014）被用于分析当前我国基本公共服务供给水平。在此基础上，变异系数法（肖建华等，2017）、泰尔指数法（杨光，2015）、基尼系数法（武立超等，2014）等被应用于基本公共服务均等化程度的定量分析。已有研究结果表明，当前我国地区、城乡、个体间的基本公共服务水平仍然存在较大差距，分析何种影响因素造成基本公共服务非均等化发展是推进基本公共服务均等化发展的关键。有研究者利用收敛模型探讨了区域经济发展水平、政府财政投入和城市化水平对基本公共服务水平的影响（豆建民等，2011）；通过构建动态面板模型分析了金融生态环境对基本公共服务均等化的影响（武立超等，2014）；探讨了各类财政制度安排对基本公共服务水平的不同影响（刘德浩，2017）；基于面板回归模型研究了经济发展水平、财政能力和人口密度对基本公共服务水平的影响（熊兴等，2014）。

（三）城乡基本公共服务分割的成因与对策研究

我国城乡公共服务非均等化是由多重因素造成的，相关影响因素主要包括：城乡公共财政支出结构失衡，导致城镇公共投入比例远超乡村（李燕凌等，2016）；城乡二元户籍制度分割，使农村居民被排除在城镇公共服务体系之外（韩俊，2011）；财政分权体制，诱发地方政府的城市偏向性公共服务供给决策行为，直接影响城乡基本公共服务均等化水平（刘成奎等，2014）。针对我国城乡公共服务非均等化的现实困境，付宗平（2014）基于成都的实践经验提出，应当明确公共服务供给多元主体边界，实行有效分类供给；姜晓萍等（2017）提出，应从改变中央对地方政府的激励机制和实现基本公共服务供给制度创新两方面着手，实现城乡基本公共服务均等化，缩小城乡收入差距；陈娟（2017）从户籍制度改革角度分析认为，应将户籍制度改革与城市化发展战略联系起来，削弱户籍制度的附加功能，最终实现城乡公共服务均等化。总之，城乡公共服务非均等化问题是由城乡二元制度壁垒造成的，必须从根本上解决这一问题。

1. 基本公共服务不均等原因

当前，我国城乡基本公共服务均等化水平虽呈现相对稳定态势，但总体差异具有波动上升的趋势，且存在空间非均衡特征（杨晓军等，2020）。为此，学者们从政治、经济、历史渊源等多方面分析了实现城乡基本公共服务均等化所面临的主要困境。

（1）城乡二元结构体制尚未完全破除。多数学者认为，城乡之间的二元结构体制是造成城乡基本公共服务不均等的关键原因。城乡二元性主要体现在两个方面：一是城乡存在二元经济结构，造成城乡居民基本权利和发展机会不平等。这种经济上发展的不平衡主要源于城乡分割的户籍制度，其使基本公共服务的供给发生了因城乡而异的选择性供给（党秀云等，2013）。二是二元的公共服务供给结构造成城乡基本公共服务获取机会不均等。朱云飞（2020）等指出，长期以来，我国在基本公共服务方面呈现出明显的二元供给格局，城市公共服务主要由财政支持，但农村公共服务的供给相当程度上依靠农民集体，这反映了典型的城乡施政理念差异。

（2）公共财政体制不尽合理。城乡基本公共服务均等化从一开始就是一个典型的财政问题，不尽合理的公共财政体制是造成城乡基本公共服务供给低效率、不均等的首要制度障碍。一是财权与事权不对等，供给分配存在纵向的不均衡。张帆等（2020）、党秀云等（2023）、李继志（2012）认为，在财政分权化改革后，呈现出财权逐渐上交、事权逐渐下移的现象，导致县级以下的政府面临“财少事多”困境，这种财政困境使其难以负担农村基本公共服务的供给。二是转移支付机制不尽合理。转移支付对于实现城乡基本公共服务均等化具有促进作用，然而“撒胡椒面”式的分配方式反而造成县乡的财政处境恶化，吉富星等（2019）通过面板数据进行实证分析，指出我国的转移支付对促进基本公共服务均等化效果不彰。三是政府对民生性公共服务的财政投入依旧处于较低水平，并且支出机制存在一定程度的“城乡倒挂”现象。

（3）政府的政绩考核和监督机制不完善。在我国特定的官员晋升机制下，有些官员会将大量的财政资源投入容易出政绩的城市而非落后的农村地区（缪小林等，2016），投入招商引资、基础设施等领域而非教育、基本医疗、社会保障等公共服务方面（樊继达，2019）。此外，有些地方政府对官员绩效考核存在内容片面化、指标显性化、主体单一化的问题。同时，基本公共服务的监督存在监督主体缺位、制约机制不健全等问题，这些因素进一步加剧了上述倾向。除此之外，城乡基本公共服务均等化的现实困境还包括城乡基本公共服务政策之间难以实现有效对接（张晖，2018）、农民公共服务需求表达机制不健全等问题。

2. 基本公共服务均等化的对策

关于如何实现城乡基本公共服务均等化，本书主要从以下四个方面加以阐释。

（1）完善顶层设计，坚持统筹融合。要想实现城乡基本公共服务的均等化，必须坚持整体、协调推进的原则以更好地完善基本公共服务均等化领域的顶层设计（许坤等，2020）；建立健全基本公共服务的法律体系，并对城乡基本公共服务的建设进行长远规划，从而推动城乡融合发展（孔凡文等，2020）；对于基本公共服务规划体系，应研究制定符合本地区的规划体系，适当向农村倾斜（吴根平等，2014）；统筹公共服务布局十分重要，城乡公共服务的配置必须坚持以人为本的原则，兼顾发展的利益（缪小林等，2016）。除此之外，多数学者认同应当建立公共服务的国家标准，统一标准体系，并提出了相应建议，持此观点的学者有蓝相洁、董克用等。在吸纳学术界观点的基础上，《国家基本公共服务标准（2021年版）》的发布，标志着这一问题已基本得到解决。

（2）破除城乡二元结构，满足农民诉求。城乡二元结构已成为实现基本公共服务均等化的主要阻碍。李一花（2008）、王谦（2008）、缪小林等（2017）、李曼音等（2018）强调，破除二元结构关键是满足农民的多样化需求。应以农民为本，推动城市对农村的反哺和支持，挖掘农村的优势，缩小城乡收益距离。部分学者认为，破除城乡二元结构，必须进一步改革户籍制度、消除工农产品"剪刀差"，并构建城乡统一的劳动择业制度（党秀云等，2013）。

（3）深化公共财政改革，完善财政体制。纵观已有文献，学者们普遍认同优化财政体制是实现城乡基本公共服务均等化的必要条件，应从三个方面改革财政体制。一是完善政府间的财政分配关系，权责匹配，激发地方政府活力。对于如何有效划分权责以实现均衡，必须发挥支出划分、收入划分、转移支付"三位一体"的综合作用（李一花，2008）；应根据公共产品的公益性范围以及事权决定财权的原则划分各级政府的职责与权力（吴根平，2014）。二是改革转移支付制度。转移支付可分为一般性转移支付和专项转移支付，多数学者认为应扩大一般性转移支付比重，规范专项转移支付的使用。三是优化财政支出结构。通过积极引导、增加基本公共服务指标在政绩考核中的权重、完善监督问责机制等手段，扭转地方政府的自利性支出偏好，促使政府支出适度向农村和民生重点领域倾斜，例如加大民生基本保障领域的支出（李军鹏，2019）、扩大"三农"支出所占份额（李燕凌等，2016）、健全涉农公共服务支出保障机制（吉富星等，2019；钟裕民，2020）等。

（4）推动供给侧改革，创新供给模式。这一观点主要得到公共管理学和财政学领域学者的支持，他们主张从供给侧出发，推动城乡基本公共服务的供给主体多元化、供给方式现代化、供给机制统一化、供需适配化（含农民需求表达的常态化）。具体而言，公共管理学领域的学者更关注创新供给模式对于提升基本公共服务供给质量和有效性的作用；财政学领域的学者则强调加强中央和地方协作，密切政府和市场、社会的互动合作，积极引导市场和社会力量参与，以促进公共服务资源有效整合，形成资金和效率合力，并通过投资补助、基金注资等多种方式，广泛吸引社会资本、社会力量提供高质量的公共服务（吉富星等，2019）。

（四）人口流动、分布变动与城乡基本公共服务均等化的研究

1. 人口分布与人口集聚的研究

2021年5月11日，第七次全国人口普查结果公布的有关人口空间分布的数据显示：2010—2020年，我国城镇化率快速提升，达到63.9%，流动人口比重持续提高，流动人口总量已达到3.7亿，明显高于此前预估的2.7亿。2020年，东部地区吸纳了73.5%的跨省流动人口。上述数据表明人口空间分布正在进一步集聚。在自然地理和经济活动等因素作用下，人口空间分布呈现不均匀特征，这是经济社会发展过程中的典型现象。世界银行发布的《2009年世界发展报告》在开篇即指出，全球有半数的经济活动位于1.5%的陆地区域。早在1935年，胡焕庸就提出著名的中国人口分界线即“瑷珲—腾冲线”，中国绝大部分的人口位于这条分界线的东侧。从人口空间分布上看，城市化其实就是人口由相对分散走向集聚的过程。因此，随着城市化的进行，人口空间分布不均匀程度会进一步加深。“十四五”规划中明确提出支持城市化地区高效集聚经济和人口，发挥中心城市和城市群带动作用，建设现代化都市圈。

目前，关于人口空间分布的研究主要集中在以下两个方面：一是有关人口空间分布特征定量分析。潘倩等（2013）研究了近300年省级层面人口空间格局的变化，发现人口分布逐渐趋向均衡和人口分布保持高度自相关。曾永明（2016）基于第五次和第六次全国人口普查分县数据，研究发现中国人口极化特征将继续加大。尹德挺和袁尚（2019）系统考察了新中国成立70年的人口空间分布变迁，发现以“胡焕庸线”为界的人口空间分布格局基本稳定，杨强等（2016）和王桂新等（2016）也持类似观点，他们还发现从经济—人口协调性视角看，协调型城市占比有所减少，这意味人口空间分布和经济空间分布在一定程度上不匹配。二是有关人口空间分布的影响因素分析。人口空间分布格局是自然、历史和经济等多种因素

综合作用下的结果，生产力发展是人口分布的决定因素（叶东安，1988）。也有学者认为气候和地形因素对于人口分布格局具有长期稳定的影响，而经济因素则是人口分布短期变动的主要原因（吕晨等，2009）。同时，人口空间分布是否合理和均衡应该充分考虑各地区的相对资源承载能力（肖金成、李培军，2005）。虽然现有文献对人口分布问题做了比较丰富的研究，但是大多数研究局限在改革开放后人口空间分布的描述上，而且也缺乏人口空间分布演变的经济理论解释和实证分析。人口集聚，是指基于各种原因，在一定地理范围内的部分甚至全部人口向该地理范围内的一个或多个特定区域汇聚的现象（刘睿文等，2020）。人口集聚通过增加劳动力供给、改善人口的年龄结构、增加有效需求等为人口集聚区域带来持续的经济增长动力（王公博，2020）。县域是我国区域经济的基本组成单元，是连接城乡市场、吸纳农业转移人口、承接城市产业转移的重要载体，同时也是构建完整内需体系、畅通国内循环的重点难点所在（范毅等，2020）。随着我国经济从高速增长转向高质量发展，县域发展越来越受到各级政府的重视。在“十四五”规划中，提出了“推进以县城为重要载体的城镇化建设”的战略要求以期让更多人民群众享有更高品质的城市生活。

随着中国人口发展形势的重大变化（王培安，2021），众多县域地区正面临传统产业聚集效应削弱和人口流失趋势加重等问题。人口集聚程度是衡量县域地区竞争力和发展潜力的重要指标，面对新阶段新问题，亟须探索县域人口聚集的新动向新特点。此外，人口在区域经济发展中发挥重要作用，同时区域经济发展水平关乎区域人口生活质量（杨东亮等，2018），经济发展作为影响人口集聚的核心要素，分析经济高质量发展背景下经济集聚对县域人口集聚的影响有利于合理规划县城建设，引导人口合理布局。目前，关于人口集聚与经济发展之间关系的研究成果颇丰，从研究尺度和区域来看，已有研究主要集中在全国省域、市域（曾永明等，2017）或者北京、上海等超大城市（杨卡，2014）。近年来，有关都市圈人口集聚的研究明显增加，例如有学者对东京都市圈（陈红艳等，2020）、中国三大城市群（韦政伟等，2020）进行研究。随着“一带一路”倡议的提出，“一带一路”背景下西部地区（孔伟艳等，2010）的人口集聚研究受到重视；还有学者对某一省份人口集聚现状进行研究，主要集中于山西省、广东省、云南省、东北地区等区域。在研究方法上，学者们普遍采用空间计量模型、PVAR 模型、GMM 模型、地理加权回归和逐步多元回归（袁锦标等，2020）等方法对经济集聚与人口集聚的关系进行实证分析。在研究数据方面，主要采用人口普查数据和人口抽样调查数据。大部分学者认为经济集聚对人口集聚具有正向的非线性促进作用，也有部分学者认为人口集聚与经济集聚呈倒“U”形关系（王莹莹等，2015）。

通过对相关文献进行梳理，我们发现有关全国县域尺度的人口集聚问题研究较少，且已有研究侧重解析人口集聚对经济发展的影响作用，较少关注经济社会发展对人口集聚的影响机制。此外，我国各地区县域经济发展水平差异较大，其对人口集聚的影响力度同样具有异质性，经济集聚对各地区人口集聚的影响是非线性的，有必要引用门限变量进行分析。

2. 县域人口流动与分布的研究

近年来，我国出台了一系列以县域为基本载体的政策，县域成为乡村振兴的重要单元、新型城镇化的重要环节和城乡融合发展的重要载体。人口流动作为推动县域经济发展、新型城镇化和城乡融合的重要推力受到广泛关注。2022 年 5 月，国家发改委发布的《以县城为重要载体的城镇化建设的意见》中特别增加了关于顺应县域人口流动变化局势，全面放开县城落户限制，推动人口流失县域转型等重要部署。把握县域人口流动状况及其影响已成为理解县域新型城镇化和城乡融合发展方式的内在要求，也成为未来进一步推动县域内新型城乡关系构建和公共服务政策完善的重要依据。

当前，中国正处于经济转型和社会变迁的关键时期。在此背景下，人口流动分布格局也发生了深刻转变，呈现出大规模、多尺度、全方位和多元化的特征（段成荣，2022）。这一转变对人口结构变迁、人口空间分布变动和新型城镇化发展均产生了深刻影响（郑筱津等，2023），不同尺度空间单元内人口流动的新动态日益成为学者们关注的重要议题。第七次全国人口普查（以下简称“七普”）结果显示，我国人口既保持了高流动性，也呈现出省内流动占据主导地位、“城—城”流动规模持续扩大、城市内部短距离流动高度活跃等新态势（周皓，2021）。区县作为中国行政管理和社会发展的核心单元，区县尺度的人口流动不仅有利于促进农业转移人口就地、就近实现市民化，增强城镇综合承载能力，提升流动人口的生活质量，而且能缓解部分超大特大城市人口过度集中的问题，从而形成大中小城市和小城镇协调发展的空间格局，实现人口的区域均衡分布和城乡融合。因此，深入研究区县尺度下人口流动的格局演变、作用机制及其对城镇化的影响，不仅对认识中国人口流动的新趋势和新规律具有重要的理论价值，而且对科学制定人口流动引导政策等具有一定的实践参考价值。

国外学者基于不同的视角和背景构建了一系列人口流动理论，如“推—拉”理论、二元经济结构理论、新迁移理论等，但这些理论难以完全解释中国人口流动的规律和特征。国内学者的人口流动研究主要关注中国特有的“人户分离”现象，从省级（马胜春，2022）、地市级（劳昕等，2015）等不同尺度开展了丰富的理论和实践研究，系统地分析了人口流动的空间格局与迁移网络（古恒宇等，2022）、影响因素与迁移机制（蒲英霞等，2016）、管理与对策（林宇敏等，2022）及其对区域经济、城镇化发展的影响（陈丙欣，2013）等。研究表明，省际流动人口向东部三大城市群集中的格局保持稳定，同时，在西部地区形成了以四川、重庆为流入中心的区域性人口迁移圈。在地市级尺度上，超大城市和特大城市是流动人口的主要聚集地，流动人口向东部和行政层级较高的城市集聚的趋势不断加强（段成荣等，2009）。人口在流动过程中，人们越来越看重流入地的生活环境、基础设施、医疗教育水平等社会发展因素（李拓等，2015），跨地区人口流动则加速了东部与中西部地区之间的城镇化进程差异（陈甬军，2013）。

近年来，学者们更加关注区县尺度的人口流动，以期更全面地认识人口流动的新动态。在区县尺度内，人口流动的空间分布呈现从东部逐步向中西部分散、从超大特大城市向中小城市分散的趋势（刘涛等，2022）。这一现象受多种因素的影响，包括区域发展不平衡、就业和教育资源差异、行政等级差异、地方政策限制等（杨传开等，2019）。区县尺度的人口流动经历了从不活跃到活跃、从相对均势到高度极化的演化过程（戚伟等，2017）。同时，县内人口流动与城镇化水平呈现出正相关关系，环渤海湾、华北平原北部地区、黄土高原、江南丘陵、两广丘陵等地区均适宜采取就地城镇化的发展模式（但俊等，2016）。然而，区县尺度的人口流动研究仍然存在一些不足，包括研究视角过于集中在人口流入（王洁晶等，2023）、对市辖区人口流动的研究相对匮乏（李思洁等，2024）、人口流动对区县城镇化影响的研究多以定性分析为主（刘涛等，2015）等。针对这些不足，需要从人口流入、人口流出和内部人口流动等多个维度探讨人口流动对流入地和流出地经济社会发展的多重影响，并通过揭示人口流动与区县城镇化之间的内在联系和影响机制，为制定相关政策提供参考。

改革开放40多年来，我国经历了人口和劳动力从低流动性向高流动性的快速转变，我国已迅速完成从乡土中国向迁徙中国的转变（程梦瑶、段成荣，2021）。当前，由于人口向特大城市和中心城市群高度聚集，县域人口外流的现象已屡见不鲜。与此同时，在县域空间内，农民到县城买房子、向县城集聚，农民家庭“城乡两栖”模式亦十分普遍。一些学者已关注到这些问题，开始从县级尺度把握流动人口的空间分布格局演变（刘涛等，2015；戚伟等，2017）。此外，大量研究关注到人口流动对县域城镇化的影响（刘涛等，2015；王婧等，2016；但俊等，2016），并初步探索了人口流动背景下县域人口的老龄化和抚养比（敖荣军等，2020）。但总体上学界对县域人口流动状况、特点和趋势变动的分析仍较有限。一方面，现有研究多从包括市辖区的所有县级行政单元出发，缺乏对县域空间的特别重视；另一方面，这类研究多采用跨县流动单一角度，关于县域内流动的分析不充分，将两种角度相结合分析的文章更是近乎阙如。我国跨县和县内流动反映了县域发展的不同侧面，且共同影响着县域人口变动和社会经济发展，我国跨县和县内人口流动状况如何，各自有怎样的特点，又分别发生了怎样的变迁，可能会带来哪些问题挑战，这些都是值得深入研究的课题。

3. 人口流动、分布变动与基本公共服务均等化关系

党的二十大报告强调，“健全基本公共服务体系，增强均衡性和可及性”。目前，公共服务均等化已经成为促进机会公平、实现人人共享社会发展成果的重要举措。对于区域治理现代化而言，公共服务均等化还是推动区域人口由高聚集区域向低密度区域迁移的重要力量，是促进区域空间均衡发展的关键策略。2022 年，国家“十四五”规划提出，到 2025 年，基本公共服务均等化水平要显著提高；到 2035 年，基本公共服务实现均等化的部署要求。京津冀协同发展作为重要的国家战略，其核心内容之一就是公共服务的协同和一体化。关键在于通过促进城市化核心区域的公共服务带动人口、产业和经济要素合理流动，进而推动京津冀区域空间格局优化。

在西方传统文献中，“公共服务”和“公共产品”常被看作同一概念或可以互换的概念，或者认为公共服务属于公共物品（韩小威等，2010）。早在 18 世纪初，亚当·斯密就强调了国家提供公平的公共服务体系的主张（Smith A.，1777），如今，公共服务均等化仍是国内外学者研究的重要领域。国外学者聚焦于对不同阶层、区域、邻里等各类型的群体公共服务配置进行分析，并对政府举措和公众意见等进行探究（Aksztejn Wirginia，2020）。国内相关研究主要关注区域、省际、城乡之间和城市之间的公共服务配置，着重于构建指标体系对全国范围内的公共服务支出进行测算、评价（贾婷月等，2021）与成效分析，以及从省域层面测度公共服务发展水平与差异（王雪晴等，2021）。近期，区域层面的公共服务水平测算集中在长三角和西部区域。

财政和公共经济领域的学者对人口流动与公共产品和服务供给相互间的影响等问题作了较多研究。Wildasin（1988，1991）、Wilson（1986）、Hoyt（1993）、Keen 和 Marchand（1997）、Day（1992）、Wellisch（1996，2000）、Schultz（2001）等考察了人口流动带来的地方政府公共品供给外部性与税收竞争以及选举型政府对城市人口规模扩张态度和移民政策的制定等；Stiglitz 和 Arnott 及 Atkinson 等（1977，1979，1980）提出了基于地

方公共品分享的拥挤性和劳动报酬递减情况下社区最佳人口边界和社区数量问题的分析框架，并由此引出亨利·乔治定理。该定理认为：在市民同质性假定下，当公共品的支出等于因人口增加所带来的租税时，城市达到最佳规模（Hochman et al.，1995）。同时，个体对公共产品的支付意愿和流动倾向也决定了城市的人口规模（Atkinson 和 Stiglitz，1980；Epple 和 Romer，1991）。Faguet（2004）则认为：居民不会因公共服务的差异而完全流动，且公共服务的差异通常不是人口流动的主要因素，因此不能保证 Tiebout 投票机制在提高地方公共服务供给效率方面的作用。

国内现有研究成果主要集中于以下三个方面。

（1）基本公共服务均等化水平测度。大多数学者通过构建基本公共服务指标体系，运用综合评价法、熵值法、主成分分析、层次分析法、熵权 TOPSIS 等方法测算基本公共服务水平，继而采用变异系数或基尼系数测算其均等化水平。还有学者从其他视角进行测度，如公共投入的产出（王小华和温涛，2015；缪小林等，2017）、政府基本公共服务的财政支出（曾红颖，2012）、居民公共服务满意度（吕炜和张妍彦，2019）等。

（2）基本公共服务的空间差异和演变趋势。国家层面，安体富和任强（2008）研究发现，2000—2006 年中国地区间公共服务水平差距在逐步扩大，不同类型的公共服务项目差异程度也较大。传统区域或省域层面，任强（2009）研究发现，2000—2006 年中国省际公共服务水平的差距没有缩小。唐天伟等（2013）研究发现，2003—2012 年中国省级政府基本公共服务均等化存在明显的区域差异，但差异性在缩小。武力超等（2014）研究发现，2003—2011 年各省份的公共服务均等化水平由西向东逐渐提高。魏福成和胡洪曙（2015）研究发现，2005—2012 年省际综合基本公共服务均等化水平偏低，但均等化程度稳定上升。辛冲冲和陈志勇（2019）研究发现，2007—2016 年中国公共服务总体差异呈现趋缓下降态势，而区域间差异是总体差异的最大来源，且存在 σ 收敛、绝对 β 收敛和条件 β 收敛。市域层面，冯骁等（2014）研究发现 2001 年和 2010 年中国市域基本公共服务非均等化程度均较高，呈现东部城市高于西部城市，但其非均等化程度呈现下降态势。

（3）城乡基本公共服务的空间差异和演变趋势。韩增林等（2015）研究发现，2012年中国省级层面的城乡基本公共服务均等化指数普遍偏低，其空间分布存在显著的全局空间自相关特征。范逢春和谭淋丹（2018）研究发现，2006—2015年省级层面城乡基本公共服务均等化水平明显提高，供给差距逐年缩小。

总之，人口流动、分布变动与基本公共服务均等化之间存在密切的关系。一方面，当人们从一个地方迁移到另一个地方时，他们可能会遇到基本公共服务提供不均等问题。在一些地区，由于历史、地理、经济和社会原因，基本公共服务如教育、医疗、住房等可能供应不足或质量较低。这可能导致人口流动的个体和家庭无法获得应有的基本公共服务，从而加剧了不平等现象。另一方面，人口流动也可能对基本公共服务的提供产生积极影响。当大量人口流入某个地区时，政府可能会增加对该地区的投资，以满足新增人口的需求。这可能使基本公共服务的提供增加，从而提高该地区的服务水平。当人口分布发生变化时，基本公共服务的提供也需要相应调整。为了解决这些问题，政府需要采取一系列措施，以确保基本公共服务的均等化。包括增加对贫困和偏远地区的投资，改善基础设施，提高服务质量和覆盖率，促进人力资源开发，加强政策宣传和公众参与等。同时，政府还需要加强与其他国家和国际组织的合作，共同推动基本公共服务的均等化。

二、理论基础

（一）公平与效率理论

关于公平与效率的争议在学界一直都存在。那些提倡市场自发作用的学者主张效率原则，而那些提倡政府引导干预的学者主张公平原则。公平与效率是基本公共服务均等化不可或缺的价值取向。公平与效率作为社会的两大价值目标，两者之间的关系是较为复杂的，理论界一直就此进行各种各样的争论，有的人认为效率优先于公平，有的人认为公平应该优先于效率，有的人又认为两者是统一的，没有公平就无所谓效率，没有效率也不存在公平。西方社会存在三种典型的观点：效率优先论，公平优先论，公平与效率并重论。

与上述观点不同，马克思主义以历史唯物主义方法来分析公平与效率的关系，其认为它们虽然是不同的范畴，却存在着辩证统一的关系。第一，公平与效率相互依存，互为前提。一方面，公平关系和观念要以一定的效率为物质条件。另一方面，效率是建立于一定公平观念上的效率，要以公平为前提。第二，公平与效率相互促进。一方面，公平待遇能够促进社会成员之间的协作、配合，调动、激发社会成员的积极性和主动性，更好地使用社会资源，有利于提高效率。另一方面，效率的提高可生产出更多的物质资料，在为统治者提供更多财富的同时，适当改善劳动者的物质生活条件，有助于催生新的公平观念。第三，公平与效率互相制约。第四，公平与效率交互同向发展，共存于不同的层次。公平与效率之所以存在辩证统一的关系，归根到底是因为它们都是由相同的特定社会经济制度决定的，是生产力与生产关系、经济基础与上层建筑之间辩证统一关系的一种体现。

公平与效率的关系可以概括为：效率标准是公平的最高标准，公平的概念会反作用于效率，公平以差别为前提，不以差别为标准，在特定标准下去消除差别。总而言之，效率与公平共存。

现阶段区域间经济社会发展的不平衡表现在多个方面，区域发展差距不仅是经济发展水平的差距，发达地区和欠发达地区在公共教育、公共卫生、公共文化体育、生活保障、住房保障和医疗保障等多个方面也存在较大差距，而由此所引发的各种问题已经严重制约了我国经济社会的全面协调可持续发展。为此，国家实施了西部大开发、振兴东北老工业基地、中部崛起等战略，旨在统筹区域发展、缩小彼此差距。现阶段基本公共服务水平在区域间、城乡间呈扩大趋势，这种差距会对社会公平正义产生负面影响，也在一定程度上制约了落后地区的经济社会发展。实现基本公共服务均等化是党的十七大作出的战略决策，推进基本公共服务均等化既可以使发达地区和落后地区、城乡之间共享改革成果从而彰显社会公平，也可以为落后地区实现快速发展、缩小与发达地区的差距提供支持，进而体现发展效率。

均等化是基本公共服务公平理念的实现过程。基本公共服务均等化是以基本公共服务的非均等为现实基础。现阶段，受经济发展差距、制度安排不合理等因素影响，发达地区与落后地区之间，以及城乡之间，基本公共服务水平差距明显，这与基本公共服务自身所包含的公平理念相悖。

基本公共服务均等化，旨在通过合理设计基本公共服务供给制度，加快落后地区经济发展，逐步缩小区域和城乡在基本公共服务水平上的差距。最终保证无论是发达地区还是落后地区，无论是城市居民还是农村居民，都能够享受到水平基本相同的基本公共服务，从而使改革发展成果能够惠及所有社会成员。

帕累托改进，是福利经济学的一个重要概念，指在某种经济境况下通过适当的制度安排或交换，至少提高一部分人的福利或满足程度，同时不会降低其他人的福利或满足程度。通过帕累托改进达到均衡的帕累托最优状态被认为是有效率的。基本公共服务均等化本质上是在保护个人最基本生存权和发展权的目标下，将全社会公共资源在不同区域之间、城乡之间进行科学合理配置的过程。在这个过程中，欠发达地区和乡村的基本公共服务水平会得到改善，同时发达地区和城市的基本公共服务水平也不会因此而有所降低。因此，基本公共服务均等化是一个正和博弈。推进基本公共服务均等化在优化公共资源配置的基础上实现了帕累托改进。

（二）分配正义理论

亚里士多德认为，世界上一切生物体都是按照其自然目的，即所谓的内在的、特定的秩序参数（Order Parameter）演化的，人类社会也是如此。人类社会的互益性事业，从早期以施舍与救济为表征的慈善事业，发展到了以普惠性福利为表征的公共服务事业；从最低生计的维持发展到了基本权益的保障。在此过程中，人权运动发挥了推波助澜的作用，正义的含义也在逐渐发生重大转变，由最初的形式正义发展到了形式正义与实质正义并存。分配正义是一种实质正义，它关注人们在利益方面的关系是否符合某种实质性的标准，而不仅是权利起点和游戏规则的公平。人类社会，“离开分配的公平性，不可能存在正义的社会秩序”。罗尔斯的正义论，给出了社会公平正义的道德底线，即正义的社会制度应最大限度地有助于最不利者群体的利益。基于正义的差别原则，国家为“最不利者”设立补偿性的制度，“不是出于怜悯的施舍，而是出于文明社会自身的需要”，是形成社会合作秩序的必然。

市场经济条件下，分配正义意指三个方面的内容：一是能够提供平等的机会”，包括作为平等利用的机会平等和作为平等起点的机会平等两个层面；二是保证过程的公正，即存在无差别的、普遍的规则且其能得到公正实施；三是能否实现公平的结果，即分配的结果符合对等原则且有利于处境最不利者或最少受惠者。分配正义的这三层含义，意味着实质意义上的公平规则，是由相互关联的多个要素组成的集合。其中，权利公平、机会公平、补偿公平等，是公平信念这一集合的核心要素。权利平等解决的是人们在法律地位上的平等问题，是社会公平的制度前提；机会公平解决的是社会成员参与资源分配的资格与条件限制问题，是社会公平的逻辑起点；而补偿公平解决的是“最少受惠者”的利益再分配问题，关系社会公平的道德底线。需要指出的是，各种公平参数虽然有着各自的导向与功能，但却是一个有机整体，只有将它们合理组合起来，才能有效地解决社会不公正问题。现代意义上的社会公平，是由不同公平价值组合而成的秩序参数。这就是说，“公平价值体系只有与社会实际运转中存在的公平问题的复杂性程度相一致，才能够成为社会分配体系有效运转的调节机制”。

基本公共服务均等化，是分配正义的政策性表达，它意味着机会均等、过程均等和结果均等的统一。这种均等，不是纯粹理论逻辑上的，而是基于现实国情国力的。现阶段，应当锁定民生发展中的核心领域，确立底线公平的行动模式。

（三）城乡融合发展理论

城乡融合发展理论是一个逐渐演化的过程，在我国自该理论提出至今大致经历了三个阶段的发展：改革开放到20世纪80年代中后期，是城乡融合发展理论的提出与探索阶段。改革开放的践行使城市经济获得了极大的发展，但与此同时，历史长期形成的城乡二元的发展模式也使社会矛盾日益突出，尤其是城乡发展悬殊，在这一背景下，城乡融合发展思想初现雏形并开始得到人们的重视。一般认为，城乡融合主要是指城乡一体化。但是，城乡融合是一个复杂的庞大系统，它涉及社会经济融合发展、生态环境融合发展、社会空间生活融合等多个角度；20世纪80年代末到90年代初，是城乡融合发展理论的第二个发展时期。在这一时期，研究方向不再只关注城市的发展，转而对城乡结合区域展开探索。中国的地域由城市、乡村以及城乡结合地区构成。其中，城乡结合部位于城市和乡村边缘相交处，兼具城市和乡村的特征。针对这一区域开展研究，对推进城乡融合发展具有重大意义。这一时期的研究，主要是围绕城乡结合区域的概念以及类型和特征等方面进行的。20世纪90年代中期至今，城乡融合发展理论框架正式建立并逐渐完善阶段，且进行了理论层面的探索，全面系统化地对城乡融合的影响因素、实现路径进行了研讨。总之，城乡关系经历了城乡二元分割、城乡统筹、城乡一体化、城乡融合这样的一个发展历程，城乡融合发展理论为实现城乡融合发展提供了必要的理论基础。

城乡融合发展理论是在新时代的背景下，针对建设中国特色社会主义提出的新的具体的要求。该理论的出台是党中央在“城乡统筹发展”“城乡一体化发展”的基础上对城乡关系发展作出的新部署。其体现了党中央对乡村发展的高关注度，也为新时代推进城乡融合发展提供了重要依据。

新时代城乡融合发展思想为城乡融合发展新态势提供了具体的理论依据，为中国能够建立起以工促农、以城带乡、城乡共同发展的新时代城乡关系建设提供了理论支撑。21世纪初期，党中央就已经提出城乡统筹和城乡一体化的发展战略，在新时代的时间节点上，党中央提出了城乡融合的发展战略，这些政策的出台与实施，推动了我国城乡关系的稳步发展，也促进了新型城镇化建设与乡村发展任务的推行。推动城乡基础设施、人才、资源等融合发展，能够有效缓解新中国成立后城乡二元经济体制导致的城乡差距过大的问题，能够让城市与乡村间的关系更加紧密，让城乡之间联系更广更深，缩小城乡之间长期存在的发展差距。在党的十九大上，习近平总书记在科学分析中国目前城乡发展情况的同时，根据中国社会目前发展实际情况，在城乡统筹发展、城乡一体化发展的基础上探索城乡发展新的建设方针，提出了新时代城乡融合发展的新要求，城乡融合发展的提出为解决现阶段中国城乡问题提供了有力的理论支撑。

（四）人口流迁与分布理论

推拉理论（Push and Pull Theory）是研究人口流动、迁移的重要理论。该理论的起源可追溯至英国社会学家拉文斯坦于19世纪80年代提出的人口迁移法则，拉文斯坦将人口迁移归因于歧视、贫困、自然灾害等不利生活条件。20世纪50年代末，唐纳德·博格对其进行深化，提出系统的人口迁移推拉理论，他认为人口迁移的目的是改善生活，迁移的原因主要来自两方面：一是流出地的推力（如较低的收入水平、较少的就业机会、较差的生活环境等）；二是流入地的拉力（如较高的工资收入、较好的生活水平、完善的基础设施等）。但唐纳德·博格的推拉理论过于强调外部因素，忽视了人的主观能动性，例如，面对同样的环境条件，同一区域的人并非集体全部迁移，人的非理性在其中起了很大作用。对此，20世纪70年代末，Lee对推拉理论进行完善，将个人因素引入解释框架中，同时，他指出流出地和流入地均存在“推力”和“拉力”，并且两者之间存在介入因素。由此，形成了推拉理论人口迁移解释框架的二维四要素，“二维”指同时存在于流出地与流入地的推力与拉力因素，“四要素”指流出地因素、流入地因素、个人因素和介入因素，人口迁移的动力源于四要素共同作用下的推力与拉力之差。

在我国快速城镇化进程中，城市成为吸引和承载人口的重要节点。但近年来，随着城乡融合发展、乡村振兴和区域协调发展等国家战略的颁布和实施，镇和乡村对人口的吸引力逐步提升，呈现出更为复杂的城乡人口变动和区域人口增减分化模式。

人口分布是在自然、经济、社会和历史等多种因素影响下形成的，对一定区域而言，生产力和生产方式的决定性作用更为重要。区域经济发展将促进人口聚集，同时，人口聚集又给经济带来聚集效应。人口空间分布不仅会影响当前政府的政策制定和投资决策，如城市基础设施和公共服务提供等，而且还会影响未来的区域发展政策和人口管理政策制定。人口空间分布实际上也反映劳动力的空间分布，流动人口的分布直接关系着劳动力的空间位置，而劳动力作为重要的生产要素，它的合理配置对于提高资源配置效率和国家竞争力有着重要影响。在新一轮中国区域协调发展和沿海大城市经济结构调整背景下，中国区域人口再分布格局可能会出现新的态势，这种人口分布新态势将会对我国区域发展和区域人口等公共政策产生新的影响。

第三章

我国县域人口发展特征与动态演变规律

《中共中央关于制定国民经济和社会发展第十四个五年规划和2035年远景目标的建议》《关于推进以县城为重要载体的城镇化建设的意见》以及2023年中央一号文件中都提到要“尊重县城发展规律”“顺应县城人口流动变化趋势”“以县域为基本单元推进城乡融合发展”“加强基本公共服务的县域统筹”“加快推进以县域为重要载体的城镇化建设”等战略要求，体现了县域在乡村振兴、城乡融合和新型城镇化等国家战略中的重要地位。人口是社会经济发展的重要支撑，人口的均衡发展是县域长期发展的必要基础，也是影响县域未来发展的重要因素之一，在人口负增长和人口流动性普遍增强的现实情境下，我国县域人口现状和未来趋势如何？会给县域公共服务建设带来哪些机遇和挑战？鉴于此，本书旨在对县域人口发展现状进行分析，揭示我国县域人口发展的区域差异，并分析县域人口变动可能带来的问题和挑战。

2000—2020年，我国县级行政区划经历了多次调整，这些调整主要涉及行政区划名称变更（撤县设市/区、撤市设区等），以及行政区划新增或撤销、拆分或重组。这些调整导致研究期间县域单元数量不一致，因此，本书的处理方式是以2020年县级行政区划为基准，调整、增添或删除2010年和2000年的县域单元数量。基于这一基准，本书根据《中国人口普查分县资料（2020）》，对第七次全国人口普查的2844个县级行政单位进行剔除整理，最终剔除 973 个市辖区、1 个特区（六枝特区）、1 个林区（神农架林区），保留 1869 个县级行政区划（包括 1312 个县、388 个县级市、117 个自治县、49 个旗、3 个自治旗，其中安徽省芜湖县、繁昌县和贵州省水城县在 2020 年改设为区，但 2020 年普查资料中仍以县命名）的人口数据进行统计分析。

一、我国县域人口总量变动特征

（一）县域人口总量减少，常住人口少于户籍人口

全国人口普查数据显示（如图 3 – 1 所示），2000 年全国县域常住人口数约为 78190 万人，占全国总人口的 63.21%，县域平均常住人口约为 41.97 万人。2010 年全国县域常住人口数约为 79361 万人，约占全国总人口的 59.18%，县域平均常住人口约为 42.53 万人。2020 年全国县域常住人口数约为 74716 万人，约占全国总人口的 52.92%，县域平均常住人口约为 39.91 万人。2010—2020 年，全国县域常住人口从 7.93 亿人降至 7.47 亿人，减少了约 4645 万人，2000—2010 年县域常住人口在全国总人口中的比例从 59.18% 下降至 52.92%，降幅约为 6.26%，高于 2000—2010 年 4.03% 的降幅；2010—2020 年县域平均常住人口从 42.53 万人降至 39.91 万人，减少了约 2.62 万人。

县域常住人口数变动趋势与县域户籍人口数的变动总体上呈一致趋势，均呈现出 2000—2010 年人口数增加，2010—2020 年人口数下降；但占总人口的比重均处于减少的趋势，其中，县域常住人口占比从 2000 年的 63.21% 降至 2020 年的 52.92%，减少了 10.29 个百分点，县域户籍人口占比从 2000 年的 70.46% 降至 2020 年的 57.86%，减少了 12.6 个百分点；县域平均常住人口从 2000 年的 41.97 万人降至 2020 年的 39.91 万人，县

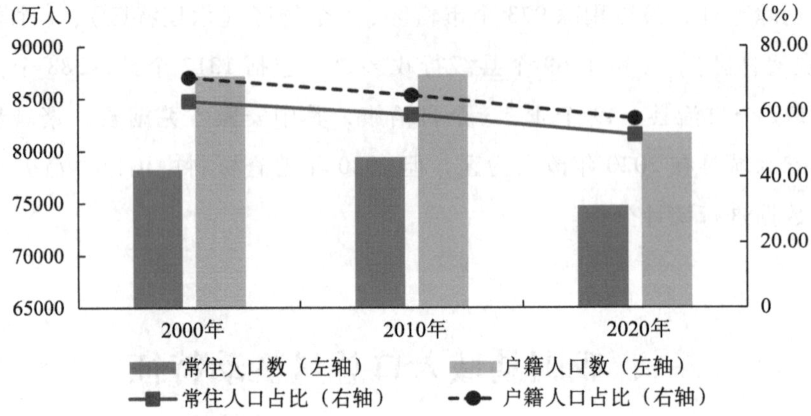

图 3-1　2000—2020 年我国县域常住人口及户籍人口变化

数据来源：各省统计局。

域平均户籍人口从 2000 年的 46.78 万人降至 2020 年的 43.64 万人。

（二）县域人口死亡率低于全国水平，自然增长率呈下降趋势

根据各省公布的全国人口普查数据（“五普”“六普”“七普”），本书选取公布了县域死亡率和自然增长率的省级行政区：内蒙古自治区、吉林省、黑龙江省、江苏省、浙江省、安徽省、福建省、江西省、山东省、河南省、湖北省、广西壮族自治区、海南省、重庆市、贵州省、云南省、青海省、宁夏回族自治区共 18 个省级行政区，涉及 1046 个县。具体情况如图 3-2 和图 3-3 所示。

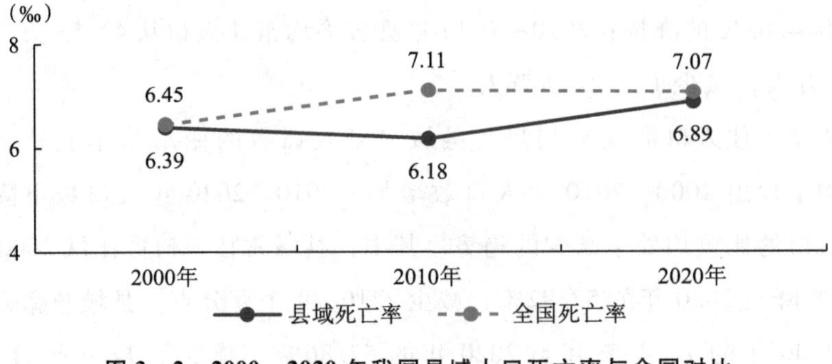

图 3-2　2000—2020 年我国县域人口死亡率与全国对比

数据来源：国家统计局和各省统计局。

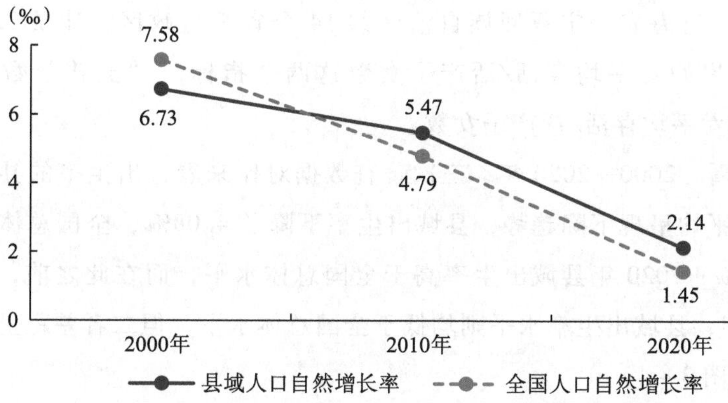

图 3-3　2000—2020 年我国县域人口自然增长率与全国对比

数据来源：国家统计局和各省统计局。

三次普查中我国县域人口死亡率均低于全国水平，第五次普查到第六次普查期间，二者的差距呈扩大趋势，差距从 2000 年的 0.06‰的差距扩大到2010 年的0.93‰；“六普”到“七普”期间，则呈现缩小趋势，差距从 2010 年的 0.93‰缩小到 0.18‰。人口自然增长率的变动趋势与死亡率有所不同，2010 年和 2020 年，县域人口自然增长率均高于全国平均水平，但 2000—2020 年，县域和全国的人口自然增长率水平均呈现下降的趋势。2000—2020 年，县域人口自然增长率下降了 4.59‰，下降速度小于全国 6.13‰的自然增长率的下降水平。

（三）县域人口生育水平呈下降趋势，与全国水平的差距不断缩小

根据各省公布的全国人口普查数据（“五普”“六普”“七普”），选取其中公布了县域出生率、总和生育率、15～64 岁妇女平均存活子女数、15～64 岁妇女平均活产子女数的省级行政区，其中出生率这一指标选取了内蒙古自治区、吉林省、黑龙江省、江苏省、浙江省、安徽省、福建省、江西省、山东省、河南省、湖北省、广西壮族自治区、海南省、重庆市、贵州省、云南省、青海省、宁夏回族自治区共 18 个省级行政区，涉及 1046 个县。总和生育率这一指标选取了内蒙古自治区、黑龙江省、江苏省、浙江省、安徽省、福建省、江西省、山东省、湖北省、海南省、重庆

市、贵州省、青海省、宁夏回族自治区共 14 个省级行政区，涉及 720 个县。15 ~64 岁妇女平均存活/活产子女数这两个指标，“五普”数据为 15 ~50 岁妇女平均存活/活产子女数。

总体来看，2000—2020 年，三次普查数据对比来看，出生率的县域和全国总体水平均呈现下降趋势，县域出生率下降了 4.08‰，全国总体水平则下降了 5‰；2020 年县域出生率高于全国总体水平，而在此之前，2000 年和 2010 年，县域出生率水平则均低于全国总体水平，但二者差距呈现缩小趋势（见图 3 -4）。

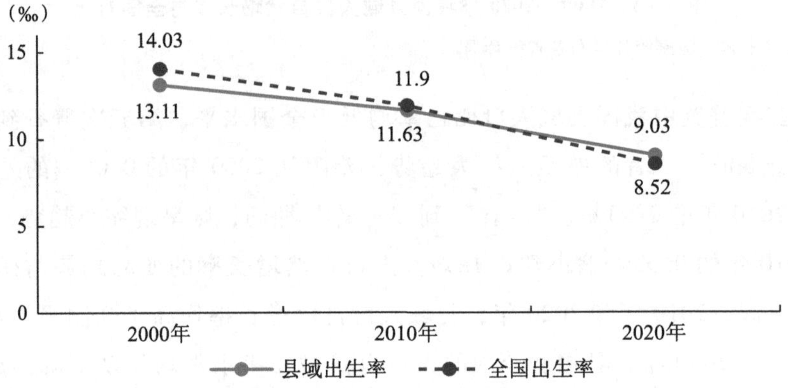

图 3 -4　2000—2020 年我国县域人口出生率与全国对比

数据来源：国家统计局和各省统计局。

将 2000 年和 2020 年我国县域和全国的总和生育率情况进行对比，两次普查结果显示，县域总和生育率均高于全国水平，其中，2000 年县域总和生育率为 1.45‰，比全国水平的 1.22‰高 0.23%；2020 年县域总和生育率为 1.49‰，比全国水平的 1.3‰高 0.19%，小于 2000 年县域和全国的差距。

县域的 15 ~64 岁妇女平均存活/活产子女数这一指标在三次普查中均高于全国总体水平，但存活子女数占活产子女数的百分比，在三次普查中县域水平均低于全国总体水平，但二者的差距呈现缩小趋势，从 2000 年差距 1.34 个百分点到 2010 年差距 1.18 个百分点再缩小到 2020 年的 0.11 个百分点（见图 3 -5）。

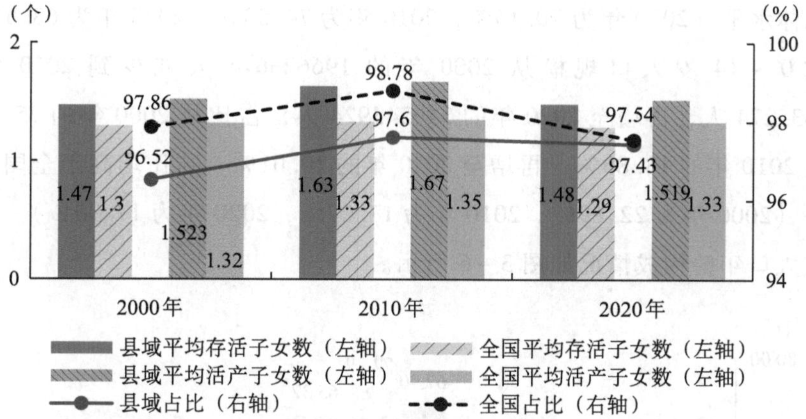

图 3－5　2000—2020 年我国县域 15～64 岁妇女平均存活/活产子女数与全国对比

数据来源：国家统计局和各省统计局。

二、我国县域人口结构变动特征

（一）县域人口年龄结构变动

1. 县域人口年龄结构持续调整

通过 2000—2020 年的三次普查数据对比可以看出，65 岁及以上人口数量及占比呈现不断增长的趋势，其人口数量从 2000 年的 55630069 人增长到 2010 年的 72135861 人，再增长到 2020 年的 109701059 人，占比则从 2000 年的 7.11% 增长到 2010 年的 9.26%，再增长到 2020 年的 14.68%，占比均高于同期全国总体水平（2000 年为 6.96%，2010 年为 8.4%，2020 年为 13.5%），且二者差距在不断扩大。县域 15～64 岁人口规模从 2000 年的 530896068 人增长到 2010 年的 562894913 人后开始减少，到 2020 年 15～64 岁人口数量为 488279833 人，占比变化则表现为 2000 年的 67.90% 增长到 2010 年的 72.29%，再降至 2020 年的 65.32%，占比均低于同期全国总体水平（2000 年为 70. 15%，2010 年为 74. 53%，2020 年为 68. 5%）。县域 0 ~ 14 岁人口规模从 2000 年的 196623644 人减少到 2010 年的 146635274 人，再增至 2020 年的 149543924 人，占比从 2000 年的 25. 15% 降至 2010 年的 18. 83%，再增至 2020 年的 20. 01%，占比均高于全国平均水平（2000 年为 22. 89%，2010 年为 17. 07%，2020 年为 17. 95%）。我国县域人口年龄构成情况如图 3 – 6 所示。

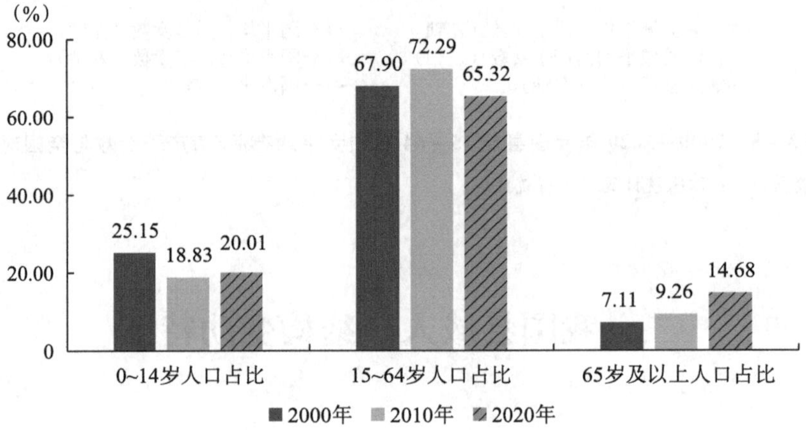

图 3 – 6　我国县域人口年龄构成情况

数据来源：各省统计局。

2. 县域人口老龄化程度不断加深

通过 2000—2020 年的三次普查数据对比可以看出，我国县域人口老龄化率呈现出不断增长的趋势，均高于全国总体水平，且二者的差距在不断扩大，从 2000 年的 0. 15 个百分点的差距扩大到 2010 年的 0. 36 个百分点，再扩大到 2020 年的 1. 18 个百分点（见图 3 – 7）。

三次普查数据显示（“五普”“六普”“七普”），我国县域人口老年抚养比呈现出不断增长的趋势，均高于全国总体水平，且二者的差距在不断扩大，从 2000 年的 0. 38 个百分点的差距扩大到 2010 年的 0. 92 个百分点，再扩大到 2020 年的 2. 77 个百分点（见图 3 – 8）。

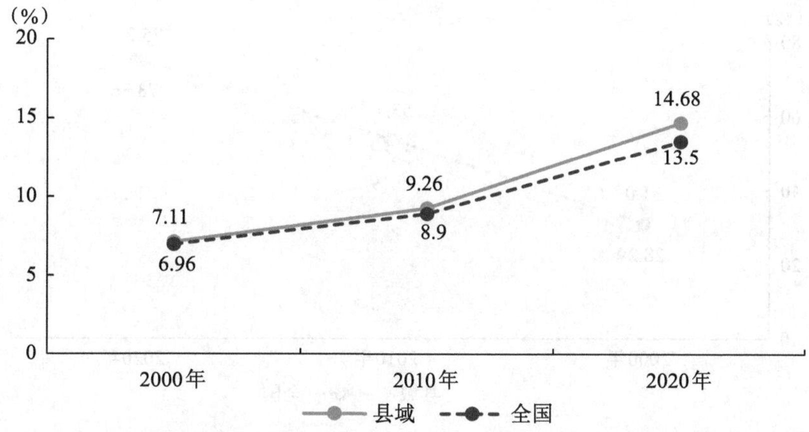

图 3－7　2000—2020 年我国县域人口老龄化率与全国对比情况

数据来源：国家统计局和各省统计局。

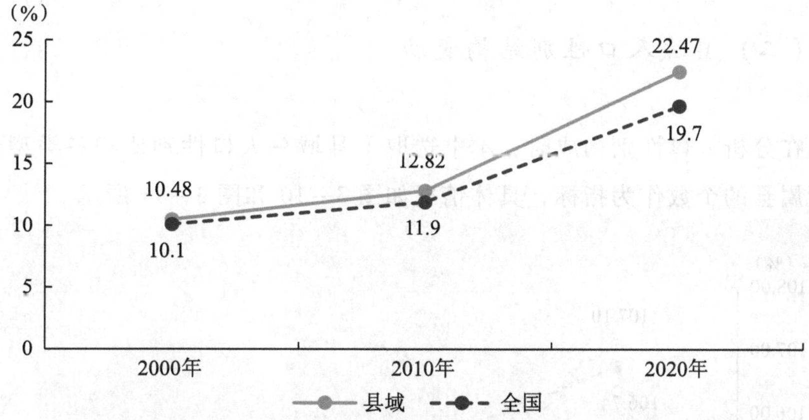

图 3－8　2000—2020 年我国县域老年抚养比与全国对比

数据来源：国家统计局和各省统计局。

三次普查数据显示（“五普”“六普”“七普”），我国县域人口老少比呈现出不断增长的趋势，均低于全国总体水平，二者的差距从 2000 年的 2.71 个百分点的差距扩大到 2010 年的 4.51 个百分点，再缩小到 2020 年的 1.84 个百分点（见图 3－9）。

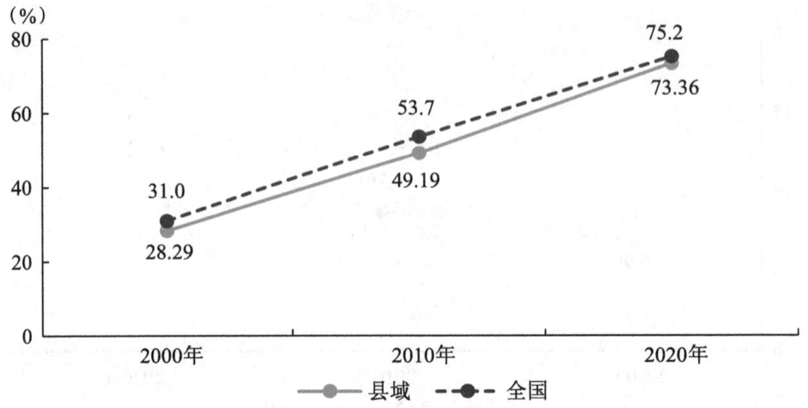

图 3－9　2000—2020 年我国县域老少比与全国对比

数据来源：国家统计局和各省统计局。

（二）县域人口性别结构变动

在分析人口性别构成时，本书选取了县域总人口性别比和各类型性别比所属县的个数作为指标，具体情况如图 3－10 和图 3－11 所示。

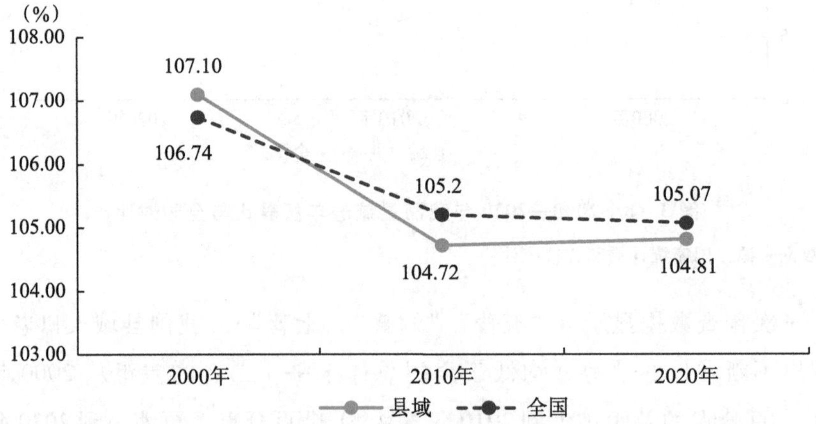

图 3－10　2000—2020 年我国县域人口性别比

（以女性为 100，男性对女性的比例）

数据来源：国家统计局和各省统计局。

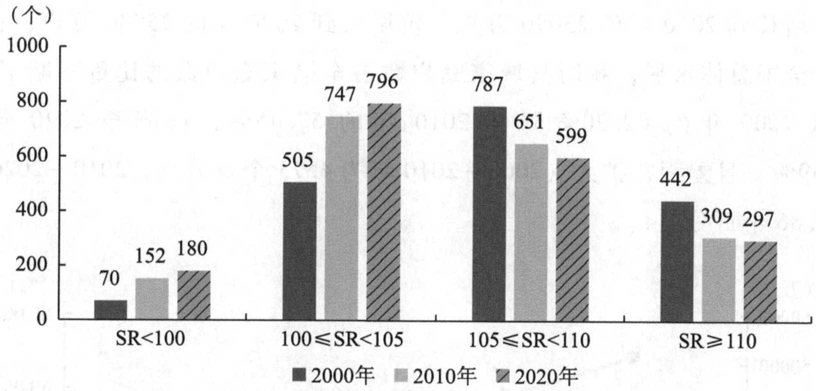

图 3-11　2000—2020 年我国县域人口性别比各类型数量

数据来源：国家统计局和各省统计局。

2000 年，我国县域男性人口为 405447323 人，占比为 51.85%，女性人口为 378567137 人，占比为 48.15%，即 2000 年县域人口性别比为 107.10（以女性为 100，男性对女性的比例），高于全国的 106.74；2010 年我国县域男性人口为 400465888 人，占比为 51.43%，女性人口为 382416903 人，占比为 48.57%；2010 年县域人口性别比为 104.72，低于全国的 105.2；2020 年我国县域男性人口为 382545323 人，占比为 51.17%，女性人口数为 364979493 人，占比为 48.83%；2020 年县域人口性别比为 104.81，低于全国的 105.07。

把人口性别比按照 SR<100、100≤SR<105、105≤SR<110、SR≥110 划分为四种类型，其中，SR<100 和 100≤SR<105 的县的数量不断增长，而 105≤SR<110 和 SR≥110 则不断减少，其中，2000—2010 年的变动幅度均大于 2010—2020 年的变动幅度（见图 3-11）。

（三）县域人口家庭结构变动

1. 县域家庭户数增长但占比下降

2000 年、2010 年、2020 年我国县域家庭户数的变化情况如图 3-12 所示。三次普查数据中，我国县域家庭户数不断增长，从 2000 年的 21178

万户增长到2010年的23090万户，再增长到2020年的25986万户，且均低于全国总体水平，我国县域家庭户数占全国家庭户数的比重不断下降，即从2000年的62.20%降至2010年的57.45%，再降至2020年的52.59%，且差距在扩大（2000—2010年为4.75个百分点，2010—2020年为4.86个百分点）。

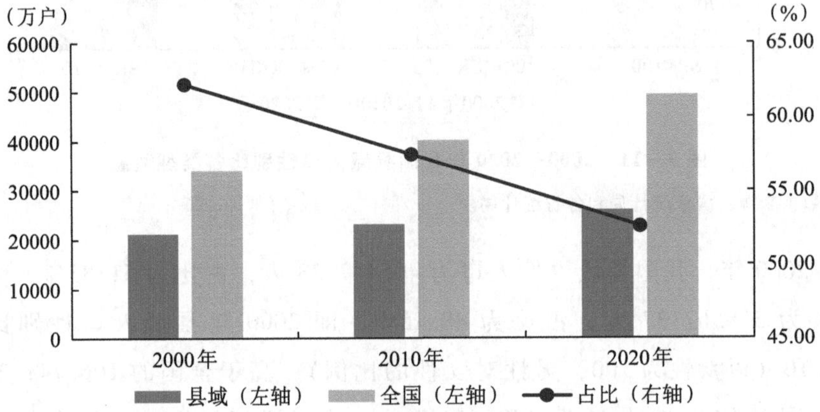

图3-12　2000—2020年我国县域家庭户数与全国对比情况

数据来源：国家统计局和各省统计局。

2. 县域家庭规模相对较大，一人户家庭占比持续增长

县域家庭规模结构变化情况的分析选取家庭户规模（人/户）和一人户家庭规模两项指标，具体情况如图3-13和图3-14所示。三次普查数据中，我国县域家庭户规模从2000年的3.73人/户增加到2010年的3.91人/户，再减少到2020年的2.74人/户，且均高于全国总体水平。我国县域一人户家庭规模从2000年的15673819户增长到2010年的29041227户，再增长到2020年的61041227户，均低于全国总体水平，且二者差距呈扩大趋势；占县域家庭户数的比重从2000年的7.40%增长到2010年的12.57%，再增长到2020年的23.49%，且增幅不断加大；占全国一人户家庭的比重则呈现不断下降的趋势，从2000年的55.44%下降到2010年的49.69%，再降至2020年的48.64%，降幅不断减小。

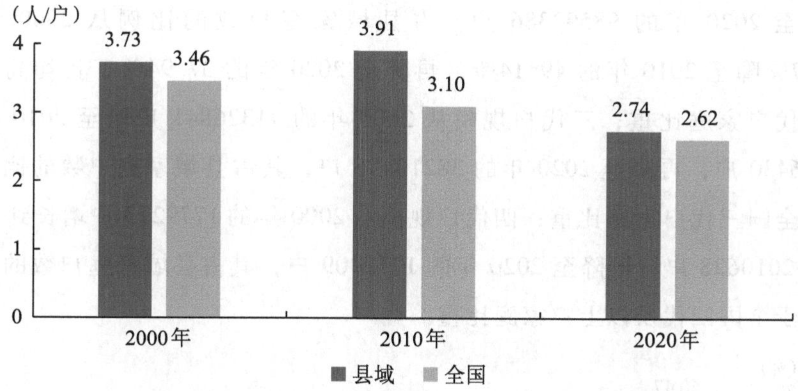

图 3-13　2000—2020 年我国县域家庭户规模与全国对比情况

数据来源：国家统计局和各省统计局。

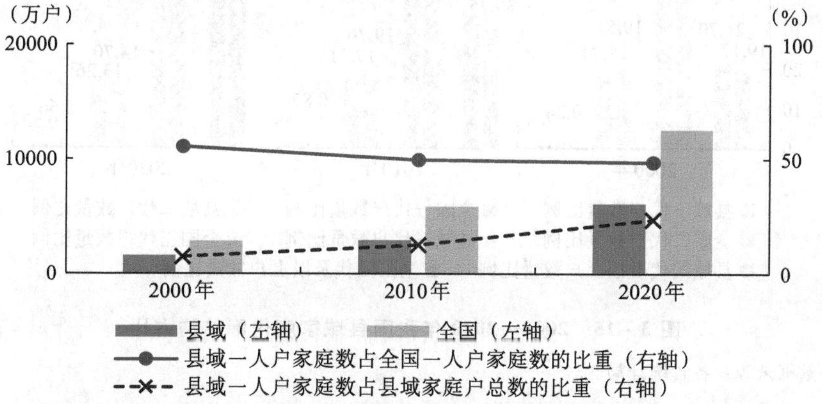

图 3-14　2000—2020 年我国县域一人户家庭规模与全国对比情况

数据来源：国家统计局和各省统计局。

3. 县域家庭代际结构逐渐年轻化

我国县域家庭代际结构变化情况按照一代户、二代户、三代户、四代及以上户的分类进行分析，具体情况如图 3-15 所示。县域一代户规模从 2000 年的 40595637 户增长到 2010 年的 69837880 户，再增长到 2020 年的 121346683 户，占县域家庭户数的比例从 2000 年的 19.17% 增长到 2010 年的 30.25%，再增长到 2020 年的 46.70%，且均小于总体全国一代户家庭比重；二代户规模从 2000 年的 128058123 户降至 2020 年的 113456026 户，再降至 2020 年的 98593386 户，占县域家庭户数的比例从 2000 年的 60.47%降至 2010 年的 49.14%，再降至 2020 年的 37.94%，且均高于全国二代户家庭比重；三代户规模从 2000 年的 41326841 户增至 2010 年的 45486430 户，再降至 2020 年的 38210436 户，其占县域家庭户数的比例均高于全国三代户家庭比重；四代户规模从 2000 年的 1779273 户增长到 2010 年的 2010628 户，再降至 2020 年的 1712409 户，其占县域家庭户数的比重均高于全国四代及以上户家庭比重。

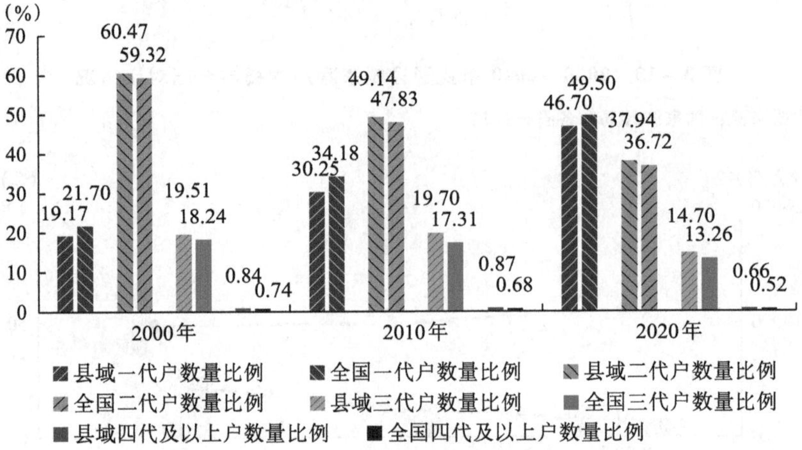

图 3-15　2000—2020 年我国县域家庭代际结构占比

数据来源：各省统计局。

4. 县域老年人口家庭占比不断上升

我国县域有老年人口的家庭户数变化情况按照有一个老人、有两个老人、有三个及以上老人的分类进行分析，具体情况如图 3-16 所示。2000 年我国县域家庭有 65 岁及以上老年人口的户数为 42827675 户，占县域家庭户数的比例为 20.22%，2010 年为 53904509 户、比例为 23.35%，2020 年为 77775023 户、比例为 29.93%，呈不断增长的趋势。其中，有一个老人的户数从 2000 年的 31268203 户增长到 2010 年的 37072843 户，再增长到 2020 年的 49014137 户，占比也呈不断增长的趋势，且增幅不断扩大；有两个老人的户数从 2000 年的 11410815 户增长到 2010 年的 16616790 户，再增长到 2020 年的 28311065 户，占比也呈不断增长的趋势，且增幅不断扩大；

有三个老人的户数从2000年的148657户增长到2010年的214876户，再增长到2020年的449821户，占比也呈不断增长的趋势，且增幅不断扩大。

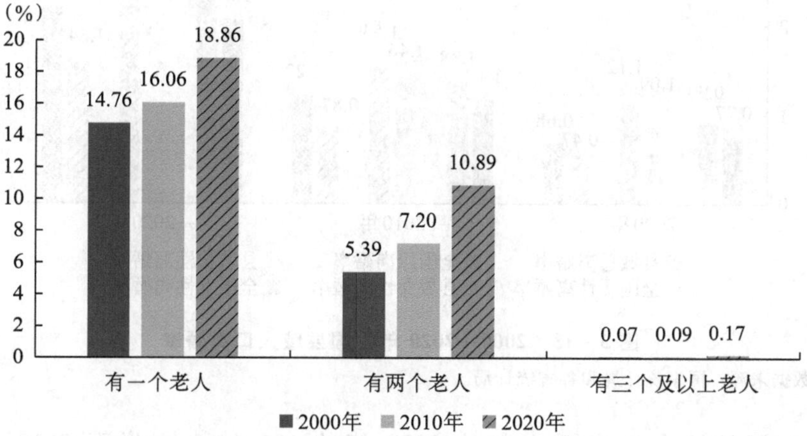

图3－16　2000—2020年我国县域有65岁及以上老年人口的户数占比

数据来源：各省统计局。

（四）县域人口婚姻状况变动

全国县域人口婚姻状况选取了未婚率和离婚率两项指标进行分析，具体情况如图3－17和图3－18所示。

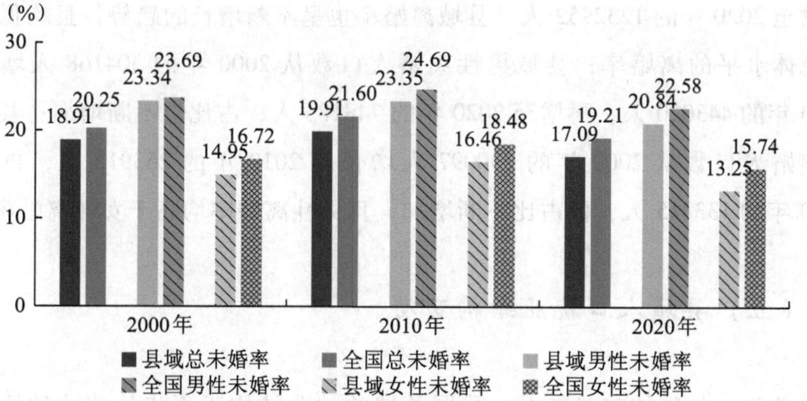

图3－17　2000—2020年我国县域人口未婚率

数据来源：国家统计局和各省统计局。

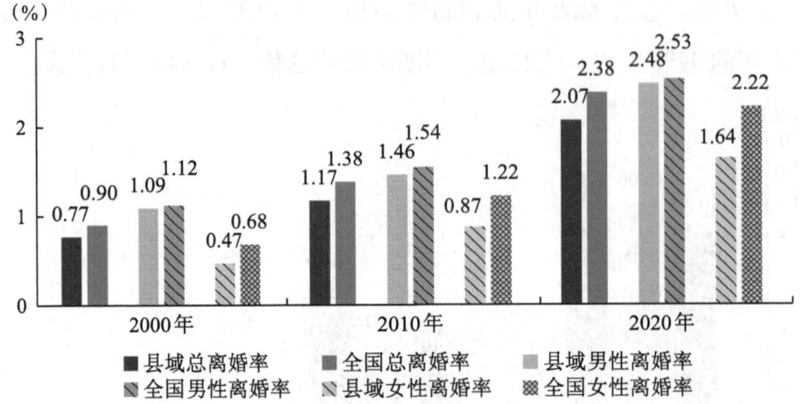

图 3－18　2000—2020 年我国县域人口离婚率

数据来源：国家统计局和各省统计局。

我国县域人口未婚人数从 2000 年的 10644082 人增至 2010 年的 12051198 人，再减少至 2020 年的 10201331 人，占比从 2000 年的 18.91% 增至 2010 年的 19.91%，再降至 2020 年的 17.09%，均低于全国总体水平的未婚率，且差距不断扩大；男性未婚人口数从 2000 年的 6523541 人增长到 2010 年的 7073515 人，再降至 2020 年的 6293538 人，女性未婚人口数从 2000 年的 4134334 人增长到 2010 年的 4976149 人，再降至 2020 年的 841815 人，男性未婚率均高于女性结婚率。

我国县域离婚人口数从 2000 年的 434467 人增长到 2010 年的 707136 人，再增至 2020 年的 1232952 人，县域离婚率也呈不断增长的趋势，且均低于全国总体水平的离婚率；县域男性离婚人口数从 2000 年的 304168 人增长到 2010 年的 443020 人，再增至 2020 年的 748185 人，占比也不断增加；县域女性离婚人口数从 2000 年的 130097 人增长到 2010 年的 263912 人，再降到 2020 年的 133815 人，但占比不断增加，且男性离婚率均高于女性离婚率。

（五）县域人口就业结构变动

首先，从整体趋势来看，我国县域的就业结构正逐步从传统的第一产业向第二、第三产业转移。具体来看，从事第一产业的人数在 2000—2020 年呈明显的下降趋势，这一变化反映了我国农业现代化的不断推进，以及农业劳动力向其他产业流动的态势。在 2000 年，县域中从事第一产业的人口占比高达 77.17%，而到了 2020 年，这一比例已降至 31.22%，降幅超过了一半。与此同时，从事第二产业和第三产业的人数则呈现出显著的上升趋势。这主要得益于我国工业化、城镇化的快速发展，以及服务业的崛起。第二产业的就业比重在 2000—2020 年间由 9.97% 稳步上升至 30.09%，这一增长主要得益于制造业和建筑业的快速发展。而第三产业的就业比重更是从 12.69% 大幅攀升至 38.69%，这标志着我国服务业已经成为吸纳就业的重要领域（见图 3－19）。

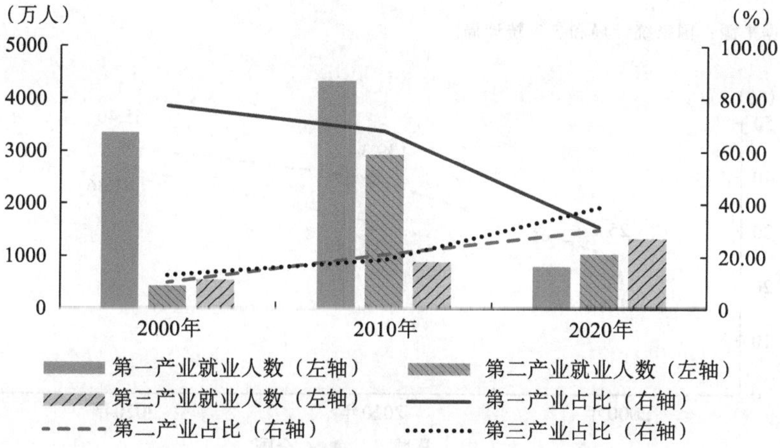

图 3－19　2000—2020 年我国县域人口就业结构

数据来源：国家统计局。

（六）县域人口城镇化率变动

对县域人口城镇化状况的分析选取常住人口城镇化率和户籍人口城镇化率两项指标，具体情况如图 3－20 和图 3－21 所示。总体来看，三次普查数据中，县域常住人口和户籍人口城镇化率变动趋势与全国总体水平一样，均呈现出增长趋势，但常住人口城镇化率增长幅度大于户籍人口，且 2010 年和 2020 年县域和全国总体水平的常住人口城镇化率均高于户籍人口城镇化率；县域常住、户籍人口城镇化率均低于全国总体水平。

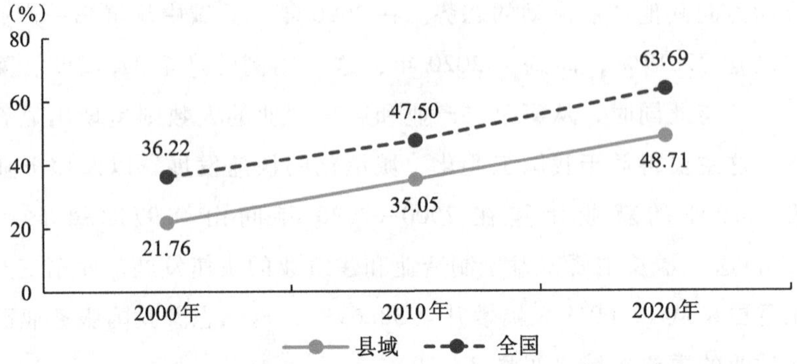

图 3-20　2000—2020 年我国县域常住人口城镇化率与全国对比情况

数据来源：国家统计局和各省统计局。

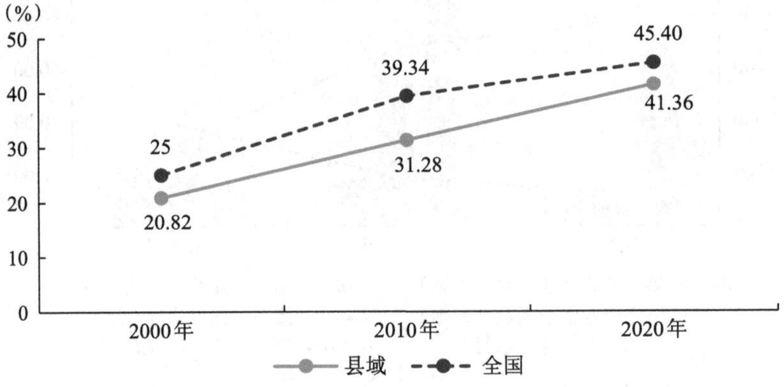

图 3-21　2000—2020 年我国县域户籍人口城镇化率与全国对比情况

数据来源：国家统计局和各省统计局。

县域常住人口城镇化率与全国总体水平的差距从 2000 年的 14.46 个百分点缩小到 2010 年的 12.45 个百分点后增加到 2020 年的 14.98 个百分点，同时，县域常住人口城镇化率的平均年增幅 1.35% 略小于全国总体水平 1.37%。

县域户籍人口城镇化率与全国总体水平的差距变动趋势与常住人口城镇化率有所不同，从 2000 年的 4.18 个百分点扩大到 2010 年的 8.06 个百分点后缩小到 2020 年的 4.04 个百分点，同时，县域户籍人口城镇化率的平均年增幅 1.03% 略高于全国总体水平 1.02%。

三、我国县域人口素质变动空间差异

（一）县域人口身体健康状况的总体水平与性别差异

在分析我国县域老年人口身体健康状况时，本书选取了60岁及以上老年人口占比这一指标，并根据性别和健康状况进行了区分。基于各省已公布第七次人口普查的数据，选取了内蒙古自治区、黑龙江省、江苏省、浙江省、安徽省、福建省、江西省、山东省、湖北省、海南省、重庆市、贵州省、青海省、宁夏回族自治区共14个省级行政区，共720个县的数据，具体情况如表3－1所示。

表3－1　2020年我国县域分性别、健康状况的60岁及以上老年人口占比情况

健康状况	区域	总计（%）	男（%）	女（%）
健康	县域	54.94	57.99	52.10
	全国	54.64	57.54	51.94
基本健康	县域	31.84	29.59	33.96
	全国	32.61	30.57	34.52
不健康，但生活能自理	县域	10.81	10.28	11.55
	全国	10.41	9.77	11.00
不健康，生活不能自理	县域	2.23	2.00	2.45
	全国	2.34	2.12	2.55

数据来源：国家统计局和各省统计局。

在“健康”这一身体状况分类中，无论是总体情况还是性别差异，县域内60岁及以上老年人口的“健康”占比均高于全国总体水平。具体而言，县域内60岁及以上男性老年人口“健康”的占比高于女性老年人口5.89个百分点，这一差距超过了全国男女老年人口差距（5.6个百分点）。

在“基本健康”这一身体状况分类中，县域内60岁及以上老年人口

中“基本健康”者的比例同样低于全国总体水平。在性别差异方面，县域内60岁及以上男性老年人口中“基本健康”者的比例低于女性老年人口，差距为4.37个百分点，这一数值也高于全国男女老年人口之间的差距（3.95个百分点）。

对于“不健康，但生活能自理”这一身体状况分类，县域内60岁及以上老年人口中“不健康，但生活能自理”者的比例高于全国总体水平。在性别差异上，县域内60岁及以上男性老年人口中“不健康，但生活能自理”者的比例低于女性老年人口，差距为1.27个百分点，这一差距同样高于全国男女老年人口之间的差距（1.23个百分点）。

在“不健康，生活不能自理”这一身体状况分类中，县域内60岁及以上老年人口“不健康，生活不能自理”者的比例低于全国总体水平。县域内60岁及以上男性老年人口“不健康，生活不能自理”者的比例低于女性老年人口，差距为0.45个百分点，这一差距略高于全国男女老年人口之间的差距（0.43个百分点）。

（二）县域人口文化程度不断提高

在分析县域人口文化程度状况时，本书选取了6岁及以上人口平均受教育年限、学历人口密度、学历人口占比三项指标。

2000年，我国县域6岁及以上人口平均受教育年限为6.85年，2010年增长到9.46年，2020年则有所下降为8.50年。

在学历人口密度方面，“未上过学”的人口密度在三次普查中均呈现下降趋势，从2000年的7.54人/平方公里降至2010年的5.31人/平方公里，再到2000年的3.38人/平方公里；“小学”学历状况的人口密度同样呈现出下降趋势，即从2000年的36.53人/平方公里降至2010年的29.19人/平方公里，再降至2020年的26.09人/平方公里；“初中”学历状况的人口密度，从2000年的30.88人/平方公里增长到2010年的37.60人/平方公里，之后在2020年降至32.84人/平方公里；“高中”“大学专科”“大学本科及以上”这三种学历状况的人口密度均呈现增长趋势，表明高学历人口不断增加（见图3－22）。

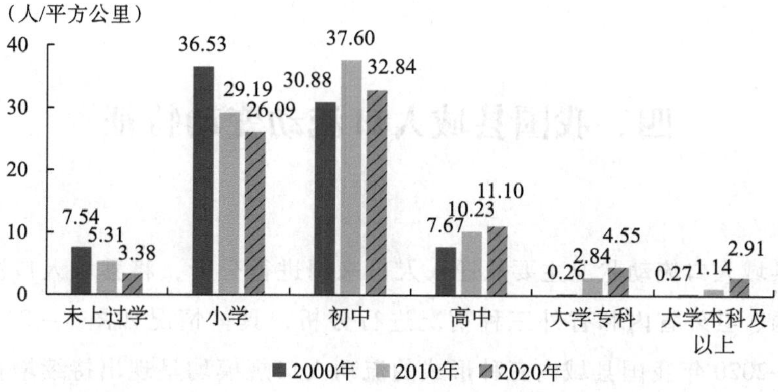

图 3－22　2000—2020 年我国县域人口学历密度

数据来源：各省统计局。

在学历人口占比方面，“未上过学”的人口占比在三次普查中均呈现下降趋势，从 2000 年的 8.2% 降至 2010 年的 5.7% 再降至 2000 年的 3.85%；“小学”学历状况的人口占比也呈现出下降趋势，从 2000 年的 39.71% 降至 2010 年的 31.32% 再降至 2020 年的 29.72%；“初中”学历状况的人口占比，从 2000 年的 33.57% 增长到 2010 年的 40.35%，之后降至 2020 年的 37.42%；“高中”“大学专科”“大学本科及以上”这三种学历状况的人口占比均呈现增长趋势，其中大学本科及以上人口占比在 2010—2020 年的增幅大于 2000—2010 年的增幅（见图 3－23）。

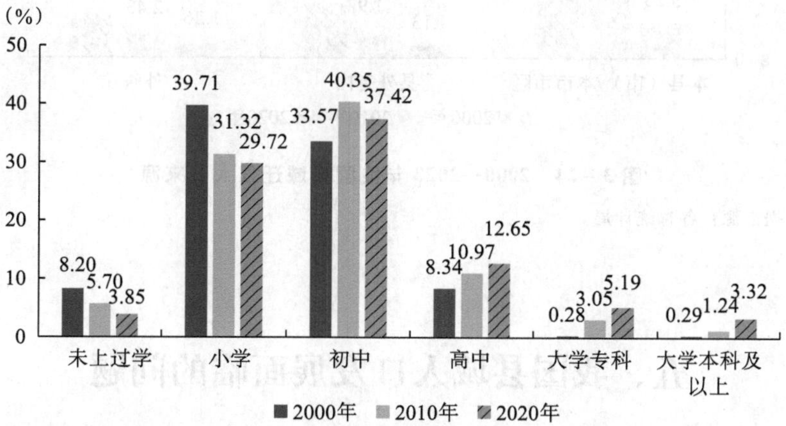

图 3－23　2000—2020 年我国县域人口学历状况占比

数据来源：各省统计局。

四、我国县域人口流动变动特征

县域人口流动状况主要从迁入人口来源进行分析，将县域人口流动分为县内、县外省内和省外三种情况进行分析，具体情况如图 3－24 所示。2000—2020 年我国县域内三种形式的流动人口规模均呈现出持续增长的趋势，其中，本县（市）/本市市区的人口数量从 2000 年的 25388438 人增长到 2010 年的 45478332 人，再增至 2020 年的 106001517 人，占比也持续上升；本省其他县（市）、市区的人口数量从 2000 年的 8820948 人增长到 2010 年的 14939722 人，再增至 2020 年的 37127439 人，占比同样呈现上升趋势；外省的人口数量从 2000 年的 9825764 人增长到 2010 年的 18901007 人，再增长到 2020 年的 28168796 人，占比同样呈不断增长的趋势。

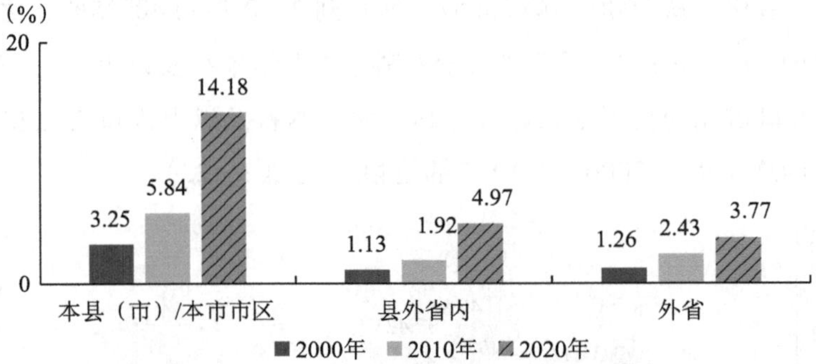

图 3－24　2000—2020 年我国县域迁入人口来源

数据来源：各省统计局。

五、我国县域人口发展面临的问题

随着城市化进程的快速推进和城乡人口结构的不断调整，县域人口问题逐渐凸显。所谓县域人口问题，是指在我国县域范围内，人口数量、结构和分布等方面所面临的一系列挑战。这些问题涉及人口增长速度、人口老龄化、人口素质、人口流动等方面，对县域的经济发展、社会稳定、资源环境等方面产生深远影响。县域人口问题的具体表现及其背后的原因是多方面的，需要我们从多个方面入手，如加强教育资源的均衡分配、推动产业结构的转型升级、提升公共服务设施的水平等。旨在推动县域经济的持续发展，提高居民的生活质量，实现县域社会的全面进步。

（一）县域人口总量在持续增长，但流失的现象依然严重

相较于大城市，县域往往面临着产业结构单一、技术创新能力不足等挑战，这导致其无法提供足够的就业机会和优质的生活条件，从而影响吸引和留住劳动力的能力。具体来说，县域内往往缺乏大型企业和高端产业的支撑，使居民在寻求更好的职业发展和生活水平时，不得不选择迁往城市。例如，在农业为主的县域，农民在面临农产品价格波动、种植技术落后等问题时，往往选择进城务工，以获取更高的收入。此外，县域的教育、医疗等公共服务设施也相对滞后，无法满足居民日益增长的需求，进一步加剧了人口流失的现象。

（二）县域劳动力资源丰富与人力资本短缺的现象并存

这看似矛盾的两面，实则揭示了县域经济发展中的深层次问题。首先，从县域劳动力资源的丰富性方面来看。许多县域地区，尤其是农村地区，拥有大量的适龄劳动力。这些劳动力以其勤劳、朴实的品质，成为推动县域经济发展的重要力量。他们不仅在农业生产中发挥着关键作用，同时也在工业、服务业的各个领域发挥作用，为县域经济的多元化发展作出了巨大贡献。然而，这种丰富的劳动力资源并未得到充分有效地利用。由于缺乏技能培训、教育水平较低等因素，他们只能从事一些低技能、低附加值的工作。与此同时，县域地区也面临着人力资本短缺的严峻挑战。在

县域地区，由于教育资源相对匮乏、培训体系不完善等原因，人力资本的培养和提升面临诸多困难。许多企业表示，在招聘过程中，难以找到具备专业技能和创新能力的高素质人才，这已经成为制约县域经济高质量发展的重要因素。

（三）县域人口素质仍有待进一步提高

县域人口素质的提高，不仅关系到县域经济的持续健康发展，更关系到县域社会文明的进步和人民福祉的提升。首先，从教育层面来看，县域教育资源的均衡分配和质量的提升是提高人口素质的关键。然而，当前县域教育资源存在分布不均、质量参差不齐的问题。一方面，部分偏远地区由于地理位置、经济条件等因素，教育资源匮乏；另一方面，在部分资源相对丰富的地区，也存在教育质量不高、教学方法陈旧等问题，难以培养出适应现代社会需求的高素质人才。其次，一些县域在文化传承和创新方面存在不足，导致传统文化逐渐衰落，现代文化又难以扎根。这使县域居民在文化素养、道德观念等方面存在欠缺，难以适应现代社会的发展需求。

（四）县域人口密度相对较低，给人口服务和管理带来困难

相对于大城市或都市圈，县域地区的人口密度普遍较低。人口密度通常是指单位面积内的人口数量。在县域地区，地理面积广阔而人口相对较少，这导致人口密度相对较低。这种分布特点直接影响了当地的人口服务和管理。在人口服务方面，县域地区的人口密度低，使服务资源难以得到有效利用。以医疗卫生为例，虽然政府投入了大量的资金建设基层医疗机构，但由于患者数量有限，这些机构往往难以维持正常的运营。同时，县域地区的人口分布较为分散，也增加了医疗服务的覆盖难度，使一些偏远地区的居民难以享受到优质的医疗服务。在人口管理方面，低人口密度同样带来了诸多挑战。一方面，人口数量较少使政府难以通过规模化的管理

手段提高管理效率。另一方面，县域地区的人口流动性较大，给户籍管理、社会保障等方面带来了诸多难题。

（五）县域人口城镇化水平虽不断提高，但仍滞后于经济发展需求

自1990年以来，我国城镇化进入快速发展阶段，县域城镇人口规模和比例都有较快提升。县域城镇人口总量从1990年的1.10亿人增长至2020年的3.49亿人，30年间，县域人口年均增长率达到3.84%。我国县域城镇化率从1990年的26.4%增长至2020年的63.9%，增长了37.5个百分点，城镇化增幅和增速与全国平均水平基本一致。尽管如此，这一进程中仍出现很多问题。一方面，由于历史原因和地域差异，不同县域之间的人口城镇化水平存在着较大的差异。在一些发达县域，城镇化率已经接近甚至超过了全国平均水平，但在一些相对落后的县域，城镇化率仍然较低，与经济发展需求存在明显的差距。另一方面，即便在一些城镇化率较高的县域，也存在着一些深层次的问题。例如，城镇化的质量不高，只是简单的人口聚集，而没有形成有效的产业集聚和人口聚集的良性循环。此外，一些县域在推进城镇化的过程中，忽视了环境保护和可持续发展，导致了一些生态问题的出现。同时，在一些县域，由于产业结构不合理、就业机会不足等问题，导致大量农村人口虽然进入了城镇，但并未实现真正的市民化，仍然处于边缘化的状态。

（六）县域教育和医疗卫生事业发展较慢，存在提升空间

在教育领域，县域教育资源相对匮乏，师资力量薄弱，教学设施落后，这些问题制约了农村教育的进步。部分农村学校的师资力量不足，教师年龄偏大，知识结构老化，难以适应新时代的教育需求。同时，教学设施简陋，缺乏必要的现代化教学设备，导致教学手段单一，难以激发学生的学习兴趣和创造力。此外，有些农村学生家庭生活条件较为贫困，缺乏适宜的学习环境和氛围，也使农村教育面临着更大的困难。

在医疗卫生领域，县域医疗卫生服务体系尚待完善，医疗设施和技术水平相对滞后，医疗服务质量有待提高。许多农村地区医疗资源不足，基层医疗机构设施简陋，医疗设备和药品供应不足，难以满足群众的基本医疗需求。同时，农村地区的医疗人才流失严重，导致基层医疗机构的医疗服务水平难以提升。此外，农村地区医疗保障制度尚不完善，有些群众因经济困难而难以承担医疗费用，也给农村医疗卫生事业带来巨大的挑战。

（七）县域流动人口服务和管理水平有待加强

在当前社会经济发展的背景下，县域流动人口数量不断增加，其对地方经济、文化和社会结构的影响日益显著。面对这一庞大的流动人口群体，县域流动人口的服务和管理水平亟待加强。在服务方面，县域流动人口面临着诸多不便。受户籍制度、社会保障体系等制度性因素制约，他们在享受医疗、教育、住房等基本公共服务时，往往面临诸多困难。在管理方面，县域流动人口管理也存在一定的问题。流动人口流动性强、相关信息更新不及时等原因，使治安管理和户籍管理等工作存在漏洞。这不仅给社会治安带来了隐患，也给政府管理工作带来了诸多不便。

第四章

我国县域人口空间分布现状与区域增减分化特征

人口空间分布是指在一定时间节点上，人口在各地区中的分布状况，及人口变化过程在空间上的表现形式。人口空间分布受自然环境、经济条件、历史条件等多重因素的制约，但其又反过来作为一种社会经济现象，对自然环境、经济发展水平产生重要影响。地区间人口分布的不平衡是我国人口空间分布的一大特点，人口空间分布是一个动态变化的过程，我国县域人口的空间分布随着人口数量和影响因素的变化而不断演变，并且不同区域表现出不同的演变特征和分布特点。因此，在分析我国县域人口发展总体情况的基础上，通过历次人口普查分县资料和空间基础地理信息，绘制和分析我国县域人口在区域、省级、县级层面的时空变动特征，从总量、年龄结构、城镇化率、素质结构、婚姻状况、流动状况、就业状况等方面对我国县域的人口数据进行空间化处理，剖析县域人口时空分布格局。同时，以江苏省、河北省、甘肃省作为典型地区进行具体深入分析，揭示我国县域人口的空间分布现状与区域增减分化特征。

一、我国县域人口总量空间分布现状

（一）县域人口规模空间分布

我国县域人口区域变动呈现较为明显差异，如图 4－1 所示。具体而言，2000—2020 年，中部地区和西部地区的人口总量均呈现持续下降的趋势，而东部地区和东北地区则均呈现出先增后减的趋势，即 2000—2010 年人口总量增加、2010—2020 年人口总量下降。东部、中部、西部地区的县域人口总量差距呈不断缩小的趋势。截至 2020 年，东部地区的县域人口总量为 2.41 亿人，约占全国县域人口的 32.2%，县域平均人口为 57.84 万人；中部地区的县域人口总量为 2.26 亿人，县域平均人口为 49.3 万人；西部地区县域人口总量为 2.22 亿人，县域平均人口为 26.94 万人；东北地区县域人口总量为 4657.3 万人，县域平均人口为 31.68 万人。

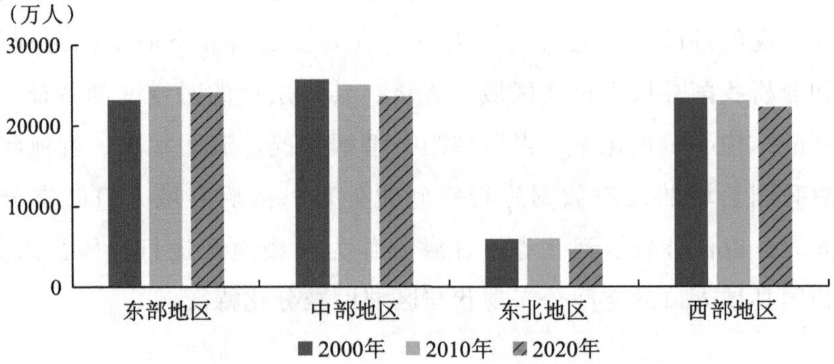

图 4－1　2000—2020 年我国县域人口数量的区域差异

数据来源：各省统计局。

2000—2020 年，我国县域人口占各省总人口的比重呈现不断下降的趋势，从 2000 年的 63.21% 降至 2010 年的 59.18%，再降至 2020 年的

52.92%。其中，除江苏省、江西省、青海省、吉林省外，其他的24个省级行政区[①]2000—2020年县域人口占各省人口的比重均不断下降，且安徽省、湖北省、新疆维吾尔自治区、陕西省、内蒙古自治区、辽宁省的降幅均超过10%。

2000—2020年，我国各省县域人口占全国县域总人口的比重呈现不同变动趋势。具体而言，湖南省、安徽省、湖北省、甘肃省、陕西省、四川省、内蒙古自治区、辽宁省、黑龙江省9个省级行政区，其县域人口占全国县域总人口的比重均呈现持续下降的趋势；而浙江省、海南省、广东省、江西省、河北省、西藏自治区、新疆维吾尔自治区、青海省、宁夏回族自治区、云南省，这10个省级行政区，其县域人口占全国总人口的比重则呈现不断增长的趋势。此外，山西省、吉林省、江苏省的县域人口占全国总人口的比重呈现出2000—2010年增长、2010—2020年下降的趋势；贵州省、重庆市、广西壮族自治区、河南省、福建省、山东省的县域人口占全国总人口的比重则呈现出2000—2010年下降、2010—2020年增长的趋势。

以2000年=100为标准，得出2010年和2020年县域人口相对规模。2010年，全国县域人口相对规模为101.50，2020年为94.15。各省2010年和2020年县域人口相对规模差距最大的为吉林省，相差32.44，其次为江苏省，相差31.23，差距最小的是宁夏回族自治区，相差0.02；2010年和2020年各省县域人口相对规模变动中，福建省、浙江省、湖北省、西藏自治区、贵州省、新疆维吾尔自治区、四川省、重庆市，这8个省级行政区县域人口均出现增长趋势，其余20个省级行政区均下降。

2000—2020年，三次人口普查中县域人口总数位于前十名的省份，其人口数量均呈现一定程度的缩减趋势。河南省、山东省、四川省、湖南省、河北省、安徽省、江苏省、云南省、广东省在三次人口普查中其县域人口总数均排名前十位，浙江省在2020年超越湖北省跻身前十；河南省、山东省三次人口普查中均保持前二位的排名不变，仍是县域人口大省；河

① 本书各省级行政区数据，包含省、自治区、直辖市数据，不包括港澳台及北京市、天津市、上海市数据。

北省是唯一一个三次人口普查数据排名均在上升的省级行政区（如表 4 - 1 所示）。

表 4 - 1　2000—2020 年我国各省县域人口总数排名前十省份对比情况

序号	2000 年		2010 年		2020 年	
	省级行政区	人数（万人）	省级行政区	人数（万人）	省级行政区	人数（万人）
1	河南省	（7121.50）	河南省	（7007.08）	河南省	（6857.68）
2	山东省	（5662.49）	山东省	（5686.13）	山东省	（5533.94）
3	四川省	（5474.61）	湖南省	（5047.71）	河北省	（4828.19）
4	湖南省	（5064.15）	河北省	（5022.88）	湖南省	（4695.91）
5	河北省	（4791.18）	四川省	（4977.30）	四川省	（4601.27）
6	安徽省	（4339.15）	江苏省	（4743.13）	江苏省	（3878.84）
7	湖北省	（4118.31）	安徽省	（3924.23）	安徽省	（3744.26）
8	江苏省	（3985.65）	云南省	（3713.99）	云南省	（3564.04）
9	云南省	（3489.48）	湖北省	（3650.50）	广东省	（3547.01）
10	广东省	（3268.28）	广东省	（3642.37）	浙江省	（3331.98）

数据来源：各省统计局。

对全国各县人口总数进行统计分析，根据“人口总数 80 万人以上县的数量及占比”“人口总数 50 万人以下县的数量及占比”“人口总数 20 万人以下县的数量及占比”“人口总数 10 万人以下县的数量及占比”的划分，得出 2000—2020 年我国县域人口规模变化情况（如表 4 - 2 所示）。2000—2020 年，人口总数在 80 万人以上的县，其数量和占比均呈现下降趋势。具体而言，2000—2020 年县域人口总数始终保持在 80 万人以上县共有 171 个，以东部地区为主，主要分布在山东省（24 个）、河南省（23 个）、江苏省（22 个）、安徽省（17 个）、广东省（16 个）。人口数量在 50 万人、20 万人、10 万人以下县的数量和占比均在 2000—2010 年呈现缩减趋势，而在 2010—2020 年呈现增加的趋势。其中，2020 年，人口总数 10 万人以下县，其数量及占比超过了人口总数 80 万人以上的县。2000—2020 年，县域人口总数均在 10 万人以下的县共有 193 个，以西部地区为主，主要分布在西藏自治区（65 个）、四川省（28 个）、青海省（24 个）、新疆维吾尔自治区（21 个）、内蒙古自治区（14 个）。

表 4－2　　　　我国县域人口规模数变化情况

分类	2000 年		2010 年		2020 年	
	数量（个）	占比（%）	数量（个）	占比（%）	数量（个）	占比（%）
人口总数 80 万人以上县的数量及占比	236	12.72	228	12.26	208	11.15
人口总数 50 万人以下县的数量及占比	1283	69.13	1278	68.75	1354	72.60
人口总数 20 万人以下县的数量及占比	489	26.34	480	25.82	541	29.01
人口总数 10 万人以下县的数量及占比	223	12.02	209	11.24	242	12.98

数据来源：各省统计局。

2000—2010 年，我国各县/县级市中，有 825 个县的人口数量存在不同程度的减少，占全国县域总数的 44.24%。2010—2020 年，我国各县/县级市中，有 1242 个县的人口数量存在不同程度的减少，占全国县/县级市数量的 66.28%；全国各个省级行政区的县域人口均有一定程度的减少，河北省最多（95 个）。2000—2020 年，我国各县/县级市中，有 594 个县的人口数量持续减少，占全国县/县级市数量的 31.70%，除海南省没有人口数量减少的县外，其他省级行政区均有人口数量减少的县，四川省最多（56 个）。

2000—2010 年，我国各县/县级市中，有 1033 个县的人口数量存在不同程度的增加，占全国县/县级市数量的 55.39%；除重庆市没有人口数量增加的县外，其他省级行政区均有人口数量增加的县，云南省最多（99 个）。2010—2020 年，我国各县/县级市中，有 610 个县的人口数量存在不同程度的增加，占全国县/县级市数量的 32.55%；除辽宁省没有人口数量增加的县外，其他省级行政区均有人口数量增加的县，新疆维吾尔自治区最多（57 个）。2000—2020 年，我国各县/县级市中，有 384 个县的人口数持续增加，占全国县/县级市数量的 20.49%，除重庆市、辽宁省、湖北省没有人口数量一直增加的县外，其他省级行政区均有人口数量增加的县，西藏自治区最多（52 个）。

对各县人口总数进行排序整理，得出 2000—2010 年我国县域人口总数排名前二十的县/县级市对比情况表（见表 4－3）。2000 年，我国县域人口总数排名前二十的县/县级市主要分布在广东省、江苏省、安徽省、湖北省、山东省、福建省、四川省，其中，四川省排名前二十的县/县级市最多；2010 年，主要分布在安徽省、广东省、福建省、江苏省、山东省、广西壮族自治区、浙江省、河南省、湖北省，其中，江苏省排名前二十的县/县级市最多；2020 年，主要分布在江苏省、福建省、广东省、浙江省、安徽省、山东省、广西壮族自治区、江西省、湖南省，其中，江苏省排名前二十的县/县级市最多。

表 4－3　我国县域人口总数排名前二十的县/县级市对比情况

排名	2000 年		2010 年		2020 年	
	县/县级市	人口数量（万人）	县/县级市	人口数量（万人）	县/县级市	人口数量（万人）
1	普宁市	185.64	普宁市	205.56	昆山市	209.25
2	沭阳县	170.53	晋江市	198.64	晋江市	206.16
3	临泉县	169.09	昆山市	164.49	普宁市	199.86
4	天门市	161.37	滕州市	160.37	义乌市	185.94
5	随县	159.88	江阴市	159.51	慈溪市	182.95
6	滕州市	154.88	临泉县	154.32	江阴市	177.95
7	邳州市	153.99	沭阳县	154.11	常熟市	167.71
8	晋江市	147.93	常熟市	151.05	沭阳县	167.50
9	仙桃市	147.41	桂平市	149.69	临泉县	165.84
10	霍邱县	146.11	邓州市	146.82	滕州市	157.46
11	兴化市	144.17	慈溪市	146.24	瑞安市	152.04
12	安岳县	142.45	邳州市	145.80	南安市	151.75
13	简阳市	141.25	廉江市	144.31	桂平市	151.10
14	仁寿县	139.85	雷州市	142.77	邳州市	146.26
15	三台县	139.58	瑞安市	142.47	乐清市	145.27
16	中江县	139.57	天门市	141.89	南昌市	145.25
17	南安市	138.53	南安市	141.85	张家港市	143.20
18	太和县	137.15	乐清市	138.93	浏阳市	142.94
19	监利县	136.31	霍邱县	138.04	温岭市	141.62
20	如皋市	136.25	台州市	136.68	博白县	139.06

数据来源：各省统计局。

（二）县域人口死亡状况空间差异

对我国县域人口死亡率和自然增长率的空间差异及其变动的分析主要选取了内蒙古自治区、吉林省、黑龙江省、江苏省、浙江省、安徽省、福建省、江西省、山东省、河南省、湖北省、广西壮族自治区、海南省、重庆市、贵州省、云南省、青海省、宁夏回族自治区共 18 个省级行政区 1046 个县的数据。根据 2000—2020 年我国三次人口普查数据整理得出我国县域死亡率和自然增长率与当期全国水平的对比情况（见表 4 - 4），可以看出，2000—2020 年，我国县域人口自然增长率高于当期全国水平的县的数量和占比呈不断增长的趋势，死亡率则表现为先减后增的变动趋势。

表 4 - 4　2000—2020 年我国县域死亡率和自然增长率与全国对比情况

类型	对比情况		2000 年	2010 年	2020 年
死亡率	高于当期全国水平	数量（个）	454	218	442
		占比（%）	43.61	20.88	42.26
	不高于当期全国水平	数量（个）	587	826	604
		占比（%）	56.39	79.12	57.74
自然增长率	高于当期全国水平	数量（个）	393	614	639
		占比（%）	37.75	58.81	61.09
	不高于当期全国水平	数量（个）	648	430	407
		占比（%）	62.25	41.19	38.91

数据来源：国家统计局和各省统计局。

由于山西省、河北省、陕西省、辽宁省、湖南省、广东省、四川省、甘肃省、西藏自治区、新疆维吾尔自治区这 10 个省级行政区的各县域人口死亡率和自然增长率未公布，则以各县所在省/市的数据代替，进而分析 2000—2020 年我国县域人口死亡率和自然增长率。2000 年、2010 年和 2020 年我国县域人口死亡率和自然增长率均呈现明显的地域变动差异特征，2000—2010 年多数县域人口死亡率呈现下降的趋势，2010—2020 年多数县域人口死亡率呈现增长的趋势，2000 年死亡率最低的县是青海省格尔木市，死亡率为 1.15‰，最高的县是云南省绿春县，死亡率为 12.21‰。

2010 年死亡率最低的县是内蒙古自治区二连浩特市，最高的县是青海省玉树市，死亡率为 28.55‰，2020 年死亡率最低的县是青海省的玛沁县，死亡率为 1.53‰，最高的县是云南省的禄丰县，死亡率为 22.21‰。自然增长率则与之不同，多数县域的人口自然增长率呈现不断下降的趋势，2000—2020 年人口自然增长率最高的县均为青海省杂多县，其 2000 年人口自然增长率为 22.66‰，2010 年为 17.37‰、2020 年为 20.16‰。2000 年人口自然增长率最低的县为山东省乳山市（-3.05‰）、2010 年是青海省玉树市（-6.29‰）、2020 年是黑龙江省南岔县（-13.60‰）。

（三）县域人口生育状况空间差异

根据各省公布的全国人口普查数据（“五普”“六普”“七普”），选取其中公布了县域出生率、总和生育率、15~64 岁妇女平均存活子女数、15~64 岁妇女平均活产子女数的省级行政区，其中出生率这一指标选取了内蒙古自治区、吉林省、黑龙江省、江苏省、浙江省、安徽省、福建省、江西省、山东省、河南省、湖北省、广西壮族自治区、海南省、重庆市、贵州省、云南省、青海省、宁夏回族自治区共 18 个省级行政区的 1046 个县的数据；总和生育率这一指标选取了内蒙古自治区、黑龙江省、江苏省、浙江省、安徽省、福建省、江西省、山东省、湖北省、海南省、重庆市、贵州省、青海省、宁夏回族自治区共 14 个省级行政区的 720 个县的数据；15~64 岁妇女平均存活/活产子女数这两个指标，“五普”选取的数据为 15~50 岁妇女平均存活/活产子女数。

表 4-5 呈现了 2000—2020 年我国县域人口生育相关指标（出生率、总和生育率、15~64 岁妇女平均存活/活产子女数）与同期全国平均水平对比差异。2000 年、2010 年、2020 年人口出生率高于当期全国平均水平的县的数量及占比均在增加，2020 年高于全国平均水平的县的数量占比为 57.84%；与 2000 年相比，2020 年总和生育率高于当期全国平均水平的县的数量减少了 189 个，但其占比增加了 2.1%。2000—2020 年，15~64 岁妇女平均存活/活产子女数高于全国平均水平的县的数量及占比均表现为

先增后减的趋势。

表 4－5　　2000—2020 年我国县域人口生育相关指标情况

类型	对比情况		“五普”	“六普”	“七普”
出生率	高于当期全国平均水平	数量（个）	387	511	605
		占比（%）	37.28	48.99	57.84
	不高于当期全国平均水平	数量（个）	651	532	441
		占比（%）	62.72	51.01	42.16
总和生育率	高于当期全国平均水平	数量（个）	662	—	473
		占比（%）	63.59		65.69
	不高于当期全国平均水平	数量（个）	379		247
		占比（%）	36.41		34.31
15～64（50）岁妇女平均存活子女数	高于当期全国平均水平	数量（个）	1439	1522	1456
		占比（%）	77.49	81.87	77.78
	不高于当期全国平均水平	数量（个）	418	337	416
		占比（%）	22.51	18.13	22.22
15～64（50）岁妇女平均活产子女数	高于当期全国平均水平	数量（个）	1458	1520	1455
		占比（%）	78.39	81.72	77.72
	不高于当期全国平均水平	数量（个）	402	340	417
		占比（%）	21.61	18.28	22.28
存活子女数占活产子女数的百分比	高于当期全国平均水平	数量（个）	958	806	908
		占比（%）	51.56	43.36	48.50
	不高于当期全国平均水平	数量（个）	900	1053	964
		占比（%）	48.44	56.64	51.50

数据来源：国家统计局和各省统计局。

由于山西省、河北省、陕西省、辽宁省、湖南省、广东省、四川省、甘肃省、西藏自治区、新疆维吾尔自治区这 10 个省级行政区的各县域人口出生率和总和生育率的数据未公布，则本书以各县所在省/市的数据代替，2000 年、2010 年和 2020 年我国县域人口出生率和总和生育率均呈现明显的地域变动差异特征。2000—2010 年，多数县域人口出生率呈现增长的趋势；2010—2020 年，多数县域人口出生率呈现下降的趋势。2020 年，出生率最低的县是黑龙江省的汤旺县，为 1.77‰；出生率最高的县是青海省的杂多县，为23.02‰。2010年，出生率最低的县是黑龙江省的汤旺县，为1.87‰；出生率最高的县是青海省囊谦县市，为27.07‰；2000年出生率最低的县是吉林省龙井市，为4.41‰；出生率最高的县是青海省甘德县，为29.46‰。总和生育率则与出生率不同，多数县域的人口总和生育率呈现增长的趋势。2000年，人口总和生育率最高的县是青海省杂多县，为3.85%，2020年总和生育率最高的是贵州省从江县，为3.73%；2020年人口总和生育率最低的县是黑龙江省汤旺县（0.33%）、2000年为吉林省龙井市（0.52%）。

二、我国县域人口年龄结构空间差异

（一）全国分省县域人口年龄组差异及变化

本书将人口年龄按劳动年龄划分为三组：少年儿童人口组0～14岁，劳动力年龄人口组15～64岁，老年人口组65岁及以上。根据第五次、第六次、第七次全国人口普查分县资料，我们梳理得出我国县域人口各年龄组人口数量占比情况。在此基础上，进一步整理得出各省级行政区的县域各年龄组人口数量占县域总人口的比重情况如表4－6所示。劳动年龄人口变动情况来看，内蒙古自治区、辽宁省、吉林省、黑龙江省、安徽省、山东省、河南省、湖北省、湖南省、甘肃省呈减少趋势；浙江省、福建省、江西省、海南省、云南省、西藏自治区、青海省、宁夏回族自治区、新疆维吾尔自治区呈增长趋势；65岁及以上人口占比变动情况来看，内蒙古自治区、吉林省、黑龙江省、江西省、湖北省、陕西省、宁夏回族自治区呈增长趋势；安徽省、云南省、西藏自治区呈减少趋势；少年儿童组变动情况来看，河北省、浙江省、山东省、河南省、湖南省、广东省、广西壮族自治区、海南省、西藏自治区、青海省、新疆维吾尔自治区呈增长趋势；山西省、内蒙古自治区、辽宁省、吉林省、黑龙江省、安徽省、重庆市、四川省、甘肃省呈减少趋势。山东省、河北省、河南省，各年龄组人口占比在三次普查数据中均位居前列，西藏自治区、青海省、宁夏回族自治区则均相对靠后。

表 4-6　我国各省（自治区、直辖市）（不含港澳台）县域各年龄组人口数量占比

地区	0~14 岁人口占比（%）			15~64 岁人口占比（%）			65 岁及以上人口占比（%）		
	2000 年	2010 年	2020 年	2000 年	2010 年	2020 年	2000 年	2010 年	2020 年
河北	5.79	6.12	6.91	6.47	6.73	6.34	6.27	5.72	6.39
山西	3.12	2.89	2.28	2.89	3.08	2.90	2.60	2.51	2.65
内蒙古	1.85	1.57	1.30	2.35	2.22	2.05	1.66	1.71	1.82
辽宁	2.19	1.87	1.29	3.03	2.77	2.47	2.87	2.81	2.97
吉林	1.82	1.51	1.04	2.57	2.43	1.90	1.87	1.95	1.97
黑龙江	2.24	1.98	1.18	3.19	3.07	2.45	2.04	2.37	2.39
江苏	4.29	3.77	4.18	5.44	5.06	5.22	6.43	6.35	6.44
浙江	2.67	2.89	3.16	3.77	3.95	4.96	4.43	4.14	4.44
安徽	5.87	5.20	5.06	5.57	4.98	4.86	6.00	5.96	5.61
福建	2.94	2.57	3.29	3.08	3.08	3.36	2.82	2.69	2.71
江西	3.86	4.76	4.54	3.73	3.79	3.86	3.20	3.22	3.27
山东	6.33	6.43	7.21	7.72	7.37	7.26	8.43	8.12	8.32
河南	9.87	10.73	11.38	9.23	8.68	8.66	9.35	8.38	9.12
湖北	4.88	3.75	3.94	5.36	4.88	4.52	4.61	4.86	4.86
湖南	5.94	6.46	6.47	6.86	6.37	6.11	6.93	7.07	6.81
广东	5.46	5.72	5.90	3.79	4.38	4.55	4.61	4.66	4.03
广西	4.15	4.74	4.95	3.72	3.49	3.62	3.99	4.01	3.54
海南	0.68	0.71	0.72	0.60	0.62	0.72	0.62	0.63	0.58
重庆	1.11	1.09	0.86	1.04	0.81	0.85	1.10	1.16	1.13
四川	6.69	6.37	5.44	7.32	6.17	6.01	7.40	7.85	7.80
贵州	4.36	4.70	4.60	3.35	2.97	3.51	2.93	3.18	3.03
云南	4.79	5.48	4.95	4.57	4.67	5.04	3.94	3.89	3.59

续表

地区	0～14 岁人口占比（%）			15～64 岁人口占比（%）			65 岁及以上人口占比（%）		
	2000 年	2010 年	2020 年	2000 年	2010 年	2020 年	2000 年	2010 年	2020 年
西藏	0.34	0.40	0.45	0.24	0.26	0.33	0.18	0.16	0.13
陕西	2.92	2.28	2.34	2.80	2.88	2.59	2.34	2.59	2.65
甘肃	2.56	2.28	2.18	2.27	2.17	2.07	1.62	1.94	1.82
青海	0.47	0.58	0.58	0.41	0.46	0.50	0.23	0.27	0.25
宁夏	0.50	0.52	0.49	0.39	0.40	0.46	0.24	0.28	0.30
新疆	2.30	2.63	3.34	2.03	2.25	2.86	1.29	1.50	1.38

数据来源：各省统计局。

（二）全国各县人口年龄结构类型空间差异及变化

本书根据丁金宏所建构的人口年龄结构类型三角区位图（丁金宏，2023），梳理我国各县域人口年龄结构类型的演化模式。在此基础上，对全国各个省份的县域人口年龄结构类型的数量分布及变化情况进行了分析。

“七普”数据显示，2020 年我国县域人口年龄结构类型主要为“少子—红利—老龄”型。在选取的 1869 个县中，780 个县呈“少子—红利—老龄”型人口年龄结构，山西省最多，有 87 个县；126 个县呈“少子—红利—高龄”型人口年龄结构，四川省最多，有 37 个县；575 个县呈“红利—老龄”型人口年龄结构，河北省最多，有 61 个县；204 个县呈现红利型人口年龄结构，西藏自治区最多，有 56 个县；仅有 1 个县呈高龄型人口年龄结构，为河南省舞阳县；86 个县呈老龄型人口年龄结构，河南省最多，有 35 个县；82 个县呈“少子—红利”型人口年龄结构，新疆维吾尔自治区最多，有 21 个县；15 个县呈传统型人口年龄结构，四川省最多，有 9 个县。

“六普”数据显示，2010 年我国县域人口年龄结构类型主要为“少子—红利”型。在选取的 1861 个县中，738 个县呈“少子—红利”型人口年龄结构，河北省最多，有 85 个县；400 个县呈“少子—红利—老龄”型人口年龄结构，安徽省最多，有 42 个县；120 个县呈“红利—老龄”型人口年龄结构，贵州省最多，有 22 个县；600 个县呈现红利型人口年龄结构，河南省最多，有 75 个县；3 个县呈传统型人口年龄结构，贵州省有 2 个县、青海省有 1 个县。

“五普”数据显示，2000 年我国县域人口年龄结构类型主要为红利型。在选取的 1855 个县中，1538 个县呈红利型人口年龄结构，河北省最多，有 114 个县；25 个县呈“少子—红利—老龄”型人口年龄结构，江苏省有 8 个县、浙江省有 11 个县、山东省有 5 个县、湖北省有 1 个县；14 个县呈“红利—老龄”型人口年龄结构，浙江省有 9 个县、山东省有 1 个县、广东省有 2 个县、海南省有 1 个县、四川省有 1 个县；1 个县呈老龄型人口年龄结构（广东省）；194 个县呈“少子—红利”型人口年龄结构，黑龙江省最多，有 30 个县；83 个县呈传统型人口年龄结构，西藏自治区最多，有 28 个县。

2000—2020 年我国县域人口年龄结构类型的转变情况来看，419 个县经历了“红利”型→“少子—红利”型→“少子—红利—老龄”型的转变，山西省最多（71 个县）；5 个县经历了“红利”型→“少子—红利”型→“少子—红利—高龄”型的转变，分别是河北省吴桥县、内蒙古固阳县、安徽省枞阳县、湖北省沙洋县、陕西省佳县；53 个县经历了“红利”型→“少子—红利—老龄”型→“少子—红利—高龄”型的转变，四川省最多（23 个县）；159 个县经历了“红利”型→“少子—红利”型→“红利—老龄”型的转变，河北省最多（47 个县）；164 个县人口年龄结构未发生变化，其中 1 个县为“红利—老龄”型的人口年龄结构（广东省广宁县）、138 个县为红利型的人口年龄结构（主要分布在西部地区，以四川省、云南省、西藏自治区、青海省、新疆维吾尔自治区为主）、12 个县为“少子—红利”型的人口年龄结构（内蒙古 2 个县、江苏 1 个县、浙江 2 个县、福建 3 个县、湖南 1 个县、甘肃 1 个县、新疆 2 个县）、13 个县为“少子—红利—老龄”型的人口年龄结构（江苏 1 个县、浙江 10 个县、山东 1 个县、湖北 1 个县）。

（三）全国各县人口年龄布局系数分析

构建年龄布局系数不仅可以反映多个地区的年龄分布情况（直接比较多个地区的年龄布局系数值的大小），也可以进一步反映出某一地区某一要素相对于总体该要素的集中程度（将人口年龄布局系数值与1做比较来判断）。年龄布局系数的构建方法如公式（4-1）所示：

$$r = (iPa/tPa)/(iPt/P) \quad (4-1)$$

公式（4-1）中，r表示人口的年龄布局系数，具体含义指某一地区某一年龄组的人口数相对于总体的布局情况。iPa表示i地区a年龄组的人口数，tPa表示所有地区a年龄组的人口数，iPt表示i地区所有年龄组的人口数，P表示所有地区所有年龄组的人口数，t表示总和，a表示年龄或年龄组。当年龄布局系数 $r=1$ 时，说明该地区该年龄组的人口分布处于总体平均状态，与总体的分布非常接近；当 $r>1$ 时，说明该地区该年龄组的人口分布相对集中，超过了总体的平均水平；当 $r<1$ 时，说明该地区该年龄组的人口分布相对分散，低于总体的平均水平；当年龄布局系数≥1.5时，说明该地区该年龄组人口数具有显著的地区比较优势，年龄布局系数类别划分标准及分布判定参见表4-7。

表4-7　　年龄布局系数类别划分的标准及其分布判定

类别	年龄布局系数	分布状态
Ⅰ	r=1	均匀分布
Ⅱ	r>1	相对集中分布
Ⅲ	r<1	相对分散分布
Ⅳ	r≥1.5	显著集中分布

根据人口年龄布局系数值的大小判断各个地区的人口年龄结构区域差异，如，当一个地区老年人口的布局系数大于1时，表明该地区的老年人口具有一定的比较优势，老年人口相对集中。因此，这些地区未来的养老问题将显得尤为重要。利用人口年龄布局系数公式，计算我国2000年、2010年、2020年各省县域各年龄组的年龄布局系数，各省县域年龄布局

系数如表4-8所示。

表4-8 我国2000—2020年分省县域人口年龄组布局系数

地区	2000年			2010年			2020年		
	0~14岁	15~64岁	65岁及以上	0~14岁	15~64岁	65岁及以上	0~14岁	15~64岁	65岁及以上
河北	0.922	1.030	0.998	0.938	1.032	0.877	1.069	0.981	0.989
山西	1.066	0.987	0.888	0.965	1.030	0.838	0.832	1.059	0.967
内蒙古	0.854	1.082	0.765	0.764	1.082	0.836	0.695	1.099	0.975
辽宁	0.783	1.081	1.025	0.716	1.064	1.079	0.559	1.070	1.288
吉林	0.782	1.105	0.805	0.681	1.098	0.879	0.598	1.093	1.134
黑龙江	0.784	1.114	0.714	0.707	1.096	0.847	0.541	1.120	1.093
江苏	0.823	1.043	1.233	0.764	1.025	1.285	0.805	1.006	1.241
浙江	0.756	1.066	1.254	0.766	1.048	1.099	0.698	1.097	0.981
安徽	1.033	0.981	1.057	1.016	0.975	1.165	1.010	0.970	1.119
福建	0.973	1.018	0.931	0.872	1.045	0.912	1.011	1.034	0.833
江西	1.036	1.001	0.859	1.216	0.967	0.821	1.161	0.987	0.838
山东	0.854	1.041	1.137	0.885	1.015	1.117	0.974	0.980	1.123
河南	1.050	0.982	0.994	1.187	0.961	0.927	1.228	0.934	0.984
湖北	0.941	1.034	0.890	0.804	1.046	1.042	0.886	1.014	1.092
湖南	0.896	1.035	1.045	1.001	0.987	1.097	1.030	0.972	1.085
广东	1.275	0.886	1.077	1.230	0.940	1.002	1.244	0.959	0.849
广西	1.078	0.966	1.035	1.257	0.925	1.065	1.277	0.935	0.913
海南	1.090	0.966	0.999	1.103	0.975	0.984	1.032	1.027	0.837
重庆	1.044	0.980	1.033	1.222	0.905	1.293	0.963	0.951	1.267
四川	0.934	1.022	1.033	1.001	0.970	1.234	0.884	0.976	1.267
贵州	1.218	0.936	0.817	1.419	0.896	0.960	1.256	0.960	0.829
云南	1.046	0.998	0.860	1.154	0.983	0.820	1.029	1.048	0.747
西藏	1.297	0.919	0.697	1.433	0.940	0.586	1.402	1.011	0.402
陕西	1.044	1.001	0.836	0.833	1.050	0.945	0.918	1.016	1.041
甘肃	1.116	0.987	0.707	1.051	1.000	0.894	1.058	1.008	0.887
青海	1.143	0.993	0.565	1.254	0.988	0.581	1.203	1.047	0.513
宁夏	1.217	0.961	0.593	1.278	0.969	0.674	1.102	1.040	0.682
新疆	1.123	0.993	0.631	1.167	0.999	0.667	1.218	1.045	0.503

数据来源：各省统计局。

表4－8显示了2000年、2010年、2020年我国各省县域人口年龄组布局系数分布情况，可以看到，2000年，0～14岁的少年儿童组主要集中分布在山西省、安徽省、江西省、河南省、广东省、广西壮族自治区、海南省、重庆市、贵州省、云南省、西藏自治区、陕西省、甘肃省、青海省、宁夏回族自治区、新疆维吾尔自治区，这16个省级行政区的年龄布局系数大于1，表明这些省级行政区县域的少儿人口比例高于全国县域总体平均水平，少年儿童人口比较集中，尤其是西藏自治区的少儿人口布局系数更高，为1.297。而另外12个省级行政区的县域人口年龄布局系数均小于1，表明这些地区县域少儿人口比例低于全国县域总体平均水平，分布比较分散。15～64岁的劳动年龄人口主要集中分布在黑龙江省、吉林省、浙江省、陕西省、四川省、湖北省、湖南省、山东省、江西省、福建省、江苏省、辽宁省、内蒙古自治区、河北省，这14个省级行政区的年龄布局系数均大于1，但从人口年龄布局系数的绝对值来看，都没有显著高于其他地区，地区优势不是很突出，除黑龙江、吉林略高于1.12外，其他各省均在1.1以下。因此，从总体来看，劳动力人口分布与全国平均水平较接近，并没有过分地集中分布；65岁及以上老年人口布局系数大于1的省级行政区有江苏省、浙江省、安徽省、山东省、湖南省、广东省、广西壮族自治区、重庆市、四川省，这些地区老年人口相对集中，尤其浙江省、江苏省的老年人口布局系数更高，分别为1.254、1.233。

2010年，0～14岁的少年儿童组主要集中分布在安徽省、江西省、河南省、湖南省、广东省、广西壮族自治区、海南省、重庆市、四川省、贵州省、云南省、西藏自治区、甘肃省、青海省、宁夏回族自治区、新疆维吾尔自治区，这16个省级行政区的年龄布局系数大于1，表明这些地区县域的少儿人口比例高于全国县域总体平均水平，少年儿童人口比较集中，尤其是西藏自治区的少儿人口布局系数更高，为1.433。除此之外的其他省级行政区的县域人口年龄布局系数均小于1，表明这些地区县域的少儿人口比例低于全国县域总体平均水平，分布比较分散。15～64岁的劳动年龄人口主要集中分布在河北省、山西省、内蒙古自治区、辽宁省、吉林省、黑龙江省、江苏省、浙江省、甘肃省、山东省、福建省、湖北省，这

11 个省级行政区的年龄布局系数均大于 1，但从人口年龄布局系数的绝对值来看，都没有显著高于其他地区，地区优势不是很突出，各省均在 1.1 以下。65 岁及以上老年人口布局系数大于 1 的省级行政区有江苏省、浙江省、安徽省、山东省、湖南省、广东省、广西壮族自治区、重庆市、四川省，这些省级行政区老年人口相对集中，尤其重庆市、江苏省的老年人口布局系数更高，分别为 1.293、1.285。

2020 年，0 ~14 岁的少年儿童组主要集中分布在河北省、安徽省、福建省、江西省、河南省、湖南省、广东省、广西壮族自治区、海南省、贵州省、云南省、西藏自治区、甘肃省、青海省、宁夏回族自治区、新疆维吾尔自治区，这16 个省级行政区的年龄布局系数大于 1，表明这些省级行政区县域的少儿人口相较于全国县域平均水平更为集中，尤其是西藏自治区的少儿人口布局系数更高，为 1.402。除此之外的其他省级行政区均小于 1，表明分布比较分散。15 ~64 岁的劳动年龄人口除河北省、安徽省、江西省、山东省、河南省、湖南省、广东省、广西壮族自治区、重庆市、四川省、贵州省这 11 个省级行政区的年龄布局系数均小于 1 外，其他省级行政区均大于 1，但从人口年龄布局系数的绝对值来看，都没有显著高于其他地区，地区优势不是很突出，除黑龙江略高于 1.1 外，其他各省均在 1.1 以下。因此，从总体来看，劳动力人口分布与全国平均水平较接近，并没有过分地集中分布。65 岁及以上老年人口布局系数大于 1 的省级行政区有辽宁省、吉林省、黑龙江省、江苏省、安徽省、山东省、湖北省、湖南省、重庆市、四川省、陕西省，这些省级行政区老年人口相对集中，尤其辽宁省（1.288）和江苏省（1.241）。

本书对全国各个县域的人口年龄布局系数进行分析，得出 2000—2020 年我国县域人口各年龄组布局系数分布情况。2000 年、2010 年和 2020 年我国各年龄组县域尺度年龄布局系数呈现明显的地域分布特征，其中，少年儿童年龄组集中分布的县域主要位于中西部地区，并呈现不断向东部地区蔓延的趋势；劳动年龄人口集中分布的县域主要位于北部、东部地区，并呈现不断向中西部地区蔓延的趋势；老年人口集中分布的县域主要位于东部地区，且范围不断扩大，主要呈现为向东北部、中部地区蔓延的趋势。

（四）县域人口老龄化空间差异

根据前文所得数据，我们整理了2000—2020年我国各省级行政区县域65岁及以上人口年龄布局系数（见表4-9）。其中，内蒙古自治区、辽宁省、吉林省、黑龙江省、江苏省、湖北省、四川省、陕西省、宁夏回族自治区这9个省级行政区的老年人口年龄布局系数在不断增加，浙江省、福建省、广东省、海南省、云南省、西藏自治区这6个省级行政区则在不断减小。

表4-9　我国各省级行政区县域65岁及以上人口年龄布局系数

地区	2000年	2010年	2020年
河北	0.998	0.877	0.989
山西	0.888	0.838	0.967
内蒙古	0.765	0.836	0.975
辽宁	1.025	1.079	1.288
吉林	0.805	0.879	1.134
黑龙江	0.714	0.847	1.093
江苏	1.233	1.285	1.241
浙江	1.254	1.099	0.981
安徽	1.057	1.165	1.119
福建	0.931	0.912	0.833
江西	0.859	0.821	0.838
山东	1.137	1.117	1.123
河南	0.994	0.927	0.984
湖北	0.890	1.042	1.092
湖南	1.045	1.097	1.085
广东	1.077	1.002	0.849
广西	1.035	1.065	0.913
海南	0.999	0.984	0.837
重庆	1.033	1.293	1.267
四川	1.033	1.234	1.267
贵州	0.817	0.960	0.829

续表

地区	2000 年	2010 年	2020 年
云南	0.860	0.820	0.747
西藏	0.697	0.586	0.402
陕西	0.836	0.945	1.041
甘肃	0.707	0.894	0.887
青海	0.565	0.581	0.513
宁夏	0.593	0.674	0.682
新疆	0.631	0.667	0.503

数据来源：各省统计局。

表 4-10 为 2000—2020 年我国各省县域 65 岁及以上老年人口比重情况。从平均值来看，2000—2020 年，各省县域 65 岁及以上老年人口比重呈不断增长的趋势，2000 年平均值最大的省级行政区为浙江省（9.49%），2010 年平均值最大的省级行政区为江苏省（11.95%），2020 年平均值最大的省级行政区为辽宁省（18.97%）；从各省县域老年人口比重最大值、最小值情况来看，2000 年县域老年人口比重最大的地区为江苏省（13.47%）、比重最小的地区（青海省无数据）为内蒙古自治区（1.90%），极差最大的为海南省（8.18 个百分点）；2010 年县域老年人口比重最大的地区为江苏省（17.89%）、比重最小的地区为青海省（0.24%），极差最大的为江苏省（12.35 个百分点）；2020 年县域老年人口比重最大的地区为江苏省（29.98%）、最小的地区为青海省（1.74%），极差最大的为内蒙古自治区（28.11 个百分点）。

表 4-10　2000—2020 年我国各省县域老年人口比重情况

地区	县域平均值（%）			最大比重（%）			最小比重（%）			极差（%）		
	2000 年	2010 年	2020 年	2000 年	2010 年	2020 年	2000 年	2010 年	2020 年	2000 年	2010 年	2020 年
河北	7.19	8.34	15.01	7.77	11.83	25.77	5.25	6.05	10.39	2.52	5.78	15.38
山西	6.44	7.66	14.27	9.46	11.41	20.08	4.34	5.55	9.94	5.12	1.47	10.14
内蒙古	5.43	7.71	14.60	8.85	12.92	28.51	1.90	2.93	7.40	6.95	9.99	28.11
辽宁	7.41	9.84	18.97	9.50	12.22	22.80	5.38	8.18	15.12	4.12	4.04	7.68
吉林	5.96	8.47	16.99	7.99	12.84	21.13	4.49	6.22	13.66	3.50	6.62	7.47

续表

地区	县域平均值（%）			最大比重（%）			最小比重（%）			极差（%）		
	2000 年	2010 年	2020 年	2000 年	2010 年	2020 年	2000 年	2010 年	2020 年	2000 年	2010 年	2020 年
黑龙江	5.21	8.07	16.16	7.82	13.68	21.90	3.23	3.87	10.17	4.59	9.81	11.73
浙江	9.49	11.03	15.82	11.96	16.76	22.09	6.62	6.12	7.25	5.34	10.64	14.84
江苏	9.00	11.95	18.90	13.47	17.89	29.98	6.34	5.54	8.79	7.13	12.35	21.19
安徽	7.86	10.95	17.27	9.35	13.31	22.24	6.15	9.34	13.03	3.20	3.97	9.21
福建	7.03	9.33	13.54	9.73	12.98	18.50	4.00	3.91	6.16	5.73	9.07	12.34
江西	6.31	7.70	12.40	8.53	10.31	15.50	4.64	6.15	6.13	3.89	4.16	9.37
山东	8.32	10.32	16.80	11.14	13.75	26.68	6.42	7.75	12.65	4.72	6.00	14.03
河南	7.21	8.47	14.44	10.85	11.60	20.09	4.39	6.09	7.55	6.46	5.51	12.54
湖北	6.76	9.77	16.42	10.42	12.56	21.70	4.37	6.51	10.69	6.05	6.05	11.01
湖南	7.52	10.01	15.99	9.37	13.14	21.25	5.98	7.27	9.68	3.39	5.87	11.57
广东	8.15	9.76	13.02	12.19	12.57	16.48	5.15	6.20	8.13	7.04	6.37	8.35
广西	7.54	10.00	13.83	9.95	12.31	18.41	4.61	6.81	8.63	5.34	5.50	9.78
海南	6.66	8.58	11.72	12.27	13.66	16.77	4.09	6.02	9.67	8.18	7.64	7.10
重庆	7.47	11.68	18.33	8.98	13.79	21.40	5.85	9.39	15.91	3.13	4.40	5.49
四川	6.74	9.93	15.67	10.11	16.39	26.35	3.12	4.60	5.06	6.99	11.79	21.29
贵州	6.09	9.31	12.89	7.69	12.46	17.17	4.12	5.58	8.00	3.57	6.88	9.17
云南	6.08	7.57	11.14	8.19	9.99	16.12	2.76	4.64	5.38	5.43	5.35	10.74
西藏	4.98	5.27	5.90	6.62	7.60	10.70	2.84	2.92	3.02	3.78	4.68	7.68
陕西	6.13	8.66	15.12	8.94	11.43	23.42	3.90	5.43	8.47	5.04	6.00	14.95
甘肃	5.04	7.95	12.52	8.08	10.63	18.03	2.38	3.64	5.48	5.70	6.99	12.55
青海	4.18	4.97	6.45	5.95	6.75	11.81	—	0.24	1.74	—	6.51	10.07
宁夏	4.45	6.40	10.49	5.56	7.92	14.28	3.36	4.82	7.16	2.20	3.10	7.12
新疆	4.42	6.20	7.75	6.35	13.32	13.53	2.68	3.78	2.40	3.67	9.54	11.13

数据来源：各省统计局。

本书按照7%、10%、14%、20%的比例划分老龄化等级，即浅度老龄化（7 < PA ≤ 10）、中度老龄化（10 < PA ≤ 14）、深度老龄化（14 < PA ≤ 20）、超老龄化（PA > 20）。根据三次普查数据中我国县域65岁及以上老年人口比重数据可以看出，2000年、2010年和2020年我国县域人口老龄化等级分布呈现明显的地域差异特征，东部地区县域老龄化比重明显大于中西部地区，自西向东呈不断加深的趋势，西部地区变动相对较小。

从表 4 – 11 我国各省各县域人口老龄化等级数量变化情况可以看出，2020 年有 16 个省级行政区均出现了人口超老龄化县，其中，四川省最多（36 个县），其次为江苏省、安徽省、内蒙古自治区，各省中度老龄化、深度老龄化的县的数量不断增加，浅度老龄化的县的数量不断减少，各省县域老龄化程度不断加深。

表 4 – 11　我国各省县域人口老龄化等级变化情况（PA 为老年人口比重）

等级	浅度老龄化（$7<PA\leqslant10$）			中度老龄化（$10<PA\leqslant14$）			深度老龄化（$14<PA\leqslant20$）			超老龄化（$PA>20$）		
地区	2000 年	2010 年	2020 年	2000 年	2010 年	2020 年	2000 年	2010 年	2020 年	2000 年	2010 年	2020 年
河北	68	90	0	0	12	45	0	0	68	0	0	5
山西	26	57	1	0	4	36	0	0	53	0	0	1
内蒙古	17	28	13	0	14	29	0	0	25	0	0	13
辽宁	30	24	0	0	17	0	0	0	30	0	0	11
吉林	3	29	0	0	6	1	0	0	36	0	0	2
黑龙江	4	43	0	0	10	3	0	0	62	0	0	1
江苏	29	9	1	8	22	1	0	9	24	0	0	15
浙江	31	12	3	20	38	6	0	1	31	0	0	6
安徽	0	10	0	0	51	4	0	0	42	0	0	13
福建	0	33	2	0	19	25	0	0	26	0	0	0
江西	0	59	0	0	1	64	0	0	8	0	0	0
山东	0	35	0	6	42	6	0	1	64	0	0	8
河南	0	84	2	1	11	45	0	0	57	0	0	1
湖北	0	36	0	1	26	7	0	0	52	0	0	4
湖南	0	45	1	0	41	20	0	0	58	0	0	7
广东	0	27	5	4	26	36	0	0	16	0	0	0
广西	0	32	5	0	36	33	0	0	32	0	0	0
海南	0	10	3	1	3	9	0	0	3	0	0	0
重庆	0	1	0	0	11	0	0	0	9	0	0	3
四川	0	31	24	1	65	19	0	4	40	0	0	36
贵州	0	48	4	0	23	44	0	0	24	0	0	0
云南	0	76	36	0	0	64	0	0	11	0	0	0
西藏	0	3	12	0	0	1	0	0	0	0	0	0
陕西	0	47	3	0	16	16	0	0	50	0	0	2
甘肃	0	47	9	0	5	36	0	0	22	0	0	0
青海	0	0	8	0	0	2	0	0	0	0	0	0
宁夏	0	4	5	0	0	7	0	0	1	0	0	0
新疆	0	19	30	0	5	18	0	0	0	0	0	0

数据来源：各省统计局。

三、我国县域人口城镇化率空间差异

（一）全国县域城镇化率动态变化分析

本书根据2000—2020年普查相关数据，计算我国县域人口城镇化率，在此基础上，以低人口城镇化水平（<15%）、中低人口城镇化水平（15%~30%）、中人口城镇化水平（30%~60%）、中高人口城镇化水平（60%~80%）、高人口城镇化水平（>80%）为划分依据，对县域人口城镇化率各类型数量及占比情况进行分析（见表4-12）。

表4-12　2000—2020年全国县域人口城镇化率各类型数量及占比

类型	2000年		2010年		2020年	
	数量（个）	占比（%）	数量（个）	占比（%）	数量（个）	占比（%）
低人口城镇化水平（<15%）	691	37.23	125	6.72	25	1.34
中低人口城镇化水平（15%~30%）	763	41.11	670	36.00	151	8.07
中人口城镇化水平（30%~60%）	346	18.64	976	52.44	1385	74.06
中高人口城镇化水平（60%~80%）	34	1.83	61	3.28	273	14.60
高人口城镇化水平（>80%）	22	1.19	29	1.56	36	1.93

数据来源：各省统计局。

整体来看，2000—2020年，我国县域人口城镇化率呈总体上升的趋势，全国县域人口城镇化水平由低人口城镇化水平、中低人口城镇化水平向中人口城镇化水平、中高人口城镇化水平，甚至是高人口城镇化水平的转变，区域城镇化水平明显提升，区域差异相对缩小。2020年，我国县域人口城镇化水平最低的县为西藏自治区的江达县（1.44%）；2010年，我国县域人口城镇化水平最低的县为新疆维吾尔自治区的和田县（1.38%）。

2000—2020年属于低人口城镇化水平、中低人口城镇化水平的县域数量不断减少，低人口城镇化水平的县域数量占比从2000年的37.23%降至2020年的1.3%；属于中人口城镇化水平、中高人口城镇化水平、高人口城镇化水平的县域数量不断增加，中人口城镇化水平的县域数量占比从2000年的18.64%增至2020年的74.06%。2000年，我国县域人口城镇化水平以低人口城镇化、中低人口城镇化水平为主，2010年以中人口城镇化、中低人口城镇化水平为主；2020年则以中人口城镇化水平为主，县域人口城镇化总体水平不断提升。

（二）全国县域城镇化速度动态变化分析

城镇化速度，采用城镇化率百分比的年变化率进行衡量，如公式（4－2）所示。

$$TA = \frac{1}{n} \times (P_{t+n} - P_t) \tag{4-2}$$

式中，TA表示城镇化速度，n表示年限，P_{t+n}表示在t+n年的城镇化率，P_t表示在t年的城镇化率。据此本书计算得出我国县域人口城镇化年均变化速度2000—2010年、2010—2020年、2000—2020年的变动及差异，并根据城镇化速度大致每年以0.4～0.6个百分点的幅度增长，我们将0.5%、1%和2%作为城镇化速度的临界值，将城镇化速度进行分类，即TA≤0、0＜TA≤0.5%、0.5%＜TA≤1%、1%＜TA≤2%、TA＞2%，各类型数量及变化情况如表4－13所示。

表4－13　全国县域人口城镇化速度各类型数量及占比变化情况

类型	2000—2010年		2010—2020年		2000—2020年	
	数量（个）	占比（%）	数量（个）	占比（%）	数量（个）	占比（%）
TA≤0	122	6.57	47	2.53	45	2.42
0＜TA≤0.5%	231	12.45	159	8.57	124	6.68
0.5%＜TA≤1%	435	23.44	349	18.80	391	21.07
1%＜TA≤2%	793	42.73	1033	55.66	1165	62.77
TA＞2%	275	14.82	270	14.55	131	7.06

数据来源：各省统计局。

县域人口城镇化发展速度不断提升，并呈现出不断向中西部地区扩展的趋势。2000—2010 年，我国县域人口城镇化年均变化速度最高的县（县级市）为新疆维吾尔自治区的奎屯市（4.90%），最低的县为西藏自治区的扎囊县（-5.03%）。2010—2020 年，我国县域人口城镇化年均变化速度最高的县为辽宁省的本溪满族自治县（5.50%），最低的县为云南省的孟连傣族拉祜族佤族自治县（-1.78%）。2000—2020 年，我国县域人口城镇化年均变化速度最高的县为青海省的治多县（3.73%），最低的县为西藏自治区的措美县（-1.53%）。相比 2000—2010 年，我国东部地区县域人口城镇化年均变化速度在 2010—2020 年明显放缓，中西部地区年均变化速度相对增幅较大，中西部地区的县域人口城镇化水平还具有很大的发展空间和提升潜力，对于缩小人口城镇化区域差异具有积极的推动作用。

2000—2020 年，人口城镇化速度≤0.55% 的县域数量不断减少，占比从 2000—2010 年的 19.02% 降至 2010—2020 年的 11.1%；1% <TA≤2% 的县域数量不断增加，占比从 2000—2010 年的 42.73% 增至 2010—2020 年的 55.66%；TA >2% 的县域数量不断减少，占比从 2000—2010 年的 14.82% 降至 2010—2020 年的 14.55%；2000—2010 年、2010—2020 年、2000—2020 年我国县域人口城镇化速度均以 1% <TA≤2% 为主。

四、我国县域人口素质变动空间差异

（一）人口健康状况空间差异及变动

县域人口身体健康状况的分析选取了我国县域分性别、健康状况的 60 岁及以上老年人口占比这一指标，根据各省已公布的数据，选取了第七次人口普查中内蒙古自治区、黑龙江省、江苏省、浙江省、安徽省、福建省、江西省、山东省、湖北省、海南省、重庆市、贵州省、青海省、宁夏回族自治区共 14 个省级行政区，共 720 个县的数据，由于山西省、河北省、陕西省等其他省级行政区的各县域的数据未公布，则以各县所在市/省的数据代替。并选取了湖北省分析其 2010 年和 2020 年的区域差异及变动情况。

县域 60 岁及以上老年人的健康状况与区域差异水平变动呈相反趋势变动，具有非均衡发展的特征。具体而言，身体健康状况越好，区域差异则相对越小；西部地区老年人口的健康状况明显劣于东部地区。此外，在考虑县域老年人口健康状况的性别差异时，可以看出，对大多数县域而言，处于“健康”状态的男性老年人口占比要高于女性老年人口，处于“基本健康”“不健康，但生活能自理”“不健康，生活不能自理”的这三种状态的男性老年人口占比要低于女性老年人口，性别差异明显。

本书以湖北省为例，并对其 2010—2020 年的区域差异及变动情况进行分析得出，2010—2020 年，湖北省各县域 60 岁及以上处于“健康”状态的老年人口占比，除丹江口市（-0.67%）外，均有所增长。各县占比增长幅度大多集中在 10%～20%，其中利川市（26.19%）、宜都市（22.93%）、大悟县（22.78%）的占比增长比较显著，而赤壁市（3.33%）的占比增长幅度最小。两次普查数据中，湖北省各县域 60 岁及以上处于“健康”状态的老年人口占比的性别差异，均表现为男性大于女性，但二者的差距在缩小。

2010—2020 年，湖北省各县域 60 岁及以上处于“基本健康”状态的老年人口占比，除通城县（0.85%）外，均有所减少。各县占比减少幅度大多集中在 -10%～0，其中南漳县（-14.75%）、宜都市（-14.52%）、利川市（-13.12%）降幅较为显著，而天门市（-0.78%）的降幅最小。两次普查数据中，湖北省各县域 60 岁及以上处于“基本健康”状态的老年人口占比的性别差异，均表现为男性小于女性，且多数县域二者的差距仍在扩大。

2010—2020 年，湖北省各县域 60 岁及以上处于“不健康，但生活能自理”状态的老年人口占比均有所减少。各县占比减少幅度区间大多集中在 -10%～0，其中罗田县（-13.51%）、大悟县（-13.35%）的降幅较为显著，云梦县（-0.84%）的降幅最小。两次普查数据中，湖北省各县域60岁及以上处于“不健康，但生活能自理”状态的老年人口占比的性别差异，均表现为男性小于女性，且多数县域二者的差距仍在缩小。

2010—2020年，湖北省各县域60岁及以上处于“不健康，生活不能自理”状态的老年人口占比，除京山市（0.34%）、云梦县（0.17%）、赤壁市（0.11%）、来凤县（0.05%）这4个县外，均有所减少。各县占比减少幅度大多集中在-1%～0，其中占比降幅最大的县为房县（-5.18%），降幅最小的县为汉川市（-0.07%）。两次普查数据中，湖北省各县域60岁及以上处于“不健康，生活不能自理”状态的老年人口占比的性别差异，均表现为男性小于女性，且多数县域二者的差距仍在缩小。

（二）人口学历状况空间差异及变动

1. 县域人口平均受教育年限的空间差异

2000年、2010年、2020年我国县域人口平均受教育年限均呈现出较明显的区域差异，且东部、中部与西部地区之间的差异逐渐凸显。2000—2010年，东部地区县域人口平均受教育年限增长更为明显，之后中西部县域人口平均受教育年限逐渐提高，但变化速度相对缓慢。

2. 县域人口学历状况密度的空间差异

本书基于“小学及以下”“初中”“高中”“大学专科”“大学本科及以上”五项指标，计算全国县域各学历状况人口密度。总体来看，2000—2020年，我国县域各学历状况人口密度的空间分布呈现以下特征：（1）县域各学历人口密度均呈现明显的区域差异特征，具体表现为东部地区人口密度高于中部地区，而中部地区人口密度又高于西部地区，且西部地区的各学历人口密度均处于较低水平。（2）“小学及以下”和“初中”学历状况人口密度在2000年、2010年、2020年呈现明显的下降趋势，“高中”

“大学专科”“大学本科及以上”学历状况的人口密度则呈现增长趋势。（3）随着学历水平的不断提升，各种学历状况人口密度的区域差异在不断扩大，且分布更为集中。（4）各学历状况人口密度变动速度均呈现逐渐放缓的趋势（对比2000—2010年和2010—2020年数据），存在明显的空间差异。

3. 县域人口学历状况的空间差异

本书基于“小学及以下”“初中”“高中”“大学专科”“大学本科及以上”五项指标，计算全国县域各学历人口占比。总体来看，我国县域各学历人口占比的空间分布呈现以下特征：（1）县域各学历人口占比均呈现明显的区域差异特征，与县域各学历人口密度有所不同，“小学及以下”学历的人口占比呈现自西向东逐渐缩小的趋势，除“小学及以下”学历外，西部地区的各种学历人口占比均处于较低水平。（2）“小学及以下”和“初中”学历状况人口占比在2000年、2010年、2020年呈现明显的下降趋势，且下降速度在逐渐放缓，“高中”“大学专科”“大学本科及以上”学历状况的人口占比则呈现一定的增长趋势，增速同样有所放缓。（3）随着学历水平的不断提升，各种学历人口占比的区域差异在不断扩大，且区域分布更为集中。（4）县域高学历人口占比一定程度上呈现明显的等级分异特征，且多呈现点状分布。

五、我国县域人口婚姻状况空间差异

（一）离婚率空间差异分析

1. 离婚率空间分布

以一般离婚率作为分析离婚率空间分布的指标，一般离婚率指一定时期内（通常为一年）离婚人数与同期适婚年龄人口数（通常为15岁及以上人口）之比。根据2000—2020年三次人口普查数据，我国县域一般离婚率情况如表4-14所示。2000—2020年，我国县域离婚率低于全国总体水平的县的数量及占比呈现不断缩减的趋势，而高于全国总体水平的县的数量及占比则在不断增加。相对而言，县域离婚率水平呈现出相对增长趋势。

表4-14　2000年、2010年、2020年各省县域一般离婚率与全国平均水平相比情况

分类	2000年		2010年		2020年	
	数量（个）	占比（%）	数量（个）	占比（%）	数量（个）	占比（%）
县域离婚率≤全国平均水平	1314	70.72	1254	67.38	1154	61.65
县域离婚率>全国平均水平	544	29.28	607	32.62	718	38.35

数据来源：各省统计局。

将各县域离婚率进行分组，划分不同的等级，可以看出，2000年、2010年、2020年我国县域离婚率呈现明显的区域差异。各区域内部差异相对较小，区域间差异较大，但呈现不断缩小的趋势。总体来看，2000—2020年，我国县域离婚率处于不断增长的趋势，且东部地区变动更为明显。此外，2000年，全国县域一般离婚率的平均水平为0.99%，最大值为8.23%，最小值为0.18%；2010年，平均水平为1.40%，最大值为9.14%，最小值为0.21%；2020年，平均水平为2.33%，最大值为10.22%，最小值为0.53%，均处于不断增长的趋势。

2. 离婚率变异系数分析

采用变异系数来衡量全国省级和各省县域的离婚率离散程度和时序变化，变异系数是标准差与均值的比率，可以表现出数据的离散程度，计算公式如下：

$$CV = \frac{\sqrt{\frac{1}{n-1}\sum_{i=1}^{n}(x_i - \bar{x})^2}}{\bar{x}} \qquad (4-3)$$

其中，n 为空间单元数，X_i 为第 i 个测度区域的离婚率，x 平均值为全区域平均离婚率。CV 越大表示区域内部差异越大，反之则越小。在此基础上，根据 2000—2020 年三次人口普查数据，计算得出我国 2000—2020 年县域人口离婚率变异系数的总体水平、各省县域离婚率变异系数分布。

2000—2020 年，我国各省县域离婚率变异系数的省份间极差呈现不断缩小的趋势。2000 年，我国各省县域离婚率变异系数中，离婚率变异系数最大的地区是甘肃省（0.769），最小的地区为重庆市（0.196），极差为 0.573；2010 年，我国各省县域离婚率变异系数中，离婚率变异系数最大的地区是甘肃省（0.633），最小的地区为海南省（0.201），极差为 0.432；2020 年，我国各省县域离婚率变异系数中，离婚率变异系数最大的地区是西藏自治区（0.448），最小的地区为重庆市（0.169），极差为 0.279。

2000 年，我国县域人口离婚率变异系数总体水平为 0.597；2010 年为 0.511；2020 年为 0.351，呈现出持续减少的趋势，表明我国县域人口离婚率的总体差异正在逐渐缩小。各省县域人口离婚率变异系数同样呈现不断减小的趋势，反映各省县域内部人口离婚率的差异也在逐渐缩小。此外，各省县域人口离婚率变动速度呈现明显的区域差异，东部地区变动幅度相对较小，中部地区次之，西部地区变动幅度相对较大，但总体变动幅度呈现逐渐放缓的趋势（对比 2000—2010 年和 2010—2020 年数据）。

3. 县域人口离婚率变化速度

对离婚率变化速度的分析，采用离婚率百分比的年变化率进行衡量。在 2000—2010 年以及 2010—2020 年期间，我国各省县域人口离婚率变化速度分布具有明显的区域差异特征，自东向西呈不断减小的趋势，东部地区离婚率变化速度明显快于中西部地区。从 2000—2010 年，再到 2010—2020 年，我国各省县域人口离婚率变化速度呈现上升的趋势。2000—2010 年，我国各省县域人口离婚率变动速度最大的地区为黑龙江省（0.124%），变动速度最小的地区为西藏自治区（-0.032%）；2010—2020 年，我国各省县域人口离婚率变动速度最大的地区依然为黑龙江省（0.172%），最小的地区为西藏自治区（-0.029%）。在 2000—2020 年这个时间段内，我国各省县域人口离婚率变动速度最大的地区为黑龙江省（0.148%），最小的地区为西藏自治区（-0.031%），且仅有西藏自治区的县域人口离婚率变动速度为负。

（二）未婚率空间差异分析

1. 未婚率空间分布

未婚率指一定时期内（通常为一年）未婚人数与同期适婚年中人口数（通常为15岁及以上人口）之比。根据2000—2020年三次人口普查数据，我国县域未婚率情况如表4-15所示。2000—2020年，我国县域未婚率低于全国总体水平的县的数量及占比呈现不断增加的趋势，而高于全国总体水平的县的数量及占比则在不断减小。相对而言，县域未婚率水平呈现出相对降低趋势。

表4-15　2000—2020年中国各省县域粗未婚率与全国平均水平相比情况

分类	2000年		2010年		2020年	
	数量（个）	占比（%）	数量（个）	占比（%）	数量（个）	占比（%）
县域未婚率≤全国平均水平	1061	57.14	1068	57.39	1095	58.49
县域未婚率>全国平均水平	796	42.86	793	42.61	777	41.51

数据来源：各省统计局。

将各县域未婚率进行分组，划分不同的等级，可以看出，2000年、2010年、2020年我国县域未婚率呈现明显的区域差异，但各区域内部差异相对较小，且不断缩小，区域间差异较大，但呈现不断缩小的趋势。总体来看，2000—2020年，我国县域未婚率处于不断缩小的趋势，且中东部地区变动更为明显。此外，2000年，全国各省县域未婚率的平均水平为20.07%，最大值为35.60%（西藏自治区），最小值为12.93%（重庆市）；2010年，平均水平为20.44%，最大值为35.43%（西藏自治区），最小值为16.30%（黑龙江省）；2020年，平均水平为17.45%，最大值为

30.12%（西藏自治区），最小值为11.85%（吉林省），均处于不断减小的趋势。

2. 未婚率变异系数分析

采用变异系数来衡量全国省级和各省县域的未婚率离散程度和时序变化，变异系数是标准差与均值的比率，可以表现出数据的离散程度，计算公式如下：

$$CV = \frac{\sqrt{\frac{1}{n-1}\sum_{i=1}^{n}(x_i - \bar{x})^2}}{\bar{x}} \tag{4-4}$$

其中，n为空间单元数，X_i为第i个测度区域的未婚率，X平均值为全区域平均未婚率，CV越大表示区域内部差异越大，反之则越小。在此基础上，根据2000—2020年三次人口普查数据，计算得出我国2000—2020年县域人口未婚率变异系数的总体水平、各省县域未婚率变异系数分布。

2000—2020年我国各省县域未婚率变异系数的省份间极差呈现先减后增的趋势。2000年我国各省县域未婚率变异系数中，未婚率变异系数最大的地区是四川省（0.450），最小的地区为广西壮族自治区和吉林省(0.093)，极差为0.357；2010年我国各省县域未婚率变异系数中，未婚率变异系数最大的地区是四川省（0.336），最小的地区为陕西省(0.113)，极差为0.223；2020年我国各省县域未婚率变异系数中，未婚率变异系数最大的地区是青海省（0.408），最小的地区为重庆市(0.114)，极差为0.294。

2000年、2010年、2020年中国县域人口未婚率变异系数分别为0.262、0.255、0.314，与极差分布差异一致，即我国县域人口未婚率的总体差异呈现出先减后增的态势。各省县域人口未婚率变异系数也呈现先减后增的趋势，即各省县域内部人口未婚率的差异呈现2000—2010年缩小、2010—2020年增加的趋势；且变动速度呈现明显的区域差异，东部地区变动幅度相对较小，中部地区次之，西部地区变动幅度相对较大。不过，总体变动幅度呈现逐渐放缓的趋势。

3. 各省县域人口未婚率变化速度（省级）

对未婚率变化速度的分析，采用未婚率百分比的年变化率进行衡量。我国各省县域人口未婚率变化速度具有明显的区域差异特征，且自东向西呈不断增加的趋势，东部地区未婚率变化速度明显慢于中西部地区。2000—2020 年，我国各省县域人口未婚率平均变化速度，最快的是重庆市，最慢的是内蒙古自治区。从 2000—2010 年，再到 2010—2020 年，我国各省县域人口未婚率变化速度呈现降低的趋势。2000—2010 年，我国各省县域人口未婚率变动速度最快的省级行政区为四川省（0. 437%），最小的省级行政区为内蒙古自治区（-0. 323%）；2010—2020 年，我国各省县域人口未婚率变动速度最快的省级行政区为重庆市（0. 185%），最慢的为陕西省（-0. 718%）；2000—2020 年，我国各省县域人口未婚率变动速度最快的省级行政区为重庆市（0. 303%），最慢的省级行政区为内蒙古自治区（-0. 378%）。

六、我国县域人口流动与就业状况空间差异

（一）县域人口流动状况空间差异及变动

对我国县域人口流出、流入、迁移率空间差异及变动的分析，主要围绕我国县域人口净流入/净流出变化情况（见表 4-16）、我国县域净流出人口数分布、我国县域净流入人口数分布情况、我国县域人口净流入率、我国县域人口净流出率、我国县域流入人口数及比重排名前十的县（见表 4-17）、净流出人数及比重排名前十的县（见表 4-18）、省外流入人口数占流入人口数的比重分布、县域省外人口流入数及占比排名前十的县（见表 4-19）这些方面进行分析。

表 4-16　　我国县域人口净流入/净流出变化情况

类型			2000 年	2010 年	2020 年
人口净流出的县	数量（个）		1302	1506	1604
	占县域总数的比例（%）		70.15	80.92	87.27
人口净流入的县	数量（个）		554	355	234
	占县域总数的比例（%）		29.85	19.08	12.73
净迁移率	净流入	0～10%	483	268	97
		10%～30%	64	70	92
		30%以上	7	18	45
	净流出	-10%～0	1002	696	247
		-30%～-10%	281	636	853
		-30%以下	19	173	504

数据来源：各省统计局。

2000 年出现人口净流出的县有 1302 个，到 2010 年增长到 1506 个，2020 年则增长到 1604 个，人口流失县域的分布范围逐渐扩大，主要集中在胡焕庸线以西地区，越来越多的县域面临人口流失的难题。与人口净流出县域数量不断增长趋势不同，出现人口净流入的县域在 2000 年有 554 个，到 2010 年则降至 355 个，2020 年降至 234 个，人口净流入县域分布范围逐渐缩小。

2020 年，净迁移率在 -10%～0 的县域有 247 个，-30%～-10% 的有 853 个，小于 -30% 的有 504 个，参照已有研究，净迁移率小于 -10% 的地区为净流出活跃区，则 2020 年我国约有 84.60% 的县域为净流出活跃区，相比 2010 年的比例 53.83% 多了 30.77%。2000—2020 年，我国县域人口净流入和净流出数量及占比的分布呈现明显的区域差异，且地区分布不均衡。

2000—2020 年，我国县域人口净流入人数及比重排名前十的县如表 4-17 所示，其中，晋江市、义乌市、慈溪市、常熟市、江阴市、昆山市这六个县/县级市的流入人口数在 2000 年、2010 年、2020 年均位居前十，2020 年江苏省昆山市、浙江省义乌市的流入人口数量均超过了 100 万人；二连浩特市、石狮市、义乌市这三个县的流入人口占比在 2000 年、

表 4 -17　　2000—2020 年中国县域人口净流入数量及比重前十的县/县级市

排名	2000 年				2010 年				2020 年			
	地区	数量（个）	地区	占比（%）	地区	数量（个）	地区	占比（%）	地区	数量（个）	地区	占比（%）
1	晋江市	469395	竹山县	86.27	昆山市	931831	二连浩特市	63.36	昆山市	1025396	木里藏族自治县	59.59
2	竹山县	378553	二连浩特市	58.40	晋江市	913759	昆山市	56.65	义乌市	1006012	横县	54.15
3	义乌市	239313	乌鲁木齐县	55.59	义乌市	492663	绥芬河市	50.21	晋江市	849113	义乌市	54.10
4	石狮市	204979	石狮市	41.10	常熟市	441090	石狮市	49.92	慈溪市	767777	二连浩特市	52.59
5	慈溪市	199870	晋江市	31.73	慈溪市	423449	晋江市	46.00	常熟市	612950	错那县	52.33
6	常熟市	199735	和田市	30.76	江阴市	386168	额济纳旗	43.83	长沙县	548074	昆山市	49.00
7	乌鲁木齐县	182625	绥芬河市	30.16	张家港市	341648	新巴尔虎旗	43.64	新郑市	522076	石狮市	47.90
8	江阴市	171371	格尔木市	29.18	和平县	323386	义乌市	39.92	南昌市	514658	永仁县	47.44
9	昆山市	156683	义乌市	26.22	石狮市	317809	天峻县	39.36	江阴市	512915	额济纳旗	45.96
10	阿克苏市	128820	库尔勒市	25.29	瑞安市	244832	格尔木市	39.18	张家港市	501844	瑞丽市	45.72

数据来源：各省统计局。

表 4 -18　　2000—2020 年中国县域人口净流出数量及比重前十的县/县级市

排名	2000 年				2010 年				2020 年			
	地区	数量（个）	地区	占比（%）	地区	数量（个）	地区	占比（%）	地区	数量（个）	地区	占比（%）
1	化州市	360761	紫金县	56.68	固始县	683523	太仆寺旗	81.96	信阳市	748655	胡河市	428.67
2	固始县	332975	东源县	56.27	临泉县	645247	子洲县	76.96	霍邱县	688665	会理县	274.07
3	高州市	313612	德令哈市	50.68	阜南县	508951	周宁县	74.06	陆丰市	671777	资源县	234.01

续表

排名	2000年				2010年				2020年			
	地区	数量（个）	地区	占比（%）	地区	数量（个）	地区	占比（%）	地区	数量（个）	地区	占比（%）
4	信宜市	305081	丰顺县	47.17	颍上县	504332	清涧县	71.77	临泉县	651199	禄丰县	214.89
5	廉江市	299551	大埔县	46.29	信宜市	461924	文成县	71.24	五华县	607223	茫崖市	190.41
6	五华县	292311	龙川县	45.86	安岳县	458703	固始县	66.75	邓州市	606533	大姚县	186.63
7	紫金县	284625	文成县	40.80	利辛县	449552	武川县	65.66	颍上县	603419	浪卡子县	171.75
8	桂平市	280618	察哈尔右翼中旗	35.83	霍邱县	446152	陈巴尔虎旗	62.43	上蔡县	601929	北屯市	152.51
9	陆丰市	274563	化州市	35.80	云阳县	429922	正安县	61.87	安岳县	584916	佳县	134.73
10	龙川县	268803	天台县	35.37	化州市	420086	卓资县	60.61	利辛县	571640	乌兰察布市	128.40

数据来源：各省统计局。

表 4-19　2000—2020 年中国县域省外人口流入数量及占比排名前十的县

排名	2000年			2010年			2020年		
	数量	占该县流入人口总数的比重（%）	占该县常住人口的比重（%）	数量	占该县流入人口总数的比重（%）	占该县常住人口的比重（%）	数量	占该县流入人口总数的比重（%）	占该县常住人口的比重（%）
1	晋江市（412726）	江达县（95.28）	乌鲁木齐县（36.94）	晋江市（840798）	贡觉县（92.72）	额济纳旗（45.07）	义乌市（880224）	乌鲁木齐县（78.91）	义乌市（47.34）
2	义乌市（215192）	阿瓦提县（79.61）	石狮市（29.31）	昆山市（733716）	察隅县（89.62）	昆山市（44.61）	昆山市（782626）	慈溪市（78.86）	乌鲁木齐县（46.85）

续表

排名	2000年			2010年			2020年		
	数量	占该县流入人口总数的比重（%）	占该县常住人口的比重（%）	数量	占该县流入人口总数的比重（%）	占该县常住人口的比重（%）	数量	占该县流入人口总数的比重（%）	占该县常住人口的比重（%）
3	慈溪市（210412）	福海县（78.73）	晋江市（27.90）	义乌市（509607）	八宿县（89.42）	晋江市（42.33）	慈溪市（778287）	玉环市（77.17）	伊吾县（45.97）
4	乐清市（192919）	玉环市（78.30）	义乌市（23.58）	慈溪市（466222）	左贡县（88.56）	义乌市（41.30）	晋江市（702530）	嘉善县（74.22）	慈溪市（42.54）
5	温岭市（180715）	水富市（76.25）	玉环市（18.663）	瑞安市（449008）	察雅县（88.37）	石狮市（38.58）	常熟市（478230）	余姚市（72.69）	阿拉山口市（41.41）
6	常熟市（154347）	慈溪市（76.24）	屯宁市（18.659）	乐清市（446846）	芒康县（88.35）	玉环市（36.83）	余姚市（449945）	永康市（71.81）	嘉善市（39.70）
7	瑞安市（149762）	芒康县（76.12）	库尔勒市（18.58）	温岭市（398235）	扎囊县（87.36）	嘉善县（34.28）	瑞安市（420268）	义乌市（70.82）	永康市（37.60）
8	石狮市（146200）	晋江市（75.31）	尉犁县（17.64）	常熟市（347420）	边坝县（87.24）	乐清市（32.16）	乐清市（405430）	桐乡市（69.13）	昆山（37.40）
9	博罗县（134577）	巴楚县（75.18）	慈溪市（17.32）	江阴市（317562）	玉环市（86.66）	慈溪市（31.88）	江阴市（395832）	伊吾县（68.79）	茫崖市（37.10）
10	江阴市（125517）	文安县（73.87）	阿克苏市（17.31）	张家港市（279648）	丁青县（85.28）	瑞安市（31.52）	张家港市（389276）	温岭市（68.63）	余姚市（35.88）

数据来源：各省统计局。

2010 年、2020 年均位居前十。

2000—2020 年，我国县域人口净流出数量及占比情况在三次人口普查数据中均呈现较大变化，其中临泉县、颍上县、安岳县、利辛县、霍邱县这五个县的流出人口数在 2010 年、2020 年均位居前十；净流出人口数占比前十名的县在 2010 年和 2020 年均不相同，相比我国县域人口净流入的县，2000—2020 年我国县域人口净流出的县域变化较大。

2000—2020 年，我国县域省外流入人口占流入人口数比重的分布呈现明显的区域差异变动特征，其中，东部地区占比呈现不断缩减的趋势，且区域内部差异逐渐缩小，中西部地区的占比明显低于西部地区，但省外流入人口数量则明显高于西部地区，如，2020 年，共有 21 个县的省外流入人口超过 20 万人，且全部来自东部沿海地区，其中，义乌、昆山、慈溪和晋江四个县级市的省外流入人口超过了 70 万人，这四个县级市，正好也是全国 4 个城区人口超过 100 万人、跻身大城市行列的县级市；其中，位居第一的义乌，省外流入人口达到了 88 万人，占义乌市常住人口比重达 47.34%，大约每 2 个人中就有 1 人来自省外。

（二）县域人口就业结构空间差异及变动

2000—2020 年，我国的县域人口各产业结构就业人员占比分布均发生了显著的变化。具体而言，我国县域从事第一产业工作的人口主要集中在西部地区和中部地区，该产业从业的人员占比呈现逐年下降的趋势。我国县域人口第二产业就业人员占比持续上升，全国大部分县域的第二产业就业人员占比得到提升，东北地区少量县域占比下降，西部地区县域人口从事第二产业的人员占比上升明显，东部地区县域人口第二产业就业占比最高。我国县域第三产业从业人员占比呈逐年上升趋势，且上升趋势显著。中西部地区县域第三产业从业人员占比明显提升。整体来看，我国县域人口从事第一产业的人员正不断减少，从事第二产业和第三产业的人口占比正不断提升。这反映了我国县域的就业结构正逐步从传统的第一产业向第二、第三产业转型。

七、典型地区县域人口空间分布变动规律

本书选取江苏省、河北省以及甘肃省三个比较有代表性的省份进行独立分析，以期更加直观地展示区域差异。从全国视角来看，江苏省的发展速度较快，城镇化速度和水平位居全国前列，其人口变动情况显著，选取江苏省能代表全国经济发展较快的一部分省份县域的变动情况。河北省东临渤海，内环京津，地貌丰富，是中国唯一兼有高原、山地、丘陵、平原、湖泊和海滨的省份，其人口变动情况极具特色，有很大的研究价值。甘肃省地理跨度较大，地形狭长，地貌复杂多样，尽管面积较小，但也能代表西部部分省份，用于分析一些细节性问题。

（一）江苏省县域人口空间变动特征分析

江苏省位于东部沿海地区，地处长江经济带，是东部发达地区的人口大省和经济强省。一方面，江苏在人口与经济社会协调发展方面处于全国领先地位。根据“七普”数据，2020 年江苏省常住人口规模达 8477.3 万人，位居全国第四，县域人口规模同样位居全国前列，人均 GDP 已连续 12 年稳居全国各省区第一位。另一方面，江苏省人口发展也面临一些结构性问题和县域之间严重的不平衡现象。由于地区吸引力差异导致人口流动，使江苏省面临人口分布不均衡的现状，苏南、苏中和苏北在常住人口数量、外省流入人口比重、老龄化程度等方面存在着较大差距。这种人口与经济社会分布的不均衡状况使地区之间发展差异愈发明显，人口与经济社会的协调发展面临严峻挑战。因此，探究江苏省的人口发展现状及挑战，对实现区域人口合理分布有着一定的科学借鉴意义。

本书主要从江苏省县域常住人口数量及占比情况、户籍人口数量及占

比情况、人口出生率、死亡率、自然增长率变动情况、人口净流量、外省流入人口占比、65岁及以上人口占比方面进行分析。

2010—2022年，江苏省县域常住人口数量及占比总体呈下降趋势，且下降幅度逐渐减缓。值得注意的是，在2020年至2021年期间，江苏省县域常住人口数量及占比略有所回升，但到了2022年，江苏省县域常住人口数量及占比依然保持下降趋势（见图4-2）。2022年，江苏县域平均人口达到94.6万人，在全国各省份中位居第一；共有12个县人口超过100万人，百万人口县的数量位居全国第一，同时江苏省所有县域人口均超过20万人。

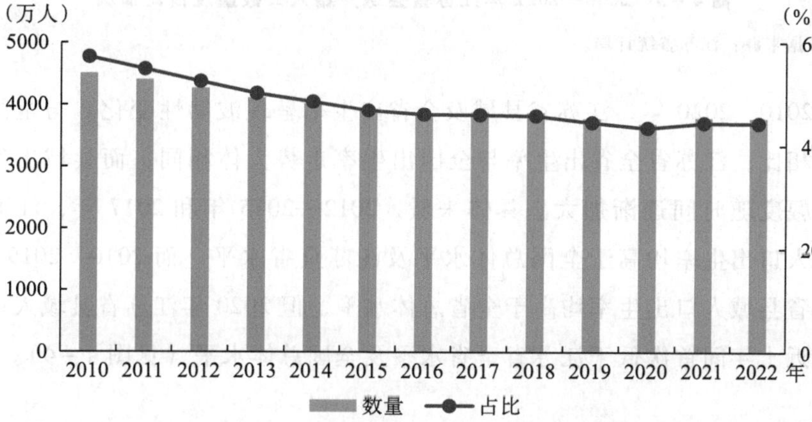

图4-2　2010—2022年江苏省县域常住人口数量及占比情况

数据来源：江苏省统计局。

2010—2022年，江苏省县域户籍人口数量及占比总体呈逐渐下降趋势，且下降速度逐渐减慢，这一变动趋势与其县域常住人口变动趋势大体一致，但存在细微差异：县域户籍人口数量及占比在2002年至2003年以及2005年至2006年间略有提升，但对总体下降趋势未产生实质性影响。总体来看，2010—2022年间江苏省县域常住人口数量均小于户籍人口数量（见图4-3）。

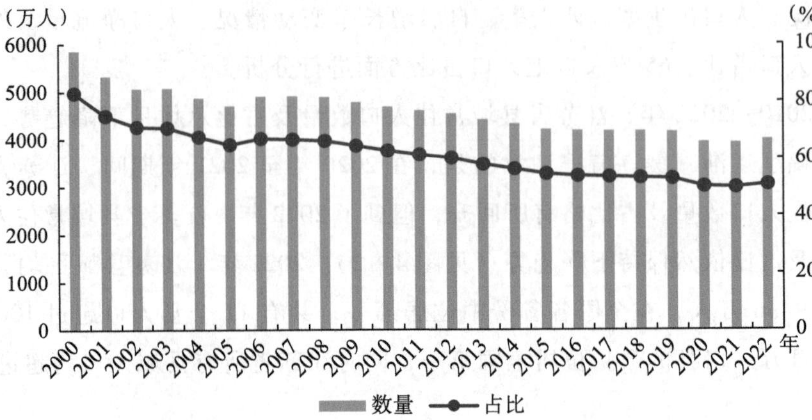

图 4－3 2000—2022 年江苏省县域户籍人口数量及占比情况

数据来源：江苏省统计局。

2010—2020 年，江苏省县域及全省出生率呈现波动性变化。与全国出生率相比，江苏省全省出生率与全国出生率走势大体相同，而县域出生率波动幅度随时间逐渐加大。具体来看，2012—2015 年和 2017 年，江苏省县域人口出生率均高于全国总体水平及江苏全省水平。而 2010—2019 年，江苏省县域人口出生率均高于全省总体水平，但 2020 年江苏省县域人口出生率近十年间首次低于江苏省全省水平及全国总体水平（见图 4－4）。

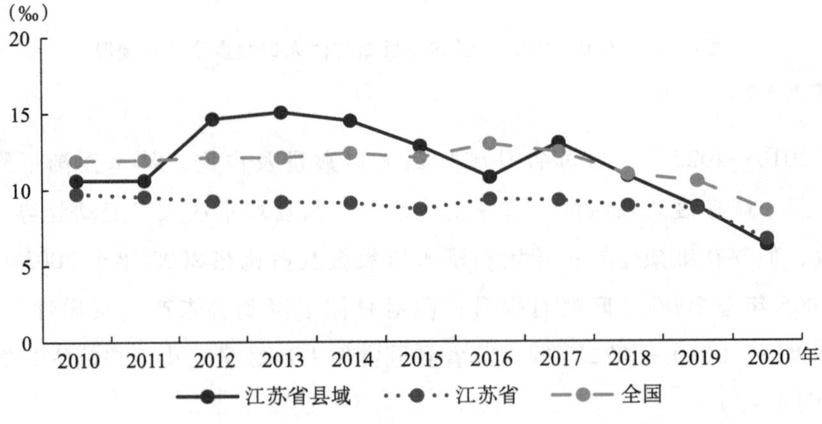

图 4－4 2010—2020 年江苏省县域、全省及全国出生率对比情况

数据来源：江苏省统计局。

2010—2020 年，江苏全省及县域死亡率与全国死亡率变动情况基本一致，但变动幅度差异较大；除 2016 年江苏省县域人口死亡率低于全省总体水平外，其余年份均大于全省平均水平（见图 4-5）。

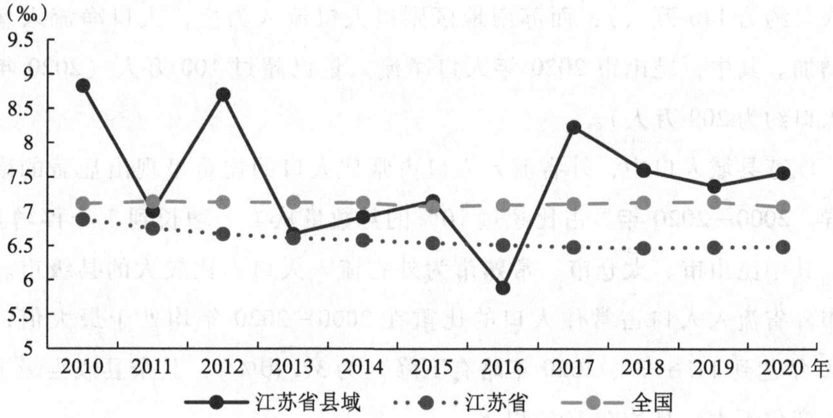

图 4-5　2010—2020 年江苏省县域、全省及全国死亡率对比情况

数据来源：江苏省统计局。

2010—2020 年，江苏全省和全国的人口自然增长率之间的差距逐步缩小。然而，江苏县域人口自然增长率波动显著，其中，2013 年自然增长率最高，而 2020 年降至负值，且 2020 年为该时期最低。同出生率变动相一致的是，2012—2015 年，江苏省县域人口自然增长率不仅高于全国总体水平，也高于江苏省总体水平（见图 4-6）。

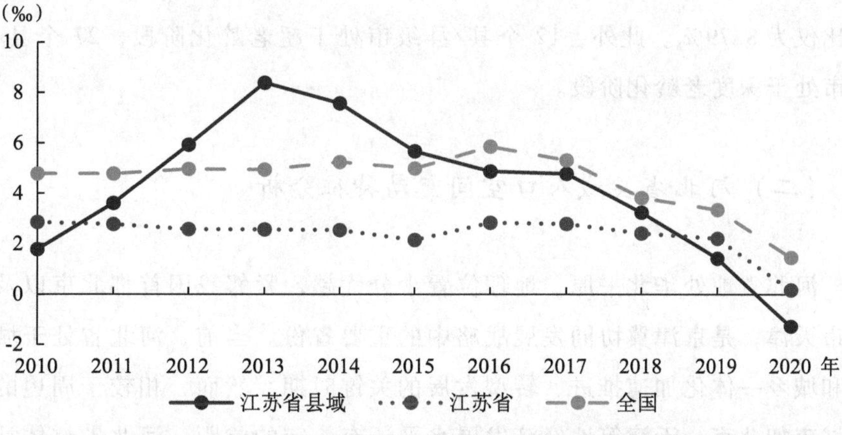

图 4-6　2010—2020 年江苏省县域、全省及全国人口自然增长率对比情况

数据来源：江苏省统计局。

从人口净流量分布情况来看，苏南与苏北地区呈现明显的差异。2000—2020年，苏北地区的县域以人口流出为主，且人口净流出量仍不断增长。其中，邳州市的人口净流出量在2020年已超过40万人（2020年常住人口约为146万人）；而苏南地区则以人口流入为主，人口净流入量不断增加。其中，昆山市2020年人口净流入量已超过100万人（2020年常住人口约为209万人）。

江苏县域人口中，外省流入人口占常住人口的比重呈现出显著的南北差异。2000—2020年，占比超过10%的县数量从1个增长到7个再增至9个，其中昆山市、太仓市、常熟市为外省流入人口占比较大的县级市。昆山市外省流入人口占常住人口的比重在2000—2020年均处于最大值，在2010年达到44.61%、2020年略有下降（为37.40%），其余县或县级市的比重变化不大，且均在10%以下。

2000—2020年，江苏省县域人口老龄化程度不断加深，尤其在2010—2020年间，人口老龄化速度显著加快。2000年，除沭阳县、灌云县、灌南县、响水县4个县外，其他县或县级市人口老龄化程度均达到7%，但均未超过14%，多数处于浅度人口老龄化阶段。2010年，昆山市的65岁及以上人口占比有所下降，降至7%以下，有9个县/县级市已进入深度老龄化社会。2020年仅有沭阳县、昆山市的老年人口占比处于14%以下，其中沭阳县处于中度老龄化阶段（13.37%），昆山市仍处于浅度老龄化阶段，占比仅为8.79%。此外，12个县/县级市处于超老龄化阶段，27个县/县级市处于深度老龄化阶段。

（二）河北省县域人口空间变动特征分析

河北省地处华北平原，地理位置十分优越，紧邻我国首都北京以及直辖市天津，是京津冀协同发展战略中的重要省份。当前，河北省处于城镇化和城乡一体化加速推进、转型发展的关键时期，然而，相较于周边的一线城市如北京、天津等地经济发展水平还有一定的差距，河北省整体社会经济发展水平处于全国中间位置，且内部发展格局差异显著。因此，对河北省县域的人口变动特征进行深入分析具有重要意义。

本书主要从2000—2020年，河北省县域常住人口数分布、人口净流量分布、人口城镇化率分布情况、65岁及以上人口占比对河北省县域人口发展现状进行分析。

总体来看，2000—2020年，河北省县域常住人口数量变动相对不大。具体而言，2000—2010年，多数县域人口数量呈增长趋势，2010—2020年则多为缩减趋势，其中，2000—2010年，共有95个县常住人口数量呈增长趋势，占比为80.51%；2010—2020年，仅有23个县常住人口数量呈增长趋势，占比为19.49%。进一步分析，2000—2020年，仅有20个县的常住人口数量始终呈现增长趋势，占比仅为16.95%。

2000—2020年，河北省县域以人口净流出为主，且人口净流出程度不断加大，人口净流入县/县级市的数量不断减少。人口净流出数量较大的县/县级市主要有魏县、临漳县、大名县、围场满族蒙古族自治县等13个地区。具体来看，人口净流入的县从2000年的57个降至2010年的30个再减少到2020年的9个，其中，净流入量最大的县/县级市为三河市（约为21万人）。

2000—2020年，河北省县域人口城镇化水平不断提升。2000年，多数县域处于低人口城镇化水平；2010年，中低人口城镇化水平的县/县级市增至47个，以中人口城镇化水平为主（71个）；2020年，中人口城镇化水平的县/县级市增至103个，仅有沧县的人口城镇化率处于中低水平。与此同时，三河市、香河县、张北县、涞源县等14个县/县级市人口城镇化率达到中高水平，其中，三河市最高（为78.76%），其次为香河县（73.64%）。

2000—2020年，河北省各县65岁人口占比总体呈上升趋势。其中，2010—2020年的变动幅度、变动范围明显大于2000—2010年。其中，赤城县增长特别明显，其65岁及以上人口占比从2010年不足14%升至20%以上。截至2020年，全省共有73个县的老年人口占比超过14%，占全省县域数量的61.86%。这表明河北省县域人口老龄化程度不断加深，且区域差异不断加剧。

（三）甘肃省县域人口空间变动特征分析

甘肃省位于黄河中上游，地处西北地区，地理位置独特。省内地形复杂，整体呈狭长状，自西向东延伸。甘肃省东邻陕西，东北与宁夏、内蒙古接壤，西南与青海、四川连接，西与新疆交界。全省面积 43 万平方千米，占我国国土面积的 4.73%，居全国第六位，其常住人口数占全国总人口的 1.91%。基于此，本书主要从 2000—2020 年甘肃省县域人口性别比分布、劳动年龄人口占比、人口净流量分布、人口城镇化率分布情况等方面，对甘肃省县域人口发展现状进行分析。

总体来看，2000—2020 年，甘肃省县域人口性别比分布呈现明显的区域差异变动特征，且在地理分布上呈现明显的南北区域差异。2000—2020 年，永昌县、会宁县、清水县、武山县等 38 个县的人口性别比呈现持续下降的趋势，占全省县域数量的 55.07%；其余县域表现为 2000—2010 年人口性别比降低，2010—2020 年人口性别比增长。

2000—2020 年，甘肃省县域劳动年龄人口占比变动差异逐渐缩小。其中，2000—2010 年，县域劳动年龄人口占比呈现持续增长的趋势，且变动范围较 2010—2020 年更大。同时，2010—2020 年，南部地区县域劳动年龄人口占比大多呈现下降趋势。2000—2020 年，甘肃省县域劳动年龄人口占比最大的县始终是肃北蒙古族自治县，2000 年占比为 77.69%，2010 年为 83.76%，2020 年为 81.24%。

2000—2020 年，甘肃省县域人口净流量变动区域主要分布在东南部地区。2000—2010 年，甘肃省各县域人口净流量变动幅度小于 2010—2020 年的变动幅度。在此期间，民蓟县流出人口大于流入人口，人口净流量在 2020 年为负数。而古浪县则呈现相反趋势，2010 年，其流入人口大于流出人口，净流量从负变为正。

2000—2020 年，甘肃省县域人口城镇化率总体呈上升趋势。相较于西北部地区，东南部地区变动更为明显。具体来看，2000 年，甘肃省县域人口城镇化率最小的县为临夏县（0.56%），2010 年为临夏县（7.87%），2020 年为东乡族自治县（19.48%）。

第五章

我国县域公共服务供需现状与影响因素

进入新世纪以来，我国先后出台了《国家基本公共服务体系“十二五”规划》《“十三五”推进基本公共服务均等化规划》《“十四五”公共服务规划》等一系列规划，涵盖了教育、医疗、住房、就业、文体等九大方面，不断推进公共服务制度体系建设更加完善。政府保障基本、社会多元参与、全民共建共享的公共服务供给格局基本形成，民生福祉迈上新台阶。

随着我国进入新发展阶段，公共服务建设不断优化，城乡、区域的公共服务差距不断缩小、均等化水平不断提高。然而，县域人口变动更加复杂多元，人口结构持续变迁、老龄化程度进一步加剧、家庭结构小型化趋势明显、人员流动更加频繁、人民群众生存发展对公共服务的依赖性逐渐增强，公共服务的发展条件也在不断变化。因此，本书在对我国县域公共服务供给情况进行时空差异分析的基础上，结合城乡融合背景下我国县域公共服务均等化水平测度以及乡村振兴背景下城乡公共服务融合发展分析，探究影响我国县域公共服务差异的因素，进而全面把握我国县域公共服务建设面临的新机遇和新挑战。

一、县域公共服务供给状况与空间差异

总体来看，我国各项公共服务普遍呈现出优化的趋势，其中东部地区公共服务的发展尤为迅速，而中部、西部以及东北地区的公共服务依然有很大的发展空间。本章对我国县域2010—2020年公共服务现状及其变动进行了市级层面的分析。选取了公共图书馆藏书量、小学师生比、初中师生比、高中师生比、每千人医疗卫生机构数、每千人医疗机构床位数、每千人卫生技术人员数、社会保障支出占GDP的比重、人均道路面积、建成区排水管道密度、供水普及率、燃气普及率、建成区绿化覆盖率、污水处理率、生活垃圾无害化处理率这十五个指标，具体衡量县域公共服务的发展水平，相关数据来源于2010年、2015年、2020年各省的统计年鉴。

对比2010年、2015年及2020年我国县域公共图书馆藏书量变动情况，总体来看，全国县域公共图书馆藏书量正在增加。从区域角度进行分析，西部地区县域公共图书馆藏量逐渐增加且变化比较明显；中部和东部地区县域图书馆藏量逐渐增加，总体来看变动趋势不明显；东北地区县域公共图书馆藏量区域变动趋势差异明显。

根据数据统计结果，对比2010年、2015年及2020年我国县域小学师生比变动情况，总体来看，全国县域小学师生比呈上升趋势。从区域角度进行分析，东北部分地区小学师生比略有下降的趋势；东部地区小学师生比变化趋势较为平缓，少数县域小学师生比明显上升；西部地区的小学师生比逐渐增加，部分省份县域小学师生比变化幅度明显。

对比2010年、2015年及2020年我国县域初中师生比变动情况，全国县域初中师生比呈上升趋势。从区域角度进行分析，东北部分地区初中师生比略有下降的趋势；东部地区初中师生比变化趋势较为平缓，少数县域初中师生比呈现明显上升；西部地区的师生比逐渐增加，部分省份县域师生比变化幅度明显。

对比2010年、2015年及2020年我国县域高中师生比变动情况，总体来看，全国县域高中师生比呈上升趋势。从区域角度进行分析，东北部分地区高中师生比略有下降的趋势；东部地区高中师生比变化趋势较为平缓，少数县域高中师生比呈现明显上升；西部地区的师生比逐渐增加，部分省份县域师生比变化幅度明显。

对比2010年、2015年及2020年我国县域每千人医疗卫生机构数量变动情况，总体来看，我国县域每千人医疗卫生机构数量呈现上升趋势。从区域差异来看，西部地区县域每千人医疗卫生机构数量变动较为明显；东北地区县域每千人医疗卫生机构数量呈现增加态势，且全国范围内县域每千人医疗卫生机构数最高的区域出现在东北部地区；东部及西部地区县域每千人医疗卫生机构数量增加幅度较小。

对比2010年、2015年及2020年我国县域每千人医疗卫生机构床位数量变动情况，总体来看，我国县域每千人医疗卫生机构床位数呈上升趋势。从区域差异来看，东北部地区县域每千人医疗卫生机构床位数量变动较大，但总体呈现上丌趋势；东部地区县域每千人医疗卫生机构床位数量同样变化较大，但整体呈现上升趋势；中部和西部地区县域每千人医疗卫生机构床位数量呈现减少的趋势。

对比2010年、2015年及2020年我国县域每千人卫生技术人员变动情况，可以看出，我国县域每千人卫生技术人员数量呈现上升趋势。个别县域在2015—2020年呈现减少趋势；东部地区县域每千人卫生技术人员数量波动较大，但总体呈现上升趋势；中部和西部地区县域每千人卫生技术人员数量呈现减少的趋势。

对比2010年、2015年及2020年我国县域社会保障支出占GDP的比重情况，总体来看，全国部分县域社会保障支出占GDP的比重呈上升趋势，这一趋势在东北部和西部的一些县域表现明显。相比之下，东部地区虽略有增加，但变动县域的数量相对较少。

对比2010年、2015年及2020年我国县域人均道路面积变动情况，总体来看，全国范围内县域人均道路面积呈现逐渐增加的趋势。从区域差异来看，西部地区县域人均道路面积逐渐上升；东部和东北部地区部分县域的人均道路面积呈现下降的趋势。

对比2010年、2015年及2020年我国县域建成区排水管道密度变动情况，总体来看，我国县域建成区排水管道密度呈现逐渐上升趋势。从局部来看，我国东北部部分区域存在排水管道密度下降的情况；东部地区县域建成区排水管道密度变化不大；而西部部分地区县域建成区排水管道密度则有所增加。

对比2010年、2015年及2020年我国县域供水普及率变动情况，总体来看，我国县域供水普及率呈现上升趋势。从区域差异来看，东北部及东部地区的供水普及率逐渐升高，供水普及率达到80%；西部及中部地区的供水普及率也都达到了60%。从全国范围看，我国供水需求基本满足。

对比2010年、2015年及2020年我国县域燃气普及率变动情况，总体来看，我国县域燃气普及率呈现上升趋势。从区域差异来看，东北地区部分县域燃气普及率变化较大，其中，内蒙古自治区最为明显；东部地区县域燃气普及率波动较小，呈现缓慢上升的趋势；中部及西部地区变动较为明显，燃气普及率增长幅度相对较大。

对比2010年、2015年及2020年我国县域建成区绿化覆盖率变动情况，总体来看，我国县域建成区绿化覆盖率呈现上升趋势。从区域差异来看，东部地区县域建成区绿化覆盖率逐渐升高；西部县域建成区绿化覆盖率变动幅度较小，只有个别地区县域建成区绿化覆盖率上升较为明显。

对比2010年、2015年及2020年我国县域污水处理率变动情况，总体来看，我国县域污水处理率呈现上升趋势。从区域差异来看，东部地区县域污水处理率明显上升，变动幅度较大；而中部及西部地区县域污水处理率上升幅度较小。

对比2010年、2015年及2020年我国县域生活垃圾无害化处理率变动情况，总体来看，我国县域生活垃圾无害化处理率呈现上升趋势。从局部角度来看，东部地区县域生活垃圾无害化处理率逐渐升高，达到了80%以上；中部及西部地区县域生活垃圾无害化处理率呈现上升趋势，且变动趋势明显，但与东部地区相比，其处理率仍相对较低。

二、城乡融合发展背景下我国县域公共服务均等化水平测度

公共服务是指政府和公共机构，为满足最广泛的民生需求，提供的非排他性社会资源，其是社会建设的重点，也是政府基本职能的重要组成部分。本书参考唐娟莉和胡洪曙对公共服务的划分，同时考虑数据的代表性和可获得性，选取了公共教育、医疗卫生、社会保障、基础设施、生态环境共五个领域的22个指标构建了县级区域公共服务供给水平综合性评价指标体系（见表5－1）。本书以县域区域常住人口为统计口径计算公共服务占有量来反映公共服务供给水平。

表5－1　县级区域公共服务供给水平测度指标体系

一级指标	一级指标权重	二级指标	二级指标权重	均值	方差
公共教育	0.1869	万人拥有普通中小学数（所）	0.0444	1.01	0.29
		普通中小学师生比值	0.0512	0.07	0.01
		万人拥有普通高中数（所）	0.0149	0.09	0.03
		普通高中师生比值	0.0431	0.07	0.01
		人均一般公共预算教育支出（元）	0.0333	1927	998
公共医疗	0.1414	万人拥有卫生机构数（个）	0.0513	0.23	0.10
		万人拥有医疗卫生机构床位数（张）	0.0427	36.63	13.80
		万人拥有卫生机构人员数（人）	0.0475	37.88	16.15
社会保障	0.3600	养老保险参保率（%）	0.0954	0.19	0.18
		医疗保险参保率（%）	0.1572	0.17	0.30
		失业保险参保率（%）	0.1074	0.09	0.09
基础设施	0.1833	人均日生活用水量（升）	0.0429	126.48	39.31
		供水普及率（%）	0.0050	93.13	6.94
		燃气普及率（%）	0.0143	80.69	15.80
		供水管道密度（公里/平方公里）	0.0272	10.73	3.36
		人均道路面积（平方米）	0.0436	17.53	5.16
		人均基础设施建设固定资产投资（元）	0.0502	291.21	165.59

续表

一级指标	一级指标权重	二级指标	二级指标权重	均值	方差
生态环境	0.1284	人均公园绿地面积（平方米）	0.0177	11.59	3.63
		绿化覆盖率（%）	0.0150	32.16	8.86
		生活垃圾处理率（%）	0.0028	94.94	9.47
		污水处理率（%）	0.0077	86.70	15.34
		人均生态环境建设固定资产投资（元）	0.0852	89.18	78.83

数据来源：各地统计局。

（一）数据处理与评价方法

采用我国28个省份（不含京津沪及港澳台地区）的数据①，以辖区范围内常住人口为基准计算县级区域公共服务供给水平。为了消除指标间量纲差异对计算结果的影响，对数据进行标准化处理，本书选取指标均为正指标，因此选用的标准化公式为：

$$zx_{ij} = \frac{x_{ij} - minx_{ij}}{maxx_{ij} - minx_{ij}} \tag{5-1}$$

其中，zx_{ij}为标准化后第 i 个市的第 j 个指标数据。

公共服务供给水平涉及不同领域的多个指标，需要在确立指标权重的基础上对多个指标进行综合测度。为了避免主观性缺陷，本书采用熵权法这一客观赋权方法确定指标权重。首先将标准化后的数据进行平移，以避免计算熵值时无意义，平移后的指标数据用 y_{ij} 表示，第 j 个指标下第 i 个对象占该指标的比重为：

$$p_{ij} = \frac{y_{ij}}{\sum_{i=1}^{n} y_{ij}} \tag{5-2}$$

第 j 个指标的熵值为：

$$e_j = -\frac{1}{\ln(n)}\sum_{i=1}^{n} p_{ij}\ln(p_{ij}),\text{其中},0 \leqslant e_j \leqslant 1 \tag{5-3}$$

① 数据来源于2015—2020年《中国城市统计年鉴》《中国教育统计年鉴》《中国卫生健康统计年鉴》《中国县城建设统计年鉴》。

第 j 个指标效应值为：

$$g_j = 1 - e_j \tag{5-4}$$

第 j 个指标的权重值为：

$$w_j = \frac{g_j}{\sum_{j=1}^{m} g_j} \tag{5-5}$$

各评价对象的综合得分为：

$$D_i = \sum_{j=1}^{m} w_j x_{ij} \tag{5-6}$$

从指标权重可以看出，在公共教育、医疗卫生、社会保障、基础设施、生态环境共五个领域中社会保障（0.3600）对公共服务供给水平的影响较大，公共教育（0.1869）和基础设施（0.1833）的影响次之，公共医疗（0.1414）和生态环境（0.1284）的影响较小。在乡村振兴战略背景下，县级区域是城乡融合发展的重要纽带，同时县级区域流动人口表现出明显的“流而不留”的特征。在本书划分的五个公共服务领域当中，社会保障与户籍制度的捆绑程度更深，县级区域中大量的流动人口在享受公共服务的过程中面临着更加繁琐的程序，难于与当地户籍人口真正共享公共服务资源，因此在公共服务供给水平评价体系中占有较大比重。

（二）测度结果分析

1. 全国水平比较

从时间变动上看，我国县级区域整体公共服务供给水平评分呈现出明显的上升趋势，其中 2017—2019 年增速有所放缓，但近年来增长速度逐渐加快。进一步观察各领域供给情况可以发现，2015—2020 年，公共教育供给水平始终保持增长，且增速平稳。基础设施供给水平整体上呈现出上升趋势，但在 2018 年供给水平有所下降。公共医疗始终保持稳定增长的趋势，且增长速度稳步提升。生态环境供给水平在 2017—2019 年有所下降，之后增长趋势明显，2020 年达到了六年间最高水平。社会保障供给水平除 2019 年有所下降以外，其余年份均保持增长态势，但增速并不稳定。

进一步分析各领域县级区域公共服务供给水平可以发现，2015—2020年我国公共教育供给水平最高，在五个领域中始终处于领先位置；基础设施供给水平略低于公共教育，但近年来两个领域之间差距呈扩大趋势；公共医疗供给水平与公共教育和基础设施相比存在一定差距，但近年来差距不断缩小；生态环境和社会保障供给水平相对较低，2018年以后，社会保障供给水平逐步超过生态环境供给水平，且二者之间差距有所扩大。

表 5－2　　全国县级区域公共服务供给水平得分　　（单位：分）

年份	总得分	公共教育	公共医疗	社会保障	基础设施	生态环境
2015	0. 2483	0. 0683	0. 0459	0. 0354	0. 0605	0. 0382
2016	0. 2642	0. 0708	0. 0504	0. 0375	0. 0647	0. 0408
2017	0. 2842	0. 0739	0. 0522	0. 0460	0. 0671	0. 0450
2018	0. 2901	0. 0756	0. 0561	0. 0496	0. 0650	0. 0439
2019	0. 2961	0. 0778	0. 0582	0. 0474	0. 0709	0. 0418
2020	0. 3193	0. 0810	0. 0627	0. 0577	0. 0696	0. 0483

2. 总体供给水平省际比较

分析县级区域公共服务总体供给水平变动趋势可以发现，河北、黑龙江、安徽，江西、河南、湖南、广西、四川、贵州、云南、西藏、甘肃、青海、宁夏、重庆低于全国平均水平，但均保持稳定增长趋势，与全国平均水平的差距不断缩小，内蒙古、山西、辽宁、吉林、江苏、浙江、福建、山东、广东、海南、新疆高于全国平均水平。其中，山东和广东近年来增速较快，公共服务供给水平大幅度提升。内蒙古县级区域公共服务供给水平整体呈现下降趋势，近年来与全国平均水平相比的优势逐渐缩小，未来社会各主体仍需提高对公共服务投资和支持力度，以维系既有优势。2015—2020年，湖北和陕西虽然始终保持增长趋势但增速较慢，尤其在2017年之后，其增速已低于全国平均水平。地方政府财政支持力度不足成为供给水平下降的重要原因之一，未来需合理划分中央与地方政府之间的财权事权，使地方政府承担起相应的财政责任，加大对公共服务供给的财政支持力度。

3. 各领域供给水平省际比较

分析县级区域公共教育供给水平变动趋势可以发现，山西、内蒙古、辽宁、吉林、黑龙江、江苏、浙江、福建、山东、广东、海南、西藏、陕西、甘肃均高于全国平均水平。其中，除江苏、福建、海南供给水平有所下降之外，其他省份均呈现出增长趋势。河北及其他中西部地区县域公共教育供给水平均低于全国平均水平，但整体上均呈现出增长趋势，且与全国平均水平的差距正在不断缩小。进一步分析可以发现，黑龙江、吉林、青海、河南、广西县域公共服务供给水平呈正“U”形增长趋势，在2016—2018年间增长速度有所放缓，但近年来增速明显增快。西藏、重庆、宁夏呈倒“U”形增长趋势，其中西藏波动幅度最大，在2016—2018年增速较快，供给水平逐步提升，但在此之后呈现出一定的下降趋势。

分析县级区域公共医疗供给水平变动趋势可以发现，山西、辽宁、吉林、黑龙江、江苏、浙江、湖北、海南、云南、新疆均高于全国平均水平。其中，山西和海南整体呈现下降趋势，而江苏自2018年来有所下降，这一现象需要相关部门引起重视，以确保这些地区公共医疗供给水平保持现存优势，并实现平稳增长。安徽、福建、江西、山东、河南、湖南、广东、广西、重庆、四川、贵州、西藏、陕西、甘肃、宁夏均低于全国平均水平，其中，除西藏和福建供给水平有所下降之外，其余省份均呈现出增长趋势。青海围绕全国平均水平上下波动，但近年来供给水平增速明显，逐渐超过全国平均水平。

分析县级区域社会保障供给水平变动趋势可以发现，山西、辽宁、吉林、江苏、浙江、山东、广东均高于全国平均水平且均保持增长趋势。其中，广东、山东和辽宁增长趋势最为明显。河北、内蒙古、安徽、江西、河南、湖南、广西、河南、重庆、贵州、云南、西藏、山西、甘肃、青海、宁夏、新疆均低于全国平均水平，除河南供给水平有所下降外，其余省份均呈增长趋势，其中，西藏增速最大。黑龙江、湖北、福建在2019年之后供给水平低于全国平均水平，其中，黑龙江下降趋势最为明显，与全国平均水平的差距逐渐扩大。四川和陕西财政投入和政策支持持续性较差，公共服务供给水平总体呈增长趋势但上下波动较大。

分析县级区域基础设施供给水平变动趋势可以发现，河北、内蒙古、江苏、浙江、安徽、福建、江西、山东、广西、海南、宁夏、新疆均高于全国平均水平，其中除内蒙古供给水平有所下降外，其余省份均呈增长趋势，且海南增长速度最快。山西、辽宁、吉林、黑龙江、河南、湖北、湖南、广东、重庆、四川、贵州、云南、陕西、甘肃、青海均低于全国平均水平。进一步分析各省份县级区域基础设施供给水平可以发现，内蒙古、陕西、宁夏呈下降趋势；重庆、海南近年来增速较快，增长趋势明显。西藏呈倒"U"形变动趋势；贵州呈增长趋势但供给水平不稳定，六年间波动趋势较大。

分析县级区域生态环境供给水平变动趋势可以发现，河北、内蒙古、江苏、浙江、安徽、福建、江西、山东、重庆、陕西、宁夏均高于全国平均水平，山西、辽宁、黑龙江、湖北、湖南、广东、海南、四川、贵州、云南、西藏、甘肃、青海、新疆均低于全国平均水平。内蒙古、陕西、宁夏呈现下降趋势，其中内蒙古在经济建设过程中不够重视环境保护问题，下降趋势最为明显。河北、广西、河南环境保护工作取得一定成果，近年来增速加快，生态环境供给水平迅速提升。安徽、贵州、海南呈倒"U"形增长趋势，西藏的生态环境供给水平最低，与其他省份相比差距较大（见表5－3）。

表5－3　各省份县域公共服务供给水平得分　（单位：分）

年份	地区	总得分	公共教育	公共医疗	社会保障	基础设施	生态环境
2015	河北	0.2364	0.0548	0.0418	0.0256	0.0682	0.0460
	山西	0.2972	0.0955	0.0489	0.0527	0.0588	0.0413
	内蒙古	0.3493	0.0800	0.0377	0.0297	0.1004	0.1015
	辽宁	0.3058	0.0885	0.0646	0.0896	0.0372	0.0260
	吉林	0.3315	0.1143	0.1017	0.0525	0.0359	0.0272
	黑龙江	0.2470	0.0880	0.0575	0.0397	0.0358	0.0260
	江苏	0.4312	0.1104	0.1000	0.1008	0.0722	0.0478
	浙江	0.4921	0.0958	0.1007	0.1383	0.1058	0.0515
	安徽	0.2021	0.0431	0.0099	0.0125	0.0841	0.0526

续表

年份	地区	总得分	公共教育	公共医疗	社会保障	基础设施	生态环境
2015	福建	0.3027	0.0890	0.0355	0.0375	0.0854	0.0552
	江西	0.2089	0.0354	0.0158	0.0270	0.0745	0.0562
	山东	0.3026	0.0704	0.0591	0.0562	0.0684	0.0486
	河南	0.1393	0.0375	0.0218	0.0230	0.0316	0.0255
	湖北	0.2648	0.0759	0.0529	0.0467	0.0595	0.0298
	湖南	0.1656	0.0326	0.0282	0.0207	0.0519	0.0323
	广东	0.2812	0.0971	0.0350	0.0684	0.0517	0.0288
	广西	0.1402	0.0305	0.0092	0.0141	0.0563	0.0302
	海南	0.2866	0.1002	0.0762	0.0095	0.0729	0.0278
	重庆	0.1806	0.0577	0.0185	0.0167	0.0480	0.0398
	四川	0.2045	0.0387	0.0332	0.0300	0.0705	0.0322
	贵州	0.1572	0.0281	0.0382	0.0193	0.0472	0.0244
	云南	0.1772	0.0390	0.0467	0.0120	0.0461	0.0334
	西藏	0.1441	0.0692	0.0317	0.0030	0.0331	0.0070
	陕西	0.2535	0.0931	0.0370	0.0213	0.0517	0.0504
	甘肃	0.1519	0.0689	0.0135	0.0099	0.0335	0.0261
	青海	0.1823	0.0598	0.0484	0.0059	0.0528	0.0154
	宁夏	0.2362	0.0540	0.0202	0.0274	0.0827	0.0519
	新疆	0.2788	0.0659	0.1002	0.0000	0.0780	0.0346
2020	河北	0.3104	0.0679	0.0669	0.0314	0.0766	0.0676
	山西	0.3360	0.1125	0.0597	0.0611	0.0596	0.0432
	内蒙古	0.3189	0.0963	0.0492	0.0441	0.0812	0.0481
	辽宁	0.4665	0.1207	0.1003	0.1787	0.0417	0.0252
	吉林	0.3950	0.1250	0.1280	0.0636	0.0421	0.0362
	黑龙江	0.2779	0.1029	0.0744	0.0316	0.0372	0.0318
	江苏	0.5371	0.1083	0.1121	0.1740	0.0827	0.0600
	浙江	0.5966	0.1072	0.1154	0.1785	0.1166	0.0789
	安徽	0.2332	0.0478	0.0214	0.0220	0.0889	0.0531
	福建	0.3272	0.0839	0.0406	0.0441	0.0982	0.0605
	江西	0.2686	0.0469	0.0288	0.0340	0.0924	0.0665
	山东	0.4085	0.0944	0.1030	0.0752	0.0721	0.0637
	河南	0.2209	0.0451	0.0348	0.0223	0.0612	0.0576

续表

年份	地区	总得分	公共教育	公共医疗	社会保障	基础设施	生态环境
2020	湖北	0.2928	0.0731	0.0740	0.0456	0.0615	0.0387
	湖南	0.2238	0.0496	0.0445	0.0301	0.0607	0.0390
	广东	0.4820	0.1138	0.0470	0.2413	0.0464	0.0335
	广西	0.2886	0.0431	0.0172	0.0207	0.0890	0.1186
	海南	0.3392	0.0879	0.0772	0.0119	0.1280	0.0341
	重庆	0.2915	0.0729	0.0225	0.0494	0.0836	0.0631
	四川	0.2829	0.0566	0.0537	0.0739	0.0517	0.0469
	贵州	0.2467	0.0509	0.0554	0.0281	0.0674	0.0449
	云南	0.2305	0.0552	0.0632	0.0137	0.0586	0.0398
	西藏	0.2096	0.1020	0.0298	0.0254	0.0436	0.0088
	陕西	0.2813	0.1031	0.0587	0.0398	0.0457	0.0340
	甘肃	0.2187	0.0983	0.0271	0.0161	0.0447	0.0325
	青海	0.2523	0.0678	0.0719	0.0198	0.0622	0.0307
	宁夏	0.2717	0.0656	0.0433	0.0368	0.0773	0.0487
	新疆	0.3318	0.0697	0.1343	0.0039	0.0778	0.0461

三、乡村振兴背景下城乡公共服务融合发展评价分析

加快实现城乡融合发展，全面推进乡村振兴，需要整合经济、生态、人才等多方面的资源，城乡公共服务融合发展，带动资金、技术等生产要素双线流动，既是促进乡村振兴的关键环节，也是推进我国新型城镇化建设的有效路径。长期以来，城乡制度、服务、福利的二元机制，严重阻碍了城乡之间各要素的双向流动，导致农村发展落后于城市，农村公共服务资源配置也劣于城市，造成了农村人口外流—经济贫困—公共服务落后的恶性循环的局面。我国城乡公共服务方面的显著差异已经成为城乡融合发展的巨大挑战，如何提高农村公共服务供给水平，改变城乡分割局面，实现城乡公共服务均等化、标准化、普惠化发展是事关五亿农民能否实现现

代化的关键。当前我国处于城乡基本公共服务融合发展的关键时期，根据《“十四五”规划纲要》，到2025年我国基本公共服务均等化水平明显提高，到2035年基本公共服务实现均等化。在其后制定公布的《“十四五”公共服务规划》中，国家发改委更是将“建标准、补短板、提效能”作为“十四五”期间的重要工作内容。这为城乡公共服务融合发展带来了新机遇与新挑战。实现城乡公共服务融合发展，促进城乡公共服务均等化，对更好满足人民日益增长的美好生活需要，推动全体人民共同富裕有着重要作用，是城乡关系发展政策导向和乡村振兴的重要手段。然而，当前城市公共服务过度消费与乡村供给不足并存的局面不符合城乡融合发展的要求，农村基础设施和公共服务体系还不健全，部分领域还存在一些突出短板和薄弱环节、公共服务供给的城乡二元化等问题，仍然有可能会拉大城乡差距。所以在全面推进乡村振兴的过程中，促进城乡公共服务融合发展对于改善农村公共服务供给状况，推进乡村振兴有着重要意义。

（一）研究方法与数据来源研究设计

1. 城乡公共服务融合发展测度指标体系构建

明确“公共服务”的内涵，构建合适的评价体系，是正确衡量城乡公共服务融合发展水平的首要条件。《建立健全城乡融合发展体制机制和政策体系的意见》中明确了城乡普惠共享的公共服务包括教育、医疗卫生、社会保险等六个方面，而《国家基本公共服务标准（2021）》，规定了我国现阶段基本公共服务的对象与内容，主要涵盖幼有所育、学有所教等九个方面。综合考虑实际的可操作性以及所要选取的数据的可得到性，本书从公共服务范畴内的义务教育、基本医疗、社会保障和基础设施四个维度形成城乡公共服务融合发展测度指标体系。义务教育是提升公众整体素质、保障公众基本发展权的公共产品，通过小学和初中学校各自的生师比、专任教师比的城乡比值来衡量城乡教育融合水平；社会保障通过低保覆盖率的城乡比值表示，城市居民最低生活保障人数包括“三无”对象，失业人员和在职、下岗、退休人员等，农村居民最低生活保障对象是指得到当地政府或集体给予最低生活保障的农业人口；基本医疗卫生能保障公民的健康，选取居民家庭人均医疗保健消费支出、每千人口执业（助理）医师数、每千人口医疗卫生机构床位数的城乡比值来衡量城乡医疗卫生融合发展状况；基础设施则保障了公众基本生存条件，是公众生存发展的基础，选择供水普及率、燃气普及率、人均道路面积三个指标的城乡比值表示。

本书分别选取2010—2020年全国分城乡相关指标数据和2020年我国31个省份（不含港澳台地区）分城乡数据，采用农村各项公共服务指标比城市各项公共服务指标的方法，构建城乡公共服务融合发展综合评价指标体系。为了准确获得评价指标体系的权重，本书采取熵权法这一客观赋权法，表5-4为经过综合赋权后得到城乡公共服务评价指标体系及其权重。

表5-4　　我国城乡公共服务融合发展测度指标体系及权重

一级指标	二级指标			三级指标		
	指标内容	2020年权重	历年权重	指标内容	2020年权重	历年权重
城乡基本公共服务综合指数	义务教育	0.2424	0.3119	小学师生比城乡之比（%）	0.0542	0.0559
				中学师生比城乡之比（%）	0.0136	0.0226
				每平方公里小学数城乡之比（%）	0.0943	0.0527
				每平方公里中学数城乡之比（%）	0.0403	0.1007
				人均公共财政教育支出城乡之比（%）	0.0400	0.0800
	基本医疗	0.257	0.3199	家庭人均医疗保健消费支出城乡之比（%）	0.0128	0.0338
				每千人口执业医师数城乡之比（%）	0.0969	0.1389
				每千人口医疗卫生机构床位数城乡之比（%）	0.1473	0.1472
	社会保障	0.1704	0.1117	低保覆盖率城乡之比（%）	0.0811	0.0232
				养老金均值城乡之比（%）	0.0432	0.0511
				医保报销率城乡之比（%）	0.0461	0.0374
	基础设施	0.3302	0.2566	供水普及率城乡之比（%）	0.024	0.0836
				燃气普及率城乡之比（%）	0.1013	0.0634
				人均道路面积城乡之比（%）	0.2049	0.1095

2. 数据来源与评价方法

本书数据主要来源于《中国统计年鉴》《中国社会统计年鉴》《中国第三产业统计年鉴》《中国城市建设统计年鉴》以及《中国卫生统计年鉴》。由于各指标的量纲和数量级都存在差异，必须对各指标进行标准化处理，以克服因量纲差异造成的城乡之比的较大波动。本书选取指标均为逆向指标，即城乡之比越小，则城乡融合发展程度越高。

（二）结果分析

1. 历年城乡公共服务融合程度

从表5-4各项公共服务指标权重可以看出，基本医疗和义务教育权重最大，分别为31.99%和31.19%，这说明医疗和教育是影响城乡公共服务融合发展两个重要民生领域。基础设施的权重为25.66%，其三级指标中人均道路面积城乡之比的权重最大，即交通设施的改善是促进城乡基础设施一体化的重点。社会保障的权重为11.17%，其三级指标中城乡养老金均值之比权重最大，这说明构建城乡一体化的城乡养老保险是促进城乡社会保障融合发展的关键。

由表5-5的测算结果可知，2010—2020年，我国城乡公共服务融合发展水平总体上呈现上升趋势，从2010年的0.1141分增长到2020年的0.2018分，说明在乡村振兴和新型城镇化的双轮驱动下，城乡公共服务融合发展取得了显著成效，城乡差距逐渐减小。仔细观察发现，部分年份存在波动，如2010—2013年城乡公共服务融合发展程度呈现下降趋势。2014—2020年城乡公共服务的差距逐渐减小，尤其是在党的十九大之后，城乡公共服务融合发展水平出现了快速提升。主要是因为，脱贫攻坚、乡村振兴等一系列政策的实施，特别是2017年党的十九大提出建立健全城乡融合发展政策体系，为城乡基本公共服务均等化提供了强大的政策支持和制度安排。

进一步分析各个维度的公共服务城乡融合情况可以发现，城乡医疗卫生融合发展程度最高，除2010—2013年下降外，2013—2020年年均增长率为42.54%；城乡基础设施融合发展程度次之，但增速最快，2013—2020年年均增长率为45.34%，这得益于乡村振兴和脱贫攻坚中农村水电气等民生设施的补偿性供给；城乡社会保障融合发展程度位列第三位，增速也排在第三位，2013—2020年年均增速为38.71%；城乡教育融合发展程度最低，增速也最慢，2013—2020年年均增速仅为1.43%，这说明在乡村振兴中要重点推进城乡教育融合发展，农村教育薄弱已成为制约城乡融合发展的重要因素。

表5-5　2010—2020年我国城乡公共服务融合发展测度结果　（单位：分）

年份	综合得分	义务教育	基本医疗	社会保障	基础设施
2010	0.1141	0.1034	0.0037	0.0000	0.0070
2011	0.0391	0.0288	0.0034	0.0009	0.0059
2012	0.0358	0.0207	0.0045	0.0020	0.0086
2013	0.0341	0.0191	0.0070	0.0033	0.0047
2014	0.0394	0.0212	0.0033	0.0045	0.0104
2015	0.0576	0.0216	0.0166	0.0066	0.0128
2016	0.0687	0.0189	0.0242	0.0084	0.0171
2017	0.1054	0.0197	0.0378	0.0113	0.0366
2018	0.1274	0.0177	0.0547	0.0147	0.0402
2019	0.1766	0.0195	0.0809	0.0275	0.0487
2020	0.2018	0.0211	0.0837	0.0326	0.0644

2. 城乡公共服务融合发展水平省级比较分析

从表5-6中各省公共服务融合发展水平可以看出，北京、天津、河北、吉林、上海、江苏、浙江、安徽、福建、山东、河南、湖北、广东、广西、海南、四川、云南、陕西、西藏、甘肃、新疆高于全国平均水平，内蒙古、山西、辽宁、黑龙江、江西、湖南、重庆、贵州、青海、宁夏低于全国平均水平。其中，上海、广东和浙江的综合得分较高，分别为0.0640分、0.0552分、0.0444分，与全国平均水平相比凸显出较大的优势，西藏、云南、新疆的城乡公共服务融合发展水平次之，分别为 0.0503 分、0.0315 分、0.0331 分。而山西、湖南、青海的城乡公共服务融合发展水平在全国处于最低层次，分别为 0.0175 分、0.0183 分、0.0205 分，与全国平均水平相比仍有较大的提升空间。内蒙古、贵州的城乡公共服务融合发展水平同样较低，分别为 0.0214 分、0.0206 分。地方政府财政支持力度较弱是城乡公共服务融合发展水平低的重要原因之一，未来需合理划分中央与地方政府之间的财权事权，使地方政府承担起相应的财政责任，加大对乡村公共服务供给的财政支持力度。

3. 分维度城乡公共服务融合发展水平省际比较分析

分析 2020 年城乡教育融合发展水平可以发现，河北、山西、吉林、黑龙江、安徽、江西、河南、湖南、广西、海南、四川、贵州、云南、甘肃、青海、宁夏、新疆均高于全国平均水平。北京、天津、内蒙古、辽宁、上海、江苏、浙江、福建、山东、湖北、广东、重庆、山西城乡教育融合发展水平均低于全国平均水平，有待提升。

从各省份城乡基本医疗融合发展水平来看，天津、河北、吉林、上海、江苏、浙江、安徽、福建、山东、湖北、广东、广西、重庆、西藏、陕西、甘肃、宁夏均高于全国平均水平，其中，西藏、吉林、江苏、河北的城乡基本医疗融合发展水平较为突出。而北京、山西、辽宁、黑龙江、江西、河南、湖南、海南、重庆、贵州、云南、青海、新疆城乡基本医疗融合发展水平低于全国平均水平，相关部门需引起重视。

从各省份城乡社会保障融合发展水平来看，河北、内蒙古、江苏、浙江、福建、山东、湖北、广东、上海、陕西、宁夏、北京、天津、均高于全国平均水平，其中上海、浙江、广东的城乡社会保障融合发展水平最高，分别为 0.0312 分、0.0242 分、0.0297 分。山西、辽宁、吉林、黑龙江、安徽、江西、河南、湖南、广西、海南、重庆、四川、贵州、云南、西藏、甘肃、青海、新疆均低于全国平均水平，还需要进一步加大乡村社会保障方面的财政投入和政策支持，尽快弥补农村社会保障短板，以促进社会保障城乡一体化。

从各省份城乡基础设施融合发展水平来看，北京、天津、辽宁、吉林、黑龙江、上海、江苏、浙江、福建、河南、湖北、广东、广西、海南、重庆、西藏、陕西均高于全国平均水平。河北、山西、内蒙古、安徽、江西、山东、湖南、四川、贵州、云南、甘肃、青海、宁夏、新疆均低于全国平均水平。因此，这些省份对于基础设施领域的供给短板问题应该给予重点关注。

表 5-6　2020 年各省份城乡公共服务融合发展水平测度结果　（单位：分）

地区	综合得分	义务教育	基本医疗	社会保障	基础设施
北京	0.0305	0.0032	0.0051	0.0130	0.0192
天津	0.0456	0.0023	0.0274	0.0145	0.0113
河北	0.0361	0.0092	0.0149	0.0070	0.0049
山西	0.0175	0.0089	0.0007	0.0032	0.0046
内蒙古	0.0214	0.0062	0.0051	0.0050	0.0051
辽宁	0.0187	0.0057	0.0004	0.0038	0.0087
吉林	0.0365	0.0099	0.0158	0.0011	0.0108
黑龙江	0.0200	0.0073	0.0027	0.0006	0.0095
上海	0.0640	0.0004	0.0082	0.0312	0.0554
江苏	0.0403	0.0014	0.0141	0.0129	0.0119
浙江	0.0444	0.0023	0.0091	0.0206	0.0124
安徽	0.0274	0.0105	0.0080	0.0026	0.0062
福建	0.0355	0.0062	0.0078	0.0112	0.0102
江西	0.0245	0.0094	0.0056	0.0024	0.0071
山东	0.0334	0.0042	0.0092	0.0139	0.0060
河南	0.0262	0.0120	0.0010	0.0039	0.0093
湖北	0.0319	0.0056	0.0096	0.0054	0.0114
湖南	0.0183	0.0085	0.0029	0.0010	0.0058
广东	0.0552	0.0031	0.0076	0.0252	0.0193
广西	0.0299	0.0086	0.0083	0.0047	0.0083
海南	0.0273	0.0077	0.0018	0.0034	0.0144
重庆	0.0222	0.0058	0.0027	0.0033	0.0103
四川	0.0289	0.0077	0.0121	0.0043	0.0048
贵州	0.0206	0.0095	0.0028	0.0004	0.0079

续表

地区	综合得分	义务教育	基本医疗	社会保障	基础设施
云南	0.0315	0.0183	0.0046	0.0022	0.0065
西藏	0.0503	0.0137	0.0228	0.0004	0.0134
陕西	0.0341	0.0061	0.0102	0.0063	0.0115
甘肃	0.0285	0.0153	0.0087	0.0011	0.0034
青海	0.0205	0.0097	0.0052	0.0038	0.0018
宁夏	0.0258	0.0076	0.0080	0.0056	0.0046
新疆	0.0331	0.0157	0.0073	0.0040	0.0061

4. 各省份城乡公共服务融合发展与城镇化水平的对比分析

为了进一步探究各省份城乡公共服务融合发展水平的差异及其存在的问题，我们将各省份城镇化率与城乡公共服务融合发展水平的排名进行了对比。如表5－7所示，西藏、吉林、河北、陕西、山东、新疆、云南、广西、四川、甘肃、河南、贵州、海南等地区的城镇化率排名明显低于其城乡公共服务融合发展水平的排名，这说明这些省份需要加快推进新型城镇化的进程，提升其城镇化率，从而促进城乡公共服务融合发展。特别是吉林、河北、广西、甘肃四省城镇化率严重滞后于城乡公共服务融合发展。天津、江苏、福建、北京、宁夏、江西、重庆、内蒙古、青海、黑龙江、辽宁、湖南、江西等地区城乡公共服务融合发展水平的排名低于其城镇化率排名，说明这些省份需要进一步借助较高的城镇化水平推进其城乡公共服务融合发展，从而促进乡村振兴。特别是黑龙江、辽宁、山西、重庆、内蒙古、宁夏等地区的城乡公共服务融合发展水平严重滞后其城镇化水平，其城镇化的快速发展并未有效带动城乡融合发展。因此，这些地区急需转向以城乡融合发展为指引的城镇化道路上来。

表5－7　2020年各省份城乡公共服务融合发展水平与城镇化率

地区	城镇化率排名	城乡融合排名
上海	1	1
广东	4	2

续表

地区	城镇化率排名	城乡融合排名
西藏	31	3
天津	3	4
浙江	7	5
江苏	5	6
吉林	17	7
河北	19	8
福建	4	9
陕西	15	10
山东	14	11
新疆	25	12
湖北	13	13
云南	30	14
北京	2	15
广西	27	16
四川	24	17
甘肃	29	18
安徽	23	19
海南	21	20
河南	26	21
宁夏	11	22
江西	18	23
重庆	8	24
内蒙古	10	25
贵州	28	26
青海	20	27
黑龙江	12	28
辽宁	6	29
湖南	22	30
山西	16	31

（三）结论

在全面推进乡村振兴战略的背景下，本书从义务教育、基本医疗、社会保障、基础设施四个维度，建立了城乡公共服务融合发展综合评价体系，综合分析考察城乡公共服务融合发展水平、空间差异及其与城镇化水平的一致性问题。通过分析，得到以下主要结论：

1. 城乡公共服务融合发展水平以2014年为拐点，呈现出先下降后上升的趋势

2020年，城乡公共服务融合发展水平综合得分达到了0.2018分，比2013年最低点增长了4.9倍。这表明，在乡村振兴战略的推动下，农村的公共服务供给力度显著增强，与城市的差距逐渐减小。特别是近年来，城乡要素自由流动以及公共服务普惠共享的加强，农村公共服务水平得到了极大提升。

2. 分维度城乡公共服务融合发展水平存在较大差异

在城乡公共服务融合发展综合评价体系的四个维度中，城乡教育融合发展水平最低，上升速度最慢；城乡基本医疗融合发展水平最高，上升速度较快；城乡社会保障融合发展水平较低，上升速度较慢；城乡基础设施融合发展水平较高，上升速度最快。

3. 各地区城乡公共服务融合发展水平存在较大的空间差异

上海、广东和浙江等省级行政区城乡公共服务融合发展水平最高，山西、湖南、青海、内蒙古、贵州等省级行政区城乡公共服务融合发展水平在全国处于最低层次。上海、广东、北京、海南等省级行政区城乡基础设施融合发展水平最高；青海、甘肃、宁夏、山西、四川、河北等省级行政区城乡基础设施融合发展水平最低；吉林、贵州、西藏、黑龙江等省级行政区城乡社会保障融合发展水平最低；辽宁、山西、河南等省级行政区城乡基本医疗融合发展水平最低。

4. 各地区城乡公共服务融合发展水平与城镇化水平不一致

吉林、河北、广西、甘肃四省城镇化率水平严重滞后于城乡公共服务融合发展水平；黑龙江、辽宁、山西、重庆、内蒙古、宁夏等省级行政区的城乡公共服务融合发展水平严重滞后其城镇化水平，其城镇化的快速发展并未有效带动城乡融合发展。

四、县域公共服务空间差异的影响因素分析

县域作为城市与乡村的桥梁，肩负着实现区域均衡发展、提升人民福祉的重要使命。公共服务是政府为满足公民基本需求而提供的相关服务，其均等化水平是衡量社会公平正义的重要指标。目前，我国县域公共服务供给不均等现象尤为突出，不仅体现在城市与县域间公共服务供给的不均等上，还体现在不同县域间公共服务的不均等上。本部分将深入探讨县域公共服务不均等现象的成因，旨在为相关政策的制定提供理论支撑。造成县域公共服务供给不均等的原因是多方面的，包括经济发展不均衡、财政体制不健全、政策执行不到位、城乡二元结构、人口流出等。

（一）县域经济发展不均衡

区域经济发展与财政收支密切相关，同时也是决定公共服务供给的重要因素之一。区域经济发展的差异是造成县域公共服务供给不均等的重要原因。具体体现在：首先，财政支持不足。经济发展不均衡意味着区域财政投入与支出存在显著差异，赛迪顾问在2023年7月发布的《2023中国县域经济百强研究》显示，我国县域经济的区域分布仍不均衡，百强县东部地区占65席，中部地区占20席，西部地区占14席，东北地区仅占1

席。在2023年百强县中，江苏省、浙江省、山东省三省分别占23席、16席和13席，百强县前10名中江苏省独占6席，并包揽前4位，其中“千亿县”达到54个，全部分布在我国东南沿海地区。这进一步反映出了我国县域经济发展的不均等，值得注意的是，县域经济发展落后通常意味着地方政府的财政收入有限，难以提供充足的财政支持用于公共服务建设，可能导致基础设施、教育、医疗、文化等公共服务领域的投入不足，进而影响到公共服务的质量和数量。其次，资源分配不均等。在经济发展较为落后的县域，往往存在着公共服务资源分配不均等的问题，这是由有限的财政支持与无限的公众公共服务需求的矛盾决定的，经济发展落后导致民众对于公共服务的需求更加紧迫、规模也更大，因此政府在资源分配上可能会面临选择上的困难。为了保障一些关键领域或地区的基本公共服务，政府会优先向此类地区分配资源，这直接或间接地导致其他领域或地区公共服务投入不足，从而加剧公共服务不均等现象。最后，政策导向偏差。在经济发展较为落后的县域，有些政府部门可能会过于关注经济增长而忽视了公众的公共服务需求，整体呈现出经济发展为先的政策导向。这种偏差会导致公共服务供给投入的不足，无法满足居民的基本公共服务需求。同时，有些部门也可能会因为追求经济增长而采取部分激进的政策措施，这不利于公共服务均衡发展。

（二）财政体制不健全

地方财政是公共服务供给的重要经济来源，财政体制不健全会对县域公共服务均等化水平造成影响：首先，财政收入分配不均衡，财政体制的不健全直接导致了县域财政收入分配不均等。部分地区由于经济发达、资源丰富，财政收入相对较高；反之，一部分县域由于资源匮乏、先天禀赋不足，经济发展较为落后，导致财政收入较低。若财政收入完全依赖于地方自筹，会造成区域间公共服务供给的不均等，直接影响各县域提供公共服务的能力和水平。第二，财政转移支付制度不完善。转移支付是平衡区域间、个体间财力差异的重要手段，然而目前中央与地方事权支出责任不够明确，导致各级政府事权和支出范围出现相互交叉、重叠、错位等现象。此外，我国财政转移支付制度的种类偏多，达到六种以上，但真正属于均等化转移支付形式的只有一般性转移支付一项，其所占比重较低，难以有效实现均等化目标，这加大了公共服务供给均等化的难度。最后，财政资金使用效率较低，这意味着财政资金使用的有效性与充分性不足。例如，政府部门可能存在浪费、不透明采购等影响基础设施建设效率与质量的行为，或者未选取资源配置效率最优的公共服务供给方案等。上述行为都会导致公共服务供给的质量与效率低下，进而影响到公共服务均等化水平。

（三）人力资源分布不均

人力资源是社会进步的重要动力，同时也是公共服务供给过程中不可或缺的因素。人力资源分布不均会导致不同地区公共服务供给的质量与效率存在差异，进而出现县域公共服务不均等现象。具体体现在以下三方面：第一，人力资源的地理分布不均。在经济发达、交通便利的地区，人力资源更加丰富，人口活动也更加集聚，这些地区的公共服务需求更容易被关注和满足。涉及养老、医疗等专业人士较多的公共服务质量也会更高。而在人力资源相对匮乏的地区，由于人才的短缺，相关公共服务的提供可能会受到限制，使公共服务质量下降，进而导致区域间公共服务分布的不均等。第二，人力资源的行业分布不均。例如某地区养老行业发展较好，相关行业的人力资源储备也会更加丰富，这使该地区此类公共服务提供的水平更高，而其他地区则相对较低，进而导致区域间公共服务不均等现象的出现。第三，技能水平分布不均也会影响公共服务的提供。如果公共服务提供者的技能水平普遍较低，那么他们可能无法提供高质量的服务，导致服务效果不佳。相反，如果公共服务提供者的技能水平较高，那么他们就能够更好地满足公民的需求，从而提升服务质量和效率。

（四）政策落实不到位

县域经济是我国未来经济发展的重要增长点，同时县域也是未来人才集聚的重要依托，因此发展县域公共服务均等化的重要性日益显著。2022年，中共中央办公厅、国务院办公厅印发的《关于推进以县城为重要载体的城镇化建设的意见》明确指出，必须“强化公共服务供给，增进县城民生福祉”。该意见不仅提出到2025年“公共服务全面提升”的具体发展目标，而且针对县域如何提升教育、医疗、养老等方面公共服务水平作出了具体安排，充分体现了我国对于县域公共服务均等化工作的重视。然而，在实际推进县域公共服务均等化的过程中，政策落实得还不到位。例如，在农村“厕改”过程中暴露出的两个问题，一是资金落实问题，二是“厕改”的落地问题。有些地区存在将卫生马桶摆放在卫生间内但却不接通上下水的情况，反映出县域公共服务均等化推进过程中，在政策执行层面面临的部分挑战。具体来看，政策落实不到位是影响县域公共服务均等化的重要因素，主要体现在：第一，县域内的公共服务资源如教育、医疗、文化、体育等往往需要通过政策的引导来实现均衡配置，如果政策落实不到位，可能会导致这些资源无法按照预定计划进行分配，从而造成某些地区或群体资源过剩，而其他地区或群体资源匮乏，这种资源配置的失衡将直接影响公共服务的均等化水平。第二，政策落实不到位还可能导致公共服务的质量下降。如果政策旨在提升公共服务的质量和效率，但由于执行不力，这些要求可能无法得到有效实施。这将导致公共服务提供者无法提供符合标准的服务，从而影响到县域居民的生活质量和幸福感。

（五）城乡二元结构

城乡二元结构是指维持城市现代工业和农村传统农业二元经济形态，以及城市社会和农村社会相互分离的二元社会形态。这一结构是由一系列制度安排所形成的制度结构，包括城乡二元经济结构和城乡二元社会结构。县域作为连接城乡的重要缓冲带，面临着由城乡二元结构导致的公共服务问题。一方面，城乡二元结构的核心问题在于生产要素在城乡间的流通阻碍，资金、劳动力等要素的流动不畅直接影响了县域作为缓冲区的公共服务水平。由于发展前景与环境的不同，人口逐渐向经济发达、资源丰富的地区集聚，这直接提升了区域经济发展活力，进而影响城镇乃至周围县域的公共服务水平。而相关要素的流出则使偏远、发展落后地区经济活力下降，进而影响其公共服务需求及供给水平，使公共服务供给呈现出“弱的越弱，强的越强”的马太效应，从而加剧不同发展水平县域间的公共服务不均等状况。另一方面，县域作为我国未来发展的重要着力区，在我国经济建设的历史进程中往往被忽视。在我国经济建设初期，经济发展中心在于大城市与重工业，而随着经济逐渐腾飞，我国建设重点逐渐向农村、偏远地区转移，不同的发展模式使城乡间的发展需求与计划也截然不同，这使县域作为城乡缓冲区的发展被逐步割裂。一方面，经济建设与公共服务供给的目标需要向城镇靠拢；另一方面，其还必须兼顾农村的需求。这加剧了县域公共服务发展建设的难度，并对实现县域公共服务均等化目标构成了巨大挑战。

第六章

公共服务均等化对县域人口高质量发展的影响

近年来，随着出生率的逐年下降，人口负增长现象日益显著。国内诸多学者不断围绕这一问题展开研究，并提出积极应对的措施。在城乡融合发展的背景下，县域公共服务均等化逐渐成为影响县域人口发展的重要因素。本书主要运用数理统计和空间计量相结合的方法，从县域公共服务水平对县域人口规模的影响和县域经济高质量发展对人口流动的影响两个维度展开分析，旨在探究我国县域公共服务均等化对人口发展的影响。

一、公共服务水平对县域人口高质量发展的影响

关于人口增长率的测算公式，国内学者存在多种观点。其中，人口自然增长率的测度方式获得了较为广泛的认同。人口自然增长率是指在一定时期内（通常为一年）人口自然增加数（出生人数减死亡人数）与该时期内平均人数（或期中人数）之比，一般用千分率的形式表示。其计算公式为：

人口自然增长率 =（年内出生人数 - 年内死亡人数）/年平均人数 × 1000‰ = 人口出生率 - 人口死亡率

王豪曾使用人口自然增长率作为人口增长指标，并通过研究指出人口

增长对经济增速呈现负向影响（王豪，2022）；周少甫等人对人口增长率的影响因素进行分析，发现城镇人口比例、人口老龄化比例、受教育程度、城镇居民可支配收入、犯罪率与人口增长率负相关，而农村人口比例、第一产业就业人数比例与人口增长率呈正相关（周少甫等，2020）。但考虑到数据的不可得性，本书使用人口增长率作为人口增长指标，其公式为：

人口增长率 =（期末人口数 - 期初人口数）/期初人口数 ×1000‰

人口负增长是指出生人口数量少于死亡人口数量，即出生率小于死亡率，导致当前阶段的人口自然增长率小于零。2022 年，我国全年出生人口数量跌破 1000 万人大关，共计 956 万人。但死亡人口略大于出生人口，共计 1041 万人，出生数量低于全年死亡人口数量，人口自然增长率由正转负，为 -0.60‰，全国人口较上年减少 85 万人。因此，中国正式迈入人口负增长时代。国内对于公共服务因素在人口增长中的作用的研究相对较少。董建振等学者通过定量的方法分析北京市城市公共服务水平与城市人口增长之间的关系，研究发现，城市公共服务水平越高，城市人口增长越快（董建振，2019）。公共服务质量的提升不仅能促进人口增长，尤其是在大都市这种现象更加明显，还能影响到经济的发展，如李庄园构建了以公共服务质量为核心解释变量、人口因素为调整变量的面板计量模型，研究发现公共服务确实能够促进经济的发展（李庄园，2020）。一直以来，国内学者倾向于将公共服务与人口研究地点选在大城市，这与谢微尘的观点一致。谢微尘通过主成分分析、滞后一期的动态面板回归等方法构建模型，发现大城市拥有更加优越的公共服务水平，能够吸引大量的人群定居，尤其是东部的发达地区，这一人口迁移现象更明显（谢微尘，2018）。

（一）研究方法

1. 全局熵权法

全局熵权法是一种客观赋权方法，在具体应用过程中，根据各指标数据的分散程度，利用信息熵计算出各指标的熵权，在此基础上对熵权进行一定的修正，从而得到较为客观的指标权重，进而计算得出基本公共服务水平的综合得分。需要注意的是，由于熵权法确定的指标权重常因各年份指标值的差异而导致不同年份权重不一致，为避免这一现象并体现时间尺度下各指标的变化，本书在数据标准化时，把历年数据放在一起（不考虑省份和具体年份），每一个指标占一列，从而将该指标的最大值和最小值代入极差标准化公式，确定指标比重，即该指标值在所有年份所有指标中所占的比重。最终，利用熵值法得到唯一一组权重。

2. 全局空间自相关

全局空间自相关主要应用在地理空间上，分析某一效应与其他相邻的地区之间是否存在显著的正负相关性或分布情况，一般会使用 Moran's I 指数加以检验。全局莫兰指数的计算公式为：

$$I = \frac{\sum_{i=1}^{n}\sum_{j\neq i}^{n} W_{ij}(X_i - \overline{X})(X_j - \overline{X})}{S^2 \sum_{i=1}^{n}\sum_{j=1}^{n} W_{ij}} \qquad (6-1)$$

其中，n 是县级市个数，W_{ij}是空间权重矩阵（本书使用的是反距离空间权重矩阵）中的元素，X_i 和 X_j 分别代表县级市 i 和县级市 j 的基本公共服务质量，$\overline{X}$ 是基本公共服务质量 X 的平均值，S^2 是样本方差。Moran's I 的取值范围是［-1，1］。当 Moran's $I>0$ 时，表示基本公共服务水平存在空间正相关；当 Moran's $I=0$ 时，表示基本公共服务水平不存在空间自相关；当 Moran's $I<0$ 时，表示基本公共服务水平存在空间负相关。

3. 空间杜宾模型

空间杜宾模型（SDM）是空间滞后模型和空间误差项模型的组合扩展形式，可通过对空间滞后模型和空间误差模型增加相应的约束条件设立。空间杜宾模型（SDM）是一个通过加入空间滞后变量而增强的 SAR 模型（空间滞后模型）。

$$Y_{it} = \rho\sum_{j=1}^{n} W_{ij}Y_{jt} + \beta X_{it} + \sum_{j=1}^{n} W_{ij}X_{jt}\gamma + \mu_i + \lambda_i + \varepsilon_{it} \qquad (6-2)$$

其中，Y_{it}是因变量，代表第 t 年县级市 i 的人口增长；Y_{jt}代表县级市 i 的邻近县级市 j 在第 t 年的人口增长；ρ 是因变量的空间滞后项系数，代表本地区人口增长对邻近地区人口增长的空间溢出效应的方向和强度；W_{ij}是空间权重矩阵中的元素；γ是自变量的空间效应系数；μ_i 和 λ_t 分别是空间固定效应和时间固定效应；ε_{it}是随机误差项。

空间权重矩阵是构建空间计量模型的关键一步，空间权重矩阵是反映个体在空间中依赖关系的矩阵。一般来说，空间权重矩阵的构建基于邻接关系和距离，而距离又分地理距离和经济距离。本书分别利用县级市的经纬度和经济距离构建反距离空间权重矩阵和经济距离空间权重矩阵，前者用来构建模型得出结论，后者做稳健性检验，进一步印证结论，从而使模型更加准确。

为进一步检验模型是否需要采用空间计量模型以及确定应采用何种空间计量模型，本书进行了 LM 检验、Hausman 检验、LR 检验以及 Wald 检验，如表 6－1 所示。首先，LM 检验的原假设分别是误差项不存在空间相关性和滞后项不存在空间相关性，表中结果显示其 P 值为 0.000，显著拒绝原假设，表明误差项和滞后项均存在空间相关性；其次，空间滞后模型的 LR 检验和 Wald 检验均显示 P 值为 0.000，显著拒绝原假设，表明空间杜宾模型不能退化为空间滞后模型，空间误差模型的 LR 检验和 Wald 检验也显示 P 值为 0.000，显著拒绝原假设，表明空间杜宾模型也不能退化为空间误差模型；最后，由 Hausman 检验结果看出 P 值为 0.000，显著拒绝原假设，最终选择固定效应模型进行后续操作，为了排除时间和个体产生的偏差影响，本书将直接采用双向固定效应模型。

表 6－1　　空间计量模型检验结果

检验方法	检验指标	统计量	P 值
LM 检验	LM－lag	168.658	0.000
	LM－error	171.141	0.000
LR 检验	LR－lag	62.34	0.000
	LR－error	32.74	0.000
Wald 检验	Wald－lag	63.12	0.000
	Wald－error	32.44	0.000
Hausman 检验	—	269.27	0.000

（二）研究设计

1. 数据来源

本研究以全国的387个县级市作为研究对象，由于数据缺失值太多，筛选出250个县级市作为最终研究样本。原始数据来源于2011—2021年的《中国城市统计年鉴》《中国统计年鉴》《中国人口和就业统计年鉴》、各县级市2011—2021年的统计公报和城市建设状况公报。缺失值利用多重插值法进行填补，保证数据的真实性与准确性。

2. 变量选取及说明

本研究结合先前学者研究成果，将被解释变量人口增长用户籍人口增长率来表示，其公式为（期末人口—期初人口）/期初人口×1000‰。核心解释变量是县域公共服务综合发展水平；控制变量选取了经济发展水平、全社会固定资产投资和政府干预三个指标。表6-2为变量的描述性统计。

表6-2 变量描述性统计分析

变量	指标含义	均值	标准差	最小值	最大值
人口增长（pg）	人口增长率	0.0017	0.0745	-0.805	1.265
基本公共服务水平（ps）	基本公共服务水平指数	0.333	0.0455	0.198	0.542
经济发展水平（lnpgdp）	人均GDP	10.770	0.646	8.870	12.96
固定资产投资总额（lnpfai）	人均全社会固定资产投资额	10.440	0.818	6.694	13.05
政府干预（lnpgov）	人均一般公共预算支出	8.834	0.566	6.824	11.56

表6-2是变量的描述性统计分析结果，人口增长这一因变量的最大值为1.265，最小值为-0.805，相差2.07，均值为0.0017，说明户籍人口增长较慢；基本公共服务水平的最大值为0.542，最小值为0.198，均值为0.333，没有大于1，说明县级市整体公共服务质量水平较差，比不上大都市公共服务的发展水平；经济发展水平整体差异不大，最大值是12.96，最小值是8.870，平均处于10.770，发展较为均衡；固定资产投资总额变

量取值的差异较大，最大值为13.050，最小值为6.694，均值为10.440，各县级市差异较大；政府干预一直是提升公共服务水平的有效手段，最大值是11.56，最小值是6.824，均值是8.834，整体水平不高，差异较大，说明各地方在公共服务方面支持力度不同。

3. 指标体系构建与测度

本书参考了《“十四五”公共服务规划》、徐增阳和杜亚楠（2023）以及姜晓萍等人（2022）的研究成果，考虑到县域数据的不可得性，构建了相应的评价指标体系。表6-3是县级市公共服务综合发展水平的评价体系，该体系从五个维度综合反映公共服务指标，分别是基本公共教育、基本公共医疗、基本公共文化、基础设施和公共生态环境，所有具体指标皆是正向指标。

表6-3　　县级市公共服务综合发展水平

目标层	准则层	指标层	类型	权重
公共服务水平	基本公共教育	每平方公里普通小学数（所）	+	0.0590
		普通小学师生比	+	0.0588
		每平方公里普通中学数（所）	+	0.0591
		普通中学师生比	+	0.0589
	基本公共医疗	每万人拥有医疗卫生机构床位数（张）	+	0.0590
		每万人拥有卫生机构人员数（人）	+	0.0583
	基本公共文化	每平方公里体育场馆数（个）	+	0.0584
		每平方公里剧场、影剧院数（个）	+	0.0587
		每千人拥有公共图书馆图书总藏量（册）	+	0.0591
	基础设施	人均日生活用水量（升）	+	0.0592
		燃气普及率（%）	+	0.0568
		每万人使用全社会用电量（千瓦时）	+	0.0591
		人均道路面积（平方米）	+	0.0591
	公共生态环境	人均公园绿地面积（平方米）	+	0.0592
		绿化覆盖率（%）	+	0.0592
		生活垃圾处理率（%）	+	0.0592
		污水处理率（%）	+	0.0590

（三）实证结果分析

1. 空间相关性检验

在采用空间计量模型分析基本公共服务水平对人口增长的影响前，首先需检验人口增长率（pg）和基本公共服务水平（ps）是否具有空间相关性。本书系用Stata 16计算其各年的Moran's I指数值，具体结果见表6－4。从表6－4中可以看出，2012—2020年人口增长率的Moran's I指数值均显著为正值，基本公共服务水平的Moran's I指数值也都显著为正值。由此可以说明基本公共服务水平和人口增长率均具有正向的空间相关性。

表6－4　各年人口增长率及基本公共服务水平的Moran's I指数值

年份	人口增长率（pg）			基本公共服务水平（ps）		
	Moran's I	Z	P	Moran's I	Z	P
2011	-0.003	0.179	0.858	0.127	15.387	0.000
2012	0.067	10.289	0.000	0.127	15.402	0.000
2013	0.077	10.424	0.000	0.123	14.939	0.000
2014	0.032	4.470	0.000	0.122	14.916	0.000
2015	0.024	3.722	0.000	0.111	13.538	0.000
2016	0.043	5.913	0.000	0.120	14.627	0.000
2017	0.119	14.860	0.000	0.121	14.741	0.000
2018	0.022	3.970	0.000	0.121	14.836	0.000
2019	0.041	5.871	0.000	0.133	16.151	0.000
2020	0.014	2.238	0.025	0.120	14.655	0.000
2021	0.001	0.839	0.401	0.122	14.860	0.000

2. 空间杜宾模型结果分析

本书通过构建反距离空间权重矩阵的空间杜宾模型研究各变量的分解效应。结果如表6－5所示。从表6－5中可以看出空间自回归系数值为0.7825，在1%水平下显著，说明人口增长率对自身有正向的空间溢出效应。空间溢出效应可分为直接效应、间接效应和总效应，其中，直接效应表示该区域内自变量对该区域内因变量的影响，在本书中即该县级市基本公共服务水平对自身人口增长的影响，间接效应表示周边县级市的基本公共服务水平对该县级市人口增长的影响，总效应则是直接效应和间接效应之和，综合反映了所有县级市的基本公共服务水平对该县级市人口增长的影响。

表 6 - 5　　反距离空间权重矩阵下空间杜宾模型估计结果

名称	变量	系数
Main	ps	-0.4034*** （-5.07）
	Lnpgdp	-0.0975*** （-9.13）
	lnpfai	-0.0007（-0.15）
	lnpgov	-0.0628*** （-6.38）
Wx	ps	1.0729* （1.97）
	lnpgdp	0.1703*** （4.30）
	lnpfai	0.0683* （1.96）
	lnpgov	-0.0084（-0.11）
LR_Direct	ps	-0.3813*** （-4.61）
	lnpgdp	-0.0956*** （-9.62）
	lnpfai	0.0015（0.35）
	lnpgov	-0.0645*** （-6.90）
LR_Indirect	ps	3.9290（1.02）
	lnpgdp	0.4866* （1.70）
	lnpfai	0.3420（1.32）
	lnpgov	-0.3156（-0.77）
LR_Total	ps	3.5477（0.92）
	lnpgdp	0.3910（1.38）
	lnpfai	0.3436（1.32）
	lnpgov	-0.3800（-0.92）
时间固定效应		YES
地区固定效应		YES
Spatital_rho		0.7825***
Variance_sigma2_e		0.0046***
N		250

注：* $p<0.1$，** $p<0.05$，*** $p<0.01$。

直接效应显示，县级市的基本公共服务水平系数为 -0.3813，在 1% 水平下负向显著，表明该县级市的基本公共服务水平抑制其自身的人口负增长。本书认为当前我国已迈入人口负增长时代，生育率持续下降且老龄化问题严重。随着基本公共服务水平的提高，广大人民群众的获得感、幸福感、安全感显著增强，居民的生活保障水平和生育意愿也随之提高，从而减缓了人口负增长的趋势。然而，随着经济的发展以及受教育水平的提高，人口大多流向了城市群、都市圈和沿海大城市。尽管基本公共服务水平在不断提高，但仍不足以吸引大量人口流入，县级市吸纳人口的潜力还未充分发挥，人才引进困难且人口流失现象持续存在。控制变量中，人均全社会固定资产投资对该县级市自身人口负增长无显著影响，人均 GDP 与人均公共财政支出的系数分别为 -0.0956 和 -0.0645，在 1% 水平下显著，表明人均 GDP 和人均公共财政支出对该县级市自身人口负增长将起到抑制作用。本书认为人均 GDP 和人均公共财政支出的提升反映了县级市经济发展水平的提升，这进一步提高了居民的生活水平与质量，使居民在教育、医疗等方面能为孩子提供更好的条件，进而增强居民的生育意愿。尽管县级市与大城市的生育观念还存在较大差距，但较高的生育意愿仍在一定程度上缓解了人口负增长的现象。

间接效应分析显示，县级市的基本公共服务水平的系数为 3.9290，并不显著，这表明周边县级市的基本公共服务水平不会显著影响该县级市的人口负增长，对该县级市人口负增长的作用不大。控制变量中，周边县级市的人均全社会固定资产投资和人均公共财政支出不会显著影响该县级市的人口负增长，但是人均 GDP 系数为 0.4866，在 10% 水平下正向显著，这表明周边县级市的人均 GDP 增长会促进该县级市的人口负增长。通常，地方财力水平与 GDP 密切相关，人均 GDP 增长意味着该地区的经济发展水平有所提高。本书认为在周边县级市经济大幅提升的情况下，其基本公共服务水平也随之提高，这可能会导致本县级市的居民为了给孩子提供更好的生活条件而迁往周边县级市，从而加剧本县级市的人口负增长现象。

总效应分析显示，全部县级市的基本公共服务水平的系数为 3.5477，并不显著，这表明全部县级市的基本公共服务水平并不会对该县级市的人口负增长产生显著影响。控制变量中，人均 GDP 和人均全社会固定资产投资对人口负增长有正向影响，系数分别为 0.3910 和 0.3436，但影响并不显著。人均公共财政支出对人口负增长有负向影响，系数为 -0.3800，影响也不显著。本书认为造成其对县级市人口负增长影响并不显著的原因在于基本公共服务水平的提高以及经济发展水平的上升并未达到可以提高居民生育意愿的程度。

3. 稳健性检验

(1) 替换空间权重矩阵

为了进一步验证上述结果稳健性，我们从空间权重矩阵的角度出发，构建了经济距离空间权重矩阵以替换前文中的反距离空间权重矩阵，回归结果如表 6-6 所示。从表 6-6 中可以看出，替换矩阵后的回归结果与前文结果基本一致，在直接效应中，该县级市的基本公共服务水平抑制其自身的人口负增长；在间接效应中，周边县级市的基本公共服务水平对该县级市的人口负增长作用更为显著，系数为 0.7021，在 1% 水平下显著，人均 GDP 仍然会促进该县级市的人口负增长。在总效应中，全部县级市的基本公共服务水平依旧不会对该县级市的人口负增长产生显著影响。整体来看，本书所构建的回归模型稳健。

表 6-6　　经济距离权重矩阵下空间杜宾模型估计结果

类型	变量	系数
Main	ps	-0.4354*** (-5.47)
	lnpgdp	-0.0852*** (-8.02)
	lnpfai	-0.0001 (-0.01)
	lnpgov	-0.0682*** (-6.93)
Wx	ps	0.6139*** (3.56)
	lnpgdp	0.0595*** (3.92)
	lnpfai	0.0134 (1.50)
	lnpgov	-0.0391* (1.81)

续表

类型	变量	系数
LR_Direct	ps	−0.4141*** (−5.09)
	lnpgdp	−0.0846*** (−8.42)
	lnpfai	0.0010 (0.22)
	lnpgov	−0.0678*** (−7.21)
LR_Indirect	ps	0.7021*** (0.005)
	lnpgdp	0.0443** (2.19)
	lnpfai	0.0203 (1.53)
	lnpgov	−0.0199 (0.67)
LR_Total	ps	0.2880 (1.10)
	lnpgdp	−0.0403* (−2.19)
	lnpfai	0.0212 (1.63)
	lnpgov	−0.0479 (−1.63)
时间固定效应		YES
地区固定效应		YES
Spatital_rho		0.3692***
Variance_sigma2_e		0.0045***
N		2750

注：* $p<0.1$，** $p<0.05$，*** $p<0.01$。

（2）替换被解释变量

为了进一步验证基本公共服务水平对人口负增长的影响，我们将被解释变量分别替换为人口自然增长率绝对值和人口死亡率，进行回归分析。

首先，我们将原来的被解释变量更换为人口自然增长率绝对值进行固定效应回归分析，结果如表6-7所示。由表6-7的（2）（3）（5）可得，县级市的基本公共服务水平对人口自然增长率的绝对值有显著负向影响，说明基本公共服务水平会抑制人口自然增长率绝对值的增长，进而促进人口自然增长率的增长，从而缓解人口负增长现象。这一结果与前文的分析结论相一致。

表 6－7　　替换为人口自然增长率回归分析结果

变量	(1)	(2)	(3)	(4)	(5)	(6)	(7)
ps	－14.405 (9.526)	－14.408 ** (6.054)	－10.268 * (6.182)	－14.528 (10.402)	－11.504 * (6.272)	－13.448 (9.891)	－14.436 (10.150)
lnpgdp	－0.020 (1.099)	－0.812 (0.716)			0.301 (0.898)	－0.682 (0.928)	
lnpfai	－1.308 ** (0.592)		－1.120 ** (0.558)		－1.189 * (0.661)		－1.311 ** (0.522)
lnpgov	0.632 (1.212)			－0.516 (1.066)		－0.190 (1.325)	0.625 (1.027)
Constant	18.571 *** (6.456)	19.007 *** (6.641)	20.630 *** (4.669)	14.842 ** (6.571)	18.505 *** (6.501)	18.972 *** (6.552)	18.455 *** (6.985)
Observations	2244	2244	2244	2244	2244	2244	2244
R^2	0.013	0.008	0.013	0.007	0.013	0.008	0.013
N	204	204	204	204	204	204	204

注：* $p<0.1$，** $p<0.05$，*** $p<0.01$。

其次，将原来的被解释变量更换为人口死亡率再次进行固定效应回归分析，结果如表 6－8 所示。根据表 6－8 中各列结果可知，县级市的基本公共服务水平对人口死亡率有负向显著影响，说明基本公共服务水平会抑制人口死亡率的增长。县级市的医疗卫生水平是导致其死亡率增加的原因之一，随着基本公共服务水平的提高，医疗卫生条件也会有所改善，进而降低了死亡率。此外，基本公共服务水平还会促进人口自然增长率的提升，从而有效抑制人口负增长现象。模型的稳健性结果较好。

表 6－8　　替换为人口死亡率回归分析结果

变量	(1)	(2)	(3)	(4)	(5)	(6)	(7)
ps	－39.781 *** (14.676)	－49.733 *** (10.919)	－45.283 *** (11.660)	－38.995 ** (15.659)	－45.172 *** (10.731)	－38.578 ** (15.066)	－38.885 ** (15.346)
lnpgdp	0.569 (1.471)	－1.774 (1.376)			－0.027 (1.437)	－0.264 (1.327)	
lnpfai	－1.646 ** (0.801)		－1.874 ** (0.805)		－1.868 ** (0.879)		－1.582 ** (0.725)

续表

变量	(1)	(2)	(3)	(4)	(5)	(6)	(7)
lnpgov	-1.175			-2.336		-2.210	-0.959
	(1.942)			(1.779)		(2.011)	(1.805)
Constant	48.938***	49.850***	48.869***	47.847***	49.061***	49.444***	52.207***
	(13.893)	(14.572)	(8.323)	(12.630)	(14.096)	(14.107)	(12.863)
Observations	2244	2244	2244	2244	2244	2244	2244
R^2	0.025	0.021	0.025	0.022	0.025	0.022	0.025
N	204	204	204	204	204	204	204

注：* $p<0.1$，** $p<0.05$，*** $p<0.01$。

4. 异质性分析

不同地区的基本公共服务水平差距较大，地区间不平衡发展也是我国的基本国情之一，这可能导致基本公共服务在不同地区对人口的负增长产生不同的影响效果。因此，本书将250个县级市根据所属省份划分为东、中、西部三类地区，并将数据分为三个样本，分别对每个样本进行回归分析，以深入考察三个地区的基本公共服务水平对人口负增长的影响（见表6-9）。

表6-9　分地区回归结果

变量	东部地区	中部地区	西部地区
	pg	pg	pg
ps	-0.255*	0.034	-0.261
	(0.154)	(0.111)	(0.173)
lnpgdp	-0.078**	-0.027*	-0.078
	(0.038)	(0.014)	(0.051)
lnpfai	0.015**	0.035	0.012
	(0.007)	(0.025)	(0.017)
lnpgov	-0.001	-0.050*	0.038
	(0.008)	(0.028)	(0.030)
Constant	0.798**	0.354**	0.463
	(0.351)	(0.165)	(0.317)

续表

变量	东部地区	中部地区	西部地区
	pg	pg	pg
时间固定效应	YES	YES	YES
地区固定效应	YES	YES	YES
Observations	1276	1056	418
R - squared	0.053	0.027	0.052
Number of id	116	96	38

注：* $p<0.1$，** $p<0.05$，*** $p<0.01$。

根据回归结果，可以得出东部地区的县级市基本公共服务水平对人口负增长具有负向显著影响，中部和西部地区的县级市基本公共服务水平对人口负增长的影响均不显著。

从东部地区来看，县级市的基本公共服务水平和人均 GDP 均能抑制人口负增长。出现这一结果的原因，可能是由于孕妇从孕前、孕中到产后等全过程需要更为完善的公共医疗服务体系提供保障。而东部地区作为我国经济发展的重心，一直是经济的主要推动力，其产业结构相对发达。县级市基本公共服务水平的提升会进一步完善公共医疗服务保障体系，对于享有医疗保障的家庭而言，会减少其生育成本，从而提高居民的生育意愿，有效抑制人口负增长。

从西部地区来看，县级市的基本公共服务水平对人口负增长没有显著的影响。这是由于西部地区县级市的经济发展水平相对滞后，并且该地区长期受"重男轻女"的传统思想观念束缚。此外，该地区的公共服务整体水平较为薄弱，提升县级市的基本公共服务水平并不能显著激发居民的生育意愿，因而难以缓解人口负增长的现象。

从控制变量的角度来看，人均 GDP 对东部、中部和西部三个地区的人口增长均呈现负向影响，但对西部地区的影响并不显著；人均全社会固定资产投资对三个地区的人口增长均表现为正向影响，且对东部地区的影响尤为显著；人均公共财政支出对中部地区呈现显著的负向影响。当一个地区的经济发展水平较低时，可能会导致儿童失学、老人无人赡养、生活质量低下等不良后果，进一步致使人口增长缓慢甚至出现负增长现象。在新型城镇化的背景下，地区的人均 GDP 越高，其基本公共服务水平就会越高，就业机会越多，居民收入也会增加，对流动人口的吸引力也随之增强，因此该地区的人口规模会逐渐扩大，人口负增长现象和趋势就会有所减弱。

（四）结论

基于全国 250 个县级市的面板数据，采用空间杜宾模型分析基本公共服务水平对县级市人口负增长的影响。研究发现：

第一，某县级市的基本公共服务水平能有效抑制其自身的人口负增长，人均 GDP 和人均公共财政支出同样对该县级市的人口负增长具有抑制作用。随着基本公共服务水平的提升，广大人民群众的获得感、幸福感、安全感显著增强，居民的生活保障水平和生育意愿随之提高，从而有效降低了人口负增长程度。

第二，某县级市周边的县级市的基本公共服务水平提升，并不会显著导致该县级市的人口负增长，但周边县级市的人均 GDP 增长会促进该县级市的人口增长，周边县级市经济发展水平的大幅提高有机会带动该县级市的经济发展水平的相应提高。

第三，县级市的基本公共服务水平对人口增长的影响存在异质性。具体而言，在东部地区，基本公共服务水平对人口负增长的抑制作用最为显著；而在中部地区和西部地区，其影响效果并不显著。

二、县域经济高质量发展对人口流动的影响

改革开放以来，东南沿海地区工商业的快速发展，吸引了大量农业转移人口前来就业，催生了“孔雀东南飞”“北上广热”“民工潮”“春运”“返乡潮”等蔚为壮观的人口大规模流动现象。这种人口大规模流动为大

城市经济发展提供了充足的劳动力资源，也促进了一批大城市、特大城市、超大城市的形成和快速发展，使我国城镇化率从 1978 年的 17.92% 上升到 2022 年的 65.22%。然而，在城镇化进程中也暴露出大中小城市发展不协调、区域差异显著、城镇化质量不高、农民工市民化难以及乡村振兴缺乏人才支撑等问题。针对这些问题，《国家新型城镇化规划（2014—2020 年）》明确提出“优化城镇规模结构，增强中心城市辐射带动功能，加快发展中小城市，有重点地发展小城镇，促进大中小城市和小城镇协调发展”的方针。

党的十九大报告指出，“我国社会主要矛盾已经转化为人民日益增长的美好生活需要和不平衡不充分的发展之间的矛盾”，这就需要我们调整经济发展的战略重点，而新时期发展的核心要义就是高质量发展。自党的十八大以来，在我国新型城镇化建设、乡村振兴战略、城乡融合发展等重大决策实施和推进的过程中，县域都是一个重要和基本的单元。县域经济作为国民经济发展的基石，随着我国经济发展进入新时代，也迎来了新的发展变化。推动县域经济从不平衡不充分发展向高质量发展接轨，成为县域经济转型升级的新要求，其中增速换挡、动力转化、结构调整成为新时代县域经济向高质量发展转变的重要标志。县域经济高质量发展，既是促进国内大循环市场建设的要求，又是县域经济转型升级的必然选择。

习近平总书记在党的二十大报告中强调，“深入实施区域协调发展战略、区域重大战略、主体功能区战略、新型城镇化战略”，“推进以县城为重要载体的城镇化建设”，这再次明确未来的优惠政策和城镇化焦点应向县域转移。当前，以大城市为主体的双循环“主动脉”已经形成，但良好的经济循环除了搭建“主动脉”，更需要疏通双循环的“毛细血管”。在此背景下，县域作为连接城市与乡村的重要区域，也就成了双循环市场下的真正潜力所在。县域经济作为衔接城市市场和农村市场的桥梁，是实施新型城镇化战略和乡村振兴战略的主战场，也是解决老龄化背景下农村老年人养老问题、提升人力资源开发及劳动力使用效率的重要渠道。县域经济的发展已成为我国经济增长甚至改变我国的发展格局的新引擎。因此，本书通过构建县域经济发展指标体系，深入分析县域经济高质量发展对人口流动的影响。

（一）理论机制与假说

1930年，人口学家赫博尔提出了推—拉理论。该理论指出，由于迁出地土地资源等因素的限制、工作机会少、工资水平低下等因素的共同制约，形成了迁出地对人口迁出的推力；而就业机会多、收入较高、公共设施完善等因素，形成了迁入地对人口迁入的拉力。个人或家庭在迁出地的推力和迁入地的拉力作用下，作出迁移的决策。各地区间的收入差距、资源禀赋差距等，是人口流动行为产生的重要因素。当一个地区接受了较多的人口流入，其对劳动力的需求低于劳动力供给，会导致部分劳动力失业，工资水平下降，社会成本和人均占有的资源数量减少，从而缩小流出地和流入地的收入差距。这一过程会促使部分人口回流至流出地，直至达到一种相对均衡的动态状态。基于此理论，县域经济发展会带来更多的就业岗位、更高的工资水平以及更好的公共服务资源，形成人口流动的拉力，减弱人口跨省流动推力。随着县域经济的持续发展，城乡差距逐渐缩小，从而使县域产生一定的拉力，促进部分人口回流。故此，本书提出假设1。

假设1：县域经济高质量发展能够影响其人口净流出状况，促进城乡融合发展。

我国不同县之间存在人口差距悬殊、发展不平衡的现象。不同地理位置的县域，其经济发展水平不同和人口密度各异，对人口流动的影响也存在差异性。例如，某些地区人口密度相对较大，人均资源占有量相对较少，经济发展水平较低。而当县域经济发展质量得到提升，打通了与外界交流的通道后，人口外流现象就会加剧。相反，对于经济发展水平较高，就业岗位较多的县，在经济高质量水平提升之后，城乡居民的物质生活和精神生活均得到了极大的改善，人口流出意愿则会相应降低。因此，县域之间不同的发展阶段、产业结构、政策支持、生活环境都对人口的流动产生不一样的影响。因此，本书提出假设2。

假设2：县域经济高质量发展对人口流动的影响具有空间异质性。

我国县域规模庞大，经济发展呈现出显著的多样性，这增加了其对人口流动影响的复杂性。一方面，县域经济发展越好，居民收入水平越高，越能降低人口外流的推力，但当收入水平达到一定高度，区域差距缩小到一定程度之后，进一步的收入增长并不能再影响人口流动。另一方面，当县域经济开始从传统制造业或农业向发展服务业或高新产业转型时，可能会出现一段时间的就业岗位激增，这有助于减少人口外流，但随着新的产业体系的逐渐形成，人口就业岗位增幅将逐渐减缓，人口开始在城乡之间、区域之间双向流动。所以，本书提出假设3。

假设3：县域经济高质量发展对人口流动的影响是非线性的。

（二）研究设计

1. 变量选择

被解释变量为县域人口净流出率（Migration）。本书依照国家统计局对于流动人口的定义，采用某县户籍人口与常住人口的差值占户籍人口的比值来反映县域人口净流出率。若某县户籍人口数大于常住人口数，则表明该县域为人口净流出县域；反之，则为人口净流入县域。本书选取样本县1838个，其中，人口净流出县为1620个，人口净流入县为218个，87%的县为人口净流出。当前，我国县域人口跨县流动性正在迅速增强，跨县流出人口规模扩大趋势明显，且省内流动占比增加。因此，使用县域人口净流出率更能反映出人口流动趋势和变动规律。

核心解释变量为县域经济高质量发展指数（Economy）。为更综合科学系统地反映县域经济高质量发展情况，本书在参考现有文献的基础上，构建县域经济高质量发展的指标体系，并根据熵值法计算指标权重来测算县域经济高质量指数。本书根据经济高质量发展内涵（创新、协调、绿色、开放、共享）的指导原则与要求选取指标，同时在严格遵循目的性、科学性、可操作性等原则的基础上，构建了县域经济高质量发展的指标体系

（见表6-10）测度县域经济高质量发展指数。

表6-10　　　县域经济高质量发展的测度指标体系

目标层	准则层	指标层	指标性质	权重
县域经济高质量发展评价指标体系	经济创新	人均GDP	正	0.106
		第三产业占GDP比重	正	0.087
		政府财政依赖指数	负	0.014
		年末金融机构贷款余额占GDP比重	负	0.023
		人均金融机构存款额	正	0.047
	生态环境	PM2.5	负	0.067
		建成区绿地覆盖率	正	0.033
	活力开放	全社会固定资产投资额	正	0.111
		规模以上工业增加值	正	0.162
	共享发展	每千人拥有医疗机构床位数	正	0.066
		每千人社会福利收养性单位床位数	正	0.095
	城乡协调	常住人口城镇化率	正	0.086
		城乡居民人均可支配收入比	负	0.103

控制变量选择各县域的人口密度（density）、人口老龄化程度（age）、受教育程度（edu）等指标。其中，人口老龄化程度由65岁及以上人口占该地区总人口的比值来表示，受教育程度由人均受教育年限来表示。

2. 研究方法

借鉴杨彩萍（2017）、李洪涛（2023）等学者的研究，县域经济高质量发展与人口流动存在相关性，但这种相关性呈现非线性，具体基准模型设定如下：

$$Migration_i = \beta_0 + \beta_1 economy_i + \beta_2 control_i + \alpha_i + \varepsilon_i \qquad (6-3)$$

其中，下标i表示第i县，$Migration_i$ 表示i县的人口净流出率；$economy_i$ 表示i县经济高质量发展指数；β为待估计参数；为了尽量消除遗漏变量带来的估计偏误，模型引入了其他一些影响人口流动强度的控制变量 $control_i$；α_i 为县域固定效应，用来控制观测不到的不随空间变化的地区特征；ε_i 为误差扰动项。

县域经济发展水平对人口流动的影响受我国经济发展水平和城乡区域协调发展的制约，不同的地区县域经济高质量发展对人口流动的影响可能不同。因此，本书构建了曲线模型检验高质量发展对人口流动的阶段性影响。

$$Migration_i = \beta_0 + \beta_1 economy_i + \beta_2 economy_i^2 + \beta_3 control_i + \alpha_i + \varepsilon_i \quad (6-4)$$

县域经济高质量发展测度采用熵权法计算。

3. 数据来源

本书选用2020年我国除香港特别行政区、澳门特别行政区和台湾地区以外的县、旗、县级市的指标数据，不包括城区。在获取县域统计数据时，部分县域指标存在数据缺失、代表性不足等问题，因此将其剔除。数据主要来源于2021年《中国县域统计年鉴》《中国城市统计年鉴》《中国人口普查年鉴》《中国县域建设统计年鉴》，主要变量的描述性统计分析结果如表6-11所示。我国县域人口平均净流出率为13.53%，各县人口净流出率空间差异较大；我国各县的高质量发展指数平均值为0.0708，高质量发展指数最高县的值为0.4152，各县域人口空间分布的差距非常明显；人口老龄化程度和受教育年限均存在明显差异。

表6-11　　主要变量描述

变量	样本数	均值	标准差	最小值	最大值
migration	1838	0.1353	0.2251	-5.0973	0.7079
economy	1838	0.0708	0.0321	0.0283	0.4152
density	1838	254	295	0.1448	3999
age	1838	0.1397	0.0419	0.0174	0.2998
edu	1838	8.4889	0.9515	4.0700	11.140

（三）实证结果及分析

1. 基准回归结果

县域经济高质量发展对人口流动影响的回归结果见表6-12。无论是否加入控制变量，经济高质量发展的回归系数均为负值［模型（5）和模型（6）］，这表明经济高质量发展对人口流动具有抑制作用。考虑到这种影响的非线性，模型（4）通过拟合二次项结果显示，其二次项回归系数为正且显著，说明县域经济高质量发展前期对人口流动具有显著的抑制作用，而在后期则会促进人口流动，其拐点为0.298。此外，模型（1）至模型（4）的拟合结果均优于模型（5）和模型（6），进一步证明了这种影响存在非线性。与模型（1）相比，模型（2）和模型（4）分别加入人口密度和人口受教育程度控制变量后，经济高质量发展回归系数变小，说明经济高质量发展对人口流动的影响受人口密度和人口受教育程度的制约。相较于模型（2），模型（3）加入年龄结构变量之后，经济高质量发展对人口流动的回归系数进一步变大，说明在同样的人口密度下，人口老龄化程度越高，经济高质量发展对人口流出的抑制效应越大。

表6－12　　　　　　　　　　基准回归结果

变量	模型（1）	模型（2）	模型（3）	模型（4）	模型（5）	模型（6）
economy	－2.091***	－1.845***	－2.003***	－1.718***	－1.504***	－1.938***
	(－0.156)	(0.178)	(0.160)	(0.153)	(－0.048)	(0.076)
economy^2	2.431**	2.381*	2.746***	2.885***		
	(1.613)	(1.617)	(1.459)	(1.384)		
density		－0.011***	－0.015***	－0.009***		－0.001***
		(0.006)	(0.007)	(0.005)		(0.000)
age			2.306***	2.771***		2.780***
			(0.109)	(0.108)		(0.108)
edu				－0.071***		－0.062***
				(0.005)		
县固定效应	是	是	是	是	是	是
cons	0.283***	0.280***	0.221***	0.486***	0.256***	0.252***
	(0.012)	(0.012)	(0.018)	(0.039)	(0.022)	(0.023)
样本量	1838	1838	1838	1838	1838	1838
R^2	0.189	0.193	0.272	0.347	0.081	0.094

注：*、** 和 *** 分别表示拟合结果在10%、5%和1%的显著性水平上显著，系数下方括号中数值为标准误。

从控制变量角度来看，人口密度对人口净流出率的影响呈负相关，且在1%水平上显著，即人口密度越大的县，人口净流出率越低。这一点与常识理论“人口密度越大，人均资源占有量越小，对人口向外流动的推力越大”不一致。主要是因为在人口转变时期，人口密度越大的县越具有规模效益，城乡居民生活质量越高，因而向外流动的意愿越低。县域人口老龄化程度对人口净流出率的影响显著为正。这主要是因为人口老龄化严重的县，创新能力和经济增长潜力相对较弱，年轻人缺乏施展才能的空间和合作团队，导致人口被迫外流，进而形成恶性循环。从县域人口受教育程度来看，人均受教育年限对人口净流出率的影响为负，且在1%水平上显著，主要是因为就一个县而言，人口受教育程度高越高，通常意味着更多的就业机会、更好的工作待遇，以及更优质的公共服务，这些因素共同抑制了人口的流出。

2. 稳健性检验

为保证研究结果的稳健性，首先，我们通过调整样本量的方法，依据被解释变量人口净流出率的大小将1838个县划分为三部分，人口净流出率前25%、前50%、前75%的样本回归结果分别对应表6－13中的模型（1）、模型（2）、模型（3）。可以看出，经济高质量指数对县域人口净流出率的回归系数虽然较表6－12有所变动，但仍显著为负，二次项回归系数也显著为正数。进一步研究发现，在人口净流出率较小的县，县域经济高质量对人口净流出率的影响更大，这也证明总体回归结果稳健。其次，采取增加控制变量的方法检验结果的稳健性。人口流动的拉力与城市虹吸效应的影响受距离限制，因此是否邻近城市成为县域人口外流的一个重要外在因素。以县政府所在地到最近城市市政府所在地的直线距离来反映县是否邻近城市的指标，模型（4）为加入“是否邻近大城市（ncity）”这一变量之后的回归结果。结果显示，县域经济高质量发展对人口净流出率的回归系数显著为负，并且回归系数较表6－12中模型（4）有所增大，即在控制“是否邻近城市”这一空间变量之后，县域经济高质量发展对人口净流出率的抑制效应增强了，这也再次证明了回归结果的稳健性。

表 6 - 13　　稳健性检验

变量	模型（1）	模型（2）	模型（3）	模型（4）
economy	-1.324***	-1.616***	-1.705***	-2.039***
	(0.351)	(0.227)	(0.175)	(0.153)
$economy^2$	3.431**	3.381*	3.046***	2.976***
	(1.033)	(1.112)	(1.327)	(1.203)
density	-0.006***	-0.007***	-0.002***	-0.005***
	(0.099)	(0.012)	(0.073)	(0.062)
age	3.566***	3.219***	2.901***	2.104***
	(0.319)	(0.185)	(0.131)	(0.108)
edu	-0.107***	-0.091***	-0.080***	-0.108***
	(0.013)	(0.008)	(0.006)	(0.005)
ncity				0.077***
				(0.213)
县固定效应	是	是	是	是
cons	0.651***	0.595***	0.549***	0.441***
	(0.111)	(0.066)	(0.049)	(0.037)
样本量	458	918	1377	1838
R^2	0.315	0.360	0.375	0.222

注：*、** 和 *** 分别表示拟合结果在 10%、5% 和 1% 的显著性水平上显著，系数下方括号中数值为标准误。

3. 异质性检验

县域经济高质量发展可以带来更多的增收机会和更高的社会福利，推动就业、教育、医疗和居住条件等向促进“人”的全面发展转变，从而降低居民流向其他地区寻求更好生活条件的可能性。然而，也有一些群体，他们不把经济发展环境、固定的社会关系和文化纽带作为留在当地的主要因素，而是选择向外流动。我国幅员辽阔，县域规模庞大，且各地发展程度各不相同，县域经济高质量发展对人口流动的影响可能具有异质性和非线性特征。同时，不同区域的自然和人文环境差异显著，区域间县域经济高质量发展水平也存在较大差别。这种差别可能导致县域经济发展对人口流动强度的影响在不同区域表现出差异性。为此，本书按照国家统计局的划分方法，将全部样本分为东部地区、中部地区、西部地区和东北地区四个子样本，对县域经济高质量发展程度和人口净流出率的影响进行回归，回归结果如表 6－14 所示。

表 6－14　　　　空间异质性检验

变量	(1)	(2)	(3)	(4)	(5)	(6)	(7)	(8)
economy	-0.969***	-1.852***	-0.980***	1.080**	-2.485***	-5.553***	1.544***	1.490*
	(0.177)	(0.421)	(0.151)	(0.494)	(0.396)	(1.192)	(0.469)	(1.190)
$economy^2$		2.948***		-9.045***		16.502***		-9.834**
		(1.277)		(2.071)		(6.051)		(5.298)
density	-0.011***	-0.014***	-0.012***	-0.017***	-0.013***	-0.014***	-0.010***	-0.018***
	(0.102)	(0.104)	(0.069)	(0.066)	(0.083)	(0.085)	(0.021)	(0.022)
age	1.431***	1.496***	1.136***	1.239***	3.005***	3.067***	1.577***	1.566***
	(0.210)	(0.211)	(0.152)	(0.150)	(0.187)	(0.188)	(0.392)	(0.388)
edu	-0.156***	-0.154***	-0.111***	-0.107***	-0.076***	-0.074***	-0.166***	-0.160***
	(0.014)	(0.014)	(0.017)	(0.015)	(0.009)	(0.09)	(0.018)	(0.018)
县固定效应	是	是	是	是	是	是	是	是
cons	1.436***	1.467***	1.052***	0.936***	0.523***	0.619***	1.376***	1.422***
	(0.122)	(0.122)	(0.072)	(0.075)	(0.061)	(0.070)	(0.168)	(0.169)
样本量	399	399	476	476	821	821	142	142
R^2	0.245	0.649	0.248	0.566	0.205	0.3115	0.278	0.491

注：*、** 和 *** 分别表示拟合结果在 10%、5% 和 1% 的显著性水平上显著，系数下方括号中数值为标准误。

表 6－14 中第（1）、第（2）列为东部地区的回归结果，从第（1）列可以看出，在不考虑非线性问题时，县域经济高质量发展对东部地区人口净流出率的影响为负值，但加入县域经济高质量发展指数的平方项之后，第（2）列的一次项系数为负值，二次项系数为正值，且都在 1% 水平上显著，这表明东部地区县域经济高质量发展对人口净流出率的影响呈 “U” 形，拐点为 0.314，即县域经济高质量发展指数低于 0.314，其指数上升有利于抑制人口净流出率增大，高于 0.314，其指数上升会促进人口净流出率的增大。第（3）、第（4）列为中部地区的回归结果，同样第（4）列

在加入县域经济高质量发展指数的平方项之后，县域经济高质量发展指数的一次项系数转为正值，二次项系数转为负值，且在5%水平上显著，说明在中部地区县域经济高质量发展对人口净流出率的影响呈现倒“U”形，拐点为0.059，即县域经济高质量发展指数低于0.059，其指数上升会促进人口流出，高于0.059，其指数上升会抑制人口流出。第（5）、第（6）列为西部地区的回归结果，从第（6）列可以看出，县域经济发展指数的一次项系数为负值，二次项次数为正值，且都在1%水平上显著，说明西部地区县域经济高质量发展对人口净流出率的影响呈“U”形，拐点为0.168，即县域经济高质量发展指数低于0.168，其指数上升会抑制人口流出，高于0.168，其指数上升会促进人口流出。第（7）、第（8）列为东北地区的回归结果，从第（8）列可以看出，县域经济高质量发展指数的一次项系数为正值，二次项系数为负值，说明在东北地区县域经济高质量发展对人口净流出率的影响呈倒“U”形，拐点为0.075，即县域经济高质量发展指数低于0.075，其指数上升会促进人口流出，高于0.075，其指数上升会抑制人口流出。

综合来看，县级经济高质量发展对人口流出的影响在东部地区和西部地区表现为先抑制后促进的正“U”形，在中部地区和东北地区则呈现倒“U”形（即先促进后抑制），这一检验结果也验证了假说2和假说3。

（四）结论

县域经济高质量发展不仅是扩大内需、畅通国民经济循环的重要抓手，也是推动乡村振兴、实现城乡融合的关键支撑。随着县域经济高质量发展的深入推进，我国人口流动格局进一步转变。为明确县域经济高质量发展对人口流动的影响，本书构建了经济高质量发展指数，并对县域经济高质量发展水平进行测度，在此基础上运用固定效应模型，检验了县域经济高质量发展对人口流动的影响与空间差异。主要结论如下：第一，县域经济高质量发展对人口流动具有显著抑制作用，但这种作用并非是线性的。在不同阶段推动县域经济高质量发展对促进人口合理有序流动和推进乡村振兴均具有重要意义。第二，县域经济高质量发展对人口流动的作用存在空间异质性。我国东部与西部地区，其作用方向相同，中部和东北地区，作用方向则与之相反。第三，县域经济高质量发展对人口流动的影响存在阶段性差异，东部和西部地区的县域经济高质量发展对人口流动的影响呈正“U”形，即在东部地区和西部地区经济高质量发展指数分别低于0.314和0.168的县，推进县域高质量发展能够抑制人口流出，相反高于该拐点则会促进人口流出。在中部和东北地区县域经济高质量发展对人口流动的影响呈倒“U”形，即在中部地区和东北部地区经济高质量发展指数分别低于0.059和0.075的县，推进县域高质量发展能够促进人口流出，相反高于拐点则会抑制人口流出。

第七章

我国县域人口发展趋势预测与未来空间分布变动

在区域人口增减分化的背景下，对我国县域人口时空分布现状进行分析，并在此基础上预测我国县域人口的发展趋势及进行空间分布特征分析，具有重要的现实意义。研究县域人口的未来发展趋势及空间分布演变格局，对于制定区域人口发展政策、促进人口的合理分布以及公共服务的合理有效建设，具有重要的指导作用。因此，本书主要通过队列要素人口预测的方法，对我国县域未来人口数量进行总体、区域、省级、县级四大层面的预测和时空演变特征分析，内容包括县域人口总量、人口性别结构、人口年龄结构、人口城乡结构、育龄妇女人口等方面，旨在预测我国县域人口发展趋势和未来空间分布变动。本书充分考虑人口政策、人口年龄结构、生育状况、人口迁移流动等多方面的因素影响，共形成高、中、低等九种预测方案组合，通过对这九种预测方案的比较分析，中方案和动态迁移流动方案与我国县域人口发展的实际情况更加相符，因此选择该方案组合作为参考依据，为我国县域未来公共服务布局提供一定的人口信息依据。

一、我国县域人口总量变动趋势

在高方案中，预设了经济快速发展、社会福利和生育政策的有效实施，这些因素共同作用以提高生育率。从人口学的视角来看，经济增长通常与人口增长呈正相关，这是因为经济发展改善了人们的生活条件，减少了生育风险，增加了养育子女的资源。完善的社会福利系统和生育激励政策可能降低了生育成本，从而提高了生育意愿。在这种情景下，县域人口总量预计将呈现增长趋势，这反映了经济和社会政策对人口结构的积极影响。中方案考虑了生育率的温和改善和政策的适度影响，这种方案可能反映了一个更现实的情景，其中生育率的回升受到经济条件和政策激励的有限影响。低方案反映了持续的低生育率趋势，这可能是受经济发展的不平衡、社会政策的不足或者文化因素的影响。低生育率可能与教育水平提高、女性职业发展优先、生育成本高昂以及城市化生活方式等因素有关。在这种情境下，持续的人口减少可能加剧人口老龄化，从而对教育、医疗和养老等社会服务系统构成压力。此外，县域人口的减少还可能影响未来的劳动力市场和经济增长潜力。

在无迁移流动的情况下，2021—2050 年，无论低、中、高方案，全国县域人口总体呈现下降趋势。具体来看，2021 年低方案中县域人口总数为 7.377 亿人，中方案为 7.379 亿人，高方案为 7.380 亿人。到 2050 年，县域人口总数分别降至 5.500 亿人、5.441 亿人、5.530 亿人。在这 30 年间，县域人口总数持续减少。其中，中方案减少幅度最大，低方案次之，高方案减少幅度最小。在低方案中平均每年人口减少 625.7 万人，中方案平均每年人口减少 646.0 万人，而高方案平均每年人口减少 616.7 万人。从年际变化来看，三个方案的每年人口减少速度均相对稳定，呈线性下降趋势，未出现突然的大幅波动。

考虑迁移的情况下，2021—2050 年，无论低、中、高方案，全国县域人口总体呈现下降趋势。县域人口数量从低方案的 7. 344 亿人减少到 5. 494 亿人，中方案从 7. 345 亿人减少到 5. 436 亿人，高方案从 7. 346 亿人减少到 5. 523 亿人。这一时期内，每年的人口减少数在低方案中平均每年减少 616. 75 万人，中方案平均每年减少 636. 42 万人，高方案平均每年减少 607. 63 万人。如图 7 - 1 所示，动态迁移流动的情况下，2021—2050 年，低、中、高三种方案县域人口总量均呈现不同程度的下降趋势。具体来看，县域人口数量在低方案中从 7. 409 亿人减少到 5. 522 亿人，中方案从 7. 409 亿人减少到 5. 463 亿人，高方案则从 7. 411 亿人减少到 5. 552 亿人。这一时期内，低方案中平均每年人口减少 628. 71 万人，中方案平均每年人口减少 648. 77 万人，高方案平均每年人口减少 619. 49 万人。

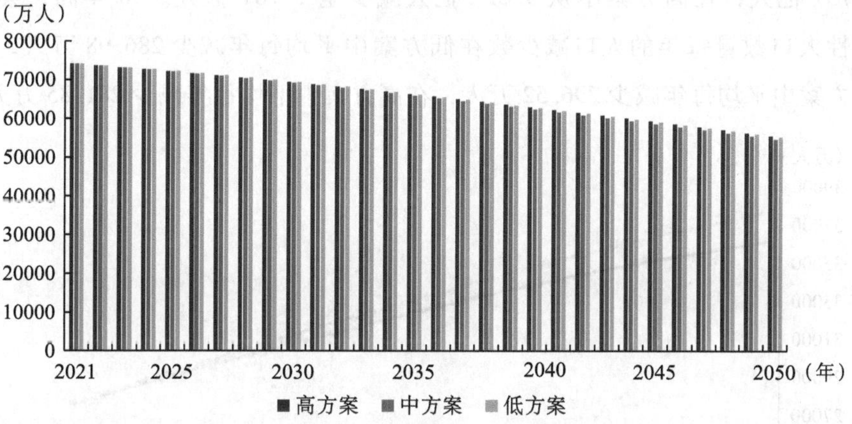

图 7 - 1　2021—2050 年我国县域总人口变动趋势（动态迁移流动）

二、我国县域人口的结构变动趋势

（一）县域人口性别结构变动趋势

我国县域总人口的性别结构在不同方案下呈现不同程度的变化趋势。

在无迁移流动、固定迁移流动方案下和动态迁移流动三种方案下，我国县域人口的性别结构存在明显不同。但总体来看，2021—2050 年我国县域分性别人口（无论男女）均呈现减少趋势。如图 7 - 2 所示，动态迁移流动的情况下，2021—2050 年，低、中、高三种方案县域人口总量均呈现不同程度的下降趋势。具体而言，男性县域人口数量在低方案中从 3. 783 亿人减少至 2. 758 亿人，中方案从 3. 783 亿人减少至 2. 726 亿人，高方案从 3. 784 亿人减少至 2. 771 亿人。这一时期，县域男性人口每年的人口减少数在低方案中平均每年减少 341. 73 万人，在中方案中平均每年减少 352. 25 万人，在高方案中平均每年减少 337. 65 万人。女性县域人口在低方案中从 3. 626 亿人减少至 2. 765 亿人，在中方案中从 3. 626 亿人减少至 2. 737 亿人，在高方案中从 3. 627 亿人减少至 2. 781 亿人。30 年间，县域女性人口数量每年的人口减少数在低方案中平均每年减少 286. 98 万人，在中方案中平均每年减少 296. 52 万人，在高方案中平均每年减少 281. 85 万人。

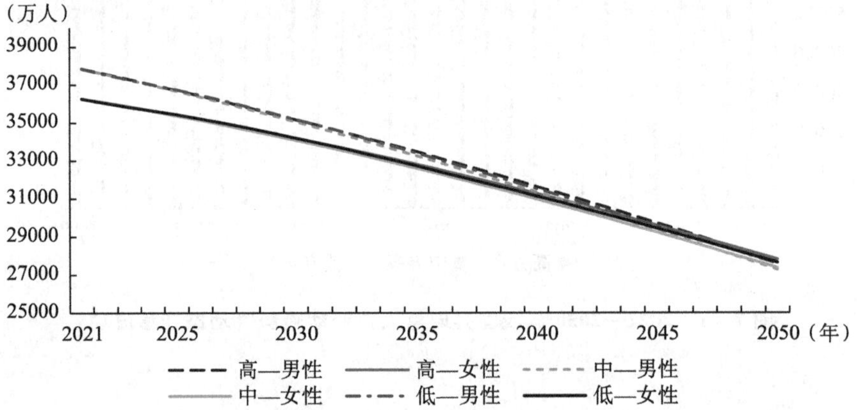

图 7 - 2　2021—2050 年我国县域人口分性别人口数变动（动态迁移流动）

（二）县域人口年龄结构变动趋势

1. 少年儿童人口变动趋势

图 7 - 3 展示了在动态迁移流动方案下，2021—2050 年我国县域0 ~ 14

岁少年儿童人口规模及占比的变化情况。2021—2050 年，我国县域 0～14 岁少年儿童人口规模均呈现下降趋势。具体而言，2021—2035 年，县域 0～14 岁少年儿童人口数量下降相对缓慢，2035—2050 年，下降趋势增强。与此同时，我国县域 0～14 岁少年儿童人口占比在 30 年间将呈现先上升后下降的趋势。2035 年前占比呈上升趋势，2035 年后占比逐渐下降。通过政策引导，0～14 岁人口减少的趋势得到缓解，人口规模相对稳定，占比下降速度减缓。

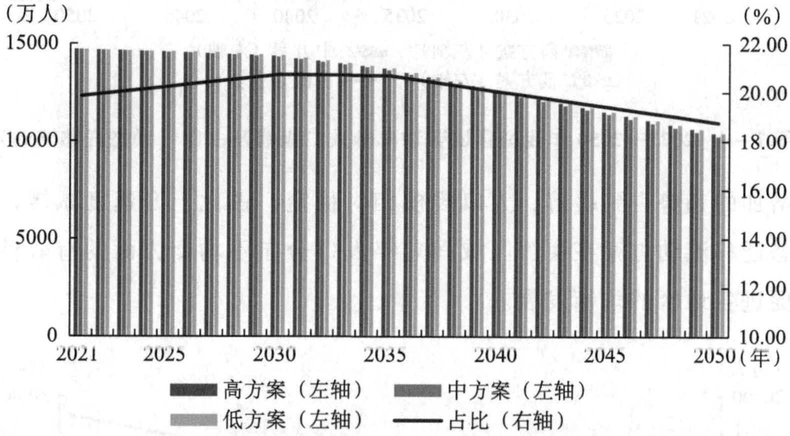

图 7－3　2021—2050 年我国县域少儿人口规模及占比（动态迁移流动）

2. 劳动年龄人口变动趋势

图 7－4 展示了在动态迁移流动方案下，2021—2050 年我国县域15～64 岁劳动年龄人口规模及其占比的变化情况。通过政策引导，我国县域劳动年龄人口减少的趋势得到缓解，人口规模相对稳定，占比下降速度减缓，显示出动态迁移流动方案在缓解区域间劳动年龄人口分布不均衡方面的有效性，有助于促进各地区的均衡发展。

3. 老年人口变动趋势

图 7－5 展示了在动态迁移流动方案下，2021—2050 年我国县域 65 岁及以上老年人口规模及其占比的变化情况。通过政策引导，我国县域老年

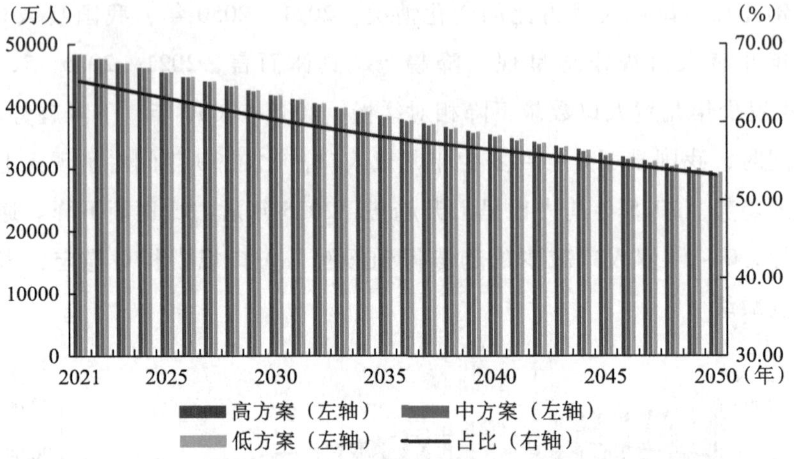

图 7－4　2021—2050 年我国县域劳动年龄人口规模及占比（动态迁移流动）

人口增加的趋势得到缓解，人口规模相对稳定，占比上升速度减缓，显示出动态迁移流动方案在缓解区域间老年人口分布不均衡方面的有效性，有助于促进各地区的均衡发展。

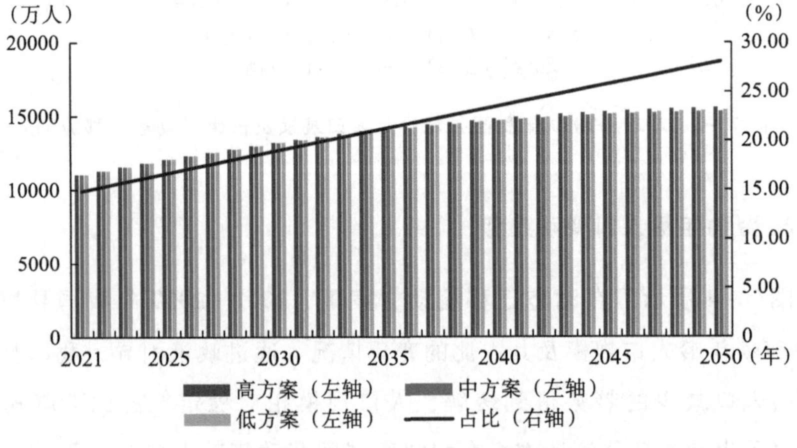

图 7－5　2021—2050 年我国县域老年人口规模及占比（动态迁移流动）

4. 人口抚养比变动趋势

整体趋势表明，总人口抚养比呈现逐渐上升的趋势，特别是在 2030 年和 2040 年，增速将显著加快。而在 2030 年之前我国县域总抚养比呈现缓慢下降趋势。从老年抚养比来看，2021—2050 年我国县域老年人口抚养比呈现不断上升趋势。从少儿抚养比来看，2021—2050 年我国县域少儿抚养比呈现下降趋势，而这种下降趋势在 2035 年将趋于平缓。抚养比的上升将成为一个普遍现象，老龄化趋势的加剧和少子化的人口结构对社会经济发展和养老保障体系提出了新的挑战。图 7－6 展示了在固定迁移流动情况下和动态迁移情况下，2021—2050 年我国县域人口抚养比的变化趋势。数据显示，整体上我国县域人口抚养比呈现持续上升趋势，而且上升趋势相比于无迁移流动的情况下更为显著。此外，我国县域少儿抚养比也呈上升趋势。这表明在考虑迁移流动的情况下有利于县域人口的生育，同时也会加剧老年人口的上升趋势。现有迁移政策和均衡政策对抚养比分布产生了显著影响，需要在政策上进行调整以平衡区域间的抚养比。

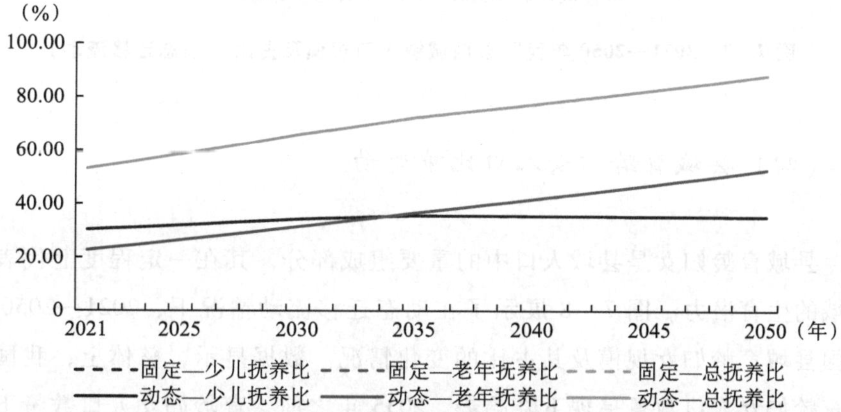

图 7－6　2021—2050 年我国县域人口抚养比（固定和动态迁移流动）

（三）县域人口城乡结构变动趋势

县域城乡人口结构不平衡，会引发一系列的社会问题，比如留守群体的持续增加。这不仅不利于社会和谐稳定，也阻碍了人民对美好生活的追求。图 7－7 展示了在动态迁移流动方案下，2021—2050 年我国县域城镇人口总体呈先上升后下降的趋势。2021—2035 年，我国县域城镇人口占比不断上升，2035 年之后，县域城镇人口占比则不断下降，下降至 50% 左右。这表明现有迁移政策对城镇人口分布产生了影响，需要在政策上进行调整以促进区域间的均衡发展。

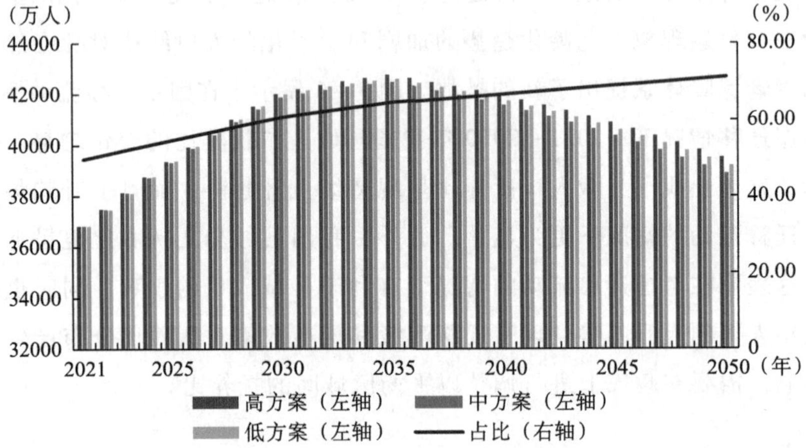

图 7－7　2021—2050 年我国县域城镇人口规模及占比（动态迁移流动）

（四）县域育龄妇女人口比重变动

县域育龄妇女是县域人口中的重要组成部分，其在一定程度上代表了县域的生育潜力。图 7－8 展示了在动态迁移流动情况下，2021—2050 年我国县域育龄妇女规模及其占比的变化情况。数据显示，整体上，我国县域育龄妇女人口数量呈现下降趋势。2035 年之前，育龄妇女人口数量下降趋势相对缓慢，2035 年以后，育龄妇女人口数量下降趋势将加快。而我国县域育龄妇女占比呈略微下降趋势，波动趋势平缓。这表明现有迁移政策对育龄妇女人口分布产生了显著影响，需要在政策上进行调整以平衡区域间的育龄妇女人口。

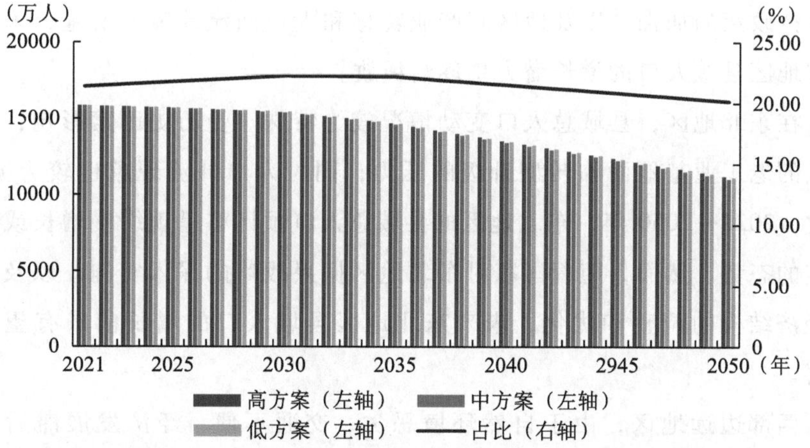

图 7-8　2021—2050 年我国县域育龄妇女规模及占比（动态迁移流动）

三、分区域县域人口变动趋势

（一）各区域的县域总人口变动趋势

分区域来看，县域人口发展状况存在显著的区域差异。这些差异主要源于各地区的经济发展水平、产业结构、人口政策以及自然地理环境等因素的综合影响。

东部沿海地区经济发达，产业多元化，特别是服务业和高新技术产业的快速发展，吸引了大量人口涌入。因此，东部沿海地区的县域总人口在2021—2050 年，预计将呈现持续增长的趋势。尤其是大城市周边的县域，由于交通便利、基础设施完善，人口增长更为显著。

与东部沿海地区相比，中西部地区的县域总人口变动则呈现出不同的特点。在经济发展相对滞后的地区，县域人口增长较为缓慢，甚至出现负增长。这主要是由于这些地区产业结构单一，就业机会有限，同时受到自然环境条件的限制，人口外流现象较为严重。然而，随着国家对中西部地区扶持政策的加强，以及地区间产业转移和人口回流政策的实施，未来中西部地区县域人口的增长潜力将逐渐释放。

在东北地区，县域总人口变动情况较为特殊。受历史因素影响，东北地区的老工业基地面临转型升级的压力，同时人口外流现象也较为突出。因此，2021—2050 年，东北地区的县域总人口预计将呈现缓慢增长或基本稳定的态势。然而，随着国家对东北地区振兴战略的深入实施，以及地区内经济结构的调整和优化，未来东北地区县域人口的增长前景有望得到改善。

西部边远地区，由于自然环境恶劣、交通不便、经济发展滞后等因素，县域人口增长缓慢，甚至出现负增长。然而，随着国家对西部大开发战略的持续推进，以及基础设施建设的不断完善，未来西部边远地区县域人口的增长潜力将逐步显现。同时，随着生态旅游、特色农业等产业的兴起，也将为这些地区带来新的人口增长动力。

根据人口预测结果，从区域角度分析，无论是否考虑迁移流动，分别按照从高方案、中方案和低方案进行预测，2021—2050 年，结果显示东部、中部、西部以及东北地区县域总人口数量均呈现逐渐下降趋势。从各个区域占比来看，各地区县域人口占比变动幅度微小，其中西部地区呈现略微上升趋势，其他地区变动趋势比较平缓。

在动态迁移流动方案的情况下，根据中方案的预测结果，东部、中部、西部以及东北地区县域总人口规模呈现逐渐下降趋势，从各个区域占比来看，各地区县域人口占比变动幅度微小，其中西部地区呈现略微上升趋势，中部地区呈现略微下降的趋势，其他地区变动趋势比较平缓（见图 7－9）。

（二）各区域县域人口性别结构变动趋势

根据人口预测结果，从区域角度分析，无论是否考虑迁移流动，分别从高方案、中方案和低方案进行预测，结果显示 2021—2050 年，东部、中部、西部以及东北地区县域中男性和女性的数量都在减少，从占比的角度

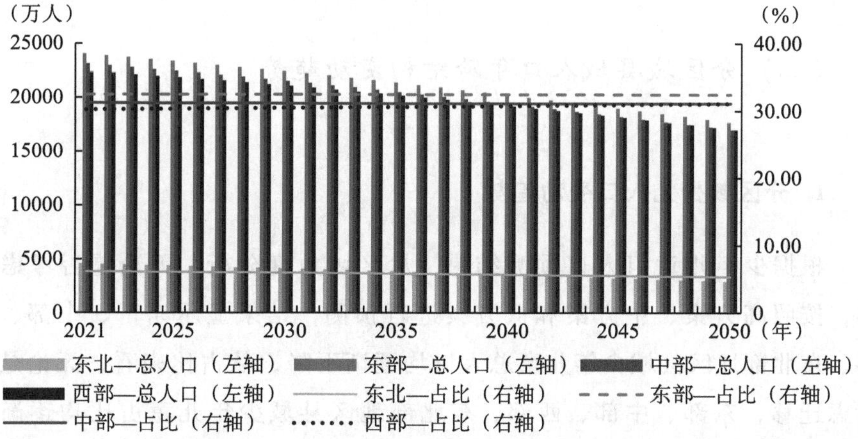

图 7－9　2021—2050 年我国县域总人口变动的区域差异（中方案、动态迁移流动）

分析，东部、中部、西部以及东北地区县域中女性的占比都在增加，其中东北女性的占比上升的幅度最大。

在动态迁移流动方案的情况下，从区域角度分析，根据中方案预测结果，2021—2050 年，东部、中部、西部以及东北地区县域中男性和女性的数量均在减少，从占比的角度分析，东部、中部、西部以及东北地区县域中女性的占比都在增加，其中东北女性的占比上升的幅度最大（见图 7－10）。

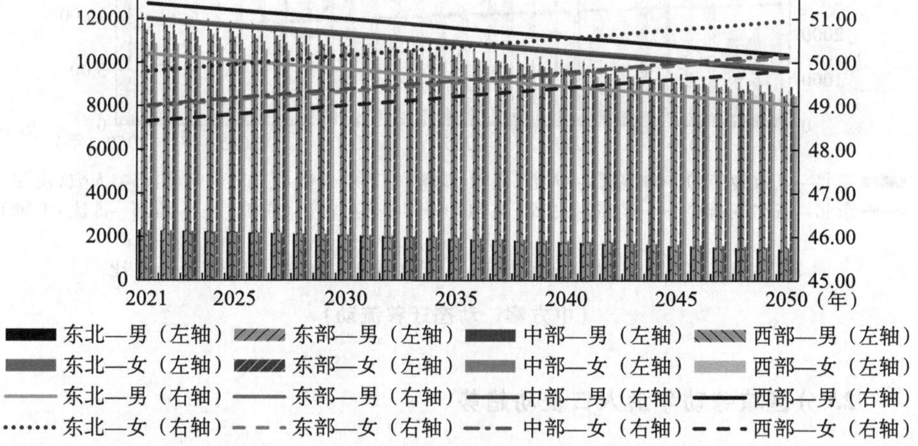

图 7－10　2021—2050 年我国各区域县域人口分性别人口数量及占比

（中方案、动态迁移流动）

（三）分区域县域人口年龄结构变动趋势

1. 分区域少儿人口变动趋势

根据少年儿童组人口预测结果，从区域角度分析，无论是否考虑迁移，按照高方案、中方案和低方案进行预测，结果显示东部、中部、西部、东北部地区县域少年儿童总人口均逐渐下降，从占比来看，无论是否考虑迁移，东部、中部、西部、东北部地区县域少年儿童占比均逐渐下降，除东北外，其他地区县域少年儿童占比及变动趋势大致相同。

在动态迁移流动的情况下，根据中方案预测结果，东部、中部、西部、东北部地区县域少年儿童总人口逐渐下降，从占比来看，无论是否考虑迁移，东部、中部、西部、东北部地区县域少年儿童占比逐渐下降，除东北外，其他地区县域少年儿童占比及变动趋势大致相同（见图7-11）。

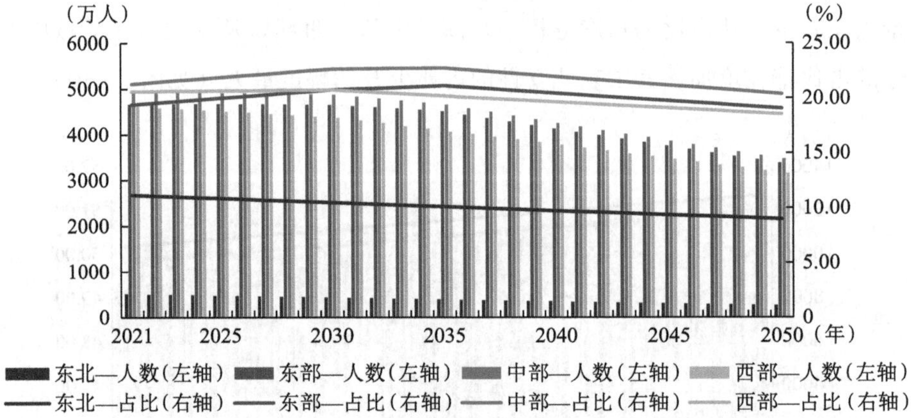

图7-11　2021—2050年我国各区域县域0～14岁人口数量及占比
（中方案、动态迁移流动）

2. 分区域劳动年龄人口变动趋势

根据劳动年龄组人口预测结果，从区域角度分析，无论是否考虑迁移，分别采用高方案、中方案和低方案进行预测，结果显示东部、中部、西部、东北部地区县域劳动年龄人口均呈现逐渐下降趋势，从占比来看，无论是否考虑迁移，东部、中部、西部、东北部地区县域劳动年龄组人口占比均逐渐下降，除东北外，其他地区县域劳动年龄人口占比及变动趋势大致相同。

根据中方案预测结果，东部、中部、西部、东北部地区县域劳动年龄人口均逐渐下降，从占比来看，无论是否考虑迁移，东部、中部、西部、东北部地区县域劳动年龄组人口占比均逐渐下降，各地区县域劳动年龄人口占比及变动趋势大致相同（见图 7－12）。

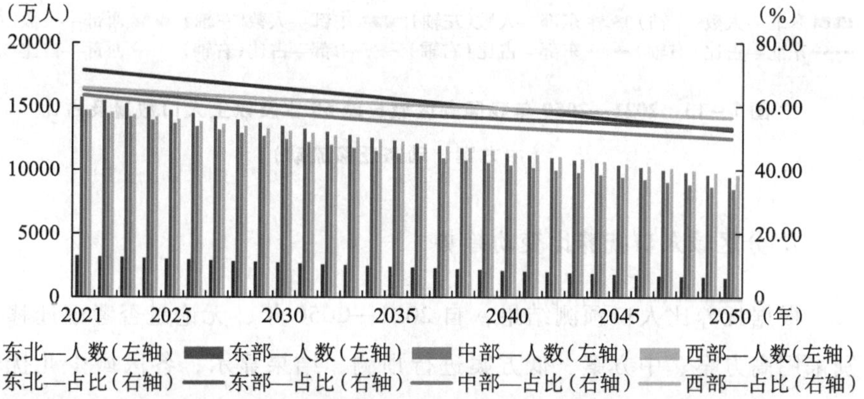

图 7－12　2021—2050 年我国各区域县域 15～64 岁人口数量及占比
（中方案、动态迁移流动）

3. 分区域县域老年人口变动趋势

根据老龄组人口预测结果，从区域角度分析，无论是否考虑迁移，分别采用高方案、中方案还是低方案进行预测，结果显示东部、中部、西部、东北部地区县域老龄人口数量均呈现逐渐上升趋势，从占比来看，无论是否考虑迁移，东部、中部、西部、东北部地区县域老龄组人口占比均逐渐上升，与其他地区县域老年人口占比相比，东北地区上升幅度最大。

根据中方案预测结果，东部、中部、西部、东北部地区县域老龄人口数量均呈现逐渐上升趋势，从占比来看，无论是否考虑迁移，东部、中部、西部、东北部地区县域老龄组人口占比均逐渐上升，与其他地区县域老年人口占比相比，东北地区上升幅度最大（见图7－13）。

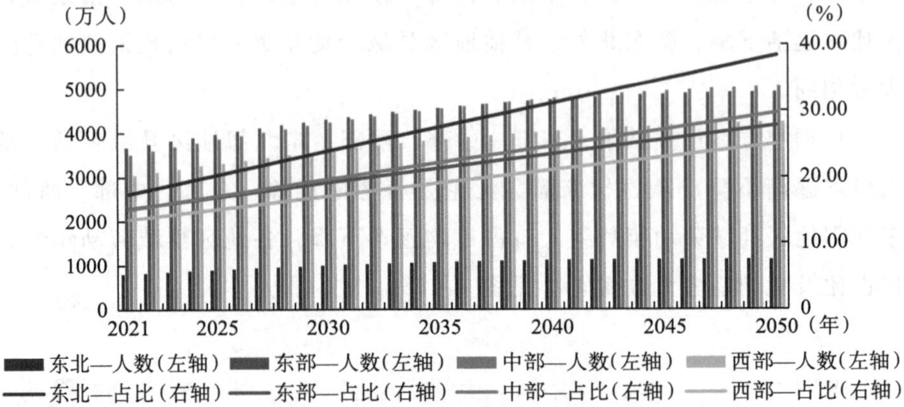

图7－13　2021—2050年我国各区域县域65岁及以上人口数量及占比

（中方案、动态迁移流动）

4. 分区域人口抚养比变动趋势

根据抚养比人口预测结果，自2021—2050年，无论是否考虑迁移，分别采用高方案、中方案、低方案进行预测，结果显示，各区域少儿抚养比均呈现下降趋势，老年抚养比均呈现上升趋势，总抚养比呈现上升趋势。如图7－14所示，在考虑迁移的情况下，各区域少儿抚养比下降，但下降趋势不明显，老年抚养比上升，其中东北地区老年抚养比上升趋势最明显，总抚养比呈现上升趋势。

（四）分区域县域人口城乡结构变动趋势

根据各区域县域人口城乡结构预测结果，2021—2050年，无论是否考虑迁移，分别采用高方案、中方案、低方案进行预测，结果显示各区域县域城市人口数量均呈现先缓慢上升再缓慢下降的趋势，各区域城市人口占比均呈现缓慢上升趋势。其中，根据中方案预测结果，各区域县域城市人口数先缓慢上升至2035年，之后再缓慢下降，各区域城市人口占比呈现缓慢上升趋势（见图7－15）。

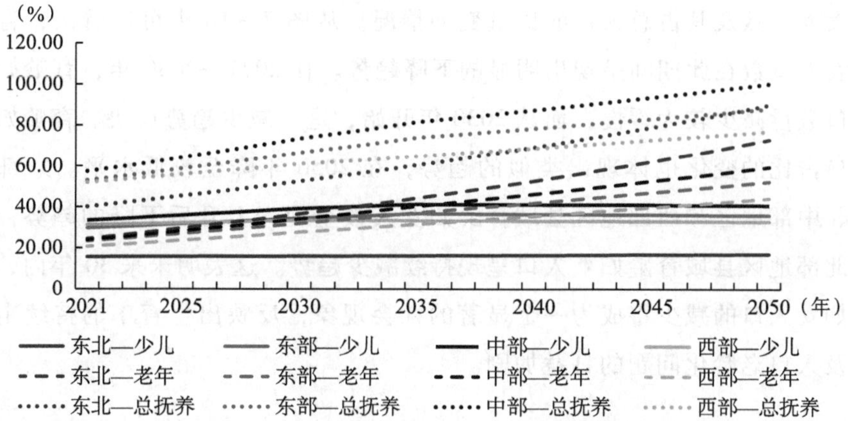

图 7-14 2021—2050 年我国各区域县域人口抚养比

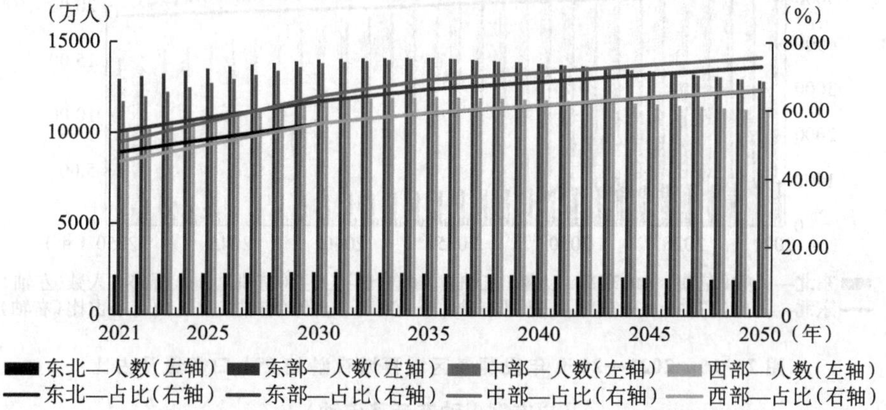

图 7-15 2021—2050 年我国各区域县域城市人口数及占比

(中方案、动态迁移流动)

(五) 分区域县域育龄妇女人口变动趋势

根据各区域县域人口育龄妇女比重预测结果，2021—2050 年，无论是否考虑迁移流动，分别采用高方案、中方案、低方案进行预测，结果显示各区域县域育龄妇女人数均呈现下降趋势，从占比的角度考虑，东北地区育龄妇女比重下降明显，其他地区育龄妇女比重缓慢下降且变动趋势大致相同。图 7-16 展示了采用中方案，2021—2050 年，我国各区域县域育龄妇女人口数及其占总人口的比重变动情况。从图 7－16 中可以看出，育龄妇女人口数在此期间呈现出明显的下降趋势。在 2021—2030 年，育龄妇女人口数量减少较为缓慢，而从 2030 年开始，这一减少趋势加快。育龄妇女人口占比的变化也体现出类似的趋势，在 2050 年降至较低水平。东部地区、中部地区和西部地区县域育龄妇女人数呈现先上升后下降的趋势，而东北部地区县域育龄妇女人口呈现持续减少趋势。这表明未来 30 年内，育龄妇女人口的减少将成为一个显著的社会现象，反映出生育率的持续走低以及人口老龄化问题的日益加剧。

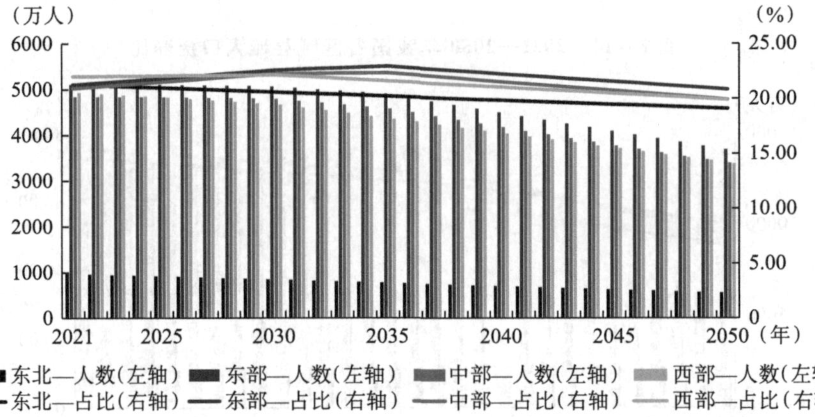

图 7－16　2021—2050 年我国各区域县域育龄妇女人口数量及占比

（中方案、动态迁移流动）

四、我国县域人口变动的省际差异

（一）各省县域总人口变动

图 7－17 展示了动态迁移流动下的情况，东部地区和部分中部地区的省份，人口迁移流动相对均衡，其县域总人口数保持相对稳定。而西部地

区和东北地区的省份由于人口自然增长率的差异，其县域总人口数呈现下降趋势，但下降速度有所减缓。从省级差异的角度来看，不同省份在县域人口发展状况上呈现出不同的特点。东部地区和部分中部地区的省份，由于经济发达、就业机会多、教育资源丰富等因素，吸引了大量的人口流入，其县域总人口数保持相对稳定或略有增长。而西部地区和东北地区的省份，由于经济相对落后、就业机会有限、教育资源匮乏等因素，其县域总人口数呈现下降趋势。这种差异不仅影响了各省份的人口结构，也对各省份的经济发展和社会稳定产生了深远的影响。因此，各省份在制定人口政策时，需要充分考虑自身的实际情况，制定出符合自身发展需要的人口政策。

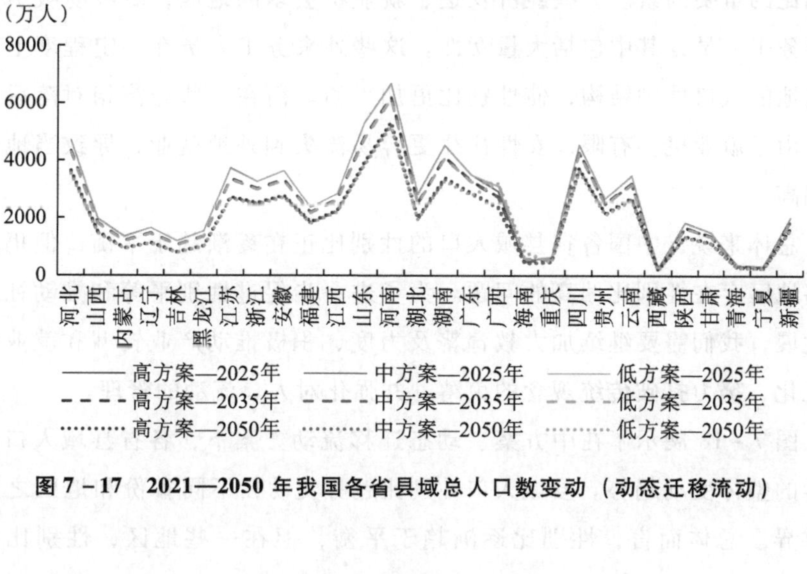

图 7-17 2021—2050 年我国各省县域总人口数变动（动态迁移流动）

（二）各省县域人口性别结构变动趋势

近年来，随着中国社会经济的快速发展和城市化进程的加快，各省县域人口的性别结构（性别比）也在发生微妙而重要的变化。性别比作为衡量一个地区人口性别分布的重要指标，对于了解该地区的社会经济发展、婚姻模式、家庭结构以及性别平等状况具有重要意义。

首先，我们注意到在一些经济发达的省份，如江苏、浙江、广东等地，县域人口的性别比逐渐趋于平衡。这主要得益于这些地区在产业转型、就业结构多元化以及教育普及等方面的优势。随着女性在教育、就业以及社会参与等方面的地位不断提高，她们在人口结构中的比例也逐渐增加，从而拉低了性别比。

然而，在一些相对欠发达的省份，特别是西部和中部地区的一些县域，性别比仍然偏高。这主要是受传统观念的影响，如重男轻女的生育观念在一些地区仍然根深蒂固。同时，这些地区的经济发展也相对滞后，就业机会有限，导致女性在接受教育、参与就业等方面面临更多困难，进而影响了性别比的平衡。

除了经济发展水平和传统观念的影响外，人口流动也是影响县域人口性别比的重要因素。一些经济发达、就业机会多的地区，更容易吸引大量外来务工人员，其中包括大量女性。这些外来务工人员在一定程度上改变了当地的人口性别结构，使性别比更加平衡。而在一些经济相对落后的地区，由于就业机会有限，女性往往更容易流失到外地就业，导致当地性别比偏高。

总体来说，中国各省县域人口的性别比正在逐渐趋于平衡，但仍然有一些地区存在性别比偏高的问题。为了进一步促进性别平等和推动社会和谐发展，我们需要继续加大教育普及力度、积极推动产业转型和就业结构多元化、努力打破传统观念的束缚，并强化对人口流动的管理。

图 7 - 18 展示了在中方案、动态迁移流动方案下，各省县域人口性别差异的整体变动趋势。县域人口性别比趋势变动在不同省份和地区之间存在差异。总体而言，性别比逐渐趋于平衡，但在一些地区，性别比仍然偏高。图 7 - 18 显示，通过政策干预，性别差异有略微缩小，性别比显著改善。东部和中部地区的性别比趋于平衡，而西部地区也在逐步改善。这表明均衡方案在缓解性别差异方面的有效性，通过合理的政策引导，可以使各地区的性别比例更加均衡，减少因迁移流动导致的性别失衡问题。

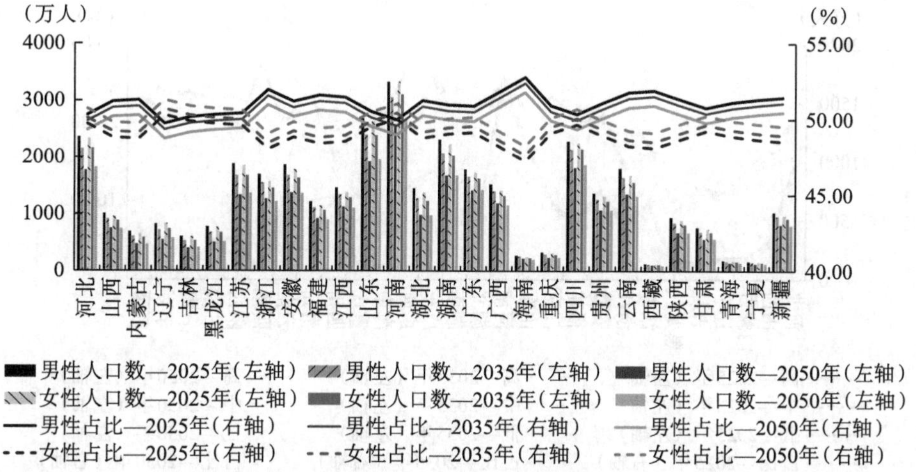

图 7－18　2021—2050 年我国各省县域人口性别差异变动（中方案、动态迁移流动）

（三）分省县域人口年龄结构变动趋势

1. 县域 0～14 岁少儿人口变动趋势的省级差异

图 7－19 展示了在动态迁移流动方案下，各省县域 0～14 岁年龄组人口规模及其占比的变动情况。通过政策引导，各省份县域 0～14 岁年龄组人口减少的趋势得到缓解，人口规模相对稳定，占比下降速度减缓，显示出动态迁移流动方案在缓解区域间年轻人口分布不均衡方面的有效性，有助于促进各地区的均衡发展。

2. 县域 15～64 岁劳动年龄人口变动趋势的省际差异

图 7－20 展示了在动态迁移流动方案下，各省县域 15～64 岁年龄组人口规模及其占比的变化情况。通过政策引导，东部和中部地区劳动年龄人口减少的趋势得到缓解，人口规模相对稳定。西部地区人口减少的速度明显放缓，占比逐步趋于平衡，显示出动态迁移流动方案在缓解区域间劳动年龄人口分布不均衡方面的有效性，有助于促进各地区的均衡发展。

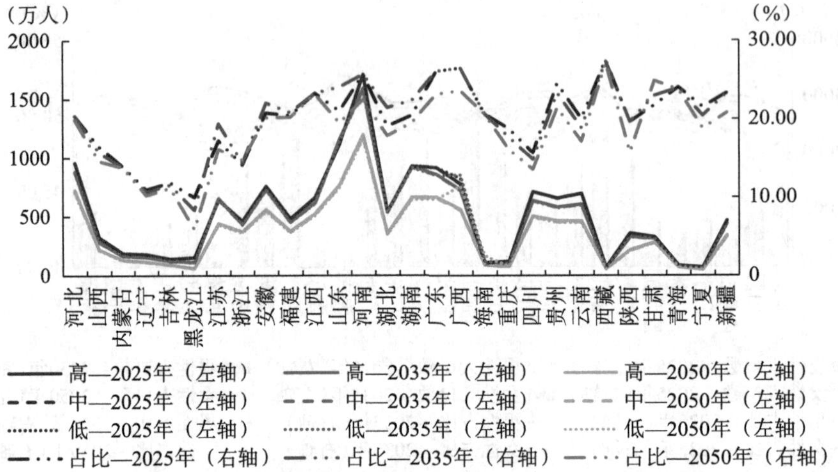

图 7－19　2021—2050 年我国各省县域 0～14 岁年龄组人口规模及占比（动态迁移流动）

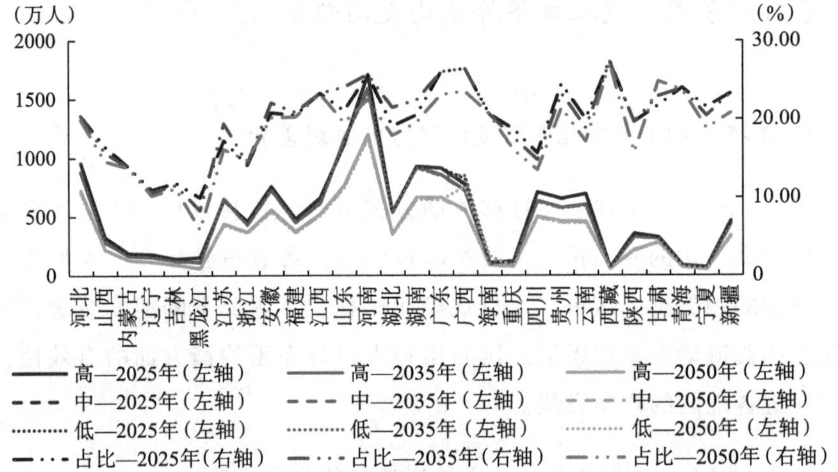

图 7－20　2021—2050 年我国各省县域 15～64 岁年龄组人口规模及占比（动态迁移流动）

3. 县域 65 岁及以上老年人口变动趋势的省际差异

图 7－21 展示了在动态迁移流动方案下，各省县域 65 岁及以上年龄组人口规模及其占比的变化情况。通过政策引导，东北部和中部地区老年人口增加的趋势得到缓解，人口规模相对稳定。但东北部地区老年人占比逐

步升高，显示出动态迁移流动方案在缓解区域间老年人口分布不均衡方面的有效性，有助于促进各地区的均衡发展。

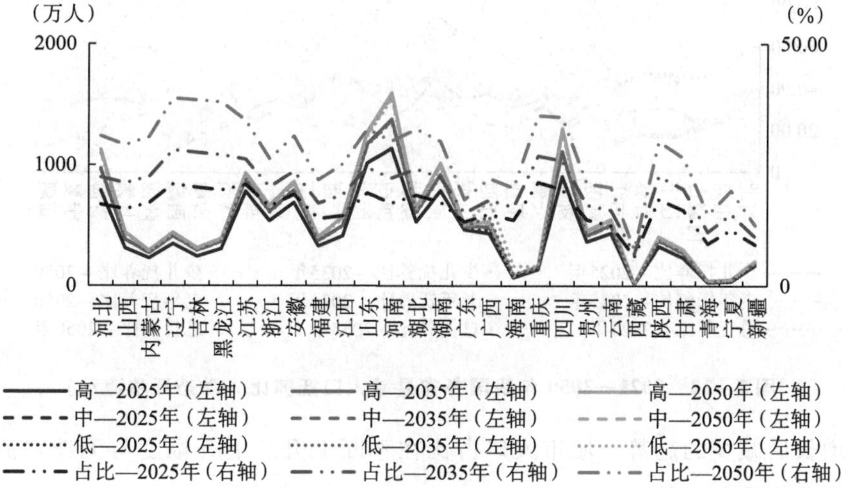

图 7-21 2021—2050 年我国各省县域 65 岁及以上年龄组人口规模及占比（动态迁移流动）

4. 县域人口抚养比变动趋势的省际差异

图 7-22 展示了在考虑迁移流动情况下，各省县域人口抚养比的变化情况。数据显示，总抚养比方面，与无迁移流动方案相比，迁移流动方案下总抚养比变化幅度较大，且呈持续上升趋势。老年抚养比方面，与无迁移流动方案相比，迁移流动方案下老年抚养比变化幅度放缓。少儿抚养比方面，与无迁移流动方案相比，迁移流动方案下少儿抚养比变化不大。这种现象反映了现有迁移政策对抚养比分布的影响，提示需要进一步优化政策以促进区域间的均衡发展。

（四）分省县域人口城乡结构变动趋势

图 7-23 展示了在动态迁移流动方案下，各省县域城市人口数及其占比的变化情况。通过政策引导，各省份县域城市人口数变化不明显，但呈

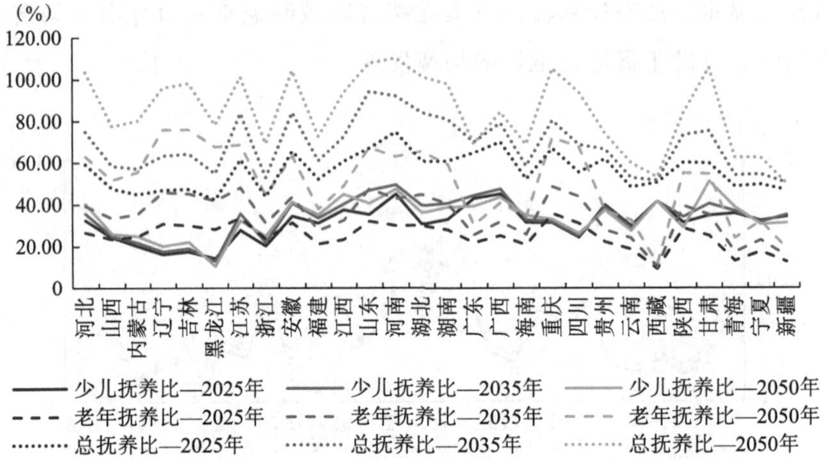

图7－22　2021—2050年我国各省县域人口抚养比（动态迁移流动）

先增长后减少的趋势。城市人口占比在不断上升。上升幅度与无迁移流动的情况下变化类似。

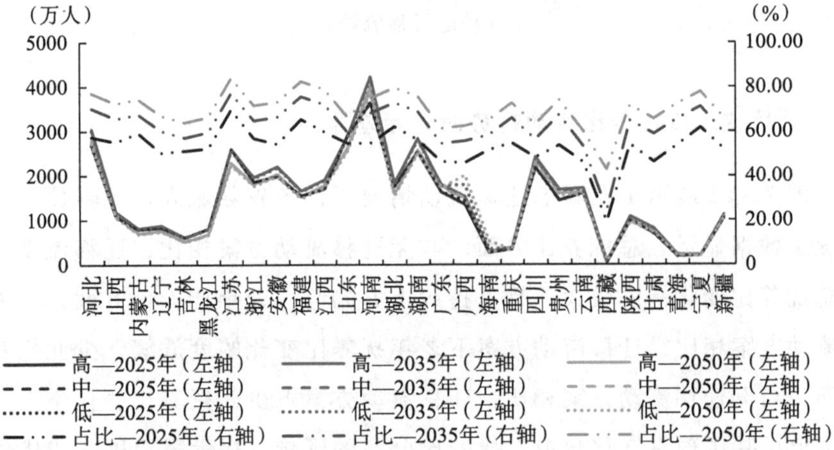

图7－23　2021—2050年我国各省县域城市人口数及占比（动态迁移流动）

（五）分省县域育龄妇女变动趋势

图7－24展示了在动态迁移流动方案下，各省县域育龄妇女数量及其占比的变化情况。与无迁移流动相比，通过政策引导各省县域育龄妇女数

量下降幅度减缓。同时，县域育龄妇女占比下降幅度也有所减缓。这表明该方案在缓解区域间育龄妇女人口分布不均衡方面的有效性，有助于促进各地区的均衡发展。

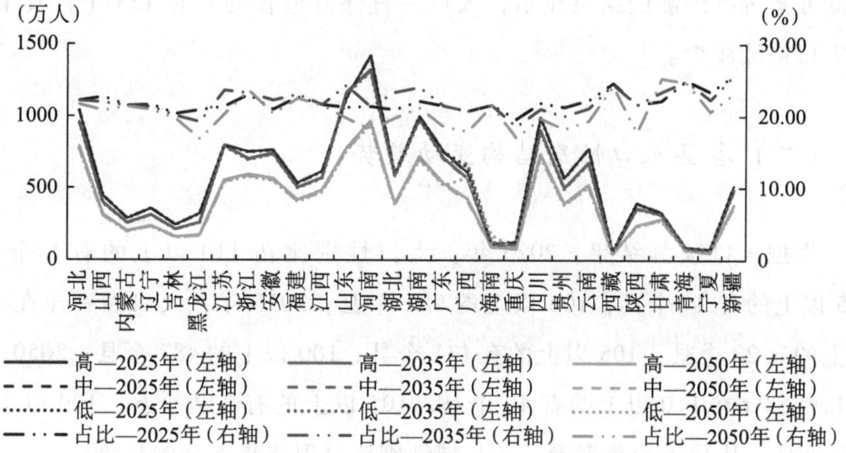

图 7-24　2021—2050 年我国各省县域育龄妇女数及占比（动态迁移流动）

五、我国县域人口变动的县际差异

（一）各县总人口变动趋势

根据中方案、动态迁移流动方案的预测结果，到 2025 年，总人口在 10 万人以下的县有 256 个，20 万人以下的县有 595 个，80 万人以上的县有 175 个，200 万人以上的县有 2 个；到 2035 年，总人口在 10 万人以下的县有 314 个，20 万人以下的县有 684 个，80 万人以上的县有 149 个，200 万人以上的县有 2 个；到 2050 年，总人口在 10 万人以下的县有 457 个，20 万人以下的县有 887 个，80 万人以上的县有 103 个，200 万以上的县有 3 个，总体来看，各县人口规模均在下降。

在均衡流动的情况下，在采用高方案进行预测的结果显示，人口一直保持增长的县有142个，其余的县人口持续减少；采用中方案进行预测的结果显示，人口一直保持增长的县有126个，其余的县人口持续减少；采用低方案进行预测的结果显示，人口一直保持增长的县有153个，其余的县人口持续减少。

（二）各县人口性别结构变动趋势

根据人口预测结果，2025年，人口性别比在110以上的有5个县，105以上的有24个县，100以上的285个县；2035年，人口性别比在110以上的有23个县，105以上的有131个县，100以上的487个县；2050年，人口性别比在110以上的有40个县，105以上的有337个县，100以上的479个县。从总体趋势来看，各县域性别比呈现逐年上升的趋势。

（三）各县人口年龄结构变动趋势

1. 少儿人口变动趋势

根据人口预测结果分析，2025年，0～14岁人口占比小于10%的县有119个，占比在10%～20%的县有805个，占比在20%～30%的县有842个，占比在30%以上的县有106个；2035年，0～14岁人口占比小于10%的县有153个，占比在10%～20%的县有745个，占比在20%～30%的县有811个，占比在30%以上的县有163个；2050年，0～14岁人口占比小于10%的县有90个，占比在10%～20%的县有804个，占比在20%～30%的县有939个，占比在30%以上的县有39个。总体来看，各县域0～14岁人口占比逐渐上升。

2. 劳动年龄人口变动趋势

根据人口预测结果分析，2025年，15～64岁人口占比为40%～50%

的县有 2 个，占比在 50% ~60% 的县有 528 个，占比在 60% ~70% 的县有 1112 个，占比在 70% 以上的县有 230 个；2035 年，15 ~64 岁人口占比在 40% ~50% 的县有 29 个，占比在 50% ~60% 的县有 1076 个，占比在 60% ~70% 的县有 709 个，占比在 70% 以上的县有 58 个；2050 年，15 ~65 岁人口占比在 40% ~50% 的县有 364 个，占比在 50% ~60% 的县有 1175 个，占比在 60% ~70% 的县有 330 个，没有占比在 70% 以上的县，总体来看，各县域 15 ~65 岁人口占比逐渐下降。

3. 老年人口变动趋势

根据人口预测结果分析，2025 年，65 岁及以上人口占比小于 10% 的县有 235 个，占比在 10% ~20% 的县有 1164 个，占比在 20% ~30% 的县有 455 个，占比在 30% ~40% 的县有 18 个，占比在 40% 以上的县为 0；2035 年，65 岁及以上人口占比小于 10% 的县有 110 个，占比在 10% ~20% 的县有 869 个，占比在 20% ~30% 的县有 757 个，占比在 30% ~40% 的县有 135 个，占比在 40% 以上的县有 1 个；2050 年，65 岁及以上人口占比小于 10% 的县有 29 个，占比在 10% ~20% 的县有 29 个，占比在 20% ~30% 的县有 898 个，占比在 30% ~40% 的县有 445 个，占比在 40% 以上的县有 87 个。总体来看，各县域 65 岁及以上人口占比呈上升趋势。

4. 人口年龄结构类型变动趋势

根据人口预测结果分析，2025 年，各县域人口年龄结构类型中传统型有 34 个县，高龄型有 61 个县，“红利—老龄”型 346 个县，红利型 156 个县，老龄型 351 个县，“少子—高龄”型 84 个县，“少子—红利—高龄”型 328 个县，“少子—红利—老龄”型 467 个县，“少子—红利”型 45 个县；2035 年，各县域人口年龄结构类型中传统型有 30 个县，高龄型有 212 个县，“红利—老龄”型 162 个县，红利型 76 个县，老龄型 494 个县，“少子—高龄”型 369 个县，“少子—红利—高龄”型 312 个县，“少子—红利—老龄”型 213 个县，“少子—红利”型 4 个县；2050 年，各县域人口年龄结构类型中传统型有 4 个县，高龄型有 632 个县，“红利—老龄”

型 64 个县，红利型 25 个县，老龄型 253 个县，“少子—高龄”型 653 个县，“少子—红利—高龄”型 145 个县，“少子—红利—老龄”型 96 个县，“少子—红利”型 45 个县。总体来看，人口的年龄结构逐渐老化。

5. 人口抚养比变动趋势

根据人口预测结构分析，2025 年，少儿抚养比小于 20% 的县有 328 个，少儿抚养比在 20% ~30% 的县有 518 个，少儿抚养比在 30% ~40% 的县有 532 个，少儿抚养比在 40% ~60% 的县有 450 个，少儿抚养比在 60% 以上的县有 44 个；2035 年，少儿抚养比小于 20% 的县有 311 个，少儿抚养比在 20% ~30% 的县有 442 个，少儿抚养比在 30% ~40% 的县有 468 个，少儿抚养比在 40% ~60% 的县有 578 个，少儿抚养比在 60% 以上的县有 73 个；2050 年，少儿抚养比小于 20% 的县有 184 个，少儿抚养比在 20% ~30% 的县有 470 个，少儿抚养比在 30% ~40% 的县有 342 个，少儿抚养比在 40% ~60% 的县有 838 个，少儿抚养比在 60% 以上的县有 38 个。总体来看，各县域少儿抚养比在下降。

2025 年，老年抚养比小于 20% 的县有 426 个，老年抚养比在 20% ~30% 的县有 788 个，老年抚养比在 30% ~40% 的县有 532 个，老年抚养比在 40% ~60% 的县有 124 个，老年抚养比在 60% 以上的县有 2 个；2035 年，老年抚养比小于 20% 的县有 208 个，老年抚养比在 20% ~30% 的县有 501 个，老年抚养比在 30% ~40% 的县有 630 个，老年抚养比在 40% ~60% 的县有 498 个，老年抚养比在 60% 以上的县有 35 个；2050 年，老年抚养比小于 20% 的县有 61 个，老年抚养比在 20% ~30% 的县有 185 个，老年抚养比在 30% ~40% 的县有 402 个，老年抚养比在 40% ~60% 的县有 751 个，老年抚养比在 60% 以上的县有 473 个。总体来看，各县域少儿抚养比呈上升趋势。

2025 年，总抚养比在 20% ~40% 的县有 139 个，总抚养比在 40% ~60% 的县有 864 个，总抚养比在 60% ~80% 的县有 752 个，总抚养比在 80% ~100% 的县有 115 个，总抚养比在 100% 以上县的有 2 个；2035 年，总抚养比在 20% ~40% 的县有 25 个，总抚养比在 40% ~60% 的县有 474

个，总抚养比在60% ~80%的县有1036个，总抚养比在80% ~100%的县有308个，总抚养比在100%以上的县有29个；2050年，没有总抚养比在20% ~40%的县，总抚养比在40% ~60%的县有211个，总抚养比在60% ~80%的县有339个，总抚养比在80% ~100%的县有955个，总抚养比在100%以上的县有367个。总体来看，各县域的总抚养比呈上升趋势。

（四）各县人口城乡结构变动趋势

根据人口预测结果分析，2025年，城镇化率在20%以下的县有41个，城镇化率在20% ~40%的县有358个，城镇化率在40% ~60%的县有1049个，城镇化率在60% ~80%的县有37个，城镇化率在80% ~100%的县有54个；2035年，城镇化率在20%以下的县有41个，城镇化率在20% ~40%的县有358个，各县域城镇化率占比在40% ~60%的县有1049个，城镇化率在60% ~80%的县有37个，城镇化率在80% ~100%的县有54个；2050年，城镇化率在20%以下的县有6个，城镇化率在20% ~40%的县有193个，城镇化率在40% ~60%的县有711个，城镇化率在60% ~80%的县有774个，城镇化率在80% ~100%的县有188个。总体来看，各县域城镇化率正在逐渐升高。

根据中方案、动态迁移流动方案的预测结果分析，2025年，各县城镇人口在10万人以下的县有644个，在20万人以下的县有1201个，在80万人以上的县有26个；2035年，各县城镇人口在10万人以下的县有656个，在20万人以下的县有1192个，在80万人以上的县有39个；2050年，各县城镇人口在10万人以下的县有812个，在20万人以下的县有1873个，在80万人以上的县有38个。总体来看，各县城镇人口呈现逐渐增加的趋势。

（五）各县育龄妇女人口变动趋势

根据中方案、动态迁移流动方案的预测结果分析，2025年，各县城育龄妇女人数在5万人以下的县有801个，人数在5万～10万人的县有652个，人数在10万～20万人的县有348个；2035年，各县城育龄妇女人数在5万人以下的县有1037个，人数在5万～10万人的县有543个，人数在10万～20万人的县有246个；2050年，各县城育龄妇女人数在5万人以下的县有1075个，人数在5万～10万人的县有487个，人数在10万～20万人的县有242个。总体来看，各县育龄妇女人数在减少。

第八章

我国县域人口发展和空间分布变动对公共服务均等化的影响

实现公共服务均等化，是实现社会和谐发展的重要手段之一。公共服务的发展需要与人口发展和空间分布相适应，人口发展和空间分布的变化会影响公共服务的需求和供给，还会对公共服务的供给水平、资源布局等产生影响。因此，县域公共服务的发展需要与县域人口发展的趋势和空间分布的特点相适应。本书从县域公共服务水平和人口高质量发展的耦合协调度进行分析，探究二者的协调发展现状，并结合县域人口预测情况分析我国县域人口变动趋势下公共服务供给趋势，从而为未来的规划设计提供依据。

一、县域公共服务水平与人口高质量发展的耦合协调度分析

（一）指标体系与数据来源

本书选取2010年、2020年我国各省县域与人口和公共服务相关的指标，探究县域人口结构与公共服务的耦合协调关系及区域差异，数据主要

来源于国家统计局的人口普查分县资料、各省统计局的人口普查年鉴和统计年鉴。在分析人口结构与公共服务内涵的基础上，借鉴现有研究，本着科学性、可比性、代表性、数据可得性的原则，从文化教育服务、医疗服务、社会保障服务、基础设施服务、生态环境五个方面，选取15项指标构建公共服务水平的评价指标体系。测度人口结构的指标主要包括人口性别结构、年龄结构、城乡结构、文化结构、产业结构五个方面，选取9项指标构建人口结构发展水平的评价指标体系，具体内容如表8－1所示。

表8－1　　县域公共服务与人口发展综合指标体系

目标层	准则层	指标层	2010年权重（%）	2020年权重（%）
人口结构（$U_{(x)}$）	人口性别结构	性别比*	11.116	11.116
	人口年龄结构	总抚养比*	11.113	11.109
		老少比*	11.115	11.114
	人口城乡结构	城镇人口占比	11.110	11.112
	人口文化结构	小学学历人口占比*	11.109	11.111
		初中学历人口占比*	11.113	11.113
		高中学历人口占比	11.111	11.112
		大专及以上学历人口占比	11.104	11.104
	人口产业结构	第三产业就业人员比重	11.108	11.110
公共服务（$F_{(y)}$）	文化教育服务	小学师生比	8.328	8.311
		初中师生比	11.134	11.236
		高中师生比	12.495	13.165
		人均公共图书馆图书藏量	13.898	12.404
	医疗服务	每千人医疗卫生机构数	4.457	5.462
		每千人医疗机构床位数	4.457	5.462
		每千人卫生技术人员数	5.140	6.672
	社会保障服务	社会保障支出占GDP的比重	7.597	8.952
	基础设施服务	人均道路面积	15.011	10.011
		燃气普及率	2.688	2.385
		供水普及率	2.394	4.707
		建成区排水管道密度	4.045	4.001
	生态环境	污水处理率	2.989	1.570
		建成区绿化覆盖率	2.634	2.982
		生活垃圾无害化处理率	3.840	2.400

注：标*的为负向指标，未标*的为正向指标。

（二）数据标准化及权重

全局熵权法是一种客观赋权方法，在具体使用过程中，根据各指标数据的分散程度，利用信息熵计算出各指标的熵权，再根据各指标对熵权进行一定的修正，从而得到较为客观的指标权重。为避免量纲造成的影响，首先要对指标进行标准化处理。根据指标含义，可将指标分为正向指标（取值越大越好）和逆向指标（取值越小越好），分别通过如下方法进行标准化：

正向指标：

$$x_{ij} = \frac{x_{ij} - \min(x_{ij})}{\max(x_{ij}) - \min(x_{ij})} \qquad (8-1)$$

负向指标：

$$x_{ij} = \frac{\max(x_{ij}) - x_{ij}}{\max(x_{ij}) - \min(x_{ij})} \qquad (8-2)$$

熵值：

$$H_j = -k\sum_{i=1}^{n} f_{ij} \times \ln f_{ij} \qquad (8-3)$$

$$f_{ij} = \frac{x_{ij}}{\sum_{i=1}^{n} x_{ij}}, k = \frac{1}{\ln m} \qquad (8-4)$$

式中：X_{ij}为标准化值，H_j 为熵值，$k = 1/\ln m$（常数项），f_{ij}为第 i 个被评价对象第 j 项评价指标下的指标值权重。

确定权重：

$$\omega_j = \frac{1 - H_j}{\sum_{j=1}^{n}(1 - H_j)} = \frac{1 - H_j}{n - \sum_{j=1}^{n} H_j} \qquad (8-5)$$

式中：ω_j 为指标 j 的权重，H_j 为指标 j 的熵值。

将分类的指标体系集成综合评价指标，以单因素为基础数据，进行线性加权求和，集成县域公共服务综合指数和县域人口结构综合指数，计算公式为：

$$U(x) = \sum_{i=1}^{n}\sum_{j=1}^{m} \omega_j \times f_{ij} \qquad (8-6)$$

$$F(y) = \sum_{i=1}^{n}\sum_{j=1}^{m}\omega_j \times f_{ij} \tag{8-7}$$

式中：f_{ij}为标准化值，ω_j 为第 j 要素值的权重，U(x) 表示县域公共服务综合水平指数，F(y) 表示县域人口结构水平综合指数。所选取的指标权重如表 8－1 所示。

（三）耦合协调模型建立

在物理学中，耦合是指两个或两个以上系统之间相互作用而对彼此产生影响的现象。在实证研究中，通常用耦合度来表示系统之间耦合关系的强弱，耦合度越高，说明系统的结构发展越有序，系统关系越稳定；反之，则说明系统趋于无序、不稳定。建立的耦合度测算模型为：

$$C = \left\{\frac{U(x) \times F(y)}{[(U(x) + (F(y))/2]^2}\right\}^{\frac{1}{2}} = 2\frac{\sqrt{U(x) \times F(y)}}{U(x) + F(y)} \tag{8-8}$$

式中：C 表示人口结构与公共服务之间的耦合度，参考相关研究，对耦合等级以及评定标准划分如表 8－2 所示。

表 8－2　　人口结构与公共服务之间耦合等级及评定标准

评定标准	耦合等级
$C=1$	良性共振耦合且有序发展状态
$0.8<C<1$	高水平耦合
$0.5<C\leqslant 0.8$	磨合耦合
$0.3<C\leqslant 0.5$	拮抗耦合
$0<C\leqslant 0.3$	低水平耦合
$C=0$	无关状态且无序发展阶段

确立耦合协调函数，为了防止在耦合度函数模型的使用过程中出现“伪协调”的情况，即出现两个子系统发展水平低下，但是结果呈现为两者耦合度很高的现象。这种现象不符合人口结构与公共服务综合发展系统的要求，故需引入耦合协调度消除这种伪协调的消极影响，引入耦合协调度函数模型，具体模型如下所示。

$$D=\sqrt{C\times T}$$
$$T=\alpha U(x)+\beta F(y) \tag{8-9}$$

其中，D 为耦合协调度数值，T 为人口发展和公共服务水平两个子系统的综合评价指数，反映人口发展水平与公共服务的整体协调水平，α、β 为综合评价得分权重，一般认定人口与公共服务要无差异重视，因而此处令 α、β 取值为 0.5，即：

$$T=0.5U(x)+0.5F(y) \tag{8-10}$$

参考相关研究，将 D 的等级及评定标准划分如表 8－3 所示。

表 8－3　人口结构与公共服务之间耦合协调度等级及评定标准

评定标准	耦合协调度等级
0.9＜D≤1	优质协调
0.8＜D≤0.9	良好协调
0.7＜D≤0.8	中级协调
0.6＜D≤0.7	初级协调
0.5＜D≤0.6	勉强协调
0.4＜D≤0.5	濒临失调
0.3＜D≤0.4	轻度失调
0.2＜D≤0.3	中度失调
0.1＜D≤0.2	严重失调
0≤D≤0.1	极度失调

在上述基础上，为分析人口结构与公共服务的相对发展水平，构建相对发展度模型如下：

$$R=\frac{U(x)}{F(y)} \tag{8-11}$$

式中，R 为相对发展度。

参考相关研究，将 R 的等级及评定标准划分如表 8－4 所示。

表 8－4　人口结构与公共服务之间相对发展度等级及评定标准

评定标准	相对发展度等级
0＜R≤0.9	二者发展不均衡，且人口结构发展水平相对滞后
0.9＜R＜1.1	二者均衡发展
E≥1.1	二者发展不均衡，且公共服务发展水平相对滞后

（四）实证结果与分析

通过上述公式和相关数据，计算出2010年和2020年我国各市的县域人口结构与公共服务发展的综合指数、耦合度、耦合协调度、相对发展度，具体分析如下：

1. 人口结构与公共服务相对发展度分析

基于我国市级层面县域人口结构与公共服务相对发展度的空间差异，从时间序列来看，我国市级层面县域地区的人口结构与公共服务之间的相对发展度的不均衡状态处于不断加深的态势。具体而言，处于“人口结构发展水平相对滞后”的状态的市，从2010年的5个市（辽宁省沈阳市、大连市；安徽省合肥市；山东省济南市；浙江省杭州市）减少到2020年的2个市（内蒙古自治区包头市、辽宁省沈阳市）。其中，沈阳市的县域地区的人口结构与公共服务的不均衡状态在2010年至2020年始终表现为人口结构水平相对滞后，且相对发展度值还处于下降的态势。处于“人口与公共服务二者均衡发展”状态的市，从2010年的5个市（山西省晋中市、吉林省通化市、黑龙江省哈尔滨市、山东省临沂市、河南省郑州市）增长到2020年的17个市（主要分布在辽宁、吉林、黑龙江、江苏、安徽、山东、河北）。处于“公共服务发展水平相对滞后”状态的市从2010年的307个市减少到2020年的298个市，但程度处于不断加深的态势，表现为2010年这一状态的均值为1.75、2020年这一状态的均值为1.84。西部地区的变动更为明显，区域差距更为凸显，其中新疆地区的公共服务发展水平相对滞后状态更为突出。

基于实证结果，本书对各省县域人口结构与公共服务相对发展度的空间分布进行分析。总体来看，2010年和2020年，我国各省县域人口结构与公共服务发展度均处于发展不均衡阶段，且公共服务发展水平相对滞后，其中，13个省份的相对发展度处于增长的态势，主要分布在中西部地区。相对发展度大于2的省份从2010的2个（重庆市、新疆维吾尔自治区）增长到2020年的12个，新疆维吾尔自治区（2.9）、宁夏回族自治区（2.69）的公共服务发展水平滞后程度相对更为严重，且滞后程度加深幅度位居全国前三（海南省第一）；其余省份的相对发展度有一定程度的下降，相对发展度小于1.5的省份从2010年的3个（辽宁省、吉林省、山东省）增长到2020年的13个，主要分布在东部和东北部地区，江苏省人口结构与公共服务相对发展度的提升程度相对最大，其次是河北省。因此，未来中西部地区县域人口结构与公共服务的相对发展水平的改善力度应进一步加大，东部和东北部地区应在保持现有水平的基础上有所改善，力求促进人口结构与公共服务发展水平的均衡发展。

本书计算了各区域县域人口结构与公共服务相对发展度的差异，具体如表8-5所示。2010—2020年，我国四大区域的相对发展度水平有增有减。东北、东部、中部地区的县域人口结构与公共服务均衡度在不断提升，其中东北地区改善最为显著，其次是东部地区；而西部地区差距在不断扩大，且变动幅度超过了东北地区。尽管如此，四大区域的相对发展度均处于1.1以上，表明县域人口结构与公共服务发展水平处于不均衡状态，且公共服务发展水平相对滞后。各区域之间的差异从2010年的“中部>西部>东部>东北”转变为2020年的“西部>中部>东部>东北”（数值越大，代表二者发展越不均衡）。因此，未来应重点改善西部地区人口结构与公共服务相对发展水平，以逐步缩小区域差异。

表8-5　2010年和2020年我国各区域县域人口结构与公共服务相对发展度差异

地区	2010年	2020年
东北	1.472	1.189
东部	1.710	1.515
中部	1.866	1.685
西部	1.839	2.275

2. 耦合协调度分析

(1) 耦合度分析

从耦合度的角度来看，我国人口结构与公共服务发展的耦合度以 0.8 ~ 1.0 的高水平耦合为主，均值达到了 0.96。这一数据表明，总体上看，我国市级层面的县域公共服务与人口结构关系密切，具有较高的关联度，为二者保持协调发展、提升耦合协调水平打下基础。从年度时间序列变化来看，尽管整体仍处于高耦合状态，但多数县域地区的耦合度值呈现下降趋势，这一现象在中西部地区尤为明显。相比之下东部地区和东北地区的耦合度值则有所增加。从全国范围来看，新疆地区的耦合度值处于较低水平，甚至有些地区下降到了磨合阶段（0.5 ~ 0.8），与其他地区存在较大差距。这说明新疆县域公共服务与人口结构之间的关联程度有待提升、缺乏良好的协调发展基础。

整体来看，2010 年、2020 年我国各省份县域人口结构与公共服务二者间的耦合程度均属于高水平耦合（0.8 < C < 1），2010 年，各省均在 0.9 以上，2020 年部分省份耦合度有所下降。2010—2020 年，各省份县域人口结构与公共服务耦合度提升的省份有 15 个，其中辽宁省、山东省的县域人口结构与公共服务耦合度达到了 1.0，即处于良性共振耦合且有序发展状态；下降的省份则有 13 个，主要分布在西部地区，除重庆市、内蒙古自治区外，其他西部地区的省份均处于下降状态，其中新疆维吾尔自治区、宁夏回族自治区降到了 0.9 以下，但仍处于高水平耦合。

表 8-6　2010 年和 2020 年我国省级层面县域人口结构与公共服务耦合度

省份	耦合度 C	
年份	2010	2020
河北省	0.96	0.99
山西省	0.97	0.98
内蒙古自治区	0.94	0.97
辽宁省	0.98	1.00
吉林省	0.99	0.99

续表

省份	耦合度 C	
年份	2010	2020
黑龙江省	0.97	0.99
江苏省	0.94	0.99
浙江省	0.97	0.99
安徽省	0.97	0.99
福建省	0.95	0.98
江西省	0.97	0.98
山东省	0.98	1.00
河南省	0.96	0.99
湖北省	0.96	0.98
湖南省	0.96	0.93
广东省	0.96	0.92
广西壮族自治区	0.97	0.94
海南省	0.98	0.92
重庆市	0.94	0.97
四川省	0.96	0.92
贵州省	0.97	0.93
云南省	0.95	0.91
西藏自治区	0.97	0.95
陕西省	0.96	0.92
甘肃省	0.95	0.91
青海省	0.94	0.91
宁夏回族自治区	0.95	0.89
新疆维吾尔自治区	0.93	0.88

（2）耦合协调度分析

从耦合协调度的角度来看，各县域地区在2010—2020年的耦合协调度呈总体上升趋势，均值从2010年的0.57提升到2020年的0.63，从勉强协调（0.5～0.6）提升到了初级协调（0.6～0.7），距离优质协调等级仍有较大差距。从全国范围来看，各县域地区的耦合协调度等级均有一定程度的提升，多数县域地区呈现出勉强协调（0.5～0.6）和初级协调（0.6～

0.7）的耦合协调度等级。2010—2020 年，市级层面县域的区域差异更为明显、差距更为突出。具体表现为，中部、东部和东北部地区的等级变动更为明显，多数地区的耦合协调度上升了一个等级；西部地区的耦合协调度值虽有所增长，但多数地区仍处于勉强协调阶段，特别是西藏自治区、甘肃省、宁夏回族自治区等地区。因此，应加快探索公共服务均等化路径，以促进人口结构与公共服务发展两大系统的协调发展。

2010 年、2020 年我国各省县域人口结构与公共服务耦合协调度等级均处于勉强协调和初级协调阶段，其中处于勉强协调阶段的省份从 2010 年的 23 个减少到 2020 年的 13 个；处于初级协调阶段的省份从 2010 年的 5 个省份（吉林省、辽宁省、黑龙江省、山西省、浙江省）增长到 2020 年的 15 个，主要分布在东北、东部地区；其他省份虽仍处于勉强协调阶段，但其耦合协调度值处于增长的趋势，其中西藏自治区耦合协调水平相对最低（0.55）。

从时间序列来看，2010—2020 年我国四大区域的耦合协调度均有一定程度的增加。具体而言，东部地区和中部地区均提升了一个等级，东部地区从勉强协调提升到了初级协调，而中部地区则从初级协调提升到了中级协调。东北地区和西部地区的耦合协调度值虽有所提升，但其等级并没有提升，其中东北地区处于初级协调等级，西部地区仍处于勉强协调等级；区域间耦合协调度值的差异从 0.071 上升到了 1.232，区域差距处于扩大的态势。2010 年和 2020 年均呈现出“中部 > 东北 > 东部 > 西部”的空间分布特征。我国各区域层面县域人口结构与公共服务耦合协调度的差异，具体如表 8 -7 所示。

表 8 -7　2010 年和 2020 年我国县域人口结构和公共服务耦合协调度区域均值

地区	2010 年	2020 年
东北	0.614	0.690
东部	0.580	0.658
中部	0.623	0.716
西部	0.552	0.581

二、县域人口变动趋势下公共服务供给趋势

人口是一切经济社会活动的基础，人口问题始终是我国面临的全局性、长期性、战略性问题，也是推动改革、谋划发展、改善民生的重要出发点。要做好县域公共服务政策研究，需要以系统全面的视角把握人口发展态势，既要根据我国当前县域地区人口规模、人口结构、人口分布、人口流动、人口素质等方面的最新状况，也要前瞻性、全局性地研判未来人口发展的趋势和面临的挑战。在此基础上，对我国县域公共服务供给趋势和水平进行分析与预测，进而有针对性地提出相应的改善举措。

在上述研究内容中，我们根据第五次、第六次和第七次全国人口普查分县资料、全国县域统计年鉴、城乡建设统计年鉴等相关数据，在多角度、多层面分析我国 1872 个县人口变动情况的基础上，预测了 2025—2050 年县域人口发展状况。我们从人口结构、人口规模、人口分布、人口流动、人口素质等多个维度，以及全国、区域、省级、县级等多个空间尺度层面对我国县域人口未来的变动趋势进行了预测。基于对未来我国县域人口变动视角，进一步分析了县域公共服务的未来供给趋势，旨在为推动县域高质量发展提供决策依据。

（一）县域人口变动趋势对公共服务供给的影响

无论是否将迁移流动因素纳入考量，县域人口总量均呈现出逐渐下降的趋势。在排除无迁移流动影响的情况下，2021—2050 年，无论采用低、中、高三种方案中的哪一种，全国县域人口总体均呈现下降趋势。具体来看，2021 年县域人口总数在低方案为 7.377 亿人，中方案为 7.379 亿人，高方案为 7.380 亿人；而到 2050 年，上述方案中的县域人口分别降至 5.500 亿人，5.441 亿人，5.530 亿人。在这 30 年之间，县域总人口数量

在不断减少。在考虑迁移流动的情况下，2021—2050 年，无论采用低、中、高哪种方案，全国县域人口总体呈现下降趋势，县域人口数量低方案从 7.344 亿人减少到 5.494 亿人，中方案从 7.345 亿人减少到 5.436 亿人，高方案从 7.346 亿人减少到 5.523 亿人。

在城镇化进程加快、人口流动更加便利，以及撤县设区等因素的综合影响下，我国县域人口总量呈现下降趋势。相较于城市，县域公共服务供给总量虽不高，但伴随经济的发展，县域公共服务供给总量正逐年上升。因此，县域人口总量与公共服务的关系成为社会关注的热点议题。一方面，随着城镇化进程的推进，县域人口总量不断增长，对公共服务的需求也日益旺盛；另一方面，公共服务的供给却相对滞后，难以满足人们日益增长的需求。以教育领域为例，近年来，随着农村劳动力向城市转移，县域人口结构发生变化，大量农村学生涌入县城，导致县城教育资源紧张。另外，随着人口的增长，县域在交通、医疗、文化等基础设施需求也不断提高。然而，受限于财政实力的制约，许多县城在这些方面的发展相对滞后，难以满足人们的需求。不过，伴随经济的持续发展以及政策的有力支持，县域的公共服务水平有望逐步完善。

在我国，县域公共服务供给总量的差异性问题，一直是社会关注的热点问题。不同省份、不同区域及不同县之间，公共服务供给水平存在明显的不均衡现象。这一现象背后，不仅反映了我国区域发展不平衡的宏观背景，也揭示了县域公共服务供给机制的微观问题。以教育为例，一线城市和发达省份的县域，如江苏、广州等省份的县域，往往能够提供优质的教育资源，吸引优秀教师，从而形成良性循环；而在一些欠发达地区，如贵州、甘肃等省份的县域，教育资源匮乏，优秀教师流失，导致教育质量难以提升。这种“马太效应”不仅加剧了区域间的发展差距，还可能引发社会阶层的固化。

此外，不同区域之间的公共服务供给差异，也与地方政府的财政能力密切相关。财政实力较强的省份，能够投入更多资金用于公共服务，满足民众的需求；而财政实力较弱的省份，则往往力不从心。以医疗卫生为例，东部沿海地区的县域医院设施齐全，医疗服务水平较高；而中西部地区的一些县域，医疗设施陈旧，医护人员短缺，难以满足当地民众的医疗需求。除此之外，人口较少的东北部地区县域在公共财政支出、就业与社会保障支出总量分布、科教文卫总量支出等公共服务上在全国处于较高水平。为了解决不均衡问题，政府应加大对中西部地区和欠发达省份的财政转移支付力度，推动公共服务资源下沉；同时，实施“县管校聘”等政策，促进教育资源的均衡配置；推动医疗联合体建设，提升基层医疗服务能力。这些举措可以在一定程度上缓解县域公共服务供给不均衡的问题。

（二）人口年龄结构变动趋势对公共服务供给的影响

1. 老年人口变动趋势与养老服务、医疗保健

随着我国社会老龄化程度的加深，县域老年人口的发展趋势呈现出新的特点。在养老服务和医疗保健方面，这些变化既带来了挑战，也孕育着发展机遇。县域老年人口发展趋势呈现出人口老龄化加速、空巢老人增多、慢性病发病率上升等特征。国家统计局数据显示，我国60岁及以上老年人口数量已达2.54亿人，占总人口的18.3%。在这一背景下，养老服务需求不断增长，对医疗保健的需求也日益旺盛。然而，当前我国县域养老服务、医疗保健资源相对匮乏，供需矛盾日益突出。

对比2010年、2015年及2020年我国县域每千人医疗卫生机构数变动情况，总体而言，我国县域每千人医疗卫生机构数呈上升趋势。从局部区域进行分析，西部地区县域每千人医疗卫生机构数变动较为明显；东北地区县域每千人医疗卫生机构数呈现增长趋势，且全国范围内县域每千人医疗卫生机构数最大的区域出现在东北部地区；东部及西部地区县域每千人医疗卫生机构数增加幅度较小。2010年、2015年、2020年我国县域每千人医疗卫生机构数变动对比同时我国县域每千人医疗机构床位数变动情况，总体来看，整体我国县域每千人医疗卫生机构数在上升。从局部区域进行分析，东北部地区县域每千人医疗机构床位数变化较为显著，但总体呈现上升趋势；东部地区县域每千人医疗机构床位数变化幅度也较大，总体同样呈现上升趋势；中部和西部地区县域每千人医疗机构床位数呈现减

少的趋势。对比 2010 年、2015 年及 2020 年我国县域每千人医疗机构床位数变动情况，总体来看，我国县域每千人卫生技术人员数量有所增加。从局部区域进行分析，东北部地区县域每千人医疗机构床位数总体呈现上升趋势，个别县域在 2015—2020 年呈现减少趋势；东部地区县域每千人医疗机构床位数变化幅度较大，但总体呈现上升趋势；中部和西部地区县域每千人医疗机构床位数呈现减少的趋势。2010 年、2015 年、2020 年我国县域每千人卫生技术人员数变动对比同期我国县域社会保障支出占 GDP 的比重情况，总体来看，全国部分县域社会保障支出占 GDP 的比重正在增加，主要表现在东北部和西部的一些县域，东部地区略有增加，但变动县域的数量相对较少。

针对这一趋势，养老服务的发展应注重社区化、居家化、智能化。以社区为载体，整合养老资源，提高养老服务效率。同时，推进居家养老，满足老年人对家庭、亲情的依赖。此外，运用现代科技手段，如物联网、大数据等，实现养老服务的个性化、精准化。例如，杭州市拱墅区养老服务综合信息平台，通过线上线下相结合的方式，为老年人提供多样化、个性化的养老服务。在医疗保健方面，发展趋势应聚焦预防、治疗、康复三位一体的全周期健康管理。随着慢性病发病率上升，预防工作显得尤为重要。应加大慢性病防治知识的普及力度，提高老年人的健康素养。在治疗方面，推广分级诊疗制度，增强基层医疗服务能力。康复方面，发展康复医学，切实提高老年人的生活质量。以广东省顺德区为例，该区通过打造“医养结合”模式，成功实现了医疗资源与养老服务的无缝对接，为老年人提供了全方位的健康管理服务。

此外，县域老年人的精神文化生活需求日益凸显。县域老年人口的发展趋势对养老服务和医疗保健都提出了新的要求，养老服务、医疗保健的发展应关注老年人的精神需求，丰富其精神文化生活。可以借鉴国外“活跃老化”理念，鼓励老年人积极参与社会活动，提高其生活品质。如苏州市姑苏区推出的“长者学堂”，为老年人提供多样化的学习、交流平台，使他们在精神文化层面得到满足。

2. 劳动年龄人口发展趋势与就业服务

在我国县域经济快速发展的背景下，劳动年龄人口发展趋势及就业服务趋势呈现出独特的变化。一方面，随着人口老龄化问题的加剧，县域劳动年龄人口比重逐年下降；另一方面，就业服务需求日益多元化和个性化，对县域就业服务提出了更高的要求。无论是根据高方案还是低方案的人口预测结果，东部、中部、西部、东北部县域劳动年龄流动人口都呈现出缓慢下降的趋势。

首先，从县域劳动年龄人口发展趋势来看，我国劳动力市场正面临人口红利逐渐消失的挑战。在此背景下，县域经济应着力提升劳动力素质，挖掘人口潜力。以浙江省义乌市为例，当地政府通过实施人才强市战略，加大职业技能培训力度，引导劳动力向高技能、高素质方向发展。此外，义乌市还积极引进海外人才，为县域经济发展注入新活力。这些案例表明，在劳动年龄人口比重下降的背景下，提高劳动力素质、优化人才结构是县域经济持续发展的重要途径。

其次，就业服务趋势呈现出多元化和个性化特征。随着科技的发展和人们生活水平的不断提高，求职者对就业服务的需求不再局限于传统的招聘会、职业介绍等方式，而是希望获得更多元化、个性化的体验。在此背景下，县域就业服务机构应创新服务模式，以满足求职者多样化的需求。例如，安徽省宿州市开展"互联网＋就业服务"，通过搭建线上线下相结合的就业服务平台，为求职者提供政策咨询、职业指导、技能培训等一站式服务。同时，宿州市还针对不同群体的特点，推出个性化就业服务项目，如针对大学生的"就业见习"计划和针对农民工的"返乡创业"等，有效提升了就业服务质量。

3. 育龄人群发展趋势与生育服务

在我国县域育龄人群发展趋势与生育服务趋势方面，近年来呈现出若干显著特征。一方面，县域育龄人群的生育观念和行为正在发生变化；另一方面，生育服务也在逐步转型升级。县域育龄人群的生育观念正在从"多子多福"向"优生优育"转变。随着我国经济社会的发展，尤其是人民生活水平不断提高，越来越多的家庭开始重视孩子的教育质量，而非单纯追求数量。国家统计局数据显示，我国县域出生率正在逐年下降，这一现象背后反映出县域育龄人群对生育观念的更新和对生育质量提升的追求。根据各区域县域育龄妇女比重预测结果，2021—2050 年，无论是否考虑迁移流动因素，各县域育龄妇女人数均呈现下降趋势。从占比的角度看，东北部地区下降趋势最为明显。我国育龄群体正在发生一系列的变化。

最显著的变化在于生育服务趋势的变革。在政策层面，我国政府已经明确提出加强生育服务体系建设，提高生育服务水平。各地纷纷出台相关政策，如开展“一站式”婚育服务中心、提供免费孕前优生健康检查、加大产儿科建设投入等。在实操层面，县域生育服务机构正逐渐从单一的生育服务向全方位、全周期的家庭生育健康服务转型。以浙江省为例，该省自 2016 年起开展“幸福家庭”工程，为育龄家庭提供包括生育咨询、孕产期保健、儿童早期发展等在内的全方位服务。据统计，截至 2020 年底，浙江省已建立 3000 多个“幸福家庭”服务中心，受益家庭达百万户。这一案例表明，县域育龄人群对生育服务的需求日趋多元化，生育服务机构正努力满足这些需求，助力家庭幸福。

此外，在现代社会，“养儿防老”的观念逐渐弱化。随着社会保障体系的日益完善和养老方式的多样化，县域育龄人群对生育的依赖程度降低，生育决策更加理性。在生育观念方面，从“多子多福”向“优生优育”的转变反映了人们对生活质量的追求。在生育服务方面，政策支持和实际操作正逐步契合育龄家庭的多元化需求。这些变化不仅体现了我国社会发展的进步，也为家庭幸福和社会和谐奠定了基础。尽管如此，我们仍需关注县域育龄人群的生育压力和生育服务体系建设，以确保生育政策的全面落地，助力国家人口发展战略。

（三）人口性别结构与公共服务供给

根据动态迁移流动方案，从区域角度分析，根据县域人口性别结构预测结果，2021—2050 年，东部、中部、西部以及东北地区县域中男性和女性的数量都在减少。从占比的角度分析，东部、中部、西部以及东北地区县域中女性的占比均有所增加，其中东北女性的占比上升的幅度最大。

在我国县域地区，人口性别结构对公共服务供给趋势的影响日益显著。随着城镇化进程的不断推进，县域人口性别比例失衡问题逐渐显现，这无疑给公共服务供给带来了新的挑战。例如，县域人口性别结构失衡导致公共服务需求发生变化。在许多县域地区，男性劳动力外出务工，女性留守家庭，这使女性在基层医疗卫生、教育等方面的需求更为突出。然而，当前公共服务供给仍以传统的男性为主导，忽视了女性在公共服务中的特殊需求。在我国县域地区，女性人口发展趋势与女性就业趋势正发生深刻变革。随着生育政策的调整和人口老龄化问题的加剧，县域女性人口比重逐年上升，这为女性就业市场带来了新的机遇与挑战。

从人口发展趋势来看，县域女性人口的增长不仅体现在数量上，更体现在素质上。近年来，县域女性的受教育水平不断提高，越来越多的女性通过自身努力，突破地域和性别限制，实现了个人价值。在此过程中，女性就业趋势也呈现出多元化、专业化的特点。江苏的一些县域，当地政府积极推动女性创业和就业，引导女性发展电子商务、家政服务、乡村旅游等产业，使女性在县域经济中发挥越来越重要的作用。然而，县域女性就业仍面临诸多困境。一方面，受传统观念束缚，部分女性在家庭与事业之间难以平衡，尤其在生育、育儿等问题上，往往需要作出更多牺牲；另一方面，县域经济相对欠发达，就业市场不够完善，女性在求职、晋升等方面仍面临诸多困难。近年来，社会越来越关注女性就业问题，政府通过政策扶持、资金支持、技能培训等方式，激发女性创业热情，助力她们在地方经济中发挥更大作用。总之，政府应关注性别结构变化，调整公共服务供给策略，以满足不同性别群体的需求。

（四）人口城乡结构与公共服务供给

根据人口预测结果，2025 年县域城镇化率占比在 20% 以下县的有 41 个，县域城镇化率占比在 20% ～40% 的县有 358 个，县域城镇化率占比在 40% ～60% 的县有 1049 个，县域城镇化率占比在 60% ～80% 的县有 37 个，县域城镇化率占比在 80% ～100% 的县有 54 个；2035 年，县域城镇化率占比在 20% 以下的县有 41 个，县域城镇化率占比在 20% ～40% 的县有 358

个，县域城镇化率占比在 40% ~60% 的县有 1049 个，县域城镇化率占比在 60% ~80% 的县有 37 个，县域城镇化率占比在 80% ~100% 的县有 54 个；2050 年，县域城镇化率占比在 20% 以下的县有 6 个，县域城镇化率占比在 20% ~40% 的县有 193 个，县域城镇化率占比在 40% ~60% 的县有 711 个，县域城镇化率占比在 60% ~80% 的县有 774 个，县域城镇化率占比在 80% ~100% 的县有 188 个。总体来看县域城镇化率正在逐渐升高。

在我国县域人口城乡结构与公共服务供给的关系中，存在着一个独特而微妙的互动现象。一方面，随着城镇化的不断推进，县域人口城乡结构发生着巨变，城市人口比例逐渐上升，农村人口比例相应下降；另一方面，公共服务的供给在这场变革中扮演着至关重要的角色，其既影响着城乡人口流动的方向，也决定着县域发展的质量。

县域人口城乡结构与公共服务供给之间的关系并非简单的线性关系，而是一个相互影响、相互制约的动态平衡系统。以教育为例，东部经济发展较为快速的地区，县域人口增长比较迅速，各项配套的公共服务也随之快速发展。然而，优质教育资源的城乡分布不均，导致农村家庭为追求优质教育资源而向城市迁移，进一步加剧了城乡人口结构失衡。而城市公共服务供给的不足，如交通拥堵、医疗资源紧张等，又使部分城市人口产生“逆城市化”的倾向，寻求更为宜居的乡村生活。

在我国，人口城镇化趋势与公共服务趋势紧密相连，彼此影响，共同推动着社会的发展。随着城镇化进程的不断加快，越来越多的人涌入城市，这无疑对公共服务提出了更高的要求。从全国范围来看，东部一些经济较为发达的地区城镇化率较高，公共服务等配套设施较为完善，而西部地区城镇化进程相对缓慢，公共服务发展较慢。然而随着中部及西部地区的建设，其县域人口的增长增幅较大，东部地区某些公共服务倾向于饱和，例如婴儿照料、产后护理等服务，这就要求公共服务适当向中西部倾斜。

首先，人口城镇化带来的公共服务需求与供给矛盾日益凸显。公共服务在城镇化过程中的不平衡发展，使城市与农村、发达地区与欠发达地区的差距日益拉大。以医疗资源为例，大城市的三甲医院人满为患，而农村地区的医疗服务却相对匮乏。这种差距使人们在追求公共服务的过程中，不得不付出更高的成本，甚至导致“看病难、看病贵”的问题。从基础设施来看，经济发达地区的设施更为完善，例如江浙地区、广州等地。总之，随着人口城镇化趋势的加快，城镇的公共服务理应配套完善。人口城镇化与公共服务趋势之间的关系，是一个复杂的系统工程。只有从多方面、多层次进行深度探讨，才能找到破解之道，为我国社会经济的持续发展奠定坚实基础。

（五）人口流动与公共服务供给

在我国城镇化进程中，县域流动人口发展与公共服务趋势呈现出一种独特且复杂的关系。一方面，随着县域经济的发展，越来越多的流动人口涌入这些地区，为当地经济发展注入活力的同时，也对公共服务提出了更高的要求。另一方面，县域公共服务的供给能力与水平却未能完全跟上这一趋势，导致供需矛盾日益突出。

从县域流动人口趋势来看，近年来，我国县域经济快速发展，吸引了大量农村剩余劳动力涌向县城。这些流动人口在为当地经济发展作出贡献的同时，也对公共服务产生了巨大需求。特别是在教育方面，县城的教育资源虽不及大城市但优于乡镇学校，因此许多父母为了孩子的教育选择让孩子在县城就读。然而公办学校招生数额有限且存在其他入学条件，因此私立学校成为很多家长的选择，这种选择也给家庭带来一定的经济压力。在医疗方面，流动人口的医疗保障问题日益凸显。由于部分流动人口没有固定的工作单位，他们通常只能缴纳居民医疗保险，其报销比例远低于职工医疗保险。这些现象反映出县域流动人口对公共服务的需求具有出多元化、个性化的特点。

然而，县域公共服务供给能力尚并未完全适应这一趋势。一方面，受限于地方财力，县域政府在公共服务领域的投入有限，难以满足不断增长的流动人口需求。另一方面，公共服务供给体制存在一定的壁垒，使流动人口在享受公共服务时面临诸多障碍。以住房为例，有些流动人口的居住条件比较简陋，难以享受到与户籍人口同等的住房保障。因此，我们应关注流动人口的需求变化，提供精准化、个性化的服务。以教育培训为例，可根据流动人口的职业特点，提供针对性的技能培训，帮助他们提升就业竞争力。在医疗保障方面，可探索建立流动人口医疗保险制度，确保他们在县城能享受到与户籍人口同等的医疗服务。

（六）人口素质与公共服务供给

在社会主义现代化建设的进程中，我国人口的平均受教育年限逐年递增，人口素质有了显著提升。从教育的各阶段来看，总体上各个阶段的学生数量均呈现增长的趋势，各省县域的师生比也都有一定程度的提高，公共图书馆藏量总体上也呈现增加的趋势。在我国县域地区，幼儿园、小学、初中、高中学龄人口发展趋势与教育资源的关系呈现出复杂的特性。随着国家对教育投入的不断加大，学龄人口在各阶段均呈现出稳步增长的趋势。然而，教育资源的分配与学龄人口的增长并不完全匹配，这导致了县域教育发展的不均衡现象。

根据数据统计结果，对比2010年、2015年及2020年我国县域小学师生比变动情况，总体来看，全国县域小学师生比呈现上升趋势。从区域角度分析，东北部分地区小学师生比略有下降的趋势；东部地区小学师生比变化趋势较为平缓，少数县域小学师生比呈现明显上升；西部地区的师生比逐渐上升，部分省份县域师生比变化幅度尤为明显。将2010年、2015年、2020年我国县域小学师生比变动情况与同时段我国县域初中师生比变动情况进行对比，结果显示，全国县域初中师生比正在增加。从区域角度分析，东北部分地区初中师生比略有下降的趋势；东部地区初中师生比变化趋势较为平缓，少数县域初中师生比呈现明显上升；西部地区的师生比逐渐上升，部分省份县域师生比变化幅度明显。将2010年、2015年、2020年我国县域初中师生比变动情况与同时段我国县域高中师生比变动情况进行对比，总体来看，全国县域高中师生比正在增加。从区域角度分析，东北部分地区高中师生比略有下降的趋势；东部地区高中师生比变化趋势较为平缓，少数县域高中师生比呈现明显上升；西部地区的师生比逐渐上升，部分省份县域师生比变化幅度明显。

以幼儿园为例，近年来，随着生育政策的放开，县域幼儿园学龄人口呈现出明显的增长势头。然而，相较于城市幼儿园，县域幼儿园在硬件设施、师资力量等方面存在显著差距。为此，县域幼儿园应借鉴发达城市幼儿园的模式，充分利用各种资源，提高教育质量。同时，加大对县域幼儿园的扶持力度，促进教育公平。在小学阶段，县域学龄人口增长速度相对平稳。但是，农村小学教育资源却面临“空心化”问题，优秀教师流失现象严重。因此，政府部门应实施一系列措施，包括提高农村教师待遇、完善职称评定制度等，以留住优秀教师。此外，可以参考国外“小班化教学”的成功案例，以提高教学效果，激发学生的学习热情。初中阶段，县域学龄人口增长进入高峰期。然而，教育资源尤其是优质教育资源的匮乏，使县域初中生面临巨大的升学压力。针对这一问题，政府部门应加大对县域初中的投入，提高教育教学质量。同时，引入“名校+”模式，发挥优质教育资源的辐射作用，提升县域初中整体水平。高中阶段，县域学龄人口增长逐渐放缓。但在这个阶段，教育资源的不均衡现象依然突出。一方面，高中学校数量不足；另一方面，高中教育质量参差不齐。为此，政府部门应合理规划高中学校布局，加大对县域高中的支持力度。同时，鼓励高中学校特色发展，满足学生多样化需求。

总之，县域幼儿园、小学、初中、高中学龄人口发展趋势与教育资源的关系紧密相连。要解决这一问题，既需要政府部门的政策扶持，也需要借鉴国内外先进的教育理念和实践经验。在此基础上，我们还应关注教育发展的长远性和可持续性，为县域学龄人口提供更多、更好的教育资源，助力我国教育事业的蓬勃发展。

三、县域公共服务资源优化配置趋势的规划设计

在我国县域公共服务未来发展规划设计中，面临人口总量和结构变动

的趋势，满足人口变动需求的公共服务均等化已成为关键议题。随着城镇化进程的加速，人口流动和集聚使县域间公共服务需求与供给矛盾日益突出。在此背景下，县域公共服务均等化不仅体现在政策导向上，更是社会发展的必然要求。县域公共服务均等化是新时代我国社会主要矛盾转化的具体体现，也是满足人民美好生活需求的重要途径。县域公共服务均等化，需要以人口结构变动为切入点，推动县域公共服务精准化供给。随着老龄化、少子化等人口结构变动，公共服务需求呈现多样化、个性化的特点。县域公共服务供给应充分考虑这些因素，精准对接群众需求。县域公共服务未来发展规划设计中，要充分考虑人口总量和结构变动趋势，以均等化为目标，创新政策制度，精准化供给，发挥信息技术优势，努力提高公共服务质量和水平，这既是新时代我国社会发展的必然要求，也是实现全体人民共同富裕的重要保障。为此，本书基于县域未来人口预测，以2035 年实现人口变动与公共服务中级协调、2050 年实现人口变动与公共服务良好协调为目标，对 2035 年和 2050 年全国、分区域、分省、分市层面的公共服务供给情况进行分析。

（一）全国县域总体人口变动趋势下公共服务供给

我国县域总人口的性别结构在不同方案下呈现不同程度的变化趋势。在无迁移流动、固定迁移流动方案和动态迁移流动方案下，我国县域人口的性别结构各有差异。总体来看，2021—2050 年，我国县域分性别人口均呈现减少趋势。除此之外，我国县域人口年龄结构的变化趋势也不相同。2021—2050 年，县域少年儿童人口规模呈减少趋势，县域劳动年龄组人口规模也呈现不断减少的趋势，县域老年人口规模呈现不断上涨的趋势。从城乡结构变动来看，根据预测结果，在 2035 年之前，城市人口持续上升，这一趋势反映了我国县域城镇化的稳步推进。劳动人口为了追求高收入和优质教育资源等，不断从农村向城镇转移。而随着乡村振兴和共同富裕战略的推进，城市人口为了追求更和谐美丽的生活不断向农村回流。预计到 2050年，城市人口将占总人口的 50% 左右，城乡人口结构实现平衡。

本书结合人口变动趋势及历年来公共服务的供给量作出以下预测，从全国县域范围看，到2035年和2050年，小学师生比将分别达到0.38和0.36，初中师生比将分别达到0.07和0.06，高中师生比将分别达到0.22和0.20。每千人医疗卫生机构数将分别达到4.54和4.75，每千人卫生技术人员数将分别达到3.67和4.10，人均道路面积将分别达到6.22平方米和6.70平方米，建成区排水管道密度分别为8.53和9.48。供水普及率和燃气普及率以及生活垃圾无害化处理率均将维持在100%。社会保障与就业支出占GDP的比重为0.14和0.35。总体而言，全国范围内各项公共服务呈现向好趋势。

（二）分区域县域人口变动趋势下公共服务供给

全国县域分区域来看，各项公共服务在供给方面各有特色。总体来看，未来对于西部地区的公共服务投资力度最大，其次是东部、东北部以及中部地区。

东北部地区到2035年和2050年，小学师生比将分别达到0.45和0.47，初中师生比均达到0.09左右，高中师生比将分别达到0.25和0.24。每千人医疗卫生机构数将分别达到6.56和6.52，每千人卫生技术人员数将分别达到2.65和2.59，人均道路面积将分别达到9.42平方米和9.22平方米，建成区排水管道密度分别为9.90和9.65。供水普及率和燃气普及率以及生活垃圾无害化处理率均将维持在100%。社会保障与就业支出占GDP的比重均在0.06左右。

东部地区到2035年和2050年，小学师生比将分别达到0.33和0.32，初中师生比均达到0.06左右，高中师生比将分别达到0.18和0.17。每千人医疗卫生机构数将分别达到4.09和3.86，每千人卫生技术人员数将分别达到3.61和3.63，人均道路面积将分别达到6.10平方米和6.57平方米，建成区排水管道密度为8.42和9.03。供水普及率和燃气普及率以及生活垃圾无害化处理率均将维持在100%。社会保障与就业支出占GDP的比重分别为0.17和1.08。总之东部地区各项公共服务基本呈现向好趋势。

中部地区到2035年和2050年，小学师生比将分别达到0.35和0.35，初中师生比将分别达到0.06和0.06，高中师生比将分别达到0.22和0.21。每千人医疗卫生机构数将分别达到5.02和5.19，每千人卫生技术人员数将分别达到4.70和4.72。人均道路面积将达到5.47平方米和5.43平方米，建成区排水管道密度为8.85和8.95，供水普及率和燃气普及率以及生活垃圾无害化处理率将持续维持在100%。社会保障与就业支出占GDP的比重分别为0.15和0.14。总之中部地区各项公共服务基本呈现向好趋势。

西部地区到2035年和2050年，小学师生比将分别达到0.39和0.28，初中师生比将分别达到0.08和0.06，高中师生比将分别达到0.23和0.16。每千人医疗卫生机构数将分别达到2.49和3.43，每千人卫生技术人员数将分别达到3.71和5.44，人均道路面积将分别达到3.88平方米和5.57平方米，建成区排水管道密度为6.97和10.30，供水普及率和燃气普及率以及生活垃圾无害化处理率将持续维持在100%。社会保障与就业支出占GDP的比重分别为0.16和0.11。总之西部地区各项公共服务基本呈现向好趋势。

（三）分省县域人口变动趋势下公共服务供给

因各省地理环境和经济发展状况不同，各项公共服务供给也不尽相同。本书对全国28个省份（自治区/直辖市）的公共服务现状进行分析并对未来各省份的公共服务现状进行预测，结果显示，浙江、广东等经济较为发达的省份县域的公共服务发展将更为迅速。分析主要涵盖五大方面：文化教育（小学师生比、初中师生比、高中师生比）、医疗卫生（每千人医疗机构床位数、每千人卫生技术人员数）、基础设施（人均道路面积、建成区排水管道密度、供水普及率、燃气普及率）、生态环境（建成区绿化覆盖率、污水处理率、生活垃圾无害化处理率）、社会保障（社会保障与就业支出占GDP的比重）。此外，本书从医疗机构床位数、卫生技术人员数、道路面积、建成区排水管道密度四个维度分析未来公共服务供给总量，2035年和2050年具体供给情况如表8－8、表8－9、表8－10和表8－11所示。

表 8－8　2035 年分省县域人口变动趋势下公共服务供给

省份	2035 年												
	文化教育			医疗卫生		基础设施				生态环境			社会保障
	小学师生比	初中师生比	高中师生比	每千人医疗机构床位数（张/千人）	每千人卫生技术人员数（人/千人）	人均道路面积（平方米/人）	建成区排水管道密度（公里/平方公里）	供水普及率（%）	燃气普及率（%）	建成区绿化覆盖率（%）	污水处理率（%）	生活垃圾无害化处理率（%）	社会保障与就业支出占 GDP 的比重
河北省	0.22	0.05	0.16	7.10	3.11	6.22	8.77	100.00	100.00	54.54	100.00	100.00	0.13
山西省	0.36	0.09	0.32	4.09	2.16	6.06	5.99	100.00	100.00	42.51	100.00	100.00	0.20
内蒙古自治区	0.42	0.08	0.27	5.50	2.95	4.48	5.22	100.00	100.00	47.81	100.00	100.00	0.10
辽宁省	0.42	0.10	0.26	5.77	1.86	8.31	8.19	100.00	100.00	41.36	100.00	100.00	0.08
吉林省	0.50	0.10	0.28	6.28	3.28	9.51	9.27	100.00	100.00	37.45	100.00	100.00	0.07
黑龙江省	0.44	0.07	0.20	7.63	2.79	10.45	12.23	100.00	100.00	42.15	100.00	100.00	0.05
江苏省	0.22	0.08	0.19	4.63	2.71	4.31	4.25	100.00	100.00	52.58	100.00	100.00	0.23
浙江省	0.41	0.05	0.17	4.12	4.23	5.64	9.06	100.00	100.00	43.55	100.00	100.00	0.17
安徽省	0.33	0.05	0.18	4.87	4.12	7.60	10.77	100.00	100.00	52.05	100.00	100.00	0.13
福建省	0.43	0.05	0.19	4.27	4.52	6.20	10.61	100.00	100.00	51.98	100.00	100.00	0.13
江西省	0.44	0.05	0.24	6.01	6.12	4.34	9.80	100.00	100.00	54.47	100.00	100.00	0.15
山东省	0.35	0.05	0.25	4.79	4.98	10.58	12.48	100.00	100.00	44.60	100.00	100.00	0.17
河南省	0.26	0.05	0.17	4.85	5.22	5.19	11.39	100.00	100.00	55.45	100.00	100.00	0.11
湖北省	0.41	0.05	0.21	5.59	7.06	5.53	7.56	100.00	100.00	48.74	100.00	100.00	0.12

续表

省份	2035 年												
	文化教育			医疗卫生		基础设施				生态环境			社会保障
	小学师生比	初中师生比	高中师生比	每千人医疗机构床位数（张/千人）	每千人卫生技术人员数（人/千人）	人均道路面积（平方米/人）	建成区排水管道密度（公里/平方公里）	供水普及率（%）	燃气普及率（%）	建成区绿化覆盖率（%）	污水处理率（%）	生活垃圾无害化处理率（%）	社会保障与就业支出占 GDP 的比重
湖南省	0.32	0.08	0.20	4.74	3.51	4.11	7.56	100.00	100.00	32.05	100.00	100.00	0.18
广东省	0.45	0.12	0.17	2.50	4.26	3.94	7.12	100.00	100.00	32.17	100.00	100.00	0.18
广西壮族自治区	0.33	0.07	0.21	2.15	4.07	4.01	7.51	100.00	100.00	34.45	100.00	100.00	0.17
海南省	0.23	0.06	0.11	1.25	1.44	5.69	6.65	100.00	100.00	24.12	100.00	100.00	0.19
重庆市	0.21	0.03	0.16	1.01	1.02	3.33	3.95	100.00	100.00	45.12	100.00	100.00	0.06
四川省	0.37	0.09	0.26	2.53	4.45	4.16	7.37	100.00	100.00	32.86	100.00	100.00	0.18
贵州省	0.36	0.07	0.18	2.72	5.53	4.39	7.84	100.00	100.00	34.74	100.00	100.00	0.17
云南省	0.38	0.11	0.21	2.32	4.01	3.53	6.62	100.00	100.00	30.87	100.00	100.00	0.19
西藏自治区	0.45	0.08	0.15	2.70	3.12	4.78	9.26	100.00	100.00	36.81	100.00	100.00	0.15
陕西省	0.36	0.12	0.22	2.24	3.45	3.47	6.47	100.00	100.00	29.52	100.00	100.00	0.22
甘肃省	0.38	0.08	0.27	2.46	4.67	3.47	8.03	100.00	100.00	33.71	100.00	100.00	0.16
青海省	0.42	0.08	0.27	2.47	4.11	3.99	7.63	100.00	100.00	30.66	100.00	100.00	0.22
宁夏回族自治区	0.52	0.08	0.29	1.97	4.00	3.15	6.65	100.00	100.00	28.60	100.00	100.00	0.15
新疆维吾尔自治区	0.42	0.09	0.21	1.86	3.17	3.83	7.07	100.00	100.00	30.13	100.00	100.00	0.18

表 8－9　　2050 年分省县域人口变动趋势下公共服务供给

省份	2050 年												
	文化教育			医疗卫生		基础设施				生态环境			社会保障
	小学师生比	初中师生比	高中师生比	每千人医疗机构床位数（张/千人）	每千人卫生技术人员数（人/千人）	人均道路面积（平方米/人）	建成区排水管道密度（公里/平方公里）	供水普及率（%）	燃气普及率（%）	建成区绿化覆盖率（%）	污水处理率（%）	生活垃圾无害化处理率（%）	社会保障与就业支出占 GDP 的比重
河北省	0.26	0.06	0.19	5.94	2.61	5.09	7.11	100.00	100.00	45.00	100.00	100.00	0.16
山西省	0.31	0.08	0.27	4.51	2.32	6.59	6.53	100.00	100.00	48.01	100.00	100.00	0.17
内蒙古自治区	0.47	0.08	0.28	5.03	2.54	4.12	4.88	100.00	100.00	44.23	100.00	100.00	0.10
辽宁省	0.42	0.10	0.25	5.92	1.75	8.14	8.39	100.00	100.00	42.23	100.00	100.00	0.07
吉林省	0.52	0.09	0.26	6.63	3.46	9.98	9.75	100.00	100.00	39.56	100.00	100.00	0.07
黑龙江省	0.48	0.07	0.21	7.02	2.55	9.53	10.81	100.00	100.00	38.69	100.00	100.00	0.05
江苏省	0.25	0.09	0.22	3.94	2.33	3.65	3.40	100.00	100.00	45.02	100.00	100.00	0.15
浙江省	0.40	0.05	0.17	4.23	4.13	5.74	8.94	100.00	100.00	44.58	100.00	100.00	0.16
安徽省	0.36	0.05	0.20	4.21	3.60	6.48	9.38	100.00	100.00	45.29	100.00	100.00	0.15
福建省	0.51	0.05	0.20	3.89	4.07	5.64	9.60	100.00	100.00	47.48	100.00	100.00	0.14
江西省	0.48	0.05	0.24	5.85	5.96	4.10	9.55	100.00	100.00	53.06	100.00	100.00	0.15
山东省	0.36	0.05	0.26	4.61	4.80	9.65	11.47	100.00	100.00	41.82	100.00	100.00	0.17
河南省	0.30	0.05	0.19	4.32	4.66	4.40	9.87	100.00	100.00	47.53	100.00	100.00	0.12
湖北省	0.43	0.05	0.22	5.29	6.65	5.06	7.13	100.00	100.00	45.53	100.00	100.00	0.13

续表

省份	2050年												
	文化教育			医疗卫生		基础设施				生态环境			社会保障
	小学师生比	初中师生比	高中师生比	每千人医疗机构床位数（张/千人）	每千人卫生技术人员数（人/千人）	人均道路面积（平方米/人）	建成区排水管道密度（公里/平方公里）	供水普及率（%）	燃气普及率（%）	建成区绿化覆盖率（%）	污水处理率（%）	生活垃圾无害化处理率（%）	社会保障与就业支出占GDP的比重
湖南省	0.24	0.06	0.13	6.93	5.16	5.93	11.23	100.00	100.00	47.08	100.00	100.00	0.12
广东省	0.33	0.07	0.11	3.94	6.70	6.10	10.89	100.00	100.00	49.78	100.00	100.00	0.11
广西壮族自治区	0.24	0.06	0.14	3.23	5.87	5.84	11.29	100.00	100.00	49.76	100.00	100.00	0.11
海南省	0.13	0.03	0.06	0.45	0.78	10.10	11.81	100.00	100.00	42.86	100.00	100.00	0.11
重庆市	0.24	0.04	0.17	0.01	0.01	3.01	3.57	100.00	100.00	45.12	100.00	100.00	0.06
四川省	0.24	0.06	0.17	3.88	6.90	6.35	11.39	100.00	100.00	50.97	100.00	100.00	0.12
贵州省	0.25	0.05	0.13	3.93	7.26	5.89	11.03	100.00	100.00	48.46	100.00	100.00	0.12
云南省	0.29	0.08	0.13	3.72	6.36	5.67	10.88	100.00	100.00	50.15	100.00	100.00	0.11
西藏自治区	0.36	0.06	0.11	3.71	4.45	6.46	12.55	100.00	100.00	49.86	100.00	100.00	0.11
陕西省	0.25	0.07	0.14	3.67	5.61	5.59	10.33	100.00	100.00	47.81	100.00	100.00	0.13
甘肃省	0.23	0.05	0.16	3.98	7.65	5.66	12.68	100.00	100.00	54.72	100.00	100.00	0.10
青海省	0.25	0.05	0.17	3.84	6.45	6.25	11.62	100.00	100.00	47.71	100.00	100.00	0.13
宁夏回族自治区	0.28	0.04	0.17	3.61	7.31	5.77	12.09	100.00	100.00	53.58	100.00	100.00	0.08
新疆维吾尔自治区	0.29	0.06	0.13	2.57	4.87	6.19	11.24	100.00	100.00	49.68	100.00	100.00	0.11

表 8-10　2035 年分省县域人口变动趋势下部分公共服务需求总量

省份	2035 年			
	医疗机构床位数（张）	卫生技术人员数（人）	道路面积（平方米）	建成区排水管道（公里）
河北省	374404	163789	328086	462342
山西省	215466	113861	319387	316016
内蒙古自治区	289758	155602	236122	275150
辽宁省	359491	116203	517625	510491
吉林省	270938	141710	410344	399924
黑龙江省	475409	173996	651455	762111
江苏省	266518	156011	248019	244602
浙江省	217205	223288	297213	477819
安徽省	373295	316174	582701	826299
福建省	163619	173208	237890	406692
江西省	317018	322635	228642	516932
山东省	367174	381851	819446	957266
河南省	395560	425649	422547	928367
湖北省	294690	372319	291582	398721
湖南省	317947	235442	275617	507414
广东省	180094	306278	283091	511894
广西壮族自治区	144374	272920	269341	504317
海南省	5992	6903	27258	31862
重庆市	4842	4889	15947	18928
四川省	255114	447509	418558	741667
贵州省	104119	212207	168243	300573
云南省	177928	307582	270598	507998
西藏自治区	90643	104553	160465	310577
陕西省	107333	165335	166314	310131
甘肃省	153486	291255	216265	500579
青海省	94537	157544	152901	292504
宁夏回族自治区	47194	95984	75414	159318
新疆维吾尔自治区	124510	212528	257212	474696

表 8 – 11　　2050 年分省县域人口变动趋势下部分公共服务需求总量

省份	2050 年			
	医疗机构床位数（张）	卫生技术人员数（人）	道路面积（平方米）	建成区排水管道（公里）
河北省	256041	112686	219407	306349
山西省	194332	99893	284272	281319
内蒙古自治区	216919	109623	177575	210327
辽宁省	301436	89214	414859	427256
吉林省	234017	122165	352080	343836
黑龙江省	357763	129768	485726	550665
江苏省	185271	109573	171524	159698
浙江省	182516	178050	247415	385370
安徽省	264096	225529	406120	588231
福建省	121991	127622	176794	300875
江西省	252362	256926	176850	411648
山东省	288995	300763	605171	719509
河南省	287803	310716	293001	657704
湖北省	228054	286650	218170	307194
湖南省	380362	283303	325402	616325
广东省	231447	394047	358634	640079
广西壮族自治区	177035	322021	320494	619268
海南省	1766	3060	39597	46286
重庆市	980	850	11801	14007
四川省	319616	567857	522479	937107
贵州省	123147	227483	184724	345917
云南省	233073	398878	355378	682377
西藏自治区	101856	122088	177318	344218
陕西省	143873	219997	219126	404877
甘肃省	202973	389917	288517	646017
青海省	120420	202129	196099	364276
宁夏回族自治区	70663	143208	113087	236886
新疆维吾尔自治区	140858	266953	339819	616813

从省级层面来看，结合前文分析的人口变动趋势下的公共服务供给，未来应重点关注中西部地区省份的公共服务建设。随着城乡融合进程的不断加快，东部地区省份的县域常住人口随着人口迁入的减少而有一定程度的减少，如江苏省、浙江省、山东省，对此，应在保持现有公共服务数量的基础上提高服务质量，并在一定程度上减少部分公共服务的供给量。然而，对于广东省，未来应加大对其县域的公共服务供给量，尤其是在每千人卫生技术人员数和人均道路面积方面。对于东三省来说，未来各项公共服务所需供给量的变动相对较小，但仍需重视其小学师生比、每千人医疗机构床位数和每千人卫生技术人员数的提升，并加大这三项服务的建设力度。中部地区和西部地区各个省份的公共服务供给情况在未来都需要不断提升。特别是西部地区的各省份应加大生活垃圾无害化处理率、污水处理率、供水普及率、燃气普及率、建成区绿化覆盖率的建设力度，以达到相对较为统一的全国水平，特别是宁夏回族自治区、江西省、甘肃省。在文化教育服务和医疗卫生服务方面，为在 2035 年和 2050 年实现人口与公共服务中级协调和良好协调的目标，中西部地区需要大幅提升服务水平。特别是新疆维吾尔自治区、西藏自治区、江西省、陕西省、甘肃省，变动幅度相对较大、建设力度应更强。此外，中部地区的湖南省、东部地区的广东省和海南省，也应作为重点建设省份，在提高供给数量的基础上提高供给质量，重点加强医疗卫生和基础设施相关服务建设。

（四）分市人口变动趋势下公共服务供给

总体来看，各市之间因条件不同，导致各项公共服务供给呈现出明显不同的特点。在公共服务未来发展趋势上，各市县域的公共服务条件明显改善。

总体上来看，未来我国小学师生比、初中师生比、高中师生比变动幅度相对较小，但呈现较为明显的区域差异。变动较大的市级区域主要集中在西部地区，其次是中部地区，未来应重视中西部地区的 0～18 岁人口变动情况，以此不断调整教师比例。在现阶段，应适当增加各级学校的教师配备，提升教师利用率，注重素质培养，在考虑数量增加的同时，更应该考虑质量的提升。

从医疗机构床位数来看，未来中西部地区各市级区域的总供给量不断增加，特别是西部地区的各市级区域。而东部地区和东北地区则以降低总量为主。具体而言，湖南省永州市、陕西省咸阳市、湖南省张家界市、广东省河源市、浙江省杭州市、云南省玉溪市，增长幅度最为显著，即这些地区需要大幅增加供给量；相反，黑龙江省大兴安岭地区、江苏省宿迁市、河北省秦皇岛市、黑龙江省鹤岗市、江西省鹰潭市、安徽省滁州市，减少幅度最为明显，即未来这些地区需要不断减少医疗机构床位数的供给总量。

从卫生技术人员数量来看，2035—2050 年，全国市级单位的卫生技术人员总数整体呈减少趋势。从区域层面的市级单位来看，未来中西部地区各市级区域的总供给量将不断增加，特别是西部地区的各市级区域；而东部、东北地区则以降低总供给量为主。2035—2050 年，全国共有 145 个市级单位卫生技术人员数量持续增加，其中以甘肃省平凉市、广东省云浮市、四川省眉山市、青海省海东市、宁夏回族自治区石嘴山市、甘肃省定西市，增长幅度最大，即这些地区需要增加的供给量最大。相反，全国共有 172 个市级单位卫生技术人员数量持续减少，浙江省金华市、江西省鹰潭市、湖北省恩施土家族苗族自治州、山东省东营市、山东省淄博市、安徽省宿州市减少幅度最大，即这些地区未来需要不断减少供给总量。

第九章

城乡融合发展下县域人口变动与公共服务均等化国内外经验借鉴

随着城市化进程的加速推进，县域人口变动逐渐成为社会关注的焦点，其不仅涉及人口流动迁移、城市化等社会现象，也与公共服务均等化息息相关。公共服务均等化是实现城乡一体化、促进社会公平的重要途径，也是我国政府近年来大力推进的重点工作之一。全国各地都在积极地进行各种形式的探索，以更好地为人民群众服务。本章将结合国内外实际案例，从不同角度对县域人口变动与公共服务均等化进行剖析，深入探究县级区域内人口变动趋势与公共服务均等化的关系，并通过收集分析各地公共服务建设的相关政策文件、政府工作报告及相关数据，对案例进行逻辑分析和论证。基于现有政策和实践经验，为推动县域公共服务均等化的进一步发展提供有益参考。

一、我国县域城乡融合发展与公共服务均等化典型案例分析

（一）浙江省海盐县的“数智国医”中医基层化、应用智能化、服务一体化

1. 案例背景

作为浙江省基本公共服务均等化改革试点县，近年来海盐县以“城乡一体化”为载体，致力推进城乡均衡发展，积极在基本民生性服务、公共事业性服务等领域开展探索实践，构建了覆盖城乡、可持续发展的基本公共服务体系，城乡之间、群体之间、区域之间的差距显著缩小。2022 年，海盐县基本公共服务均等化实现度为 98.9%，分别较 2021 年、2022 年上涨了 0.2 和 0.7 个百分点。海盐县具有悠久的中医中药历史。近年来，海盐县积极探索中医药传承创新发展路径，推进中医药人才队伍建设，加强中医药科研能力，提升中医药服务水平，取得了显著成效。“数智国医”是海盐县基于全民健康事业发展而创新推出的一项数字化改革项目，是浙江省海盐县推动中医药传承精华、守正创新，实现中医药健康服务高质量发展的重要举措。为满足群众“方便看中医、看病有好医、放心用中药”的强烈需求，海盐县在全国首创“中医基层化、应用智能化、服务一体化”中医药智能共体改革模式。这一模式旨在达到“政府得民心、百姓得实惠、医保得减负、医院得发展”的多方共赢效果，从而提升中医药综合服务能力，满足人民日益增长的中医医疗服务需求。

2. 实践路径分析

“数智国医”应用重塑了中医治理体系，开辟了传统医学和大数据相

结合的创新融合发展路径，以科技力量为中医药赋能。实施数字化监管，进一步规范医生诊疗行为，实现中医药服务一体化、管理同质化中医诊疗服务。同时，打破药房固有的利益链、服务链、全县建设一个共享中药房，实现医疗、医药、医保“三医”联动，共享优质中医资源。此举实现了海盐县85个村社区中医药服务一体化同标管理全覆盖，将中医药工作纳入全县经济社会发展规划和卫生事业发展规划。

（1）医疗健康服务需求的增长

随着人民生活水平的提高和健康意识的增强以及人口老龄化和慢性病患者数量的不断增加，社会对医疗健康服务的需求持续增长，同时也对医疗健康服务提出了更高的要求。人们希望获得高质量的医疗服务，包括更快捷、更方便、更安全的服务，并希望医疗服务更加个性化、人性化。这一需求为“数智国医”提供了广阔的应用市场和发展空间。“数智国医”借助数字化技术，能够提供更加智能化、个性化的医疗服务，满足人民日益增长的医疗健康需求，提高医疗服务的质量和效率，促进医疗健康服务的发展和优化。

（2）传统医学与数字化技术相结合，以科技力量为中医药赋能

数字化技术是“数智国医”实施的重要支撑，包括人工智能、大数据、物联网、云计算等先进技术，为其提供了强大的技术支撑和保障。“数智国医”以数字化技术为手段，实现县—镇—村一体化同标管理，构建三级中医药服务体系，确保县镇村中医药服务一体化同标管理全覆盖。“数智国医”通过建立数字化应用场景、推进远程诊疗、实现信息共享等方式，推动中医药的数字化、智能化、现代化发展，实现中医药优质资源“逐级下沉”。

新的诊疗手段和工具。运用“智能云系统”，通过人工智能、大数据技术，建成中医合理用药分析、辅助诊疗决案、临症学习、智能中医机器人等应用。借助智能开方和在线开方学习，为中医开方提供参考，帮助低年资中医医生，尤其是“西学中”医生，为患者开出高质量的处方；借助智能平台开展名中医带徒、临症学习，创新中医传承方式，不断壮大基层中医师队伍。

资源共享和信息互联。建立县中医药服务共享中心和消化病、肿瘤病等专病诊疗中心，通过数字化实现中医药优质资源“逐级下沉”；深入挖掘县域中医药文化资源，推进名中医经验传承。

强化数字化监管。取消所有基层医疗机构中药房，并在县中医院建立“智慧共享中药房”，海盐县域内中医师开出的处方，将同步在“智慧共享大药房”的电脑上显示，经县中医院中药师二次审核无误后，由工作人员调剂打包，再由 EMS 免费配送。具体来看，建立县域“智慧共享中药房”，全域中药饮片同质管理、快速周转、药品质量有保证；建立“审方云平台”，执行三级审方和每月处方点评，提高中药处方合格率；通过中医药县域大数据，精准掌握县域不同区域、季节、病症等内在规律，为慢病防治等提供数据支撑。此外，通过智能云系统进一步加强对医疗数据的统一管理，包括数据的存储、查询和分析等，提高医疗数据的管理效率和安全性。

中医药产业的创新发展，显著提高了中医药产业的发展质量和效益。推动中医药产业从传统的手工制造向智能化、数字化制造转型，有效提高了生产效率和产品质量。同时，群众足不出户即可享受中医在线复诊、中医代煎、免费物流配送到家等便捷服务。

（3）基层医疗设施的改善

基层医疗设施的改善为“数智国医”在基层的应用提供坚实的硬件基础，通过数字化手段提升了基层医疗设施的服务能力和水平。具体措施包括增加和引进先进的医疗设备，如智能中医诊疗设备、远程诊疗设备、数字化医疗设备等，从而提高基层医疗设施的诊断和治疗能力。此外，优化医疗流程也是关键一环，通过优化医疗流程，如实现远程诊疗、远程指导、远程培训等功能，有效提升了医疗服务效率和质量更好地满足了基层群众的医疗需求。“数智国医”的实施建设离不开专业人才队伍的支撑。通过人才培养、人才引进、人才激励机制、人才交流合作等，培养和引进具备中医药专业知识和数字化技能的复合型人才，是“数智国医”顺利实施的重要保障。

（二）四川省洪雅县的“335”模式推进“学区制”改革

1. 案例背景

四川省洪雅县针对乡村教育优质均衡发展的问题，采取“335”模式推进“学区制”改革，旨在优化教育资源的配置、促进教育均衡发展和教育质量的提升，为学生的全面发展提供更好的条件和环境。该县通过“335”模式取得了城乡学校科学布局、教育资源有效整合、办学质量普遍提升的成效。洪雅县“335”模式推进学区制改革是指以学区布局全县学校资源，即“三个学区”“三类学校”“五个统一”。首先，科学划分“三个学区”，推行党委领导下的学区负责制；其次，合理布局“三类学校”（幼儿园、小学、初中），推进全县教育资源有效整合；最后，稳步实施“五个统一”（统一教师调配、统一职称评聘、统一教育管理、统一经费调配、统一资产使用），实现教育资源共建共管共享，如推行“走教式”教学，让城区的音体美教师走进乡村学校。

2. 实践路径分析

通过三个整合、三个统一和五个到位策略，实现教育资源的优化配置和教育质量的提升。三个整合是指整合资源、整合师资、整合管理。整合资源旨在优化学校间的资源配置，提高资源的使用效率；整合师资旨在优化教师队伍结构，促进教师之间的交流和合作；整合管理旨在统一教学管理标准，加强学校之间的沟通与协作。三个统一是指统一教学管理、统一课程设置、统一教学评价。通过统一教学管理，规范学校的教学管理行为，提高教学质量；通过统一课程设置，确保学校开设的课程符合国家课程标准，满足学生的发展需求；通过统一的教学评价，建立科学的教学评价体系，激励学校和教师不断提高教学质量。五个到位是指组织领导到位、思想认识到位、政策落实到位、责任担当到位、督导检查到位，通过加强组织领导，确保学区制改革的顺利实施；通过加强宣传教育，提高学校和教师对学区制改革的认识和理解；通过加强政策落实和责任担当，确保各级各部门积极履行职责，推动学区制改革取得实效；同时，加强督导检查，确保改革措施得到有效落实。

（1）教育资源整合——提供物质基础

合理布局“三类学校”，推进全县教育资源有效整合。按照“幼儿园就近就便，小学向乡镇集中，初中向中心城镇集中”的原则，统筹实施、科学布局全县资源。对于幼儿园建设，采用“一园多区、同频共管、双向互动”的模式，将乡镇地区幼儿园改为城区优质公办幼儿园的分园，以提高农村地区和城市地区在幼儿园管理、教学等资源方面的一致性；对于小学和初中建设，坚持“先建后撤，分步推进”的原则，各地区、各乡镇撤销、合并相结合，以调整城乡小学布局。

整合师资，优化教师队伍结构，促进教师之间的交流与合作，不断提高教师自身素质。通过“统一教师调配、统一职称评聘、统一教育管理”等措施，如乡镇教师进城跟岗学习、音体美走教教师、统筹流动教师、跨校竞聘等方式，强化教师培训，提高教师素质和教育教学能力。

整合管理，统一教学管理标准，加强学校之间的沟通与协作。洪雅县成立专门的领导小组，负责统筹协调学区制改革工作，确保各级各部门积极履行职责，推动改革取得成效。此外，实施统一经费管理和资产使用，如“建设功能教室，学区共享共用”，使各区内的学校可以统筹使用优质教学设施。

（2）教育信息化建设——提供技术支持

教育信息化建设是教育现代化建设的重要内容，也是推动教育改革和发展的重要手段。洪雅县不断强化教育信息化建设，为“学区制”改革提供技术支持和保障。通过加强教育信息化基础设施建设、提高教师信息化素质、推进数字化校园建设、加强教育信息化管理等方面的工作，推进教育资源的共享和整合，提高教育质量和效率。首先，加大资金投入力度，夯实教育数字化基础建设，为教育数字化转型提供保障。具体措施包括提档升级教学设备设施以推进智慧教室设备安装建设、升级改造云教室、全县范围内校园网建设、提高每百名学生计算机配备比，为学校和教师提供了更好的教学条件和环境。其次，加深融合，强化数字化教学应用培训。开展教师信息技术应用能力提升培训、智慧教室管理员培训、“送培到校”等提高教师数字化教学应用水平，为学区制改革提供必要的人才保障。最后，加强监管，提升教育数字化服务能力。如积极推进国家和省级“智慧教育平台”应用，为学校接入大数据分析平台、县校两级实现对各班级教学情况网上实时巡课等，推动学校和教师落实信息化工作要求，确保教育信息化建设的可持续发展。

（三）新疆维吾尔自治区吉木萨尔县的“健康＋养生”农村互助养老模式

1. 案例背景

近年来，新疆各地各部门不断完善城乡基本公共服务均等化的体制机制，积极推动公共服务向农村延伸，农村公共服务改革建设取得显著进展。吉木萨尔县有580多户900多名农村留守、空巢、孤寡老人，亟需变革养老方式来满足老年人的需求。为此，该县聚焦养老新需求，坚持以县级养老机构为主体、乡镇区域性养老机构为依托、村级养老服务为基础，积极探索建立养老服务新模式。其“健康＋养生”农村互助养老模式，入选第五批全国农村公共服务典型案例，是在老龄化程度不断加深的背景下，结合当地自然和文化资源而提出的。吉木萨尔县通过建设农村幸福互助院，因地制宜破解农村群众养老需求与城乡养老发展不均衡的矛盾，满足了老年人离家不离村的需要。集中居住、互助养老成为解决农村分散居住、独居老人养老问题的有效途径。该县将农村社会养老服务工作纳入全县民生保障规划的重要内容，列为重点民生实事和重点改革事项，并把农村幸福大院建设纳入新农村建设和实施乡村振兴战略总体规划中。

2. 实践路径分析

（1）完善组织管理体系

吉木萨尔县坚持“能进乡镇则进乡镇、能进居民点则进居民点、靠近农村老人聚居村”原则，根据全县摸排的各乡镇老人实际人数和入住需求，建立覆盖全县农村的幸福互助院，充分利用乡镇和居民点的资源，考虑老年人的身体状况、生活习惯、家庭状况等因素，为老年人提供更加便利和舒适的生活环境；加强对乡镇和居民点的规划和建设，确保建设选址在乡镇或者是中心村，毗邻乡镇医院和卫生所。同时，按照互帮互助、共建共享原则，符合条件的老年人以村为单位集中入住，确保老年人可以及时有效地享受到服务和照顾。

采取“政府补助、爱心人士捐助、联点单位帮助”等形式，充分利用各类社会资源，构建多层面筹资和运行体系。例如，吉木萨尔县三台镇互助院的二期工程作为福建省厦门市的援建项目，不仅确保了资金来源的稳定和可持续性，还能提供更加专业、多样化的服务，从而提高服务质量和服务效果。

按照“老人的事情由老人来管理”的原则成立院委会，负责管理养老院的相关事务，共同商讨养老院的日常管理、卫生、安全、健康等问题。同时，也鼓励老年人之间互相帮助、互相照顾，一定程度上提高老年人的自我管理和自我服务能力，增强老年人的自我认同感和归属感。

（2）改善农村社区环境

吉木萨尔县连续多年成为新疆乃至全国经济增长较快、发展活力凸显、投资环境优秀的县市之一。该县的农村社区环境为老年人提供了良好的生活环境和养生条件。依托自然环境和文化资源，吉木萨尔县加强农村社区的规划和建设，提高农村基础设施水平，为老年人提供更加便利和舒适的生活环境。同时，该县加强农村环境的保护和治理，提高生态环境的质量。在互助院内，不断优化院内环境，丰富院内文化氛围，为居住的老年人提供更加健康和环保的生活环境。

（3）提供多样化的设施服务

互助院内配套了康复训练室、棋牌室、文体活动室、图书室、培训室等设施，此外，还考虑到农村老年人的种菜习惯，专门提供菜地供老年人使用，并提供个性化的服务，满足老年人的不同需求，以增强老年人的自我认同感和归属感。同时，日常组织“吉来”社工、“北庭玫瑰·爱心妈妈”、慈善总会等社会组织及志愿服务团队，积极开展爱心捐赠、文艺演出、健康义诊、健康知识讲座、卫生清洁等各类志愿服务活动，不断提升服务的多样性和提高服务质量。

二、国外县域城乡融合发展与公共服务均等化的经验借鉴

（一）国外典型案例分析与经验借鉴

1. 国外基础教育均等化制度借鉴

（1）美国城乡教育均等化制度

美国的教育均等化发展主要是克服州际之间教育的不平衡发展和不同种族之间教育的均衡发展问题，而后者成为一段时期美国需要解决的关键问题。在很长一段时间里，美国不同种族和社会阶层之间的教育明显不平等。

明确义务教育的投资主体。美国的政治体制是分权制，义务教育管理方面也是如此，如义务教育的管理、财政权由州政府实际掌握。因此，美国义务教育的财政投资主要来源于州政府，联邦政府不负责对义务教育的财政支持，其主要职责是宏观上对义务教育管理作出方向性把控。美国把农村义务教育的投资主体放在地方学区，地方学区是各州设置的特别专区。学区的设置大概与中国的城市和农村相符合，实行一体化的管理机制。州政府教育财政占比远高于联邦政府。

法律政策保障义务教育均衡发展。美国高度重视教育立法，不仅在教育立法中确立各级政府及其官员的法律责任与权力，而且通过教育立法确保义务教育财政的充足性。在这些教育法规中，最有代表性的是1994年由

比尔·克林顿提出并经国会立法实施的教育改革计划，该计划包括《2000年目标：美国教育法》《美国教育改革法》《学校到工作机会法案》等几部法案。《2000年目标：美国教育法》主要内容包括：确立国家教育目标；成立国家教育标准及改革委员会；资助州及地方教育改革；推进少数族裔公民教育；成立父母协助中心，促进父母参与孩子学习。《改革美国学校法》的主要内容包括：促进各州为学生制订高质量的学业标准；为教师培训和社会经济地位不利的学生提供补助经费。为保证每个儿童都能够接受教育，1958年的《国防教育法》提出要让每一个适龄儿童接受教育以发展其智力资源和技术技能。1964年的《民权法》旨在消灭美国境内的种族歧视，实现教育平等。1965年的《初中等教育法》将大力发展教育事业视为联邦政府的一项重要职责，并加以落实。2002年，《不让一个孩子掉队》法案正式通过，目的在于保证教育结果的平等。在现代社会，立法管理教育是政府管理教育的有效手段之一，美国通过一系列立法，让各级政府介入义务教育均衡领域有法可依，缩小了城市与农村义务教育发展差距，有助于促进教育公平。

师资之间的合理流动推进教育均等化发展。为了追求教育公平和实现义务教育的均衡发展，美国政府采取直接和间接措施在不同种族和弱势群体之间实现师资资源的均衡配备。通过推行补偿政策，为弱势群体和少数民族专门配备高质量的师资队伍，以缩小教育差距。此外，实行全国统一的教师资格认证制度，为师资充分流动创造条件，并通过提高教师待遇，缩小教师间的待遇差距。

（2）日本义务教育均等化制度

偏远地区划分标准。日本政府十分关注义务教育的均衡发展问题。1954年，日本颁发了《偏远地区教育振兴法》，该法第143条明确界定了“偏远地区学校”的概念：“所谓偏僻地区学校是指交通、自然、经济、文化等条件不好的山区、孤岛及其他区域的公立小学、中学和中等专科学校”。1959年，日本出台《偏僻地区教育振兴法实施细则》，对偏僻地区划分方式做了详细规定，根据“基本分”（包括地理位置偏僻、从学校到公共设施距离等）和“附加分”（生活环境的不利性；电气供给状况；多雪、极寒地带等自然环境恶劣的地方）两项指标之和，把偏僻地区学校分为1~5个等级，继而作出准偏僻地区和特殊偏僻地区的分类。实施细则第三条规定，被指定为偏僻地区的学校需满足标准分与附加分之和在40分以上（包括40分）的标准。根据计分，将偏僻地区学校分成5个等级：40~79分为1级；80~119分为2级；120~159分为3级；160~199分为4级；200分以上为5级。1972年，日本又对该法做了修改，扩大了偏僻地区划分区间和偏僻地区学校指定范围。

日本政府对教育的财政投入政策倾向于扶持落后地区和处于弱势地位的学校。日本中央级政府、都道府县和市町村各级政府在义务教育经费投入上承担着不同的责任：日本中央级政府负担日本国立学校的全部经费和教材费用；负担地方公立学校教职员工工资和福利保障费的1/2、校舍新建扩建费的1/2、校舍危房改造经费的1/3；受灾校舍建设费的2/3；偏僻地区公立学校公用经费的1/2；家庭经济困难学生补助的1/2。都道府县负担公立学校教职员工工资和福利保障费的1/2；校舍危房改造费的1/3。町村负担公立学校校舍新建扩建费的1/2；校舍危房改造费的1/3；家庭经济困难学生补助费的1/2。

义务教育的财政责任。日本的政治体制是中央集权制，这一特点同样体现在义务教育管理上。日本的教育经费由中央、都道府县、町村三级财政共同决定、管理和承担。而农村义务教育的管理权则由都道府县和町村级地方政府来行使，其财政投入由中央政府对地方政府进行补偿性供给。日本政府增加额外津贴，有利于稳定偏远地区义务教育的师资力量。日本还实行教师流动制度。为了完善这一制度，制定了一系列法案，这些法案分别在教师身份、流动范畴、流动年限等维度明确了统一的标准，有效降低了义务教育各地区及校际间师资力量不均衡导致的非均等化风险。

（3）重视农村职业技术教育发展

美、日、韩等发达国家在城乡教育一体化进程中，不仅高度关注义务教育，还高度重视发展与农业工业化紧密相关的中等或高等职业教育，为工业化、城市化进程提供相适应的高素质人才。如美国注重社区学院发展，使偏远小城镇的居民拥有更多进入高等院校的机会。日本在各都道府县都设立农业高中、农业职业大学、综合大学农学部。韩国则通过一系列“新农村教育政策”，推动科研院所、大专院校、技术推广组织、农民合作组织及农业企业在提高农村劳动力人力资本方面发挥显著作用。

2. 国外城乡公共医疗卫生服务均等化的制度借鉴

(1) 德国城乡公共医疗卫生服务均等化制度

世界上第一个以立法形式实施社会保障制度的国家是德国，目前德国的社会医疗保障覆盖率已接近100%，德国的社会医疗保障由法定和私人医疗保险组成。法定医疗保险作为最基本的保障形式，对于收入达不到相关标准的群体也给予一定保障。法定医疗保险的实施遵循两大原则：实物待遇原则，以受领实物形式保证了医疗待遇的平等性；社会团结原则，则以家庭共享的形式体现了家庭成员之间的互助。此外，以减轻农民的负担为宗旨的《农民医疗保险法》，保证了农民能够享受到同样的医疗待遇。

德国对于低收入群体和其他特定群体的医疗救助，采取了政府资助其参加强制医疗保险计划和在其就医时减免自付费用相结合的方式。社会医疗保险是国家通过立法形式强制实施，由雇主和雇员按一定比例缴纳保险费，形成社会保险基金，专门用于雇员及家属看病就医的一种医疗保险制度。德国医疗救助主要面向加入医疗保险有困难的人群，其形式为政府提供资助，以确保加入医疗有困难的群体能够享受医疗保险待遇，如失业者的医疗保险费由劳动局支付，养老金领取者的医疗保险费由养老保险机构承担。雇员的子女和无工作的配偶不需要交保险费，也可以享受医疗保险待遇。和其他社会救助一样，德国的医疗救助主要对一般低收入家庭和特殊困难家庭，对高龄、残疾、生育等特殊需求者，救助标准比一般标准高50%。投保人的收入一旦超过一定水平，就会将其从救助名单中排除。

失业者和退休人员的保险费用分别由联邦就业中心和养老基金为其缴纳。儿童的保险费用则由政府财政预算资助。艺术家和学生的保险费用，联邦政府承担应缴费用的一半。如果一个家庭中有一个人缴费，则家庭中不工作的家属自动被纳入医疗保险中，享受同等医疗保障待遇。在德国，个人自付的保险费用与其个人的收入相关，政府规定疾病基金在低收入者接受医疗服务时，为其免除自付费用或设立自付费用的最高限额。这里的自付费用是指因起付线、共付额和共付比例的设置，而只能由个人承担的费用。德国全额免除自付费用的人数比例由1990年的10%上升到2001年的47%。德国的医疗保险制度强调社会的团结与平等，德国有统一的疾病基金最低福利标准，患者只需支付很少的分摊成本。德国法定医疗保险投保人缴纳保险费主要取决于经济收入，而享受的医疗保险服务却不因缴纳费用的多少而不同，从而使健康人与患者、高风险者与低风险者、单身者与有家庭者、年轻与年老者、高收入与低收入者能够互助共济，充分体现社会医疗保险的普惠性。

（2）新加坡城乡公共医疗卫生服务均等化制度

新加坡于1984年推出医疗保健储蓄计划（Medisave），成为其中央公积金制度的一部分。所有新加坡公民和永久性居民及其雇主都必须缴纳公积金，在他们的公积金账户下均单独设立一个医疗储蓄账户，其一定比例的公积金供款（目前为6%）将存入这一账户。1990年，实施的健保双全计划，也被称为大病保险计划，是一项低保费医药保险计划，目的是帮助公积金存户支付顽疾或重病所带来的住院费和指定医药费。该计划采用自愿参加原则，按照共付线和共付比例制，对投保者住院及部分门诊费用给予偿付。

新加坡建立政府补贴和医疗基金制度相结合的医疗救助体系，以保障医疗服务的可及性。新加坡医疗保障体系以个人健康储蓄账户为主，这一计划旨在规避福利体制下道德风险以及市场失灵问题。然而，使用个人储蓄应对疾病风险实质上属于风险自留，缺乏社会互助，因而应对能力有限。新加坡政府对低收入者到特定医疗机构和特定级病房的就医行为予以补贴。新加坡公民在政府建立的18个联合诊所接受门诊医疗时，只需支付50%的医疗费用，儿童（18岁以下）和老人（60岁以上）只需支付25%的费用，其余部分由政府承担；如果在C等级和B2等级病房接受住院治疗，政府分别补贴80%和65%的医疗费用。新加坡政府建立医疗基金作为医疗保障的最后安全网。1993年，新加坡政府专门建立了医疗救助制度，即保健基金（Medifund），为没有能力负担医疗费用的穷人提供专门的医疗援助，以发挥医疗保障安全网的作用。保健基金是一种信托基金制度，由政府不定期从财政预算中向该基金拨款，其利息用于医疗救助。

新加坡是储蓄医疗保险模式的代表国家。该国政府高度重视对公共卫生事业的投入，致力于构建优质的基本医疗服务体系。政府、私人或民间资金、社会人士或福利团体分别是公立医疗卫生机构、营利性医疗卫生机构和其他社会医疗卫生机构的创办主体。在医疗付费方面，遵循“人人负担得起”和“节约医疗资源”的原则，通过明确划分政府和个人责任，确保医疗保健制度的运行。

3. 国外城乡公共文化服务均等化制度借鉴

（1）美国城乡公共文化服务均等化制度

美国联邦政府和州政府以及州以下地方政府，通过直接或间接支持慈善和志愿组织，提供各类社会服务，这种方式称之为“市场分散式”或“民间主导式”。美国的立法体系非常完善，各级议会通过立法保障公民的基本文化权益。提供公共文化服务是各级政府的基本且主要职责。一般而言，城市或社区的标志性建筑都是图书馆或文化中心，公民的主要社会活动中心也大多在这些地方开展。

与我国公共文化服务机构运作资金主要依靠政府财政拨款不同，美国公共文化服务机构经费的主要来源于美国公民纳税和社会募捐，文化机构经营收入作为补充。美国公共文化服务于不同地区和阶层，面向每一位国民乃至观光旅游者，提供便利的服务体系，包括免费或低费的优质服务，以及连通延伸的网上服务。其背后有装备精良、专业水平高的公共文化服务队伍保证机构的高效运行，有参谋咨询团队协助公共领域决策的制定，有一支数量庞大、构成多元的志愿者队伍，确保公共文化服务的广度和深度。

（2）韩日城乡公共文化服务均等化制度

“新村运动”始于20世纪70年代，是韩国为了解决产业结构失调和城乡差距过大所采取的发展模式。从历史角度看，韩国始终是一个重视教育的国家。在发展农村经济的过程中也应教育先行。改革的成效在很大程度上取决于对农村人力资本的投资，因此，韩国非常重视农民的再教育和培训工作。

日本的城乡基本公共服务呈现出一种“自下而上，政府扶持”的模式。在这种模式中，从中央到地方政府均设有文化行政管理部门。各级政府文化部门对文艺团体进行有限的资助并提供比较完善的公共文化服务。由于战争导致人口锐减、农业不振，农村的各项文化传统也出现衰退迹象。面对这一局面，村民们自行对文化进行自省，并主动开展一系列文化活动。

（3）法国城乡文化服务均等化经验

法国构建了完善的农村公共文化服务供给网络。在法国，公共图书馆在乡村公共文化服务领域发挥着关键作用，其中，市镇图书馆（室）和省级外借图书馆主要为乡村提供服务。大多市镇有流动图书馆，为乡村读者提供专门服务。省级图书馆通过建立村镇图书室或配备图书借阅点为农村读者服务。此外，法国各级政府积极举办和支持各种文化艺术节。法国从城市到乡村经常举办各种形式的艺术节，许多艺术节是免费观看和参与的。此外，一系列农村公共文化活动项目的建立，使法国农民能够广泛参与文化艺术活动。发达的农村公共文化服务供给网络，使农村公共文化服务供给内容丰富多样，较大程度地丰富了法国农民的精神文化生活。

法国拥有可靠的供给筹资机制。法国政府注重保障文化资金投入，在政府的财政支出中，文化支出占有很大的比例。法国政府对文化事业的投入巨大。1995 年，希拉克总统上任不久，就把政府拨给文化部的款项翻了一番，2006 年，文化部获得的政府拨款约占当年国内生产总值的 1%，有 28.86 亿欧元。2009 年，尽管面临金融危机的巨大压力，法国文化部的预算仍然达 28 亿欧元，其在文化事务中的实际开支占中央全部预算支出的 4% 左右，累计金额达到 130 亿欧元。法国在城乡文化基础设施的投资、各类文化活动的资助、艺术品的收购、文化遗产的保护等方面所需经费，主要依赖于政府财政拨款。这一举措较好地改变了法国文化资源不平衡的状况，初步实现了内外省之间和城乡之间的文化平衡。除财政投入外，政府还对资助文化事业的企业实施税收优惠政策，以鼓励各种非政府组织、企业和个人积极捐赠农村公益性文化事业，从而为农村公共文化服务筹集资金。借助政府的财政支持和社会各界的文化捐赠，法国农村公共文化服务形成了可靠供给筹资机制，使法国农村公共文化服务供给有相对充足的资金保障，有效保障了法国农民的公共文化权益。

4. 国外社会保障服务均等化的制度借鉴

（1）德国城乡养老保险均等化制度

1889 年，德国成为世界上第一个为老年人提供养老保险的国家，与此同时，在该国农村企业从业的职员也获得了一定的养老保险。然而，德国农民直至 1957 年才正式享有养老保险，而且他们的养老保险制度和城市职工存在差异。由于政府没有承担相应的保障责任，在欧洲一体化的进程中，德国农业受到冲击，导致很多农民收入减少，他们的养老问题日益凸显。因此，德国为农业劳动者制定了相关制度以保障他们的老年生活。

（2）日本城乡养老保障均等化经验

日本作为全球老龄化程度极高的国家，素有“银发之国”的称号。在 20 世纪 70 年代，日本城乡结合地区就已出现极为严重的“空巢”现象。基于此，有学者提出了社区居家养老服务的相关概念。社区居家服务在日本城乡结合地区备受欢迎，这是因为社区所提供的服务全面且周到，既能让老年人安度晚年，又能使其继续发挥自身价值。该养老模式能使老年人脱离医院的拘束，使其重新回到社区，并安享晚年生活。为了切实保障老龄人口的各项医疗及福利等，日本制定了专门针对老龄人的法律条文，从而为城乡结合地区的社区养老模式提供了有效的法律支撑，推动日本社区养老事业的快速发展。为了保证老龄人的晚年生活愉快、充实且有质量，日本通常会为社区老龄人提供多元化的养老服务。例如安排服务人员、医生、护士等上门服务；设立日托机构，专门为行动不便者，提供洗澡、用餐以及健康体检等服务；还提供短期和长期托管服务，其中短期服务的时长为 3 个月以下，长期服务的时长则超过 3 个月。

日本介护保险制度日趋完善，在保险费用的构成与分担、被保险者的缴费等级、保险服务的等级和内容、低收入被保险人饮食及住宿费减免额度等方面都做了十分明确的规定，且随着日本家庭结构和内外部环境的变化不断进行调整和完善。2005 年的改革重点强化了“护理预防”措施，以应对老年人日益增长的对“支援”和“护理”的需要。2008 年的改革进一步强调“监督与管理”的重要性，旨在及时规范不合法、不合规的行为。2014 年的改革加强了养老体系的综合性能，强调养老、医疗和介护服务之间的协同合作。2017 年的改革则更加重视“介护状态重度化的预防”和“高龄老人自立支援”等相关内容，有效地适应了日本养老服务发展的新情况和新需求。

（3）美国、加拿大社会保障均等化制度

美国自 20 世纪 30 年代便制定实施了《社会保障法案》，其社会保障体系主要由社会保障、商业保障以及养老保障等构成。在养老保障中，私人雇主承担部分事权，联邦政府承担大部分事权。另外，社会救助也是美国基本社会保障均等化改革的重要内容，主要由州政府负责。加拿大的社会保障内容主要包括养老福利、失业保障和基本住房保障等。对待失业人员，主要采用救助措施，保证其日常基本生活需要得到满足。在养老福利方面，设立了多种福利措施，如退休金和住房保障。在住房保障方面，主要由政府提供低息贷款，以确保每个公民都有住房权利。

2010 年初，美国已有接近 3 亿的人口。2000 年后，美国人口中年龄在 65 岁及以上的老年人口占总人口的比例为 11.8%，预计到 2030 年，老年人口的比例将明显提升，达到约 20%。在老年人口中已婚人士占比为 55.8%，丧偶者的占比为 31.7%，离婚者的占比为 6.7%，未婚者约占 5%。从老龄化人口的年龄构成来看，65～74 岁的人群占老年人口总数的 52.7%，75～84 岁的人群占比为 34.8%，84 岁及以上人群占比为 11.7%。目前的老年人中，单独居住者的占比为 27.9%，居住在老年公寓的人口占比为 5.5%，与家人共同生活的老年人占比为 65.8%。美国将这类由老年人自退休后以自身生理状况及年龄作为根据而挑选出适合自己度过余下生命的居所，称之为“退休社区”。

退休镇及退休村是由开发商开发及经营的大型退休式社区，这类养老机构适合有一定自理能力且年龄相对较轻的老年人。目前，与退休经营相关的建筑形态包括两个方面：一是开发商用于提供养老服务的场所；二是供家庭房车使用的小面积土地。老年人照料中心则是指那些由机构赞助并修缮的养老机构，主要面向年老体衰且不具备自理能力的老年人提供照料服务。这类机构会为老年人提供一个心身均较为舒适且安全的休养环境。当前，这类养老照护社区主要划分为两种类型：一种是为老年人提供终身照料式服务，另一种是与终身照料相近的服务模式。在前者的服务体系中，包括了生活各个方面的服务设施，比如教堂、食堂、理发店、美容店、快餐店、图书馆、便利店及信息中心等。另外，在美国城乡结合地区，因为经济衰退导致一部分居民失业或无法就业，这部分人中的青年劳动力可能会去其他地方寻找就业机会，从而使社区只剩下老年人，这类社区称之为"只留老年人社区"。鉴于自然退休社区为老年人提供服务设施不够完善，部分私营企业开始推崇"居家援助老年式公寓"，为家庭条件较为富裕的老年群体提供更多的选择。对于选择"居家援助老年式公寓"的老年人而言，一般会有相应的服务人员为其提供卫生打扫，以及膳食和穿衣服务等。

5. 国外基础设施均等化的制度借鉴

（1）美国基础设施均等化经验

19 世纪初，美国着手大规模基础设施建设，并于 19 世纪中叶加强了对农村基础设施的建设。例如，在道路建设方面，美国国会针对"横贯大陆铁路"的建筑分别于 1862 年、1864 年通过了两项法律，为农村经济的发展提供了极大的交通便利。1912 年，美国国会资助"公共道路办公室"，监督农村邮路的修筑。1916 年，美国国会通过了《联邦高速公路法》，旨在资助农村公路的修建。1956 年，又推出一项新的联邦公路资助法案，规划修建 41000 英里州际公路。在电力发展方面，美国从 1936 年正式开展农村电气化计划，联邦政府在制定《1936 年农村电气化法令》的基础上，成立了农村电气化管理局和田纳西流域管理局。到 20 世纪 60 年代，美国 98% 的农村地区实现了电气化。在通信设施发展方面，1944 年美国修订了《1936 年农村电气化法》，并为农村电话的发展提供了长期低息贷款，这一措施极大地提高了农村电话普及率。随后，伴随着互联网宽带的迅猛发展，1994 年克林顿政府通过了互联网信息援助项目，其主要为农村地区互联网服务计划提供赠款。2003 年，农村公用事业服务局通过“社区联系赠款项目”为农村地区提供了 3000 多万美元的宽带援助款。即便在美国很多偏远、人口稀少的农村地区也建立了无线宽带网络。美国农村基础设施建设依赖于以政府为主导、市场和自愿模式并存的多元供给机制。联邦和州政府负责全国受益或规模大的项目；地方政府则投资于中等规模项目；小型项目，如路灯的提供，由乡（镇）基层政府负责，或在政府的依法监督下由农场主个人等自行经营管理。此外，农村基础设施的兴建中还引入了贷款机制和赠款机制。

（2）日本基础设施均等化经验

日本农村基础设施的发展是与日本新农村建设运动同步进行的。日本的新农村建设始于 1956 年，至 1962 年结束。在资金筹措方面，除了依靠当地农民自有资金及政府农业金融机构贷款外，国家还采取特殊补贴方式，显著提高了中央、都道府县及市町村三级政府的补贴水平。1967 年，日本政府出台了“经济社会发展计划”，并大力倡导综合农业政策，将新农村的建设置于农业经济发展和农村现代化的首要位置，并不断深化发展农业生产和农民生活的基础建设，大力推进城乡均等化发展，这一阶段被称为“第二次新农村建设”。自 20 世纪 90 年代以来，日本政府对农业基础设施的投资力度依旧不减，1998 年，农林水产省为强化农业生产及改善农村生活环境，投入资金高达 10840 亿日元，1999 年进一步增至 10910 亿日元；1998 年，投资 370 亿日元用于优化农业结构，1999 年再追加 360 亿日元。日本农村基础设施的建设费用分摊和后期管理制度十分明确，也颇具特点，主要是根据项目的等级在中央和地方政府甚至农户之间按比例分担费用，对于项目建成后的管理也有相应规定。

（二）国外公共服务供给模式与比较分析

1. 英国：市场与政府双轨模式

英国公共服务的主要供给模式是“市场与政府双轨模式”，即市场为主导，政府为补充，“政府在提供公共服务中起到必要的、辅助的作用，市场机制起到主导作用”。在这一模式中，政府提供公共服务的职能主要通过法规、政策和法律法规等形式加以明确，同时由财政拨款支持；企业提供公共服务的职能主要通过合同承包、特许经营和经营承包等形式加以明确，并由企业自主经营。与美国公共服务供给模式相比，英国在公共服务供给模式上呈现出明显差异：美国的公共服务供给模式以市场为主导，而英国的公共服务供给模式则是以政府为补充。鉴于这两种不同的供给模式存在显著差异，它们在具体实施过程中也呈现出相应的不同。

2. 美国：政府与市场并行模式

美国在某些公共服务领域具有一定优势，其公共服务供给模式独具特色。美国的公共服务供给模式既包括政府直接提供公共服务，也包括企业和非营利组织等第三部门提供公共服务。美国是一个高度发达的市场经济国家，在长期的经济发展过程中，已经形成了一整套比较成熟的市场经济运行机制。与我国不同，美国实行联邦制，联邦政府、州政府和州以下地方政府在权力分配上相对分散，因此在市场与政府并行供给模式下，美国公共服务供给中存在着一定的不确定性。然而，美国在公共服务供给中却取得了较好的成效。一方面是因为美国政府职能转变较为彻底；另一方面则是因为美国建立了比较完善的公共服务供给机制。

3. 德国：公私合作模式

德国公共服务供给的主体和方式比较多元，既有政府机构，也有民间组织和私营部门。其中，政府机构是最重要的供给主体，包括联邦政府、各州政府和地方政府；私营部门包括公共事业公司、私人公司等；民间组织则主要以协会、基金会为代表。从德国的实践来看，公私合作模式在公共服务供给中发挥了重要作用。特别是自 20 世纪 80 年代以来，随着德国经济的快速增长，社会对公共服务需求不断增加，而公共服务供给相对不足的矛盾也日益突出，因此，公私合作模式在德国公共服务领域得到了广泛应用。

4. 日本：公共服务市场化

日本通过其特色的财政平衡制度——地方交付税制度，实现了经济发展成果在全国各地的公平分配。地方交付税是根据 1954 年颁布的《地方交付税法》，由日本政府在增值税、公司所得税、个人所得税、烟税及酒税五种国家税的基础上，通过一定的比例与系数加成后形成财政基金，并按照一定的标准在各地方政府间进行分配。地方交付税不是税收，而是无条件转移支付，它与地方让与税制度及国库支出金制度共同组成了日本的财政平衡制度，并成为日本财政平衡制度的主体。

然而，日本作为亚洲较早实行市场经济的国家之一，其政府一直在尝试借助市场力量来提供公共服务。日本政府提供的公共服务主要有两种类型：一种是由政府出资并管理的公共服务，涵盖法律、会计、行政等方面；另一种是由企业出资并管理的公共服务，包括交通、医疗、教育等方面。除了法律、会计等公共服务外，其他很多公共服务都可以通过市场机制进行供给。此外，日本政府还通过扶持非营利组织来提供一些特殊的公共服务，如老年护理、残疾人护理和儿童保育等。日本政府通过不断调整公共服务的供给方式，持续完善日本的公共服务供给模式。

5. 法国：公私合作与财政一体化模式

法国是世界上公共服务供给最发达的国家之一。其公共服务供给机制是公私合作与财政一体化模式，其特点是在提供公共服务过程中，政府将一部分权力转移给市场主体，使政府成为提供公共服务的主体，同时也允许市场主体以多种方式参与到公共服务的供给过程中来。

法国公共服务供给主要采用以下两种模式。

第一，公私合作模式。即在法国公共部门中引入私人部门，鼓励其参与到公共服务的生产中来，并按照合同规定的方式向私人部门购买服务，由私人部门承担提供公共服务的责任。具体表现为政府职能部门向民间企业购买服务、民间企业参与政府职能部门的项目建设，以及政府与民间企业之间通过签订合同来明确双方权利义务。

第二，财政一体化模式。即法国通过整合不同部门的税收，统一上缴国库，再按照一定比例返还给各个公共部门，以实现财政一体化。

6. 韩国：公私合作的基础上进行有效的政府治理

在韩国，公共服务供给模式主要有两种类型：一是由政府作为主要的供给主体，政府通过向私人部门购买公共服务的方式提供公共服务；二是政府与私人部门合作，以公私合作（PPP）模式为基础进行有效的政府治理。

在韩国，私人部门主要包括公共机构和私人企业两类。其中，公共机构包括公共事业管理机构、韩国国立教育机构等；私人企业则主要包括银行、保险公司等。韩国政府将公共部门分为大政府和小政府两种类型，分别代表着不同的供给模式：大政府是指以国家为主要供给主体的政府；小政府则是指以地方政府为主要供给主体，体现地方治理模式。韩国在公共服务领域采取了公私合作的供给模式，并在实践中取得了一定成效。其成功原因在于：一是韩国实行了比较彻底的私有化改革；二是韩国对政府治理进行了改革，转变了公共服务供给理念和方式，从而提高了公共服务质量和效率。

7. 新加坡：公私合作与服务外包相结合的供给模式

新加坡是全球最早推行公共服务外包的国家，目前已经形成了政府外包（Outsourcing）与公私合作（Public - Private - Partnership）相结合的公共服务供给模式。新加坡政府将公共服务的管理职责和管理职能进行区分。在管理职责方面，政府工作部门主要负责制定宏观政策，承担监督检查、评估和控制工作，执行政府的经济和社会政策；在管理职能方面，主要负责提供公共产品，对服务外包项目进行选择和监督，并监督服务外包合同的实施和管理及对服务外包合同的执行情况进行监控。新加坡政府将公共服务外包作为一种重要的公共管理工具，通过合理选择公共产品的供给渠道、公私合作等方式来提高公共服务供给效率，推动政府职能转变和发展模式创新。

第十章

城乡融合发展下县域人口变动与公共服务均等化的对策建议

2021 年底，国家发展和改革委员会等部门联合印发了《“十四五”公共服务规划》。该规划紧紧围绕人民群众最关心、最直接、最现实的民生问题，在科学界定基本公共服务、非基本公共服务以及生活服务的基础上，提出了公共服务高质量发展的总体蓝图。这一规划对稳步提升公共服务保障水平具有重要的现实意义。基于对全国县域人口与公共服务现状及未来发展预测的统计分析，目前我国县域正处于城镇化快速发展和经济高速增长期，同时也是各种矛盾的凸显期。人口结构的快速变动给县域可持续发展带来了“五大压力”：一是劳动年龄人口变动与劳动力资源优化配置压力；二是人口老龄化与养老服务压力；三是学龄人口变动和教育资源配置的压力；四是人口城镇化与城乡融合发展的压力；五是生育变动与生育支持服务的压力。为了缓解上述五大压力，必须从战略的高度确定未来县域人口发展与公共服务均等化战略方向。

一、城乡融合发展下县域人口变动与公共服务均等化的指导思想

坚持以习近平新时代中国特色社会主义思想为指导，立足新发展阶

段、贯彻新发展理念、构建新发展格局，实施积极应对人口老龄化国家战略，实施三孩生育政策及配套支持措施，改革服务管理制度，提升家庭发展能力，推动实现适度生育水平，促进人口长期均衡发展，为建设富强民主文明和谐美丽的社会主义现代化强国、实现中华民族伟大复兴的中国梦提供坚实基础和持久动力。

（一）人口发展要以长期均衡发展为主线

将促进人口长期均衡发展摆在全党全国工作大局及现代化建设全局中谋划部署，兼顾多重政策目标，统筹考虑人口数量、素质、结构、分布等问题，推动人口与经济、社会、资源、环境协调可持续发展，最大限度地实现区域经济效益、社会效益、环境效益与人口数量、人口密度的有机匹配，促进人的全面发展，实现人口与经济、社会、资源、环境的协调和可持续发展。

（二）人口发展要与空间的均衡再分布协调一致

全面推进教育、医疗卫生、文化体育、公交网点等公共配套设施建设，在确保公共资源充分、高效利用的同时，实现人口的相对科学、均衡再分布。借助市场力量，如通过住宅开发引导，促进人口地域分布的合理化；通过产业结构的地域调整，提供更多的就业岗位。此外，通过城乡规划的宏观调控，如城镇设施的规划建设，平衡城乡人口居住空间分布，使人口居住地的分布与城市整体发展协调一致，尽量减少其对城市基础设施、道路交通、城市空间发展等方面的冲击。

（三）推进区域公共服务均等化是对公平和社会正义的体现

公共服务资源的不均衡分配会导致富裕地区享有更好的服务，而贫困地区则获得较少的支持，从而加剧地区间的社会和经济差距，不利于社会的和谐稳定。通过均等化公共服务，可以促进资源的公平分配，缩小地区之间的差距，实现社会的公正与和谐。公共服务是保障人民群众基本生活需求的重要手段。无论是教育、医疗、文化还是基础设施建设，都是人民群众生活中不可或缺的部分。推进区域公共服务均等化有助于保障人民群众的基本权益和需求，同时，也有助于促进区域间的协调发展。通过促进公共服务均等化，可以更好地调动各地区的发展潜力，实现区域经济的协调发展。此外，公共服务的均等化有助于提升整体社会生产力。优质的教育、医疗、基础设施等公共服务能够提高人民群众的素质和健康水平，增强其创造力和生产力。因此，通过均等化公共服务，可以提升整体社会的生产力和竞争力。

（四）人口发展与公共服务建设要以改革为动力、问题为导向

面对我国人口发展面临的突出矛盾和问题，结合于现代化建设战略布局，我们要深化改革，破除制约人口均衡发展的思想观念、政策法规、体制机制等因素，提高人口治理能力和水平。各地需根据县域居民的实际需求和民生状况，科学确定公共服务资源配置的优先方向和重点领域，确保服务对象的真实需求得到满足。只有深入了解问题的本质和根源，才能更好地规划和配置资源，避免资源的浪费和不必要的重复投入，实现优化利用。同时，通过不断发现和解决问题，可以逐步改善县域公共服务资源配置的现状，促进县域可持续发展的实现。

（五）人口综合调控要构建有理、有利和有效的综合调控体系

从全面、协调与可持续发展的要求来看，若要在短时间内缓解“五大压力”，就必须在现有的人口综合机制的基础上，进一步构建有理、有利和有效的综合调控体系。所谓“有理”，是指调控的手段要得当，不能采用设门槛等歧视性手段，而应该多借助产业结构转型和调整房地产开发结构等市场化举措。“有利”，是指人口调控要以有利于经济和社会的可持续

发展，有利于产业结构的优化和升级，有利于提升人口素质、优化空间分布为目的。“有效”，是指调控的举措要有针对性和可操作性，要能在短期内取得明显成效。

二、城乡融合发展下县域人口变动与公共服务均等化的指导原则

党的二十大报告指出，中国式现代化是人口规模巨大的现代化，这是中国式现代化排在第一位的重要特征。人口规模庞大是中国式现代化的重要基础和支撑，人口数量、素质、结构和分布的变动是影响中国式现代化的重要因素，做好新时代人口工作对中国式现代化至关重要。学习贯彻党的二十大精神，做好新时代人口工作，就要紧紧围绕新时代新征程中国共产党的使命任务，科学研判人口形势，精准把握问题关键。

（一）坚持科学发展观的原则

发展观就是对发展的认识和看法，或是审视发展时所站的立场和所持的态度。这样的立场、认识、看法和态度，是指导发展的神经中枢。党的二十大报告指出，中国式现代化是人口规模巨大的现代化；而高质量发展是全面建设社会主义现代化国家的首要任务。高质量发展不仅在于经济产业的高速增长与提档升级，更在于社会治理与公共服务的稳定与活力扩张。公共服务的不断提档升级，有利于增强人民对于发展的现实感知和对发展成效的切身体验，突出以人民为中心、共享发展成果的现代化追求。公共服务关乎民生、连接民心，是人民群众获得感、幸福感、安全感的重要保障。此外，报告还强调了“增进民生福祉，提高人民生活品质”的重要性，并对“着力解决好人民群众急难愁盼问题，健全基本公共服务体系，提高公共服务水平，增强均衡性和可及性”作出部署，既体现了坚持

人民至上的根本立场，也为做好公共服务工作提供了行动指南。

（二）坚持科学谨慎的原则

制定人口发展战略是关系到如何引导未来人口发展趋势和进行政策决策的重大问题，在这个问题上的些许失误，都有可能产生难以想象的不良后果，这是由于制约人口发展的因素较多，人口再生产的周期较长的特点所决定的。因此在制定人口发展战略时，必须坚持科学性，力求方案严密，同时还要预留一定弹性空间。提出一个合理的并且被人们认可的人口发展目标是不容易的，因为人和社会在变，人类认识客观世界的能力也在变。几十年前对社会的具体认识和估计，十年之后未必是完全正确的。事实也证明，人们对人口发展作出的各种预测从未与实际情况完全契合。但即便如此，我们也不能放弃对未来人口发展趋势的预测，反而要以此为基础，提出科学合理的人口发展战略。

（三）坚持全局性和可操作性的原则

人口发展是社会大系统中的一个要素，与社会经济发展密切相关。人口发展战略是社会经济发展规划的有机组成部分，同时也是社会经济发展规划的前提和基础。人口发展战略必须结合整体发展规划，强调全局性、长远性、前瞻性、稳定性、平衡性和操作性，注重人口发展战略与社会经济发展规划及其他部门发展战略的衔接，以达到较好的整体效果。

（四）坚持人口高质量发展的原则

人口高质量发展是指人口总量保持充裕、人口整体素质不断提高、人口结构不断优化、现代化人力资源实现分布合理、人口能够长期均衡发展、并能与经济社会高质量发展相适应。高质量发展是全面建设社会主义现代化国家的首要任务，人口高质量发展一定程度上决定着经济社会高质量发展的长期走向，揭示人口发展所面临的主要问题，并针对这些问题合理规划未来人口发展路径，是实现人口高质量发展的前提。县域是国家治理的基本单元，是推进乡村振兴的主阵地，是实现城乡融合发展的重要切入点，是促进区域协调发展、推进共同富裕的关键所在。

三、城乡融合发展下县域人口变动与公共服务均等化的规划目标

《关于优化生育政策促进人口长期均衡发展的决定》明确提出了以“推动实现适度生育水平，促进人口长期均衡发展”作为优化生育政策的指导思想和主要目标。该决定提出到2025年“生育水平适当提高”，到2035年“生育水平更加适度”的定性要求。做好新时代人口工作，就要结合贯彻《关于优化生育政策促进人口长期均衡发展的决定》精神，立足当前我国生育水平变动的实际情况，从人口与经济、社会、资源、环境协调可持续发展出发，探究推进优化人口发展战略，解决好阶段性战略目标、战略重点、策略思路、政策措施以及体制机制保障等重大问题。在此过程中，要坚持以人为本的理念，坚持率先发展、科学发展、和谐发展，健全经济和社会管理制度，形成良好的人口综合调控机制。基于此，结合人口发展的现状以及对2020年以前我国县域人口与经济发展的判断，对2020—2050年的人口规模和结构进行了预测，并作出了具体规划（见图10－1）。

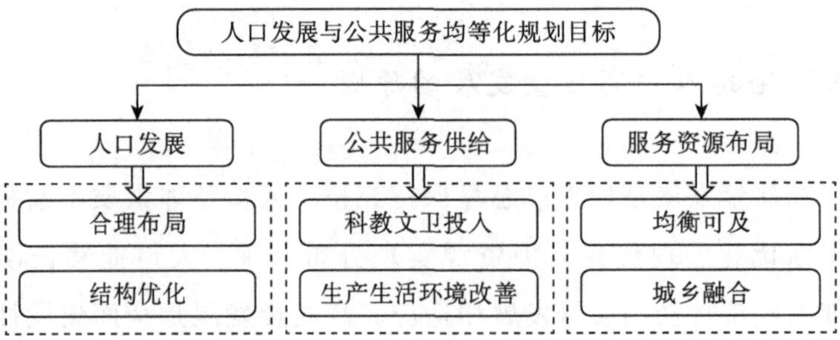

图10－1　县域人口发展与公共服务均等化目标规划

（一）人口发展目标

人口发展目标包括控制人口数量、提高人口素质、优化人口结构、促进人口城镇化、优化人口空间分布等多个方面，旨在实现人口与经济社会资源环境条件的协调发展。根据我国县域人口发展的基础、发展的条件及发展的机遇以及据此做出的县域人口未来变动的预测，参照人口发展战略的总体思路，将2050年以前我国县域人口发展的总体目标确定为：利用经济增长方式的转型，适度调控人口总量，使人口增长的速率与经济发展相适应，与资源环境的承载能力相一致。

具体而言，2025—2050年，逐步实现人口规模控制，使县域人口发展与经济社会资源环境条件相适应。到2035年，县域人口出生率达到10%，2050年达到12%。同时，提高劳动年龄人口健康素质，加快教育现代化，推动全民终身教育，提高劳动力的技能水平，使县域人口平均受教育年限提高至13年以上，县域大专及以上学历人口占比提升至25%，县域人口平均预期寿命在2035年达到85岁、2050年达到88岁。推进人口结构优化，推进少儿、老年人口的适度抚养比，持续发挥劳动力资源丰富的优势。有序推进农业转移人口市民化，优化人口流动格局，使之与城镇化、区域发展战略、国土空间开发保护等相适应，力争到2035年县域城镇化率达到40%，2050年达到50%。优化人口分布格局，促进人口在城乡、区域之间的合理分布。促进人口集聚，通过政策引导、基础设施建设、公共服务提供等措施，吸引人口向中心城镇、重点区域等集聚，提高人口集聚程度。引导人口在不同区域、不同行业之间的合理流动。人口职业构成更趋向于非农化，从业人口的非农化率与产值的非农化率相协调，推动职业构成技能化、高技能化发展。

（二）公共服务供给目标

加强公共服务设施的建设和管理，提高公共服务的水平和质量，以满足人民群众的基本需求。同时，加强公共服务评价和监督机制，确保公共服务的有效供给和管理。

加强县域内的基础设施建设，包括教育、医疗、文化、体育、交通、通信、能源等领域，提高公共服务设施的质量，扩大覆盖范围。例如：县域供水普及率、燃气普及率等超过95%；至2035年建成区排水管道密度达到4公里/平方公里；县域建成区绿化覆盖率在2035年提升至30%以上，2050年提升至40%以上。

加强县域内公共服务的供给和管理，提高公共服务的水平和质量，满足人民群众日益增长的公共服务需求。例如：每千人医疗机构床位数在2035年达到7.0张/千人，2050年达到8.0张/千人；不断完善学校师生比适度化水平建设，社会保障占GDP的比重截至2035年和2050年分别达到10%和20%。根据县域内的实际情况，制定相应的公共服务布局优化策略，促进公共服务的均衡分布和便利可得，提高人民群众的生活质量。

（三）公共服务资源布局目标

根据县域内的实际情况，合理配置教育、医疗、文化、体育、交通、通信、能源等公共服务资源，提升资源的利用效率和服务质量，到2035年实现县域人口发展与公共服务发展之间的良好协调，2050年达到优质协调。加强县域内城乡之间、区域之间的公共服务资源均衡分布，促进公共服务的均衡化和均等化，提高人民群众的生活质量，到2035年，实现东北、东部、中部、西部地区间整体公共服务耦合协调度的差异值控制在0.2以内，2050年缩小到0.1及以下的目标。引导公共服务资源合理流动：制定相应的政策措施，引导公共服务资源在不同区域、不同行业之间的合理流动，促进人口流动与公共服务资源的协调发展。

四、对城乡融合发展下县域人口变动与公共服务均等化的对策建议

在“十二五”和“十三五”规划实施期间，国家聚焦于基本公共服务的均等化，强调中央政府的责任以及转移支付的作用。进入“十四五”时期，普惠性非基本公共服务成为重点，提出了增强服务均衡性和便捷性的要求，催生服务供给主体的多元化。这要求构建以政府主导、社会力量参与的多元供给体系。应明确政府、市场和社会在基本公共服务供给中的职责，创新财政支持方式，引导多方参与供给。同时，发挥市场在资源配置中的优势，放宽市场准入，加强监管和财政支持，增强非基本公共服务供给的合力。在新时代背景下，我国公共服务供给已取得历史性成就，但基本公共服务在城乡、区域、群体间的差距依旧存在，非基本公共服务的供需矛盾也较为严峻。为此，应切实推进公共服务质量和数量的提升，确保服务资源合理分配到基层和农村，关注弱势群体，加快补齐服务短板。对于普及性非基本公共服务，应注重扩大服务范围和提升质量，鼓励社会力量参与养老、育儿、教育、医疗等关键领域的规范性服务，科学合理地配置资源，以提高服务的可用性和可及性。基于此，本书结合人口发展的现状以及对2020年以前我国县域人口与经济发展的判断、对2020—2050年间的人口规模和结构所作出的预测，对未来我国县域人口和公共服务协调发展提出了具体改善路径，如图10-2所示。

（一）自上而下完善公共服务供给运作机制

新时代背景下，政府引领各领域进行全面改革，社会治理体系日益完善，治理能力不断提升。自《“十四五”公共服务规划》实施以来，我国更加注重提升公共服务保障水平，促进公共服务均等化、标准化发展。公

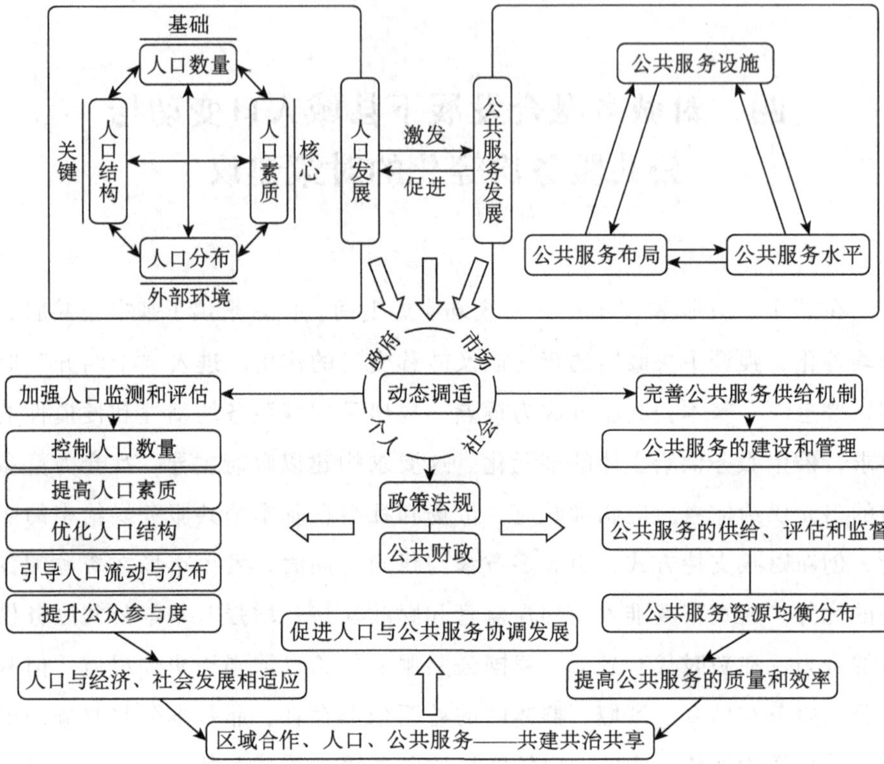

图 10－2 我国县域人口与公共服务协调发展的未来实践路径

共服务政策的制定以及公共服务资源的分配等，均需要一套完备且有效的运作机制。只有这套机制能够顺利有序运行，才能实现公共资源在各个区域的有效配置，进而推动社会公平和共同富裕的实现。

为保证机制的有效运行，可以建立集中决策体系，由政府相关部门负责决策公共服务的各项重要事项，保证公共服务的整体性和系统性；建立统一的服务平台，整合各类公共服务资源，通过统一的平台进行管理和调度，提高服务效率；引入市场竞争机制，通过公开招标、政府采购等方式，引入社会资本和优质服务提供者，提高公共服务供给的竞争性和有效性；加强监管评估，建立完善的监管评估体系，对公共服务提供者的服务质量、效率、成本等进行全面评估，确保公共服务的高质量供给；推进数字化转型，利用信息技术手段，推进公共服务供给的数字化转型，提高服务效率和质量；加强宣传教育，通过各种渠道加强公共服务宣传教育，提高公众对公共服务的认知度和满意度；制定明确的公共服务标准，明确公共服务的范围、内容、质量、时间等方面的标准，确保公共服务供给的规范化和标准化；加强与公众的沟通交流，建立有效的沟通交流渠道，及时了解公众的需求和反馈，不断优化公共服务供给；构建完善的反馈机制，对公共服务供给过程中出现的问题和困难进行及时反馈和解决，确保公共服务的高效运行。

总之，自上而下完善公共服务供给运作机制，需要全面考虑各种因素，从政策制定、资源调配、服务提供、监管评估等方面进行综合施策，才能实现公共服务的优质、高效和可持续供给。同时，还需要不断总结经验，持续改进和完善，不断提高公共服务的水平和质量。

（二）明确县域公共服务各方供给主体职责

在现代社会，公共服务的内容日益复杂化、需求趋向多元化，这就要求多方成员共同参与、联合提供服务。例如，政府内部上下级的纵向协同、跨部门之间的横向协同，以及政府与企业之间的合作。在这些协同与合作中，团队成员由于分工不同，对公共服务的供给过程中的控制权存在差异，进而对服务质量的影响程度也不尽相同。

1. 坚持政府在公共服务供给中的主导地位

在共同提供公共服务的过程中，政府内部纵向协同中的上级部门、横向协同中的“掌舵单元”，以及政企合作中，政府部门始终占据主导地位。政府有关部门负责制定和完善相关政策法规，明确各供给主体的职责和权利，确保公共服务供给的公平性和效率性；加大对公共服务的投入，提供必要的财政支持，确保公共服务的质量和数量；建立有效的监管机制，确保公共服务供给的透明度和公正性，防止腐败和浪费；建立公共服务评估机制，政府相关部门应建立完善的公共服务评估机制，对公共服务的供给质量和效果进行定期评估，并及时反馈评估结果，以便及时改进和提高；进一步优化公共服务供给机制，积极推动公共服务供给的市场化、多元化和专业化。例如，政府可以通过购买服务的方式，引入社会力量参与公共服务供给，提高供给效率和质量。同时，政府还应该加强对公共服务的监管，确保公共服务的质量和公平性。

2. 强化社会组织及企业的职责

新中国成立至今，国家管理社会组织的制度理念经历了“同构”“规制”“治理”三个阶段的变迁。在此过程中，社会组织的能动性在提高，对于公共服务的参与度也在逐步增强。目前，社会组织参与公共服务仍然面临“制度困境”，表现为制度冲突、制度缺失与制度脱节。这些问题，我们可以通过加强法治建设、推动共治建设、引导自治建设等方式加以解决。随着市场化进程加速，社会组织和企业在各种实务中发挥的作用越来越显著，为了实现公共服务均等化，社会团体和企业应该积极参与，献计献策，提供各种支持。社会团体可以通过积极参与公共服务供给，提供多元化的服务方式，满足不同群体的需求；加强与政府、企业和个人的合作，共同推进公共服务供给的改革和创新；积极开展宣传教育活动，提高公众对公共服务的认识和理解，增强公众的参与意识和能力。例如，通过开展志愿服务、公益活动等形式提供多样的公共服务，提升公众的参与意识和能力。对于企业来讲，应积极参与公共服务供给，提供高质量、高效能的公共服务产品，满足市场需求；加强与政府、社会团体的合作，共同推进公共服务供给的市场化改革；注重社会责任，积极参与公益事业，为社会作出贡献。随着社会组织和企业治理现代化的快速推进，相关制度的进一步优化，社会组织在公共服务中的作用将进一步提升。

3. 鼓励个人积极参与

个人作为公共服务的主要消费者，应当增强公共服务意识，积极参与公共服务供给，为改善公共服务质量贡献力量。个人应关注公共服务供给的改革和创新，积极提出自己的意见和建议；树立正确的价值观和消费观，合理利用公共服务资源，避免浪费和过度消费。同时，个人可以通过多种途径，如社区讨论、网络搜索、咨询相关部门等了解所在县域的公共服务现状，包括提供的服务种类、质量、覆盖范围等；积极参与社区活动，了解社区公共服务的需求，并为社区公共服务的发展提供建议和意见；关注国家和地方有关县域公共服务的政策法规，以及这些政策对个人及社区的影响，如有不理解的地方，可以主动咨询相关部门；在可能的情况下，个人应积极参与县域公共服务的供给，如参与志愿者服务、社区活动等，为县域公共服务的改善作出贡献；个人应该意识到自己是县域公共服务体系中的一员，有责任和义务为公共服务的改善出谋划策，同时也要尊重和理解公共服务供给主体的职责。

综上所述，政府、社会团体、企业和个人之间应该加强信息共享和交流，及时传递公共服务供给的最新动态和政策信息，促进各方之间的合作和沟通；应加强公共服务人才队伍建设，提高公共服务供给的专业化水平，培养出一支高素质和高水平的公共服务人才队伍；应积极推动技术创新和改革，探索新的公共服务供给模式和方式，提高公共服务的效率和质量。因此，政府、社会团体、企业和个人应共同努力，通过优化供给机制、提供多样化的服务方式、加强监管和合理消费等措施，共同推进县域公共服务的供给改革和创新，以满足不同群体的需求，提高公共服务的水平和质量，同时提高县域公共服务的供给水平，满足不同群体的需求，促进县域经济的发展和社会进步。

（三）推进县域公共服务靶向供给与专项提升

当前社会对我国公共服务供给的期待以及专业人士和学术界对《“十四五”公共服务规划》的关注，多侧重于公共服务的均等化、标准化。然而，《规划》其实还蕴含了对公共服务精准化的要求，强调了对基本公共服务的短板弱项实施精准治理，并对非基本公共服务和生活服务的多样化需求作出了精准回应。特别是提出了“逐步完善精准服务、主动响应的公共服务提供机制，实现从‘人找服务’到‘服务找人’的转变”，这可以看作是对未来公共服务精准化模式的一个基本定位。

从逻辑层面看，公共服务精准化体现了以高效能治理促进高质量发展的进程，并与均等化、标准化具有内在一致性。可以说，高水平的公共服务均等化和标准化，必定伴随着高水平的精准化；没有足够精准的靶向，公共服务均等化和标准化都将大打折扣甚至失去其原有意义。从现实层面看，公共服务精准化直接面对的是居民的个性化公共需求，直接影响着公共服务供给的效率与质量评价，体现了追求社会公平、实现共同富裕的实践方向。在以标准化促进均等化的过程中，根据不同对象的需求分门别类设置服务项目和支出标准，这其实体现了对不同类别群体需求的精准化满足，即以城乡、地域、群体（包括某些特殊群体如残障人士）以及层次地精准供给代替“一刀切”式供给。这种以满足居民个性化公共需求为目标的产品提供方式，与公共服务均等化一起构成了我国财政制度的价值体系。

1. 适当调整托育供给服务

针对中西部地区托育服务供给不足的问题，应适当增加中西部地区的托育服务供给。通过相关数据分析，我们可以发现，中西部的生育率正在缓慢上升，但缺少相应的托育服务，而发达的东部地区每年出生的新生儿数量却并不能与当地所提供的充足的、高质量、完善的托育服务相匹配，存在公共服务资源浪费的情况。因此，适当增加中西部各县域的托育服务供给更有利于全国生育水平的提升。

增加中西部地区的托育服务供给需要综合考虑当地实际情况和需求，采取多种措施综合推进。政府可以通过调整相关政策，提高中西部地区托育服务的政策支持力度。例如，增加对托育服务机构的资金补贴或税收优惠政策，吸引更多的私人资本和社会力量投入托育服务领域；针对中西部地区托育服务设施不足的问题，可以加大对托育机构和家庭托育服务场所的建设投入。建设现代化、规范化的托育设施，提高服务质量和容量；加强对托育服务从业人员的培训和技能提升，提高其服务水平和专业素养，通过专业化的培训，吸引更多优秀人才从事托育服务工作，提高服务供给的质量和数量；完善管理机制，建立健全中西部地区托育服务的管理机制和监督体系，加强对托育机构的监管和评估，确保服务质量和安全。同时，加强与家长和社区的沟通与合作，促进托育服务的良性发展；推广使用信息化技术，建立托育服务的在线平台和信息共享系统，方便家长查询和选择合适的托育服务资源。通过信息化手段的推广，提高托育服务的透明度和便捷性；加大宣传力度，针对中西部地区开展托育服务的宣传和推广活动，增强社会对托育服务的认知和接受度，通过宣传教育，增强家庭和社区对托育服务的需求意识，推动托育服务供给的增加和优化。

2. 提高养老服务的针对性

（1）养老服务项目适当向女性倾斜

秉着供需均衡原则，公共服务的供给应该满足多数人的服务需求。通过相关数据分析，我们发现，60岁及以上的老年群体中女性的占比明显高于男性，因此在公共服务供给过程中，适当向老年女性倾斜能更好地满足县域中女性老年人的养老需求，提高其生活质量，促进社会公平与和谐。同时也应该尊重老年人自主选择的权利，充分考虑其个体差异。

为更好地满足县域女性老年人的养老需求，可以采取以下具体措施：①设计并提供更加符合女性需求的养老服务。考虑到女性在生活照料、健康管理和社交需求等方面的特殊需求，提供更加贴心的关怀和服务。②开展老年女性关注、关爱和交流活动，如健康咨询、兴趣爱好培养、社交互动等，提高女性老年人的生活质量。③养老服务应具有灵活性和多样性。考虑到女性可能需要更多个性化的照料需求，提供多样化的养老服务，例如提供上门照料、社区日间照料等。④健康管理和医疗服务。提供专门针对女性老年人的健康管理和医疗服务，包括定期的健康体检、妇科疾病筛查、心理健康关怀等。⑤提供培训和就业机会。提供针对女性老年人的培训和就业机会，鼓励她们参与社区养老服务的志愿工作或者其他社会活动，以增强她们的社会参与感和自尊。⑥关注女性的特殊需求。考虑到女性老年人可能面临的孤独、丧偶、财产继承等问题，提供心理咨询、法律援助等服务。

（2）完善东部县域地区养老服务体系

秉着效率最大化原则，公共服务的供给规模应与需求主体规模相协调。从以上数据来看，老年人口组65岁及以上人口占比变动中，内蒙古自治区、吉林省、黑龙江省、江西省、湖北省、陕西省、宁夏回族自治区呈增长趋势。老年人口集中分布的县域主要位于东部地区，且范围不断扩大，主要呈现向东北部、中部地区蔓延的趋势。因此，完善东部县域养老服务体系能够为老年人提供更加便捷、优质、多样化的养老服务。

完善东部县域地区的养老服务体系，可采取以下措施：①加大养老设施建设力度。在东部县域适当增设养老院、养老护理院等机构，特别是要增加高龄老人、失能老人等特殊群体的养老床位，提高养老服务的供给能力。②提高养老服务人员的专业素质。通过加强培训和技能提升，提高养老服务从业者的专业知识和服务意识，使其能够更好地满足老年人的养老需求。③鼓励社会力量介入养老服务。鼓励和支持社会力量兴办养老机构和服务机构，引导民间资本投资养老服务领域，提高养老服务的市场化水平。④开展养老服务供给与需求的调研。通过养老服务供给与需求的调研，了解老年人的养老需求，根据需求情况合理配置养老资源，优化养老服务布局。⑤推动养老服务信息化建设。建立养老服务信息系统，整合养老服务资源，提供老人养老服务的信息查询、预约等功能，方便老人和家属获取养老服务信息。⑥推动养老服务与医疗健康服务的融合。在东部县域推动养老服务与医疗健康服务的融合，加强老年人的健康管理、疾病防控和医疗服务，提高老年人的健康水平和生活质量。

3. 教育资源向部分区域倾斜

教育资源向中部、西部地区倾斜。从相关数据可知，从全国范围来看，在学历人口占比这一指标中，2000—2020年县域人口的受教育水平逐渐升高。2000年、2010年、2020年我国县域人口平均受教育年限分布情况，均呈现出较明显的区域差异，且东中西部的差异逐渐明显。2000—2010年，东部地区县域人口平均受教育年限增长更为明显，中西部县域人口平均受教育年限逐渐提高，但变动相对较为缓慢。同时，县域各学历人口密度均呈现明显的区域差异特征，东部地区＞中部地区＞西部地区，西部地区的各种学历人口密度均处于较低水平。因此，将教育资源向中部、西部地区倾斜，可以逐步实现中西部县域教育资源的均衡发展，提高教育水平和促进教育公平，为中西部地区经济社会的可持续发展奠定基础。

向中部和西部县域倾斜教育资源的具体措施如下：①加强学校基础设施建设。增加中部和西部县域的学校建设投入，包括修建新的学校、扩建现有学校、改善学校设施等，确保学校基础设施的完备性和教学条件的改善。②增加师资配置。增加中部和西部县域的教师数量，通过提高教师的待遇、加大招聘力度等方式吸引更多的优秀教师前往中西部地区任教。③提高教师专业素质。实施有针对性的培训和提升计划，提高中西部地区教师的专业水平和教学能力。④推进教育信息化建设，加强中西部地区学校的教育信息化建设，提高教学资源的共享和利用效率，通过建设校园网络、提供多媒体教室、推广教育 App 等方式，促进教育教学的现代化。⑤引进优质教育资源。与发达地区或国际组织合作，引进先进的教育资源、教学模式和教育技术，提升中西部地区的教育水平，通过国际交流与合作项目、引进优秀教育机构等方式，促进教育质量的提升。⑥解决随迁子女教育问题。关注随迁子女的教育问题，制定相应的倾斜政策。例如，学校给随迁子女特定的入学指标等，确保随迁子女能够顺利融入新环境。

4. 完善县域医疗卫生服务体系建设

完善县域医疗卫生服务。与全国相比，县域医疗卫生服务水平普遍低于城市，特别是经济欠发达的东西部地区，医院数量、医疗人员配备量、床位等服务资源均低于东部地区，且缺乏有代表性的医疗服务机构。因此，需要完善县域医疗卫生服务体系建设，提高中西部县域医疗卫生服务的能力，保障老年人能享有一个相对健康的晚年生活。

加强县域基层医疗卫生机构建设，扩充其数量和规模，提高设备设施水平，提升基层医疗卫生机构的服务能力和水平，建立健全县域内医疗卫生资源配置的网络化管理体系，确保基层医疗卫生机构能够及时有效地提供基本医疗卫生服务。加强医疗卫生人才培养和流动，加大对中西部县域的医疗卫生人才培养和引进力度，提高医生、护士等医疗卫生人才的供给量和质量，鼓励医疗卫生人才在县域内流动，通过增加薪酬待遇、提供良好的工作环境等方式吸引人才留在中西部县域工作，提高医疗卫生服务的稳定性和连续性。开展健康教育和预防保健工作，加强对县域居民的健康教育和预防保健工作，提高居民的健康意识和健康素养，减少疾病的发生和传播。开展健康宣传活动，推广科学健康生活方式，加强慢性病的管理和防控工作，提高居民的健康水平。完善县域医疗卫生服务补偿机制，加大对中西部县域医疗卫生服务的财政支持力度，提高医疗卫生服务的可及性和可负担性，建立健全基本医疗保险制度，确保县域居民能够享受到基本医疗保险的覆盖范围和待遇水平，加强对中西部县域医疗卫生服务的质量监管，提高医疗卫生服务的质量和安全水平。推动远程医疗和互联网医疗的发展。加强县域医疗卫生机构与高水平医疗卫生机构之间的合作，推动远程医疗和互联网医疗的发展，提高县域医疗卫生服务的覆盖范围和质量水平。

5. 推进适老化产业发展

推进适老化产业发展，方便老年人生活。三次普查数据中，我国县域人口老龄化率呈现出不断增长的趋势，均高于全国总体水平，且二者的差距在不断扩大，从 2000 年的 0.15 个百分点的差距扩大到 2010 年的 0.36 个百分点再扩大到 2020 年的 1.18 个百分点。适老化产业的发展引起更多人的关注。

基础设施建设方面：建设适老化的养老服务机构，包括养老院、日间照料中心、老年公寓等，提供老年人居住和生活的便利设施；对现有的医疗机构、社区中心等进行适老化改造，使其更适合老年人的需求。社区服务与支持方面：建立社区服务网络，设立社区老年人服务中心，提供日间照料、健康咨询、文体活动等服务，满足老年人的多样化需求；推广社区互助模式，鼓励社区志愿者组织开展邻里互助、义务照料等活动，加强社区的凝聚力和支持系统。医疗保健服务方面：加强老年医疗保健服务，提供定期健康体检、慢性病管理、健康教育等服务，保障老年人的身体健康；开展远程医疗服务，利用信息技术，为老年人提供远程医疗咨询、健康监测等服务，弥补医疗资源不足的问题。技术与创新方面：推动适老化科技创新，研发适老化辅助设备、智能医疗器械等，提升老年人的生活质量和自主能力；支持适老化产业发展，鼓励企业投入适老化产业，推动产品和服务的不断创新和提升。健康教育与培训方面：加强老年健康教育，开展健康知识普及活动，帮助老年人养成健康的生活习惯和行为；提供护理人员培训，培训护理人员和家庭照护者，提高他们的专业水平和服务质量。

6. 落实流动人口就业、住房、社会保障等问题

落实流动人口就业、住房、社会保障等问题是保障流动人口顺利融入流入地的基础。2000—2020 年，我国县域迁入人口来源：本县（市）/本市市区、本省其他县（市）市区、外省，均呈现不断增长的趋势，县域省外流入人口占流入人口数比重的分布呈现明显的区域差异变动特征，其中，东部地区占比呈现不断缩减的趋势，且区域内部差异逐渐缩小，中西部地区的占比明显低于西部地区，但省外流入人口数量则明显高于西部地区。由此可知，县域流入人口，特别是东部地区县域人口流入较多，落实县域流动人口的就业、住房和社会保障问题有利于促进社会公平和稳定。具体需要综合考虑政府、社会组织和市场的作用，采取多种措施。

关于就业，政府可以通过扶持当地产业发展、招商引资等措施增加就业机会；提供针对县域流动人口的职业技能培训，提升其就业竞争力；提供创业培训、贷款支持等政策，鼓励流动人口在当地创业就业；建立健全县级公共就业服务机构，为流动人口提供就业信息、职业指导等服务。关于住房，加大对保障性住房建设力度，为低收入流动人口提供廉租房或公租房；完善住房租赁市场监管，保障流动人口的租房权益；开发农村集体建设用地，建设农民集中居住区，提高流动人口的住房条件。关于社会保障，可以扩大县域流动人口的参保范围，包括城乡居民基本医保、城镇职工基本养老保险等；建立健全城乡低保制度，对生活困难的流动人口给予临时救助；完善就业失业保险制度，为流动人口提供失业保险金和再就业服务。此外，还需加强政策宣传和法律法规保障，确保各项政策得到有效落实。同时，加强与周边地区的协调合作，形成区域性解决方案，共同应

对县域流动人口问题。

7. 维护婚姻稳定性

离婚率的逐渐升高影响社会稳定，维护婚姻稳定性受到广泛关注。可以看出2000—2020年，我国县域离婚率低于全国总体水平的县的数量及占比呈现不断缩减的趋势，高于全国总体水平的县的数量及占比则在不断增加，相对而言，县域离婚率水平呈现相对增长趋势。且我国县域离婚率呈现明显的区域差异，各区域内部差异相对较小，区域间差异较大。维护县域人口婚姻稳定性是一个重要的社会任务，涉及整个社会的稳定和人们的幸福。

通过举办婚姻教育课程和提供婚姻辅导服务，帮助夫妻解决婚姻中的矛盾和问题，增进夫妻间的理解和沟通；建立健全的家庭关系支持体系，包括开展家庭活动、提供亲子教育服务等，促进家庭成员之间的和谐和团结；加强对婚姻法律法规的宣传和普及，保障夫妻双方的合法权益，维护婚姻的稳定和持续；加强对夫妻心理健康的关注，建立心理健康服务体系，为夫妻提供心理咨询和支持，帮助他们应对婚姻中的各种挑战；建立社区支持网络，包括邻里关系、社区组织等，为夫妻提供社会支持和帮助，增强他们的生活满意度和幸福感；倡导夫妻共同承担家庭责任和义务，鼓励夫妻之间的相互尊重和支持，建立和谐稳定的家庭关系；提供就业培训和创业支持，帮助夫妻增加收入来源，减轻经济压力，促进家庭稳定和幸福；通过媒体和公共宣传，引导社会舆论关注婚姻家庭建设，倡导尊重和关爱，营造良好的婚姻家庭氛围。

（四）加快区域互助、以点带面建设

在我国城市群区域快速发展的背景下，城市群区域内公共服务水平的非均衡现象较为显著，公共服务供给效率低下、供需不匹配等成为影响公共服务高质量发展的关键问题。单一行政主体难以解决自身或区域性的公共服务问题，因此，需要对政府间合作行为作出新的制度安排。近年来，在国家的大力推动下，京津冀、长三角和粤港澳大湾区三大城市群的区域协同发展工作稳步推进，已相继上升为国家发展战略。自2016年以来，地方政府间签署的各类区域合作协议数量以及制定的城市群区域规划显著增长，但实际上大多数区域合作协议并没有得到地方政府持续有效的执行，而且各区域的合作绩效存在显著的异质性。

鉴于此，应该加强区域合作，以点带面。具体而言，可通过强化沟通与协调，建立有效的沟通机制，并定期召开会议，共同讨论公共服务发展中所面临的问题和挑战，寻求解决方案。通过资源共享，实现不同县域之间的优势互补。例如，教育领域可以通过合作办学、共享教师等方式实现资源共享；医疗领域可以通过跨县域转诊、远程医疗等方式提高资源的利用效率；鼓励不同县域之间共建共享公共服务设施，如学校、医院、文化设施等，这样可以避免重复建设，节约资源，同时也可以提高公共服务的覆盖面和质量；通过合作开展公共服务项目，可以实现优势互补、资源共享，例如，可以共同开展农村基础设施建设、扶贫项目、环保项目等，以提高公共服务的整体水平；为了促进不同县域之间的协同互助，可以建立激励机制，如财政补贴、税收优惠等，以鼓励县域之间加强合作；加强人才培养，是实现协同互助的重要保障。可以通过合作培训、交流学习等方式，提高县域之间公共服务管理人员的素质和能力，为协同互助提供人才支持，同时还可以发挥典范的引领作用。以上海为例，上海经济发达，公共设施完善，人口净流入量大，各种公共服务设施完善，基于大城市的挤出效应，上海的发展会带动周边城市的发展。例如，昆山市作为苏州市下辖县级市，地理位置优越，紧邻上海，受到上海的辐射效应而快速发展。从公共服务的角度来看，昆山可以借鉴上海的经验，然后逐渐向外辐射，以点带面，实现公共服务的融合发展。

综上所述，加强沟通协调、实现资源共享、共建共享公共服务设施、合作开展公共服务项目、建立激励机制和加强人才培养是促进不同县域之间协同互助、以强带弱、展长处、补短板的重要措施。

（五）推进县域公共服务数字化建设

数字化驱动公共文化服务高质量发展。党的二十大报告提出，实施国家数字化战略，健全现代公共服务体系，创新实施惠民工程。以数字化推动公共服务高质量发展是我国建设社会主义现代化强国的重要内容，也是满足人民群众美好文化生活需求的重要举措。

推进平台一体化建设：建设县域公共服务数字平台，整合现有公共服务系统，打造统一的数字平台，实现信息共享和互联互通；提供全方位服务，通过平台集成各类公共服务资源，包括教育、医疗、社保、就业等，为居民提供便捷的一站式服务。提高服务人员素质：提升数字化能力，培训和提升公共服务人员的数字化技能，确保他们能够熟练运用数字技术为居民提供服务；引入专业人才，吸引和培养具备数字化建设专业知识的人才，担任县级公共服务数字化建设相关职位，推动系统建设和运行。促进区域有效衔接：实现跨地区数据共享，与周边县级地区建立数据互通机制，实现数据共享和整合，提高公共服务的精细化管理和协同发展；推动跨区域协同服务，建立跨区域公共服务合作机制，推动县级区域间的公共服务资源共享，提高服务效率和质量。保护数据安全与隐私：建立健全的数据安全体系，加强数据安全保护措施，建立健全的数据安全管理制度，确保公共服务数据的安全和可靠性；加强隐私保护，制定相关政策和法规，加强对个人隐私的保护，确保个人信息不被滥用和泄露。

（六）扩大资金投入以完善资金测算与使用机制

近年来，随着居民生活水平提高，人们对美好生活的要求越来越高，完善的公共服务体系成为不可或缺的因素。国家对公共服务投入的资金越来越多，对专项资金的投入增幅也持续扩大。资金的规范化管理是有效发挥公共卫生服务职能作用的关键，而预算绩效管理是资金管理的重要组成部分。目前，在资金管理和使用上依然面临一些问题。在一定程度上制约了基本公共卫生服务项目在改善民生、促进社会发展等方面的作用发挥。

1. 逐步扩大资金投入

首先，要增加对区域公共服务的资金投入，以确保各地区都能够获得足够的资源支持。政府可以通过增加财政预算、调整财政政策等手段来实现资金的增加。其次，促进资金的多元化来源，可以探索多元化的资金来源，包括引入社会资本、发行专项债券、开展 PPP（政府和社会资本合作）项目等方式，以增加资金投入的灵活性和多样性，满足不同地区和项目的需求。

2. 完善各项管理制度，规范资金使用

第一，完善专项资金和基本公共服务资金管理制度。坚持落实专款专用的原则，注明各项收支的用途，对各项收支进行详细核算，为后续项目实施情况和质量情况的监督考核工作奠定良好的基础，继而有效保证项目资金使用的规范性。第二，建立健全财务、内部控制制度、完善物资管理制度。对基本公共服务项目中采购的物资，严格执行出入库管理。物资的使用，要办理相应的登记和申领手续，使用登记簿保管，以便后续审查。

3. 提高项目资金会计核算的准确性

一是建立依据充分、合理的间接费用分摊办法。首先，间接费用如兼职在职人员费用可依据工作量分摊；其次，分摊办法与实际核算要相符，需提供计算过程和最终分配结果；最后，协调配合各科室，统一分摊费用的信息口径。二是建立成本核算方案，实施成本明细核算。以公共医疗服务为例，首先，基层医疗卫生机构应立足于自身的业务实际，通过全方位的数据收集形成标准化的成本测算。其次，进行成本核算精细化管理，科学地分配基本公共卫生、基本医疗和管理成本；基本公共卫生成本在原基本公共卫生项目和新划入项目的基础上实施二次分配，并通过合理设置会计科目和建立辅助核算体系，来区分不同基本公共卫生服务项目之间的经费来源。

4. 全过程管理保证资金支出与业务进度一致

各级政府机关、社会团体、机构应立足于自身实际，对项目资金实施全过程管理，确保项目资金支出与业务进度一致。在项目实施前，依据项目计划和预算目标，制订年度工作计划，合理安排各项工作，同时明确各项目负责人。在项目实施过程中，严格按照预算计划使用项目资金，并加强经费执行过程的管理，对于项目资金的使用，严格落实“计划按照目标走，活动跟着计划走，经费跟着活动走”的原则，由此保证经费使用与进度同步，进一步提升项目资金管理的规范性。在项目结束时，必须对项目资金进度管理情况进行深入分析，及时发现和解决项目资金使用过程中存在的问题，进一步完善项目资金管理体系。同时，结合分析结果对相关人员进行奖惩。

5. 建立健全项目资金管理的精细化预算绩效管理机制

第一，加强全面预算管理，提升预算编制科学性。各政府机关、社会团体、机构在进行基本公共服务项目资金管理过程中，应充分发挥预算管理的作用，在预算编制时，坚持以收定支、科学预算、收支平衡的原则，选择科学有效的方法进行资金预算限制，确保预算编制与实际情况相符，并具体细化至每一个子项目。第二，建立内部监督检查机制。为保证预算顺利执行，各服务主体要不断完善内部监督检查机制，成立内部监督联合小组，定期对基本公共卫生服务项目资金使用情况及预算执行情况进行审查。对于违规支出事项，应将其作为重点考核指标进行跟踪管理。第三，制定统一标准的绩效考评机制，有效监督项目资金使用的情况，在具体的考核过程中，以预算计划为依据，制定详细的任务清单和任务台账，通过层层落实责任的方式，提升预算监督效果。同时，将预算执行结果和考核结果与员工绩效奖金挂钩，充分体现多劳多得、优劳优酬原则。此外，对未完成绩效考核目标的，也要加强分析，合理调整预算目标和计划。第四，结合当前区域层面的绩效评估实操经验，推进“按常住人口数量分配”向“按实际工作量分配”的理念转变，调整资金流向实干单位、坚持奖优罚劣，动态化调整项目服务工作策略和方法，完善以结果为导向的绩效考核机制，统筹社区机构内部的工作资源，分析产出与效益结果，使基本公共卫生服务重点项目等各项目资金效益最大化。

6. 提升信息化水平，完善信息系统建设

第一，依据基本公共服务项目资金管理要求，构建相应的预算绩效信息平台，为项目绩效考核与评价提供技术支持。第二，推动横向数据互联互通，促进基本公共服务系统与基层公共服务机构管理系统有效对接，由此形成具有综合监管、科学决策、精细服务的新监管模式，并全面对接绩效考评相关工作，实现对基本公共服务项目的信息化跟踪管理，形成监督机制长效化。

（七）促进县域公共服务各项资源有效衔接与整合利用

为实现区域公共服务的均衡发展，应从促进县域公共服务各项资源的有效衔接与整合利用入手。资源整合是组织管理的一项重要战略，通常是指“运用不同的方法对各类不同类型的资源进行有效的组织和协调，通过对内部和外部资源、有形和无形资源、物质和知识资源进行有效的识取、重构与消化吸收，并内化为满足自身发展需求的资源体系，从而实现资源的优化配置”的过程。从空间意义而言，我国部分地区的公共服务存在着供给与需求不匹配的问题。通过有效的组织和协调机制，将原本分散和割离的社会资源和公共服务潜在力量，包括组织资源、阵地资源、人力资源、文化资源、项目资源等统一规划、集中配置，围绕共同目标、遵守统一规范、服从集中管理，从而形成资源的整体合力。在资源优化配置中寻求与服务客体的最佳结合点，满足民众需求，提供优质公共服务。资源整合体现了一种系统论的思维方式，其目的是对区域内彼此独立或联系分散的要素进行重新集成和优化配置，各要素彼此渗透、交互、耦合，从而在整体互动中发挥最大效用，产生“1+1>2”的效应。

建立信息共享机制：建立县域公共服务信息共享平台，各相关部门和机构可以共享资源和信息，实现数据的互联互通，通过信息共享，可以避免重复收集和处理数据，提高工作效率，减少资源浪费。加强跨部门协同合作：建立跨部门协同工作机制，促进县域公共服务各相关部门之间的协同合作。建立统一的服务标准和流程：建立统一的县域公共服务标准和流程，包括事项办理的流程、办理时间的要求、服务质量的指标等。推进电子化和数字化服务：推广使用电子化和数字化的方式，提供公共服务，例如建设县域公共服务平台、推动电子政务等。建立优质服务评价机制：建立评价机制，定期对县域公共服务的各项指标进行评估和监测，根据评价结果，及时调整服务策略和优化资源配置，以提高服务质量和满足居民和企业的需求。

五、结论与进一步拓展的思考

新时期的城乡融合发展需要关注城乡关系的不可分割性、统一性和相互协调性，不断消除城乡之间各种体制机制障碍，促进更多资金、人才、技术、信息、土地及其他要素在城乡之间自由流通、双向流通、高效流通。此外，融合发展也将加速城乡空间的交互性发展，城市空间加快向乡村延伸，使乡村与城市更加接近，不断加强城乡之间的地理和生态关联度。传统城市与乡村在经济功能上的差异化，是城乡二元结构不断深化的主要原因。随着户籍制度的改革和流动人口生存状况的不断改善，城市户籍已不足以吸引流动人口长期定居并实现市民化，流动人口更关注户籍制度背后的城镇基本公共服务水平。因此，解决流动人口城镇基本公共服务供给均等化问题，促进流动人口定居、落户城市，已成为当前我国城镇化发展需要迫切解决的重要现实问题。

在城乡融合发展的进程中，乡村振兴和新型城镇化不断推进，“农业农村优先发展”的原则也深入人心。只有破除了影响城乡融合发展的体制机制阻碍，才能逐步推进公共服务和基础设施城乡均等化，构造新型的城乡关系，从而更快地走上融合发展道路，加快推进乡村振兴和农业农村现代化。建立完善均等的公共服务和一体化的基础设施体系，是实现城市经济与农村经济相互带动、第一、第二、第三产业深度融合发展的基础，有利于促进人口实现有效流动，使乡村居民能够享受到城乡服务均等化为日常生活带来的便捷，从而推动乡村经济转型升级，并进一步推进农业和农村现代化进程。新时期的城乡公共服务均等化是经济、生态和社会发展的可持续性多维互构，强调科技创新在其中的引领作用，力求城乡运用科学技术发展经济的能力和水平趋向一致，通过注入科技要素弥补城乡发展差距，进而提高经济社会的发展质量和发展效率，是一条由动力变革转向质量变革、效率变革的新路径。

通过本书所做研究，可获得我国2000年以来基于普查数据所反映的县域人口变动与公共服务建设存在的问题、未来变动趋势及政策更新启示的初步认识和结论。然而，仍有一些问题尚待进一步深入研究：目前所做研究主要从耦合协调关系的角度探讨人口变动与公共服务变动之间的关系，未来还需要多角度、多方法地进一步深入研究县域人口变动与公共服务均等化之间的相互作用关系及变动趋势；尽管基于宏观汇总数据对人口变动特征进行了描述性分析，但不同群体更细致的属性特征差异，以及他们在不同尺度上的空间分布及变动对公共服务资源配置的影响也极为重要，未来应进一步使用微观数据对其加以揭示。

参考文献

［1］刘合光．以共同富裕为目标推进城乡融合发展的逻辑与路径［J］．社会科学辑刊，2022，（01）：149－157.

［2］黄花．乡村振兴背景下城乡融合发展的逻辑与路径构建［J］．中国石油大学学报（社会科学版），2022，38（06）：97－104.

［3］车冰清，陆玉麒，王毅．江苏省城乡空间融合的形态演化研究［J］．长江流域资源与环境，2017，26（07）：1022－1031.

［4］王大超，赵红．中国城乡融合发展效率评价及其影响因素研究［J］．财经问题研究，2022，（10）：101－109.

［5］马志飞，宋伟轩，王捷凯，等．长三角地区城乡融合发展水平、演化及影响因素［J］．自然资源学报，2022，37（06）：1467－1480.

［6］张爱婷，周俊艳，张璐，等．黄河流域城乡融合协调发展：水平测度、制约因素及发展路径［J］．统计与信息论坛，2022，37（03）：34－43.

［7］杨飞虎，杨洋，林尧．城乡融合发展水平测度及区域差异分析［J］．价格月刊，2020，（09）：70－77.

［8］蓝相洁，文旗．城乡基本公共服务均等化：理论阐释与实证检验［J］．中南财经政法大学学报，2015，（06）：67－73＋159－160.

［9］项继权．基本公共服务均等化：政策目标与制度保障［J］．华中师范大学学报（人文社会科学版），2008，（01）：2－9.

［10］郭小聪，刘述良．中国基本公共服务均等化：困境与出路［J］．中山大学学报（社会科学版），2010，50（05）：150－158.

[11] 安体富，任强．公共服务均等化：理论、问题与对策［J］．财贸经济，2007，(08)：48－53＋129.

[12] 常修泽．中国现阶段基本公共服务均等化研究［J］．中共天津市委党校学报，2007，(02)：66－71.

[13] 李曼音，王宁．城乡基本公共服务均等化的现实困境与纾解［J］．人民论坛，2018，(07)：68－69.

[14] 缪小林，张蓉，于洋航．基本公共服务均等化治理：从“缩小地区间财力差距”到“提升人民群众获得感”［J］．中国行政管理，2020，(02)：67－71.

[15] 姜晓萍，康健．实现程度：基本公共服务均等化评价的新视角与指标构建［J］．中国行政管理，2020，(10)：73－79.

[16] 刘小春，李婵，熊惠君．我国区域基本公共服务均等化水平及其影响因素分析［J］．江西社会科学，2021，41 (06)：77－88.

[17] 卢成会．中国省际公共服务均等化的统计测度［J］．统计与决策，2022，38 (14)：34－38.

[18] 彭迪云，王玉洁，陶艳萍．中国地区基本公共服务均等化的测度与对策建议［J］．南昌大学学报（人文社会科学版)，2021，52 (04)：51－61.

[19] 乔俊峰，陈荣汾．转移支付结构对基本公共服务均等化的影响——基于国家级贫困县划分的断点分析［J］．经济学家，2019，(10)：84－92.

[20] 庞伟，孙玉栋．如何激励地方政府改善公共服务——基于合理划分中央与地方事权与支出责任的视角［J］．经济问题探索，2017，(11)：27－34.

[21] 杨刚强，邢艺竞．金融支持促进基本公共服务均等化了吗？——基于长江经济带 11 省（市）实证分析［J］．上海经济研究，2020，(04)：83－98.

[22] 魏福成，胡洪曙．我国基本公共服务均等化：评价指标与实证研究［J］．中南财经政法大学学报，2015，(05)：26－36.

[23] 李华，董艳玲．中国基本公共服务均等化测度及趋势演进——基于高质量发展维度的研究［J］．中国软科学，2020，(10)：74－84.

[24] 吕光明，陈欣悦．县域基本公共服务均等化的测度与结构解析［J］．财政研究，2022，(04)：52－68.

[25] 王大哲，朱红根，钱龙．基本公共服务均等化能缓解农民工相对贫困吗？［J］．中国农村经济，2022，(08)：16－34.

[26] 熊兴，余兴厚，蒲坤明．长江经济带基本公共服务综合评价及其空间分析［J］．华东经济管理，2019，33（01)：51－61.

[27] 张德钢，郭皓皓，陆远权，等．财政透明度对基本公共服务均等化的影响研究［J］．宏观经济研究，2021，(11)：5－16＋111.

[28] 王雪晴，田家华．湖北省基本公共服务均等化水平测度［J］．统计与决策，2021，37（23)：81－85.

[29] 李百灵．长三角城市群基本公共服务高质量均等化程度对比研究［J］．林业经济，2022，44（09)：20－34.

[30] 韩增林，李彬，张坤领．中国城乡基本公共服务均等化及其空间格局分析［J］．地理研究，2015，34（11)：2035－2048.

[31] 肖建华，黄蕾，吴爱琴．财政转移支付对社会性基本公共服务均等化效应的实证检验［J］．金融与经济，2017，(03)：32－36.

[32] 成华，尹金承．省域农村基本公共服务水平的测度及区域差异分析［J］．统计与决策，2019，35（19)：100－103.

[33] 豆建民，刘欣．中国区域基本公共服务水平的收敛性及其影响因素分析［J］．财经研究，2011，37（10)：37－47.

[34] 刘德浩．区域基本公共服务均等化发展水平的实证研究［J］．统计与决策，2017，(05)：104－108.

[35] 李燕凌，杨日映，陈麒羽．城乡基本公共服务均等化的功能、困境与路径选择［J］．湘潭大学学报（哲学社会科学版），2016，40（06)：11－15.

[36] 刘成奎，龚萍．财政分权、地方政府城市偏向与城乡基本公共服务均等化［J］．广东财经大学学报，2014，29（04)：63－73.

[37] 付宗平．统筹城乡背景下成都市农村公共服务的供给——基于公共服务均等化的视角 [J]．农村经济，2014，(06)：113－116.

[38] 杨晓军，陈浩．中国城乡基本公共服务均等化的区域差异及收敛性 [J]．数量经济技术经济研究，2020，37 (12)：127－145.

[39] 党秀云，马子博．我国城乡基本公共服务均等化的制度困境及改革路径 [J]．西北大学学报（哲学社会科学版），2013，43 (06)：154－159.

[40] 朱云飞，赵宁．城乡基本公共服务均等化的省域布局及财政对策 [J]．税收经济研究，2020，25 (01)：88－95.

[41] 吉富星，鲍曙光．中国式财政分权、转移支付体系与基本公共服务均等化 [J]．中国软科学，2019，(12)：170－177.

[42] 党秀云，陆黎．公共服务场景：概念构建、分析维度与设计原则 [J]．社会科学研究，2023，(06)：51－59.

[43] 樊继达．以新发展理念引领城乡基本公共服务均等化 [J]．中国党政干部论坛，2019，(05)：34－37.

[44] 吴根平．统筹城乡发展视角下我国基本公共服务均等化研究 [J]．农村经济，2014，(02)：12－16.

[45] 李一花．城乡基本公共服务均等化研究 [J]．税务与经济，2008，(04)：33－37.

[46] 李军鹏．新时期推进基本公共服务均等化的思路与对策 [J]．新视野，2019，(06)：52－59＋71.

[47] 钟裕民．城乡基本公共服务融合发展的机制障碍与消解路径 [J]．中国延安干部学院学报，2020，13 (04)：76－82.

[48] 潘倩，金晓斌，周寅康．近300年来中国人口变化及时空分布格局 [J]．地理研究，2013，32 (07)：1291－1302.

[49] 曾永明．中国人口空间分布形态模拟与预测——基于“五普”和“六普”的分县尺度人口密度研究 [J]．人口与经济，2016，(06)：48－61.

[50] 尹德挺，袁尚．新中国70年来人口分布变迁研究——基于“胡

焕庸线”的空间定量分析［J］. 中国人口科学，2019，(05)：15－28＋126.

［51］叶东安. 我国人口分布的现状和特点——人口分布问题研究综述［J］. 人口研究，1988，(05)：57－59.

［52］吕晨，樊杰，孙威. 基于ESDA的中国人口空间格局及影响因素研究［J］. 经济地理，2009，29（11）：1797－1802.

［53］王公博. 创新驱动与人口集聚：基于空间杜宾模型的实证检验［J］. 西南民族大学学报（人文社科版），2020，41（08）：128－136.

［54］范毅，王笳旭，张晓旭. 推动县域经济高质量发展的思路与建议［J］. 宏观经济管理，2020，(09)：60－62＋88.

［55］王培安. 科学把握人口发展规律促进新时代人口均衡发展［J］. 健康中国观察，2021，(11)：28－31.

［56］杨东亮，任浩锋. 中国人口集聚对区域经济发展的影响研究［J］. 人口学刊，2018，40（03）：30－41.

［57］陈红艳，骆华松，宋金平. 东京都市圈人口变迁与产业重构特征研究［J］. 地理科学进展，2020，39（09）：1498－1511.

［58］韦政伟，王俊俊，陈嘉浩. 中国城市群人口——经济时空格局演变非均衡差异研究［J］. 统计与决策，2020，36（18）：81－84.

［59］袁锦标，曹永旺，倪方舟，等. 中国县域人口集聚空间格局及影响因素的空间异质性研究［J］. 地理与地理信息科学，2020，36（03）：25－33.

［60］王莹莹，童玉芬. 产业集聚与结构高度化对北京人口规模的影响：膨胀还是收敛？［J］. 人口学刊，2015，37（06）：5－13.

［61］段成荣，盛丹阳，吕利丹，等. 迁徙中国视野下我国县域人口流动状况与发展挑战［J］. 西北人口，2022，43（06）：1－13.

［62］郑筱津，尹稚，何艳玲，等. 以人民为中心的新型城镇化［J］. 城市规划，2023，47（12）：55－60.

［63］周皓. 中国人口流动模式的稳定性及启示——基于第七次全国人口普查公报数据的思考［J］. 中国人口科学，2021，(03)：28－41＋126－127.

[64] 马胜春. 中国省际人口流动的特征及影响因素的空间分析 [J]. 人口研究, 2022, 46 (06): 59 - 71.

[65] 古恒宇, 劳昕, 温锋华, 等. 2000—2020 年中国省际人口迁移格局的演化特征及影响因素 [J]. 地理学报, 2022, 77 (12): 3041 - 3054.

[66] 林宇敏, 张莉. 超大城市非户籍人口定居落户意愿及影响因素 [J]. 城市发展研究, 2022, 29 (06): 117 - 124.

[67] 陈丙欣, 叶裕民. 中国流动人口的主要特征及对中国城市化的影响 [J]. 城市问题, 2013, (03): 2 - 8.

[68] 杨传开, 康江江, 宁越敏. 山东省县域流动人口的空间集聚状况及其影响因素 [J]. 城市问题, 2019, (08): 61 - 68.

[69] 戚伟, 赵美风, 刘盛和. 1982—2010 年中国县市尺度流动人口核算及地域类型演化 [J]. 地理学报, 2017, 72 (12): 2131 - 2146.

[70] 但俊, 阴劼. 中国县内人口流动与就地城镇化 [J]. 城市发展研究, 2016, 23 (09): 88 - 93 + 2.

[71] 李思洁, 李稷, 刘科伟, 等. 都市圈人户分离群体的空间分布特征及影响因素研究——以西安都市圈为例 [J]. 城市问题, 2024, (01): 45 - 55.

[72] 程梦瑶, 段成荣. 迁徙中国形态得到进一步确认 [J]. 人口研究, 2021, 45 (03): 75 - 81.

[73] 贾婷月, 王晓阳, 司继春, 等. 财政支出推动了区域制造业升级吗? ——基于基础设施与基本公共服务双重视角的实证检验 [J]. 上海财经大学学报, 2021, 23 (06): 67 - 81.

[74] 田艳平, 王佳. 城市化对城乡基础教育投入均等化的影响 [J]. 中国人口·资源与环境, 2014, 24 (09): 147 - 155.

[75] 唐天伟, 孙丽华, 张剑娜. 我国省级政府基本公共服务均等化测度分析: 2003—2012 [J]. 经济管理, 2013, 35 (11): 170 - 177.

[76] 辛冲冲, 陈志勇. 中国基本公共服务供给水平分布动态、地区差异及收敛性 [J]. 数量经济技术经济研究, 2019, 36 (08): 52 - 71.

[77] 冯骁, 牛叔文, 李景满. 我国市域基本公共服务均等化的空间

演变与影响因素 [J]. 兰州大学学报（社会科学版），2014，42（02）：86－93.

[78] 范逢春，谭淋丹. 城乡基本公共服务均等化制度绩效测量：基于分省面板数据的实证分析 [J]. 上海行政学院学报，2018，19（01）：53－64.

[79] 周少甫，张嘉俊. 人口增长率的空间交互效应分析——基于省级面板数据的实证研究 [J]. 软科学，2020，34（04）：58－63.

[80] 李庄园. 公共服务在中国经济增长中的作用——基于人口结构和人口聚集的研究 [J]. 人口研究，2020，44（05）：92－107.

[81] 许坤，卢倩倩，许光建. 基本公共服务均等化与消费扩容升级——基于面板模型和面板分位回归数模型的分析 [J]. 经济问题探索，2020，(06)：28－42.

[82] 杨强，李丽，王运动，等. 1935—2010 年中国人口分布空间格局及其演变特征 [J]. 地理研究，2016，35（08）：1547－1560.

[83] 陈甬军，国庆. 中国人口流动与城市化进程的地区差异研究 [J]. 经济问题探索，2013，(01)：36－40.

[84] 王洁晶，张沐华，王霓霓. 中国流动人口分布的空间格局和影响因素——基于人口普查分县数据的研究 [J]. 人口学刊，2023，45（04）：82－96.

[85] 贾婷月，王晓阳，司继春，等. 财政支出推动了区域制造业升级吗？——基于基础设施与基本公共服务双重视角的实证检验 [J]. 上海财经大学学报，2021，23（06）：67－81.

[86] 王桂新，潘泽瀚. 中国人口迁移分布的顽健性与胡焕庸线 [J]. 中国人口科学，2016，(01)：2－13＋126.

[87] 董建振. 非首都功能疏解下的城市公共服务水平与城市人口增长关系的实证研究 [J]. 中国集体经济，2019，(15)：29－31.

[88] 唐娟莉，李睿. 新型城镇化与基本公共服务协调发展及影响因素研究——基于 286 个地级市 [J]. 西安石油大学学报（社会科学版），2022，31（01）：48－56＋82.

［89］胡洪曙，武锶芪．中国基本公共服务供给效率的评价与供给方式优化——基于省级面板数据的DEA分析［J］．财经论丛，2020，(01)：33-42．

［90］丁金宏，张伟佳，毛仁俊，等．人口年龄结构演化轨迹与转变模式：国际比较与中国特色［J］．人口研究，2023，47（01）：23-42．

［91］陈景华，毛开元，孟凡诚，等．中国人口高质量发展：内涵、水平及区域差异［J］．中国人口科学，2024，38（02）：3-18．

［92］何雄浪，王诗语．人口高质量发展影响城市经济韧性的效应研究——基于新型人口红利视角［J］．西南民族大学学报（人文社会科学版），2024，45（04）：95-105．

［93］韩林海．西部地方高校促进人口高质量发展的使命任务与实现路径［J］．中国高等教育，2024，(19)：30-33．

［94］高珂，王涛，姜莹，等．生育友好型社会下的现代化税收政策优化［J］．宏观经济管理，2024，(10)：67-72+81．

［95］周德禄，邵帅．以人口高质量发展支撑中国式现代化的逻辑进路［J］．东岳论丛，2024，45（06）：142-148+192．

［96］郭凯明．以人口高质量发展支撑中国式现代化［J］．人民论坛，2024，(12)：62-65．

［97］杨菊华．人口高质量发展：科学内涵、动力势能与进路策略［J］．中共中央党校（国家行政学院）学报，2024，28（01）：83-96．

［98］田天亮．中国式现代化视域下的人口高质量发展：内涵解析、困境辨识与优化路径［J］．西南民族大学学报（人文社会科学版），2024，45（02）：186-195．

［99］王小林．以分层分类社会救助制度推进人口高质量发展［J］．中国人口科学，2024，38（01）：13-17．

［100］陆杰华，冯雨欣．适变与应变：“十五五”时期人口发展规划的新格局、新挑战及其实践路径［J］．河北学刊，2025，45（01）：130-139．

［101］方刚，杨建朝．城乡优质均衡视域下乡村教育发展新困境与差

异正义进路［J］. 华南师范大学学报（社会科学版），2023，（03）：130－141＋207.

［102］刘熙宁. 乡村振兴视域下河北省县域义务教育城乡一体化发展研究［D］. 河北师范大学，2019.

［103］陈静漪，宗晓华. 县域义务教育优质均衡发展的整合性分析——基于制度分析与发展框架的应用［J］. 理论月刊，2024，（07）：24－31＋154.

［104］王爽，刘善槐，毋锶锶. 人口变动新形势下义务教育教师编制动态调整机制研究［J］. 教师教育研究，2023，35（06）：29－34＋43.

［105］李实，杨一心. 面向共同富裕的基本公共服务均等化：行动逻辑与路径选择［J］. 中国工业经济，2022，（02）：27－41.

［106］徐家良，赵挺. 政府购买公共服务的现实困境与路径创新：上海的实践［J］. 中国行政管理，2013，（08）：26－30＋98.

［107］郭小聪，代凯. 国内近五年基本公共服务均等化研究：综述与评估［J］. 中国人民大学学报，2013，27（01）：145－154.

［108］张鹏，高小平. 数字技术驱动公共服务高质量发展——基于农村的实践与优化策略［J］. 理论与改革，2022，（05）：82－93＋149－150. DOI：10. 13553/j. cnki. llygg. 2022. 05. 008.

［109］田小龙. 后新公共管理改革与中国的服务型政府建设［J］. 公共管理与政策评论，2023，12（02）：157－168.

［110］马慧强，韩增林，江海旭. 我国基本公共服务空间差异格局与质量特征分析［J］. 经济地理，2011，31（02）：212－217.

［111］张翔，冉光和. 普惠金融数字化、公共服务均等化与农民农村共同富裕——基于县域统计数据的实证分析［J］. 山西财经大学学报，2023，45（12）：30－43.

［112］张启春，明珠. 县域基本公共服务均等化政策执行差异何以形成？——基于扎根理论的探索性分析［J］. 华中师范大学学报（人文社会科学版），2024，63（03）：94－103.

［113］徐发新，李雪伟. 撤县设区对县域公共服务供给水平的影响研

究——基于江苏省县级面板数据的实证分析［J］．城市问题，2024，（01）：65－74.

［114］吕武．县域城乡一体化学前教育公共服务体系构建的路径分析［J］．教育与经济，2016，（05）：91－96.

［115］刘庆芳，宋金平．青藏高原县域人口与公共服务适配性与优化策略［J］．经济地理，2022，42（10）：43－51.

［116］刘晓云，夏珍珍．县域电商三级公共服务体系下多主体的价值共创模型研究［J］．大庆师范学院学报，2019，39（05）：38－44.

［117］章秀英．高质量公共文化服务促进精神富有的县域探索——以浙江省德清县为例［J］．马克思主义理论教学与研究，2023，3（04）：45－49.

［118］宫平，柯平．面向2035的省域公共图书馆服务体系建设思考［J］．图书馆建设，2022，（03）：10－16.

［119］冯世红，宋晖，孙秀娟．全域旅游背景下县域公共服务建设研究——以山西省宁武县为例［J］．现代园艺，2022，45（07）：149－151.

［120］高启胜，陈定湾．县域医共体背景下完善基本公共卫生服务供给机制的探讨［J］．职业与健康，2021，37（09）：1282－1285.

［121］罗平，罗薇薇，谭笑．在“一带一路”背景下公共服务供给通过外资对县域经济转型的影响机制［J］．技术经济，2021，40（10）：119－129.

［122］向佳．协同治理视角下县域农村公共服务供给研究［J］．湖北农业科学，2020，59（17）：214－217.

［123］官永彬，莫亚辉，庞意君，等．共同富裕目标下县域基本公共服务水平测度、时空演化与区域差异研究［J］．统计与管理，2024，39（03）：79－90.

附录

附录1　2020年第七次人口普查中各省县域人口基本情况

省份	年龄组	分年龄分性别人口数量（人）		年龄别死亡率（%）		育龄妇女生育率（%）
		男性	女性	男性	女性	
河北省	0岁	204790	188281	0.00146	0.00110	0.00000
	1~4岁	1209819	1110153	0.00018	0.00014	0.00000
	5~9岁	1925292	1691536	0.00012	0.00009	0.00000
	10~14岁	1828935	1605265	0.00018	0.00012	0.00000
	15~19岁	1378085	1224876	0.00033	0.00014	0.00430
	20~24岁	986796	916281	0.00043	0.00017	0.06227
	25~29岁	1365836	1313189	0.00066	0.00024	0.10487
	30~34岁	2236034	2220612	0.00079	0.00026	0.06029
	35~39岁	1853930	1816612	0.00110	0.00040	0.02216
	40~44岁	1512604	1461396	0.00168	0.00060	0.00499
	45~49岁	1632241	1642445	0.00286	0.00119	0.00130
	50~54岁	1948289	1965474	0.00409	0.00176	0.00000
	55~59岁	1696206	1760431	0.00602	0.00269	0.00000
	60~64岁	1429797	1433046	0.01050	0.00501	0.00000
	65~69岁	1370877	1433928	0.01602	0.00844	0.00000
	70~74岁	886505	967841	0.02712	0.01616	0.00000
	75~79岁	466942	534284	0.04435	0.02989	0.00000
	80~84岁	277542	341044	0.07860	0.05800	0.00000
	85~89岁	126754	190658	0.11717	0.09654	0.00000
	90~94岁	36735	64720	0.15410	0.14847	0.00000
	95~99岁	7045	14269	0.18084	0.19315	0.00000
	100岁及以上	1031	1858	0.14452	0.23735	0.00000

续表

省份	年龄组	分年龄分性别人口数量（人）		年龄别死亡率（%）		育龄妇女生育率（%）
		男性	女性	男性	女性	
山西省	0 岁	167623	82564	0.00089	0.00142	0.00000
	1 ~ 4 岁	431199	413050	0.00026	0.00019	0.00000
	5 ~ 9 岁	598499	545453	0.00016	0.00013	0.00000
	10 ~ 14 岁	640618	591912	0.00019	0.00013	0.00000
	15 ~ 19 岁	481050	423211	0.00043	0.00022	0.00196
	20 ~ 24 岁	511213	463682	0.00054	0.00030	0.05578
	25 ~ 29 岁	783287	696071	0.00063	0.00026	0.11023
	30 ~ 34 岁	848741	772617	0.00089	0.00030	0.07120
	35 ~ 39 岁	728858	630031	0.00121	0.00042	0.02606
	40 ~ 44 岁	673089	775623	0.00183	0.00056	0.00306
	45 ~ 49 岁	933156	876009	0.00256	0.00114	0.00105
	50 ~ 54 岁	890556	844759	0.00398	0.00182	0.00000
	55 ~ 59 岁	781533	753312	0.00583	0.00273	0.00000
	60 ~ 64 岁	630465	601302	0.00967	0.00502	0.00000
	65 ~ 69 岁	535578	532919	0.01590	0.00937	0.00000
	70 ~ 74 岁	340666	350594	0.02767	0.01785	0.00000
	75 ~ 79 岁	198778	214848	0.04568	0.03008	0.00000
	80 ~ 84 岁	126313	148591	0.07409	0.05786	0.00000
	85 ~ 89 岁	69567	81185	0.09292	0.09805	0.00000
	90 ~ 94 岁	16166	24243	0.13386	0.15217	0.00000
	95 ~ 99 岁	2875	6063	0.13948	0.15751	0.00000
	100 岁及以上	277	616	0.17690	0.24351	0.00000

续表

省份	年龄组	分年龄分性别人口数量（人）		年龄别死亡率（%）		育龄妇女生育率（%）
		男性	女性	男性	女性	
内蒙古自治区	0 岁	48809	45529	0.00229	0.00246	0.00000
	1～4 岁	247781	232162	0.00030	0.00020	0.00000
	5～9 岁	352576	325427	0.00012	0.00015	0.00000
	10～14 岁	358249	329107	0.00025	0.00016	0.00000
	15～19 岁	263805	241579	0.00044	0.00026	0.00326
	20～24 岁	249936	216588	0.00070	0.00039	0.04853
	25～29 岁	402121	351532	0.00079	0.00037	0.10073
	30～34 岁	566053	514300	0.00100	0.00044	0.06785
	35～39 岁	569638	506850	0.00162	0.00059	0.02717
	40～44 岁	552072	495196	0.00268	0.00097	0.00574
	45～49 岁	724616	671839	0.00406	0.00151	0.00090
	50～54 岁	733007	678803	0.00586	0.00222	0.00000
	55～59 岁	635101	613316	0.00834	0.00337	0.00000
	60～64 岁	512507	509997	0.01308	0.00619	0.00000
	65～69 岁	424269	439638	0.01881	0.01036	0.00000
	70～74 岁	251545	261238	0.03066	0.01940	0.00000
	75～79 岁	137901	155852	0.05233	0.03582	0.00000
	80～84 岁	92168	110133	0.08703	0.06618	0.00000
	85～89 岁	40877	50770	0.12839	0.10097	0.00000
	90～94 岁	10986	13582	0.15310	0.14195	0.00000
	95～99 岁	2444	3235	0.12193	0.12952	0.00000
	100 岁及以上	506	758	0.07708	0.09499	0.00000

续表

省份	年龄组	分年龄分性别人口数量（人）		年龄别死亡率（%）		育龄妇女生育率（%）
		男性	女性	男性	女性	
辽宁省	0 岁	45809	43302	0.00140	0.00113	0.00000
	1 ~ 4 岁	254083	238504	0.00016	0.00011	0.00000
	5 ~ 9 岁	349368	322914	0.00011	0.00009	0.00000
	10 ~ 14 岁	347809	316604	0.00017	0.00011	0.00000
	15 ~ 19 岁	359248	323231	0.00034	0.00017	0.00198
	20 ~ 24 岁	390019	358370	0.00041	0.00021	0.02866
	25 ~ 29 岁	465506	440657	0.00057	0.00026	0.07444
	30 ~ 34 岁	703213	686745	0.00075	0.00030	0.02108
	35 ~ 39 岁	607289	593325	0.00120	0.00044	0.02039
	40 ~ 44 岁	640544	623771	0.00194	0.00073	0.00470
	45 ~ 49 岁	727892	721374	0.00326	0.00128	0.00098
	50 ~ 54 岁	804438	808814	0.00519	0.00200	0.00000
	55 ~ 59 岁	810336	826631	0.00780	0.00296	0.00000
	60 ~ 64 岁	701125	731000	0.01223	0.00507	0.00000
	65 ~ 69 岁	609658	655117	0.01720	0.00855	0.00000
	70 ~ 74 岁	353753	396459	0.02669	0.01577	0.00000
	75 ~ 79 岁	210478	246569	0.04678	0.03116	0.00000
	80 ~ 84 岁	132523	169755	0.07620	0.05700	0.00000
	85 ~ 89 岁	66420	90809	0.11712	0.09851	0.00000
	90 ~ 94 岁	23947	32829	0.16608	0.15048	0.00000
	95 ~ 99 岁	5173	7507	0.18945	0.17837	0.00000
	100 岁及以上	972	1371	0.13786	0.16047	0.00000

续表

省份	年龄组	分年龄分性别人口数量（人）		年龄别死亡率（%）		育龄妇女生育率（%）
		男性	女性	男性	女性	
吉林省	0 岁	26684	24835	0.00176	0.00125	0.00000
	1～4 岁	152197	143578	0.00027	0.00017	0.00000
	5～9 岁	258522	240158	0.00014	0.00010	0.00000
	10～14 岁	334406	307413	0.00019	0.00016	0.00000
	15～19 岁	254465	226697	0.00037	0.00019	0.00255
	20～24 岁	184944	171680	0.00064	0.00033	0.04507
	25～29 岁	283161	266321	0.00084	0.00036	0.08929
	30～34 岁	468024	444826	0.00092	0.00039	0.05335
	35～39 岁	404565	383370	0.00150	0.00051	0.02012
	40～44 岁	475293	454800	0.00223	0.00073	0.00318
	45～49 岁	612316	596665	0.00356	0.00128	0.00076
	50～54 岁	718094	697405	0.00523	0.00207	0.00000
	55～59 岁	620778	621974	0.00779	0.00319	0.00000
	60～64 岁	486530	496502	0.01245	0.00604	0.00000
	65～69 岁	439637	467376	0.01837	0.01086	0.00000
	70～74 岁	264136	296839	0.02782	0.01886	0.00000
	75～79 岁	136913	160819	0.04621	0.03284	0.00000
	80～84 岁	83934	99707	0.07059	0.05392	0.00000
	85～89 岁	35551	47923	0.09893	0.08065	0.00000
	90～94 岁	12717	17405	0.12094	0.10761	0.00000
	95～99 岁	3470	4932	0.10663	0.10016	0.00000
	100 岁及以上	457	637	0.12473	0.11303	0.00000

续表

省份	年龄组	分年龄分性别人口数量（人）		年龄别死亡率（%）		育龄妇女生育率（%）
		男性	女性	男性	女性	
黑龙江省	0岁	28885	27256	0.00197	0.00154	0.00000
	1～4岁	171702	160666	0.00018	0.00011	0.00000
	5～9岁	287110	269369	0.00014	0.00010	0.00000
	10～14岁	409849	383355	0.00021	0.00017	0.00000
	15～19岁	343937	310700	0.00045	0.00022	0.00287
	20～24岁	289396	259701	0.00058	0.00037	0.03830
	25～29岁	388968	357808	0.00070	0.00034	0.06312
	30～34岁	592027	557167	0.00101	0.00041	0.03672
	35～39岁	563043	535159	0.00163	0.00054	0.01340
	40～44岁	654126	621063	0.00262	0.00085	0.00280
	45～49岁	889225	845266	0.00422	0.00151	0.00073
	50～54岁	903874	867334	0.00623	0.00233	0.00000
	55～59岁	772670	772419	0.00914	0.00373	0.00000
	60～64岁	617851	633794	0.01405	0.00681	0.00000
	65～69岁	536088	579587	0.02045	0.01222	0.00000
	70～74岁	330399	371692	0.03097	0.02102	0.00000
	75～79岁	173667	201926	0.05163	0.03590	0.00000
	80～84岁	108487	130292	0.08039	0.05879	0.00000
	85～89岁	48701	59362	0.11357	0.08401	0.00000
	90～94岁	17661	21261	0.12848	0.11618	0.00000
	95～99岁	4528	6077	0.11330	0.11075	0.00000
	100岁及以上	1278	1629	0.06573	0.07428	0.00000

续表

省份	年龄组	分年龄分性别人口数量（人）		年龄别死亡率（%）		育龄妇女生育率（%）
		男性	女性	男性	女性	
江苏省	0 岁	129665	119053	0.00141	0.00118	0.00000
	1～4 岁	759698	692372	0.00022	0.00016	0.00000
	5～9 岁	1210180	1053146	0.00012	0.00008	0.00000
	10～14 岁	1237542	1044362	0.00017	0.00015	0.00000
	15～19 岁	793275	633894	0.00032	0.00022	0.00564
	20～24 岁	726657	587759	0.00049	0.00028	0.06074
	25～29 岁	1205474	1064898	0.00054	0.00028	0.08954
	30～34 岁	1699349	1627898	0.00060	0.00027	0.04807
	35～39 岁	1199219	1188933	0.00091	0.00041	0.01800
	40～44 岁	1204267	1224055	0.00148	0.00064	0.00429
	45～49 岁	1472215	1520898	0.00229	0.00109	0.00186
	50～54 岁	1909150	1980287	0.00342	0.00173	0.00000
	55～59 岁	1538133	1556199	0.00489	0.00238	0.00000
	60～64 岁	1189761	1150130	0.00926	0.00445	0.00000
	65～69 岁	1293900	1297080	0.01332	0.00691	0.00000
	70～74 岁	891614	931790	0.02276	0.01238	0.00000
	75～79 岁	582404	641797	0.04105	0.02577	0.00000
	80～84 岁	351277	438178	0.07361	0.05196	0.00000
	85～89 岁	171419	271466	0.12027	0.09328	0.00000
	90～94 岁	50413	104701	0.18807	0.16040	0.00000
	95～99 岁	9331	25651	0.26299	0.23520	0.00000
	100 岁及以上	962	3150	0.30665	0.34032	0.00000

续表

省份	年龄组	分年龄分性别人口数量（人）		年龄别死亡率（%）		育龄妇女生育率（%）
		男性	女性	男性	女性	
浙江省	0岁	126714	113484	0.00187	0.00156	0.00000
	1~4岁	686830	614208	0.00024	0.00022	0.00000
	5~9岁	875038	753633	0.00012	0.00008	0.00000
	10~14岁	835232	715709	0.00018	0.00013	0.00000
	15~19岁	771139	635268	0.00028	0.00019	0.00749
	20~24岁	894422	698705	0.00040	0.00024	0.05400
	25~29岁	1249691	1037964	0.00037	0.00019	0.08588
	30~34岁	1567258	1369736	0.00045	0.00020	0.05062
	35~39岁	1338242	1209009	0.00067	0.00030	0.02291
	40~44岁	1335276	1252599	0.00117	0.00052	0.00573
	45~49岁	1571671	1507233	0.00171	0.00080	0.00159
	50~54岁	1642567	1548961	0.00278	0.00128	0.00000
	55~59岁	1364200	1285299	0.00435	0.00197	0.00000
	60~64岁	988332	930598	0.00831	0.00367	0.00000
	65~69岁	905884	909394	0.01255	0.00580	0.00000
	70~74岁	644813	656005	0.02059	0.01071	0.00000
	75~79岁	366917	372522	0.03805	0.02239	0.00000
	80~84岁	256917	281172	0.07164	0.05029	0.00000
	85~89岁	146549	191419	0.11537	0.09195	0.00000
	90~94岁	43471	67044	0.19079	0.17063	0.00000
	95~99岁	7465	14012	0.26966	0.25707	0.00000
	100岁及以上	584	1389	0.38699	0.34485	0.00000

续表

省份	年龄组	分年龄分性别人口数量（人）		年龄别死亡率（%）		育龄妇女生育率（%）
		男性	女性	男性	女性	
安徽省	0 岁	191856	168829	0.00272	0.00217	0.00000
	1～4 岁	988939	875539	0.00032	0.00025	0.00000
	5～9 岁	1439881	1224330	0.00021	0.00016	0.00000
	10～14 岁	1461114	1215741	0.00023	0.00018	0.00000
	15～19 岁	1051407	842287	0.00043	0.00025	0.00718
	20～24 岁	833127	693912	0.00067	0.00034	0.08295
	25～29 岁	1203707	1118438	0.00077	0.00037	0.11067
	30～34 岁	1344331	1356597	0.00096	0.00042	0.06628
	35～39 岁	1003536	1006660	0.00137	0.00060	0.02664
	40～44 岁	1134858	1100582	0.00206	0.00086	0.00568
	45～49 岁	1719659	1515520	0.00278	0.00151	0.00147
	50～54 岁	1796181	1848857	0.00413	0.00210	0.00000
	55～59 岁	1425375	1444246	0.00544	0.00275	0.00000
	60～64 岁	737171	690755	0.01073	0.00563	0.00000
	65～69 岁	1080771	1108084	0.01479	0.00773	0.00000
	70～74 岁	826081	814267	0.02428	0.01552	0.00000
	75～79 岁	563511	574299	0.04243	0.02741	0.00000
	80～84 岁	318429	361802	0.07358	0.05362	0.00000
	85～89 岁	150627	217304	0.11835	0.09317	0.00000
	90～94 岁	42549	80664	0.16757	0.14784	0.00000
	95～99 岁	7939	19783	0.19751	0.19663	0.00000
	100 岁及以上	810	3024	0.23086	0.23710	0.00000

续表

省份	年龄组	分年龄分性别人口数量（人）		年龄别死亡率（%）		育龄妇女生育率
		男性	女性	男性	女性	（%）
福建省	0 岁	124385	103289	0. 00289	0. 00245	0. 00000
	1 ~ 4 岁	701539	592282	0. 00025	0. 00022	0. 00000
	5 ~ 9 岁	1002371	833521	0. 00015	0. 00013	0. 00000
	10 ~ 14 岁	846243	712177	0. 00019	0. 00016	0. 00000
	15 ~ 19 岁	587182	505953	0. 00040	0. 00021	0. 00752
	20 ~ 24 岁	521675	427669	0. 00060	0. 00025	0. 07586
	25 ~ 29 岁	802627	696926	0. 00073	0. 00029	0. 11928
	30 ~ 34 岁	1099052	1050757	0. 00083	0. 00037	0. 06929
	35 ~ 39 岁	921036	873257	0. 00121	0. 00051	0. 02693
	40 ~ 44 岁	883227	845178	0. 00195	0. 00082	0. 00600
	45 ~ 49 岁	1099107	1055024	0. 00290	0. 00130	0. 00158
	50 ~ 54 岁	1077305	1032604	0. 00444	0. 00193	0. 00000
	55 ~ 59 岁	854985	824341	0. 00674	0. 00277	0. 00000
	60 ~ 64 岁	647165	620584	0. 01174	0. 00506	0. 00000
	65 ~ 69 岁	570037	586380	0. 01744	0. 00757	0. 00000
	70 ~ 74 岁	365693	363355	0. 02777	0. 01444	0. 00000
	75 ~ 79 岁	231083	239659	0. 04676	0. 02870	0. 00000
	80 ~ 84 岁	153640	188211	0. 08366	0. 05649	0. 00000
	85 ~ 89 岁	74764	112669	0. 12907	0. 10041	0. 00000
	90 ~ 94 岁	24528	45016	0. 19557	0. 17174	0. 00000
	95 ~ 99 岁	4348	9948	0. 24724	0. 24528	0. 00000
	100 岁及以上	492	1402	0. 24593	0. 32668	0. 00000

续表

省份	年龄组	分年龄分性别人口数量（人）		年龄别死亡率（%）		育龄妇女生育率（%）
		男性	女性	男性	女性	
江西省	0 岁	155909	129196	0. 00213	0. 00192	0. 00000
	1 ~ 4 岁	815446	691562	0. 00041	0. 00029	0. 00000
	5 ~ 9 岁	1282173	1070400	0. 00017	0. 00012	0. 00000
	10 ~ 14 岁	1455479	1184259	0. 00026	0. 00018	0. 00000
	15 ~ 19 岁	1033964	798832	0. 00047	0. 00022	0. 00552
	20 ~ 24 岁	748457	637292	0. 00063	0. 00029	0. 08104
	25 ~ 29 岁	791411	719435	0. 00073	0. 00033	0. 11361
	30 ~ 34 岁	1024809	1013617	0. 00092	0. 00039	0. 06257
	35 ~ 39 岁	848150	860382	0. 00138	0. 00048	0. 02305
	40 ~ 44 岁	1054319	1046923	0. 00219	0. 00080	0. 00505
	45 ~ 49 岁	1238967	1208389	0. 00283	0. 00126	0. 00250
	50 ~ 54 岁	1204085	1187460	0. 00420	0. 00188	0. 00000
	55 ~ 59 岁	965614	949250	0. 00579	0. 00257	0. 00000
	60 ~ 64 岁	756002	739385	0. 01033	0. 00471	0. 00000
	65 ~ 69 岁	679376	685687	0. 01575	0. 00770	0. 00000
	70 ~ 74 岁	474949	492007	0. 02600	0. 01435	0. 00000
	75 ~ 79 岁	274430	306581	0. 04814	0. 03048	0. 00000
	80 ~ 84 岁	176914	227643	0. 08326	0. 05994	0. 00000
	85 ~ 89 岁	76444	119059	0. 12510	0. 09900	0. 00000
	90 ~ 94 岁	22579	39353	0. 17760	0. 16243	0. 00000
	95 ~ 99 岁	4839	9739	0. 19653	0. 21337	0. 00000
	100 岁及以上	474	1137	0. 23840	0. 29024	0. 00000

续表

省份	年龄组	分年龄分性别人口数量（人）		年龄别死亡率（%）		育龄妇女生育率（%）
		男性	女性	男性	女性	
山东省	0 岁	248114	219983	0. 00105	0. 00103	0. 00000
	1 ~ 4 岁	1618208	1424687	0. 00022	0. 00015	0. 00000
	5 ~ 9 岁	1982674	1626604	0. 00014	0. 00011	0. 00000
	10 ~ 14 岁	1990035	1625535	0. 00022	0. 00013	0. 00000
	15 ~ 19 岁	1414638	1219317	0. 00042	0. 00020	0. 00476
	20 ~ 24 岁	1072212	973517	0. 00058	0. 00024	0. 06921
	25 ~ 29 岁	1101888	997417	0. 00076	0. 00033	0. 11137
	30 ~ 34 岁	2349817	2256371	0. 00089	0. 00036	0. 07444
	35 ~ 39 岁	1745229	1678216	0. 00131	0. 00052	0. 03718
	40 ~ 44 岁	1653359	1631104	0. 00208	0. 00076	0. 00976
	45 ~ 49 岁	2102270	2096886	0. 00314	0. 00133	0. 00202
	50 ~ 54 岁	2642381	2659819	0. 00450	0. 00202	0. 00000
	55 ~ 59 岁	2159030	2263880	0. 00668	0. 00291	0. 00000
	60 ~ 64 岁	1635234	1643678	0. 01212	0. 00543	0. 00000
	65 ~ 69 岁	1743002	1798425	0. 01688	0. 00845	0. 00000
	70 ~ 74 岁	1157889	1264503	0. 02739	0. 01506	0. 00000
	75 ~ 79 岁	674943	779088	0. 04570	0. 02805	0. 00000
	80 ~ 84 岁	397356	515332	0. 08222	0. 05665	0. 00000
	85 ~ 89 岁	197678	331886	0. 12959	0. 09655	0. 00000
	90 ~ 94 岁	57266	127833	0. 18486	0. 15459	0. 00000
	95 ~ 99 岁	9576	28622	0. 25637	0. 22448	0. 00000
	100 岁及以上	951	4024	0. 33754	0. 28877	0. 00000

续表

省份	年龄组	分年龄分性别人口数量（人）		年龄别死亡率（%）		育龄妇女生育率（%）
		男性	女性	男性	女性	
河南省	0 岁	334360	309225	0.00115	0.00092	0.00000
	1～4 岁	1911653	1765479	0.00021	0.00016	0.00000
	5～9 岁	3242714	2865371	0.00013	0.00009	0.00000
	10～14 岁	3450708	2894730	0.00016	0.00011	0.00000
	15～19 岁	2264593	1798810	0.00034	0.00018	0.00517
	20～24 岁	1471692	1291276	0.00058	0.00023	0.07809
	25～29 岁	1736878	1757044	0.00081	0.00025	0.11694
	30～34 岁	2640784	2796053	0.00096	0.00030	0.07680
	35～39 岁	1775643	1862701	0.00148	0.00050	0.02899
	40～44 岁	1814555	1875578	0.00223	0.00075	0.00667
	45～49 岁	2379235	2426797	0.00332	0.00128	0.00184
	50～54 岁	2739437	3000349	0.00446	0.00189	0.00000
	55～59 岁	2209597	2447950	0.00618	0.00275	0.00000
	60～64 岁	1587896	1621336	0.01075	0.00539	0.00000
	65～69 岁	1916578	1991972	0.01432	0.00795	0.00000
	70～74 岁	1302563	1347826	0.02315	0.01363	0.00000
	75～79 岁	759520	863534	0.03793	0.02384	0.00000
	80～84 岁	408403	532652	0.06679	0.04572	0.00000
	85～89 岁	198608	344544	0.10014	0.07281	0.00000
	90～94 岁	56175	128239	0.14430	0.11512	0.00000
	95～99 岁	11201	35106	0.16856	0.15003	0.00000
	100 岁及以上	1398	6168	0.19313	0.20931	0.00000

续表

省份	年龄组	分年龄分性别人口数量（人）		年龄别死亡率（%）		育龄妇女生育率（%）
		男性	女性	男性	女性	
湖北省	0岁	136969	119128	0.00275	0.00243	0.00000
	1~4岁	711486	623592	0.00041	0.00025	0.00000
	5~9岁	1011717	849925	0.00023	0.00017	0.00000
	10~14岁	995145	825845	0.00029	0.00022	0.00000
	15~19岁	579386	463639	0.00057	0.00035	0.00300
	20~24岁	479850	394986	0.00089	0.00046	0.06100
	25~29岁	940334	829659	0.00099	0.00043	0.04856
	30~34岁	1224768	1170983	0.00110	0.00052	0.06500
	35~39岁	922700	890532	0.00153	0.00067	0.02700
	40~44岁	922636	881281	0.00244	0.00091	0.00500
	45~49岁	1228763	1202499	0.00351	0.00159	0.00100
	50~54岁	1493770	1476085	0.00501	0.00257	0.00000
	55~59岁	1354311	1316296	0.00724	0.00353	0.00000
	60~64岁	921437	879523	0.01333	0.00677	0.00000
	65~69岁	910600	894980	0.01960	0.01069	0.00000
	70~74岁	632991	639060	0.03299	0.02151	0.00000
	75~79岁	395240	430842	0.05531	0.03969	0.00000
	80~84岁	212408	263684	0.09702	0.07367	0.00000
	85~89岁	98417	146209	0.14389	0.12254	0.00000
	90~94岁	25171	43480	0.18919	0.18218	0.00000
	95~99岁	5757	11775	0.17770	0.20807	0.00000
	100岁及以上	705	1676	0.15177	0.24463	0.00000

续表

省份	年龄组	分年龄分性别人口数量（人）		年龄别死亡率（%）		育龄妇女生育率（%）
		男性	女性	男性	女性	
湖南省	0 岁	213033	186618	0.00231	0.00189	0.00000
	1 ~ 4 岁	1176153	1039755	0.00046	0.00034	0.00000
	5 ~ 9 岁	1755335	1530036	0.00020	0.00015	0.00000
	10 ~ 14 岁	1748705	1515927	0.00027	0.00018	0.00000
	15 ~ 19 岁	1473804	1241832	0.00047	0.00026	0.00389
	20 ~ 24 岁	1142222	1033395	0.00056	0.00025	0.05568
	25 ~ 29 岁	1176482	1100120	0.00080	0.00035	0.10457
	30 ~ 34 岁	1945305	1904875	0.00086	0.00040	0.06824
	35 ~ 39 岁	1538631	1501316	0.00129	0.00053	0.02737
	40 ~ 44 岁	1400339	1354305	0.00218	0.00094	0.00675
	45 ~ 49 岁	1901443	1801819	0.00332	0.00149	0.00210
	50 ~ 54 岁	2158963	2157923	0.00478	0.00228	0.00000
	55 ~ 59 岁	1812215	1809623	0.00681	0.00303	0.00000
	60 ~ 64 岁	1214745	1166279	0.01282	0.00589	0.00000
	65 ~ 69 岁	1293559	1302205	0.01847	0.00940	0.00000
	70 ~ 74 岁	928688	938653	0.02906	0.01682	0.00000
	75 ~ 79 岁	548794	576712	0.05190	0.03378	0.00000
	80 ~ 84 岁	371831	439105	0.08723	0.06492	0.00000
	85 ~ 89 岁	166245	233441	0.14168	0.11341	0.00000
	90 ~ 94 岁	49465	79613	0.19383	0.18049	0.00000
	95 ~ 99 岁	8178	16525	0.23991	0.23855	0.00000
	100 岁及以上	607	1766	0.35585	0.33296	0.00000

续表

省份	年龄组	分年龄分性别人口数量（人）		年龄别死亡率（%）		育龄妇女生育率（%）
		男性	女性	男性	女性	
广东省	0 岁	284055	213503	0.00146	0.00119	0.00000
	1～4 岁	1201148	1146445	0.00025	0.00018	0.00000
	5～9 岁	1709699	1502120	0.00015	0.00011	0.00000
	10～14 岁	1599595	1357277	0.00019	0.00011	0.00000
	15～19 岁	1026977	845283	0.00019	0.00021	0.00773
	20～24 岁	1033961	814429	0.00069	0.00035	0.10009
	25～29 岁	1307261	1134090	0.00074	0.00032	0.14918
	30～34 岁	1296230	1208937	0.00087	0.00038	0.09174
	35～39 岁	1179830	1120519	0.00146	0.00053	0.03644
	40～44 岁	1016863	997392	0.00221	0.00083	0.00959
	45～49 岁	1189771	1234272	0.00342	0.00137	0.00213
	50～54 岁	1333200	1647061	0.00500	0.00168	0.00000
	55～59 岁	1204466	1201958	0.00682	0.00275	0.00000
	60～64 岁	834438	866702	0.01282	0.00486	0.00000
	65～69 岁	793281	772903	0.01719	0.00770	0.00000
	70～74 岁	541408	509838	0.02669	0.01421	0.00000
	75～79 岁	364883	381280	0.04439	0.02629	0.00000
	80～84 岁	247299	307492	0.07206	0.04981	0.00000
	85～89 岁	129176	207965	0.10717	0.08201	0.00000
	90～94 岁	32665	66186	0.16072	0.14553	0.00000
	95～99 岁	16332	33093	0.16073	0.14553	0.00000
	100 岁及以上	5444	11031	0.16073	0.14550	0.00000

续表

省份	年龄组	分年龄分性别人口数量（人）		年龄别死亡率（%）		育龄妇女生育率（%）
		男性	女性	男性	女性	
广西壮族自治区	0 岁	187905	164306	0.00197	0.00167	0.00000
	1~4 岁	997204	881747	0.00033	0.00026	0.00000
	5~9 岁	1493205	1304526	0.00016	0.00013	0.00000
	10~14 岁	1399863	1221245	0.00020	0.00013	0.00000
	15~19 岁	922323	816388	0.00047	0.00025	0.01203
	20~24 岁	650947	540998	0.00079	0.00032	0.10795
	25~29 岁	793432	696049	0.00086	0.00033	0.14766
	30~34 岁	1099890	989924	0.00128	0.00044	0.10806
	35~39 岁	1081776	961276	0.00199	0.00062	0.05186
	40~44 岁	1022009	908805	0.00319	0.00099	0.01380
	45~49 岁	1134985	1015489	0.00448	0.00147	0.00288
	50~54 岁	1211275	1103749	0.00603	0.00220	0.00000
	55~59 岁	1043037	975913	0.00769	0.00283	0.00000
	60~64 岁	718275	691501	0.01229	0.00504	0.00000
	65~69 岁	693565	702022	0.01667	0.00763	0.00000
	70~74 岁	479654	503205	0.02555	0.01322	0.00000
	75~79 岁	330409	395547	0.04039	0.02444	0.00000
	80~84 岁	209508	279712	0.06344	0.04464	0.00000
	85~89 岁	101993	166401	0.09871	0.07258	0.00000
	90~94 岁	32255	63875	0.13505	0.11114	0.00000
	95~99 岁	6827	17405	0.17651	0.15473	0.00000
	100 岁及以上	956	3642	0.26046	0.21252	0.00000

续表

省份	年龄组	分年龄分性别人口数量（人）		年龄别死亡率（%）		育龄妇女生育率（%）
		男性	女性	男性	女性	
海南省	0 岁	29050	23859	0. 00151	0. 00122	0. 00000
	1 ~ 4 岁	142531	121652	0. 00023	0. 00017	0. 00000
	5 ~ 9 岁	207827	176102	0. 00013	0. 00007	0. 00000
	10 ~ 14 岁	204177	172467	0. 00021	0. 00010	0. 00000
	15 ~ 19 岁	148904	117157	0. 00042	0. 00024	0. 01674
	20 ~ 24 岁	138486	101798	0. 00052	0. 00012	0. 09308
	25 ~ 29 岁	205928	168541	0. 00060	0. 00023	0. 11158
	30 ~ 34 岁	234698	198868	0. 00081	0. 00027	0. 07249
	35 ~ 39 岁	233176	198924	0. 00145	0. 00035	0. 03376
	40 ~ 44 岁	194232	166909	0. 00237	0. 00061	0. 01065
	45 ~ 49 岁	199279	174787	0. 00339	0. 00090	0. 00243
	50 ~ 54 岁	209415	191877	0. 00417	0. 00133	0. 00000
	55 ~ 59 岁	193330	179328	0. 00517	0. 00180	0. 00000
	60 ~ 64 岁	125543	119869	0. 00818	0. 00326	0. 00000
	65 ~ 69 岁	112217	112728	0. 01163	0. 00539	0. 00000
	70 ~ 74 岁	77204	76873	0. 01720	0. 00929	0. 00000
	75 ~ 79 岁	43247	51035	0. 03260	0. 01818	0. 00000
	80 ~ 84 岁	36282	49488	0. 05209	0. 03433	0. 00000
	85 ~ 89 岁	20506	31709	0. 07476	0. 05431	0. 00000
	90 ~ 94 岁	7416	14277	0. 09817	0. 08993	0. 00000
	95 ~ 99 岁	1913	4536	0. 11030	0. 11001	0. 00000
	100 岁及以上	392	1349	0. 13776	0. 12602	0. 00000

续表

省份	年龄组	分年龄分性别人口数量（人）		年龄别死亡率（%）		育龄妇女生育率（%）
		男性	女性	男性	女性	
重庆市	0岁	28944	26345	0.00190	0.00114	0.00000
	1～4岁	150373	137149	0.00051	0.00034	0.00000
	5～9岁	220418	197220	0.00027	0.00016	0.00000
	10～14岁	278667	246492	0.00036	0.00027	0.00000
	15～19岁	216172	181119	0.00079	0.00041	0.00514
	20～24岁	165495	143573	0.00117	0.00045	0.08036
	25～29岁	209751	194380	0.00092	0.00042	0.10972
	30～34岁	201899	196368	0.00098	0.00052	0.06086
	35～39岁	154870	153775	0.00176	0.00080	0.02428
	40～44岁	153537	158746	0.00315	0.00122	0.00428
	45～49岁	318691	318065	0.00425	0.00195	0.00173
	50～54岁	305752	308514	0.00621	0.00257	0.00000
	55～59岁	239119	243092	0.00781	0.00328	0.00000
	60～64岁	150487	134855	0.01352	0.00591	0.00000
	65～69岁	222000	219927	0.01561	0.00924	0.00000
	70～74岁	171161	166473	0.02340	0.01586	0.00000
	75～79岁	118966	118153	0.04069	0.03051	0.00000
	80～84岁	65503	70174	0.07132	0.05740	0.00000
	85～89岁	29393	34897	0.12057	0.10305	0.00000
	90～94岁	8520	11539	0.18263	0.16293	0.00000
	95～99岁	1511	2266	0.24289	0.24095	0.00000
	100岁及以上	114	225	0.36842	0.28444	0.00000

续表

省份	年龄组	分年龄分性别人口数量（人）		年龄别死亡率（%）		育龄妇女生育率（%）
		男性	女性	男性	女性	
四川省	0 岁	181297	167649	0. 00188	0. 00151	0. 00000
	1～4 岁	977453	907932	0. 00031	0. 00023	0. 00000
	5～9 岁	1312788	1219157	0. 00017	0. 00013	0. 00000
	10～14 岁	1373146	1268343	0. 00019	0. 00012	0. 00000
	15～19 岁	1240364	1134875	0. 00032	0. 00017	0. 00598
	20～24 岁	1338186	1269102	0. 00035	0. 00012	0. 05790
	25～29 岁	1521628	1442822	0. 00041	0. 00015	0. 09460
	30～34 岁	1794623	1699410	0. 00072	0. 00024	0. 05925
	35～39 岁	1268705	1221315	0. 00156	0. 00045	0. 02250
	40～44 岁	1309196	1300292	0. 00229	0. 00063	0. 00451
	45～49 岁	2212624	2191445	0. 00211	0. 00063	0. 00135
	50～54 岁	2179552	2190972	0. 00102	0. 00306	0. 00000
	55～59 岁	1646342	1655674	0. 00447	0. 00153	0. 00000
	60～64 岁	1123360	1074153	0. 00722	0. 00298	0. 00000
	65～69 岁	1435816	1483805	0. 00740	0. 00332	0. 00000
	70～74 岁	1006271	1012757	0. 01119	0. 00603	0. 00000
	75～79 岁	681494	720162	0. 01798	0. 01233	0. 00000
	80～84 岁	395257	451565	0. 03088	0. 02539	0. 00000
	85～89 岁	178700	232518	0. 05174	0. 04770	0. 00000
	90～94 岁	64026	89245	0. 06249	0. 07305	0. 00000
	95～99 岁	13088	21355	0. 08450	0. 11580	0. 00000
	100 岁及以上	1559	3145	0. 14689	0. 22607	0. 00000

续表

省份	年龄组	分年龄分性别人口数量（人）		年龄别死亡率（%）		育龄妇女生育率（%）
		男性	女性	男性	女性	
贵州省	0 岁	204167	180325	0. 00367	0. 00312	0. 00000
	1 ~ 4 岁	955703	842178	0. 00067	0. 00057	0. 00000
	5 ~ 9 岁	1280828	1107000	0. 00034	0. 00029	0. 00000
	10 ~ 14 岁	1233548	1071806	0. 00039	0. 00028	0. 00000
	15 ~ 19 岁	959123	871535	0. 00084	0. 00041	0. 02807
	20 ~ 24 岁	811265	797169	0. 00129	0. 00060	0. 13997
	25 ~ 29 岁	838309	812720	0. 00136	0. 00051	0. 15246
	30 ~ 34 岁	935561	886660	0. 00181	0. 00068	0. 08959
	35 ~ 39 岁	818787	750987	0. 00281	0. 00095	0. 03933
	40 ~ 44 岁	909926	843362	0. 00430	0. 00146	0. 01185
	45 ~ 49 岁	1118708	1036188	0. 00565	0. 00203	0. 00227
	50 ~ 54 岁	1062260	1033668	0. 00729	0. 00286	0. 00000
	55 ~ 59 岁	805573	802024	0. 00906	0. 00374	0. 00000
	60 ~ 64 岁	532615	529018	0. 01448	0. 00644	0. 00000
	65 ~ 69 岁	599828	620482	0. 01854	0. 01000	0. 00000
	70 ~ 74 岁	425705	460138	0. 02887	0. 01796	0. 00000
	75 ~ 79 岁	284370	334772	0. 04908	0. 03427	0. 00000
	80 ~ 84 岁	167493	216273	0. 07959	0. 06103	0. 00000
	85 ~ 89 岁	66246	96210	0. 12739	0. 10426	0. 00000
	90 ~ 94 岁	17325	28995	0. 16825	0. 15313	0. 00000
	95 ~ 99 岁	2766	5667	0. 18944	0. 19128	0. 00000
	100 岁及以上	576	1217	0. 17535	0. 20871	0. 00000

续表

省份	年龄组	分年龄分性别人口数量（人）		年龄别死亡率（%）		育龄妇女生育率（%）
		男性	女性	男性	女性	
云南省	0 岁	207465	192769	0.00416	0.00337	0.00000
	1～4 岁	1030259	948365	0.00047	0.00066	0.00000
	5～9 岁	1293379	1189400	0.00031	0.00025	0.00000
	10～14 岁	1328835	1205502	0.00039	0.00025	0.00000
	15～19 岁	1175695	1059401	0.00074	0.00040	0.02089
	20～24 岁	1117550	973928	0.00111	0.00045	0.09245
	25～29 岁	1212431	1040091	0.00125	0.00050	0.11290
	30～34 岁	1469536	1268161	0.00179	0.00059	0.06863
	35～39 岁	1323866	1130140	0.00281	0.00085	0.03020
	40～44 岁	1461616	1275383	0.00402	0.00124	0.00829
	45～49 岁	1641929	1464724	0.00496	0.00168	0.00218
	50～54 岁	1555420	1447174	0.00677	0.00258	0.00000
	55～59 岁	1250378	1201474	0.00896	0.00361	0.00000
	60～64 岁	765135	764855	0.01427	0.00708	0.00000
	65～69 岁	725054	760640	0.01957	0.01074	0.00000
	70～74 岁	487681	528946	0.03310	0.02052	0.00000
	75～79 岁	322422	380739	0.05485	0.03872	0.00000
	80～84 岁	194401	250937	0.09071	0.07204	0.00000
	85～89 岁	84276	124891	0.14235	0.11727	0.00000
	90～94 岁	23412	39526	0.19678	0.17776	0.00000
	95～99 岁	3960	7670	0.24596	0.24276	0.00000
	100 岁及以上	487	1268	0.26283	0.26183	0.00000

续表

省份	年龄组	分年龄分性别人口数量（人）		年龄别死亡率（%）		育龄妇女生育率（%）
		男性	女性	男性	女性	
西藏自治区	0 岁	20711	19623	0. 01139	0. 01014	0. 00000
	1～4 岁	98829	95072	0. 00191	0. 00179	0. 00000
	5～9 岁	121085	117452	0. 00065	0. 00056	0. 00000
	10～14 岁	105179	101802	0. 00053	0. 00040	0. 00000
	15～19 岁	70969	78542	0. 00116	0. 00057	0. 01917
	20～24 岁	88003	77334	0. 00119	0. 00101	0. 13314
	25～29 岁	118636	101923	0. 00109	0. 00081	0. 13438
	30～34 岁	154151	107524	0. 00101	0. 00088	0. 08901
	35～39 岁	109204	95104	0. 00169	0. 00127	0. 04712
	40～44 岁	91650	75735	0. 00258	0. 00185	0. 01998
	45～49 岁	84760	72945	0. 00356	0. 00269	0. 00765
	50～54 岁	72464	63916	0. 00624	0. 00449	0. 00000
	55～59 岁	57552	54541	0. 00950	0. 00611	0. 00000
	60～64 岁	33174	36311	0. 01417	0. 00936	0. 00000
	65～69 岁	24895	29277	0. 02274	0. 01578	0. 00000
	70～74 岁	17629	22731	0. 03891	0. 02824	0. 00000
	75～79 岁	10255	15809	0. 06426	0. 04232	0. 00000
	80～84 岁	5127	8554	0. 09245	0. 07926	0. 00000
	85～89 岁	1976	3774	0. 12399	0. 11155	0. 00000
	90～94 岁	562	1289	0. 14235	0. 15826	0. 00000
	95～99 岁	141	333	0. 14184	0. 11411	0. 00000
	100 岁及以上	18	73	0. 16667	0. 19178	0. 00000

续表

省份	年龄组	分年龄分性别人口数量（人）		年龄别死亡率（%）		育龄妇女生育率（%）
		男性	女性	男性	女性	
陕西省	0 岁	88139	79786	0.00103	0.00065	0.00000
	1 ~ 4 岁	479063	430413	0.00023	0.00019	0.00000
	5 ~ 9 岁	652914	588515	0.00017	0.00008	0.00000
	10 ~ 14 岁	602472	534232	0.00017	0.00012	0.00000
	15 ~ 19 岁	389462	322675	0.00044	0.00026	0.00282
	20 ~ 24 岁	356161	294815	0.00065	0.00027	0.06268
	25 ~ 29 岁	630845	564021	0.00076	0.00030	0.10574
	30 ~ 34 岁	801831	753382	0.00100	0.00042	0.06490
	35 ~ 39 岁	620473	576527	0.00138	0.00045	0.02415
	40 ~ 44 岁	594591	543366	0.00205	0.00074	0.00474
	45 ~ 49 岁	804911	781707	0.00305	0.00135	0.00152
	50 ~ 54 岁	875489	892478	0.00409	0.00192	0.00000
	55 ~ 59 岁	753165	721912	0.00597	0.00309	0.00000
	60 ~ 64 岁	626068	586282	0.00904	0.00538	0.00000
	65 ~ 69 岁	596372	555793	0.01365	0.00901	0.00000
	70 ~ 74 岁	380635	381356	0.02404	0.01712	0.00000
	75 ~ 79 岁	259135	272281	0.04068	0.03344	0.00000
	80 ~ 84 岁	138679	169820	0.07222	0.05600	0.00000
	85 ~ 89 岁	53966	75314	0.10560	0.12354	0.00000
	90 ~ 94 岁	13043	17823	0.14452	0.14027	0.00000
	95 ~ 99 岁	2454	3969	0.18867	0.17586	0.00000
	100 岁及以上	326	1325	0.19325	0.11623	0.00000

续表

省份	年龄组	分年龄分性别人口数量（人）		年龄别死亡率（%）		育龄妇女生育率（%）
		男性	女性	男性	女性	
甘肃省	0 岁	89214	82813	0.00271	0.00250	0.00000
	1～4 岁	464140	423025	0.00051	0.00043	0.00000
	5～9 岁	591954	548277	0.00029	0.00021	0.00000
	10～14 岁	556161	507732	0.00030	0.00022	0.00000
	15～19 岁	416958	386604	0.00060	0.00034	0.01511
	20～24 岁	358808	348907	0.00100	0.00051	0.10598
	25～29 岁	485850	490933	0.00117	0.00046	0.14006
	30～34 岁	558445	563052	0.00132	0.00048	0.07650
	35～39 岁	451621	437895	0.00161	0.00071	0.02619
	40～44 岁	435405	422425	0.00228	0.00093	0.00555
	45～49 岁	686327	681683	0.00337	0.00146	0.00181
	50～54 岁	788790	776440	0.00443	0.00250	0.00000
	55～59 岁	590194	562695	0.00981	0.00674	0.00000
	60～64 岁	354153	324055	0.01250	0.00716	0.00000
	65～69 岁	457401	373037	0.01685	0.01233	0.00000
	70～74 岁	276292	290093	0.03269	0.02310	0.00000
	75～79 岁	187075	196482	0.05690	0.04536	0.00000
	80～84 岁	93782	111952	0.09580	0.08271	0.00000
	85～89 岁	32695	42876	0.14886	0.13999	0.00000
	90～94 岁	6133	8769	0.18490	0.16912	0.00000
	95～99 岁	1214	1745	0.18534	0.25960	0.00000
	100 岁及以上	154	342	0.24675	0.19591	0.00000

续表

省份	年龄组	分年龄分性别人口数量（人）		年龄别死亡率（%）		育龄妇女生育率（%）
		男性	女性	男性	女性	
青海省	0 岁	23938	22561	0. 00656	0. 00461	0. 00000
	1 ~ 4 岁	114158	107745	0. 00083	0. 00072	0. 00000
	5 ~ 9 岁	158213	150373	0. 00046	0. 00037	0. 00000
	10 ~ 14 岁	147669	140120	0. 00042	0. 00041	0. 00000
	15 ~ 19 岁	119385	113507	0. 00083	0. 00055	0. 02341
	20 ~ 24 岁	114182	105749	0. 00103	0. 00073	0. 09583
	25 ~ 29 岁	142055	132627	0. 00099	0. 00057	0. 11354
	30 ~ 34 岁	151713	140966	0. 00115	0. 00060	0. 06822
	35 ~ 39 岁	132127	122956	0. 00165	0. 00073	0. 03526
	40 ~ 44 岁	145591	135560	0. 00234	0. 00117	0. 00898
	45 ~ 49 岁	161500	148603	0. 00341	0. 00168	0. 00489
	50 ~ 54 岁	150184	136882	0. 00499	0. 00218	0. 00000
	55 ~ 59 岁	103866	96307	0. 00723	0. 00363	0. 00000
	60 ~ 64 岁	53790	50889	0. 01487	0. 00819	0. 00000
	65 ~ 69 岁	51492	53894	0. 02183	0. 01273	0. 00000
	70 ~ 74 岁	35590	40251	0. 03580	0. 02688	0. 00000
	75 ~ 79 岁	22548	27117	0. 06236	0. 04632	0. 00000
	80 ~ 84 岁	10919	15049	0. 09845	0. 07814	0. 00000
	85 ~ 89 岁	4137	6306	0. 13536	0. 11941	0. 00000
	90 ~ 94 岁	996	1731	0. 15663	0. 14616	0. 00000
	95 ~ 99 岁	230	449	0. 16087	0. 14699	0. 00000
	100 岁及以上	41	77	0. 17073	0. 22078	0. 00000

续表

省份	年龄组	分年龄分性别人口数量（人）		年龄别死亡率（%）		育龄妇女生育率（%）
		男性	女性	男性	女性	
宁夏回族自治区	0 岁	20730	19373	0. 00410	0. 00439	0. 00000
	1～4 岁	100149	94115	0. 00057	0. 00078	0. 00000
	5～9 岁	127086	117848	0. 00033	0. 00025	0. 00000
	10～14 岁	128397	118769	0. 00051	0. 00034	0. 00000
	15～19 岁	102185	95776	0. 00079	0. 00028	0. 01822
	20～24 岁	94952	84825	0. 00091	0. 00050	0. 11723
	25～29 岁	123436	114712	0. 00118	0. 00044	0. 13040
	30～34 岁	139567	129969	0. 00118	0. 00064	0. 07408
	35～39 岁	124334	113597	0. 00148	0. 00080	0. 02671
	40～44 岁	130034	120642	0. 00228	0. 00112	0. 00357
	45～49 岁	139946	129602	0. 00304	0. 00145	0. 00154
	50～54 岁	135437	129534	0. 00401	0. 00186	0. 00000
	55～59 岁	104497	97793	0. 00565	0. 00348	0. 00000
	60～64 岁	65419	62617	0. 01090	0. 00650	0. 00000
	65～69 岁	66467	66358	0. 01723	0. 01162	0. 00000
	70～74 岁	43511	46038	0. 02974	0. 02239	0. 00000
	75～79 岁	28789	30418	0. 05895	0. 04731	0. 00000
	80～84 岁	15340	17009	0. 10150	0. 08948	0. 00000
	85～89 岁	5945	6488	0. 16669	0. 16168	0. 00000
	90～94 岁	1362	1573	0. 22320	0. 21996	0. 00000
	95～99 岁	250	299	0. 32000	0. 26421	0. 00000
	100 岁及以上	24	47	0. 58333	0. 23404	0. 00000

续表

省份	年龄组	分年龄分性别人口数量（人）		年龄别死亡率（%）		育龄妇女生育率（%）
		男性	女性	男性	女性	
新疆维吾尔自治区	0岁	73402	68273	0.00409	0.00393	0.00000
	1~4岁	472622	444447	0.00073	0.00061	0.00000
	5~9岁	1035487	980841	0.00027	0.00018	0.00000
	10~14岁	785916	741553	0.00024	0.00019	0.00000
	15~19岁	592072	544238	0.00045	0.00025	0.00321
	20~24岁	650352	574979	0.00067	0.00035	0.05042
	25~29岁	840791	752988	0.00080	0.00036	0.08103
	30~34岁	1020463	929820	0.00100	0.00051	0.05137
	35~39岁	810303	740406	0.00155	0.00072	0.01910
	40~44岁	750533	701388	0.00243	0.00106	0.00471
	45~49岁	928008	858530	0.00329	0.00152	0.00118
	50~54岁	885625	823131	0.00434	0.00235	0.00000
	55~59岁	614060	560613	0.00682	0.00390	0.00000
	60~64岁	369826	352422	0.01158	0.00808	0.00000
	65~69岁	279574	290364	0.01867	0.01339	0.00000
	70~74岁	191932	224283	0.03050	0.02216	0.00000
	75~79岁	137496	167934	0.04855	0.03262	0.00000
	80~84岁	98023	97948	0.06750	0.05082	0.00000
	85~89岁	35691	38876	0.10823	0.07879	0.00000
	90~94岁	11006	10919	0.14665	0.11741	0.00000
	95~99岁	2382	2560	0.18724	0.15313	0.00000
	100岁及以上	453	623	0.18985	0.21188	0.00000

附录 2　2000—2020 年我国各县人口基本情况

（单位：人）

省份	地区	常住人口			城镇人口			男性人口数			女性人口数		
		2000 年	2010 年	2020 年	2000 年	2010 年	2020 年	2000 年	2010 年	2020 年	2000 年	2010 年	2020 年
河北省	井陉县	328549	309882	250989	53377	91804	132756	169854	158588	128539	158695	151294	122450
	正定县	593951	466807	549321	91299	208276	355785	294579	229267	276213	299372	237540	273108
	行唐县	395382	406353	376627	11085	82946	135039	198143	203863	190365	197239	202490	186262
	灵寿县	314656	333558	309121	40358	89340	142289	160589	168818	156245	154067	164740	152876
	高邑县	177537	186478	178368	2088	47020	100414	90071	95635	90454	87466	90843	87914
	深泽县	249797	250264	215806	40701	72203	94216	127212	129676	107713	122585	120588	108093
	赞皇县	230532	244799	242549	7309	50242	83176	120298	126233	124455	110234	118566	118094
	无极县	483538	502662	451377	48294	122816	186172	243430	253533	225524	240108	249129	225853
	平山县	444084	433429	423333	39330	131550	219902	229545	220805	216178	214539	212624	207155
	元氏县	386518	418466	392710	36917	100639	188316	196075	212801	203430	190443	205665	189280
	赵县	550957	571077	505366	63522	175520	200524	282469	294492	258878	268488	276585	246488
	辛集市	623219	615919	594628	172870	236658	368208	314536	306944	297951	308683	308975	296677
	晋州市	520942	537679	507959	144252	160284	238153	265012	271218	255098	255930	266461	252861
	新乐市	439644	487652	478529	152367	194480	281458	220811	244242	238800	218833	243410	239729
	滦南县	570535	584518	508538	51810	198167	237640	290761	295444	257158	279774	289074	251380
	乐亭县	497117	526222	389198	54606	154632	174311	252619	268491	199159	244498	257731	190039
	迁西县	353616	390128	365615	42774	160113	200036	182237	201178	186940	171379	188950	178675
	玉田县	650408	684833	664906	58860	283926	296238	329978	348804	337826	320430	336029	327080
	遵化市	683662	737011	707047	141807	299759	392821	348121	372554	355837	335541	364457	351210
	迁安市	632704	728160	776752	171575	308849	466210	323330	374231	399910	309374	353929	376842

续表

省份	地区	常住人口			城镇人口			男性人口数			女性人口数		
		2000 年	2010 年	2020 年	2000 年	2010 年	2020 年	2000 年	2010 年	2020 年	2000 年	2010 年	2020 年
河北省	滦州市	536151	554315	520102	54979	208212	278807	274476	283066	265270	261675	271249	254832
	青龙满族自治县	482424	496726	431138	35884	114543	135890	252184	260581	223425	230240	236145	207713
	昌黎县	546440	559697	487989	75987	150386	227270	276632	282925	244977	269808	276772	243012
	卢龙县	403547	384439	333942	27239	65371	123352	205941	195158	169582	197606	189281	164360
	临漳县	572777	600600	589003	53402	194110	290955	286853	293925	286482	285924	306675	302521
	成安县	352944	377398	401052	30079	138137	181879	174891	182261	200060	178053	195137	200992
	大名县	713584	767035	726396	22853	219453	317877	359567	382886	361716	354017	384149	364680
	涉县	383284	413057	379559	64201	176855	239933	198958	213403	191610	184326	199654	187949
	磁县	634470	677884	426345	94503	254276	223882	322668	342468	213449	311802	335416	212896
	邱县	200564	227578	210998	21353	82214	112644	100376	114609	105108	100188	112969	105890
	鸡泽县	252643	274328	297425	20395	76598	141302	129866	138569	148659	122777	135759	148766
	广平县	244997	268993	264025	30848	74967	141156	121778	131277	129938	123219	137716	134087
	馆陶县	280877	309032	307912	39101	114624	157033	141738	153922	152785	139139	155110	155127
	魏县	778238	809193	796806	71908	303449	357500	393294	401542	395006	384944	407651	401800
	曲周县	392896	427610	463727	43241	113309	244750	197577	215528	230680	195319	212082	233047
	武安市	720196	819000	811631	147778	293151	453442	373108	421377	408963	347088	397623	402668
	临城县	191355	204086	199793	19212	63400	90920	97415	104021	101061	93940	100065	98732
	内丘县	255402	266620	258260	11084	84416	115960	131553	134857	127600	123849	131763	130660
	柏乡县	181104	190225	168761	21568	53467	77541	91949	96748	85134	89155	93477	83627
	隆尧县	473148	506552	480447	56442	172669	212776	239652	256960	243237	233496	249592	237210
	宁晋县	712692	764828	745389	63376	258301	342341	362769	387650	381344	349923	377178	364045

续表

省份	地区	常住人口			城镇人口			男性人口数			女性人口数		
		2000 年	2010 年	2020 年	2000 年	2010 年	2020 年	2000 年	2010 年	2020 年	2000 年	2010 年	2020 年
河北省	巨鹿县	356085	374634	346007	40615	127344	142982	178769	188768	174210	177316	185866	171797
	新河县	162888	169858	134095	22253	52202	64960	81384	84598	66994	81504	85260	67101
	广宗县	262551	283851	280603	17633	59009	102448	133097	141871	142413	129454	141980	138190
	平乡县	283360	300029	323675	41226	93711	177125	144401	153399	163687	138959	146630	159988
	威县	530259	556624	496230	31540	122503	194464	268630	282452	249425	261629	274172	246805
	清河县	365073	386231	421582	60503	168740	254224	182835	198443	217283	182238	187788	204299
	临西县	313118	343384	326968	43651	119056	141043	159328	176228	164708	153790	167156	162260
	南宫市	467356	469030	396718	126690	188260	183450	234978	237148	198341	232378	231882	198377
	沙河市	474260	498416	431746	178024	218958	265977	243171	252771	217098	231089	245645	214648
	涞水县	327983	339063	315753	40580	99998	163459	167497	172582	158246	160486	166481	157507
	阜平县	192950	205299	194004	25175	40330	100321	98481	103815	98602	94469	101484	95402
	定兴县	538039	517874	512765	44420	121080	230023	271451	257422	254605	266588	260452	258160
	唐县	515915	529067	505849	38886	123192	191066	261916	260900	252527	253999	268167	253322
	高阳县	308850	345160	318986	52441	100486	148172	156874	173932	162968	151976	171228	156018
	容城县	244167	258179	273164	59079	99048	145215	122911	131354	145006	121256	126825	128158
	涞源县	250790	260678	248890	51335	77610	162973	134642	137399	128140	116148	123279	120750
	望都县	251636	250014	233790	16927	74483	122493	127915	126774	116352	123721	123240	117438
	安新县	393001	437378	453723	37498	167433	186713	196887	224555	230992	196114	212823	222731
	易县	541399	537564	485536	35759	126242	199500	278913	272911	243653	262486	264653	241883
	曲阳县	522421	588559	573975	20160	124237	235213	266992	296755	286496	255429	291804	287479
	蠡县	511086	505572	488152	93764	164230	231467	253572	259012	248728	257514	246560	239424

续表

省份	地区	常住人口			城镇人口			男性人口数			女性人口数		
		2000年	2010年	2020年	2000年	2010年	2020年	2000年	2010年	2020年	2000年	2010年	2020年
河北省	顺平县	282936	295764	269678	18765	64145	109612	143862	149704	135995	139074	146060	133683
	博野县	241774	245504	225065	10985	74534	113588	121934	123946	112855	119840	121558	112210
	雄县	323474	359506	478553	30089	139180	235236	163030	183290	249998	160444	176216	228555
	涿州市	546754	603535	667678	188532	260493	395792	275834	303125	333091	270920	300410	334587
	定州市	1107903	1165182	1095986	273301	482121	577440	559214	587316	542377	548689	577866	553609
	安国市	378830	370317	363091	121948	135524	189925	189944	185386	181209	188886	184931	181882
	高碑店市	538582	640280	532731	166910	274853	309413	268027	323671	269029	270555	316609	263702
	张北县	297741	318669	308880	50754	103186	214188	149648	162009	155052	148093	156660	153828
	康保县	226461	204975	138205	14071	52012	68098	114888	103811	69730	111573	101164	68475
	沽源县	177143	174619	160995	19030	38575	91472	91398	90011	81452	85745	84608	79543
	尚义县	157766	151639	104247	23178	37197	55869	78890	76685	52667	78876	74954	51580
	蔚县	447059	450236	411824	62991	146274	215790	238003	235171	210377	209056	215065	201447
	阳原县	257496	258086	205773	31732	82997	115758	133494	131517	103755	124002	126569	102018
	怀安县	224710	210914	179949	29236	75489	94361	114967	107146	91054	109743	103768	88895
	怀来县	323387	352307	348746	49011	136843	211641	167187	181121	177326	156200	171186	171420
	涿鹿县	326101	333932	294013	32586	93219	138859	173236	175944	150116	152865	157988	143897
	赤城县	242181	238169	197919	16755	62616	100137	128205	124243	101931	113976	113926	95988
	承德县	447345	388554	340579	70741	101121	146317	234915	203187	175033	212430	185367	165546
	兴隆县	303861	314730	271628	32173	95752	135924	157152	161297	137280	146709	153433	134348
	滦平县	309532	287986	268647	40508	79856	129894	160237	147635	136409	149295	140351	132238
	隆化县	373773	372030	347707	73498	96253	138768	194794	191904	177040	178979	180126	170667

续表

省份	地区	常住人口			城镇人口			男性人口数			女性人口数		
		2000 年	2010 年	2020 年	2000 年	2010 年	2020 年	2000 年	2010 年	2020 年	2000 年	2010 年	2020 年
河北省	丰宁满族自治县	341561	357029	326353	75004	99355	148332	177673	183768	165838	163888	173261	160515
	宽城满族自治县	221887	250304	240579	31764	86762	140890	115898	131854	124344	105989	118450	116235
	围场满族蒙古族自治县	451994	421400	423676	79643	107203	174027	231726	213260	215452	220268	208140	208224
	平泉市	436917	446939	399378	44370	136401	228261	224522	229622	202075	212395	217317	197303
	沧县	643114	669019	626011	20611	107692	125085	326566	343798	323329	316548	325221	302682
	青县	382228	402137	420878	65598	176612	226363	193183	204920	214356	189045	197217	206522
	东光县	343807	356502	340288	35689	147857	170863	174454	180638	172013	169353	175864	168275
	海兴县	198024	201538	189273	22113	61234	72299	101321	103259	96316	96703	98279	92957
	盐山县	402952	436812	411356	29039	154138	190096	206998	225823	210190	195954	210989	201166
	肃宁县	325257	334639	341919	25090	126167	170261	166246	171392	175209	159011	163247	166710
	南皮县	337931	366232	347473	36860	94508	137293	172409	188309	178545	165522	177923	168928
	吴桥县	278693	282410	217986	26483	88175	88004	140924	141700	107937	137769	140710	110049
	献县	541988	579831	568418	25544	141328	203715	276345	294951	289098	265643	284880	279320
	孟村回族自治县	181304	202571	203507	30154	85885	104220	92576	105057	104964	88728	97514	98543
	泊头市	550888	584308	573842	165892	258203	264187	280209	296563	289665	270679	287745	284177
	任丘市	768900	822455	816401	285132	430896	458878	390649	418945	419798	378251	403510	396603
	黄骅市	483273	548507	484313	95540	296978	313530	251128	288402	253714	232145	260105	230599

续表

省份	地区	常住人口			城镇人口			男性人口数			女性人口数		
		2000 年	2010 年	2020 年	2000 年	2010 年	2020 年	2000 年	2010 年	2020 年	2000 年	2010 年	2020 年
河北省	河间市	757581	810306	795198	128408	243458	296820	383621	414322	408982	373960	395984	386216
	固安县	400240	418689	576344	45569	171558	342159	203229	213077	294447	197011	205612	281897
	永清县	373056	356481	384767	48990	116883	176869	192649	181675	197668	180407	174806	187099
	香河县	308874	343372	449038	38343	177960	330665	154698	178957	228700	154176	164415	220338
	大城县	446577	477773	481902	56264	171399	215121	227226	245797	249363	219351	231976	232539
	文安县	461868	500967	544778	115916	217167	266761	237410	259291	283742	224458	241676	261036
	大厂回族自治县	112658	118474	171366	29718	50722	109011	56839	60083	86396	55819	58391	84970
	霸州市	557901	622975	743226	220081	291710	455923	285321	320113	382850	272580	302862	360376
	三河市	456882	652042	965075	193876	386902	760107	229788	335505	485609	227094	316537	479466
	枣强县	376990	394469	365640	52414	131183	200423	190924	198790	183604	186066	195679	182036
	武邑县	319532	315693	265962	40089	80270	122183	162882	159102	134365	156650	156591	131597
	武强县	212158	214549	176672	28699	51212	58954	107858	108300	88647	104300	106249	88025
	饶阳县	293413	280498	254613	29832	82407	96783	148493	141867	129989	144920	138631	124624
	安平县	322650	328512	327496	37405	114678	191674	163118	167943	168492	159532	160569	159004
	故城县	451467	487025	444493	68651	158697	207499	228418	246440	223562	223049	240585	220931
	景县	489817	528693	463949	52341	182813	217383	248098	266845	233000	241719	261848	230949
	阜城县	325742	341087	293877	31952	93672	128454	165689	172258	147122	160053	168829	146755
	深州市	568558	566087	482289	133806	207945	197414	289086	288415	247112	279472	277672	235177

续表

省份	地区	常住人口			城镇人口			男性人口数			女性人口数		
		2000 年	2010 年	2020 年	2000 年	2010 年	2020 年	2000 年	2010 年	2020 年	2000 年	2010 年	2020 年
山西省	清徐县	328787	343861	325509	49070	94519	126932	177429	177070	168349	151358	166791	157160
	阳曲县	142109	120228	121218	28964	35849	61263	74361	63457	64196	67748	56771	57022
	娄烦县	109412	105841	91208	18287	37301	45968	58302	55810	47717	51110	50031	43491
	古交市	205702	205143	210757	121069	146161	159593	110105	108263	110801	95597	96880	99956
	阳高县	262565	272488	191981	42283	85730	87063	134091	138206	96809	128474	134282	95172
	天镇县	187832	206009	160691	19181	63952	67380	95545	103102	80965	92287	102907	79726
	广灵县	162548	182613	154253	9714	33067	54843	85683	94333	80291	76865	88280	73962
	灵丘县	209713	234004	212771	11919	49492	77999	109842	122459	109784	99871	111545	102987
	浑源县	325763	343486	237749	89684	105870	101237	165826	173495	120943	159937	169991	116806
	左云县	163366	156163	117943	41734	63534	59504	88233	78998	64071	75133	77165	53872
	平定县	323633	335265	306228	62590	104003	155929	168106	172940	158341	155527	162325	147887
	盂县	294176	311082	281049	32502	93535	135971	153689	162007	145349	140487	149075	135700
	襄垣县	248383	270216	260081	62871	102623	139555	129172	141621	135008	119211	128595	125073
	平顺县	160868	150955	115927	18783	31200	38157	83379	77759	60544	77489	73196	55383
	黎城县	155075	158541	134186	29912	50803	62375	82119	82177	67986	72956	76364	66200
	壶关县	282564	291609	240109	23948	58971	93004	143171	146375	118966	139393	145234	121143
	长子县	337354	353266	298690	41006	76214	104466	172225	181124	153534	165129	172142	145156
	武乡县	196097	182549	155386	29768	46215	55692	104791	97012	83013	91306	85537	72373

续表

省份	地区	常住人口			城镇人口			男性人口数			女性人口数		
		2000 年	2010 年	2020 年	2000 年	2010 年	2020 年	2000 年	2010 年	2020 年	2000 年	2010 年	2020 年
山西省	沁县	169959	172205	138578	33736	53233	61795	89473	89893	72866	80486	82312	65712
	沁源县	154305	158702	149975	27730	53009	73053	82437	86129	83890	71868	72573	66085
	沁水县	211440	213016	196528	49842	70350	96032	110365	112630	106386	101075	100386	90142
	阳城县	406708	388789	350474	114092	147978	175023	209124	194815	177054	197584	193974	173420
	陵川县	249782	231360	204825	51548	73709	89822	129512	118089	103596	120270	113271	101229
	泽州县	517162	484174	414999	99958	180873	197435	269035	248125	215608	248127	236049	199391
	高平市	471671	484862	453054	119133	213460	243544	236439	240031	225864	235232	244831	227190
	山阴县	217299	238885	199505	50251	103523	110109	112351	124647	104950	104948	114238	94555
	应县	279483	327973	243970	61825	91041	99436	145102	170234	125902	134381	157739	118068
	右玉县	105143	112063	88212	30135	51199	51243	54515	60185	46537	50628	51878	41675
	怀仁市	286054	326849	348470	123442	166231	247612	150457	171147	180686	135597	155702	167784
	榆社县	126173	134648	111714	23943	39853	51023	66701	71372	58474	59472	63276	53240
	左权县	156203	161314	144519	31514	58612	76007	83163	86727	74684	73040	74587	69835
	和顺县	134522	144178	121617	36823	55990	63557	71268	76430	63956	63254	67748	57661
	昔阳县	221361	227896	190861	32316	59753	78903	116268	120535	98959	105093	107361	91902
	寿阳县	210184	211014	200352	39167	62432	90524	112683	115739	108660	97501	95275	91692
	祁县	253829	265310	254535	48978	81115	114598	132415	138336	130194	121414	126974	124341
	平遥县	477373	502712	450697	89030	172055	216298	245428	261291	229270	231945	241421	221427

续表

省份	地区	常住人口			城镇人口			男性人口数			女性人口数		
		2000 年	2010 年	2020 年	2000 年	2010 年	2020 年	2000 年	2010 年	2020 年	2000 年	2010 年	2020 年
山西省	灵石县	243734	261402	246491	87085	111715	144936	130805	141438	129722	112929	119964	116769
	介休市	372993	406517	432095	192780	232269	291393	190675	209320	219402	182318	197197	212693
	临猗县	536518	572508	482559	86451	183386	191540	273837	290798	242787	262681	281710	239772
	万荣县	425598	439364	361956	35767	87103	113634	217147	223480	183750	208451	215884	178206
	闻喜县	377572	404150	355269	42491	155955	149638	194011	207043	179311	183561	197107	175958
	稷山县	324812	347425	316114	56066	100240	124829	166055	176586	159097	158757	170839	157017
	新绛县	312063	332473	282230	56555	110041	115090	159153	169663	141627	152910	162810	140603
	绛县	264708	281643	226871	70106	124584	102507	133777	142723	113669	130931	138920	113202
	垣曲县	219371	231018	197772	62615	91920	111679	113672	119918	101996	105699	111100	95776
	夏县	342870	352821	287938	48889	78735	88957	177978	182761	146690	164892	170060	141248
	平陆县	241879	258241	205080	40887	57908	79415	124349	132147	104381	117530	126094	100699
	芮城县	372773	394849	342889	58051	151565	175174	189709	200637	176992	183064	194212	165897
	永济市	421244	444724	394935	115574	179028	182248	214446	225614	199370	206798	219110	195565
	河津市	368572	395527	392561	104924	175824	225809	195677	206870	204037	172895	188657	188524
	定襄县	211104	217468	193997	49901	64662	85823	108447	109439	97617	102657	108029	96380
	五台县	313321	299391	216178	46860	76046	90408	162640	153426	111310	150681	145965	104868
	代县	203311	214091	178870	51546	75518	85432	105917	111142	93895	97394	102949	84975
	繁峙县	241938	266800	250409	55324	95246	127149	128376	138247	130113	113562	128553	120296

续表

省份	地区	常住人口			城镇人口			男性人口数			女性人口数		
		2000 年	2010 年	2020 年	2000 年	2010 年	2020 年	2000 年	2010 年	2020 年	2000 年	2010 年	2020 年
山西省	宁武县	152938	161164	136470	49975	65673	73895	83005	86206	73402	69933	74958	63068
	静乐县	155740	156846	119277	25975	45234	56688	84355	83179	64395	71385	73667	54882
	神池县	103990	106538	75757	17069	30747	35761	55692	56992	40102	48298	49546	35655
	五寨县	108651	107632	100220	19409	39650	53570	56888	54886	51824	51763	52746	48396
	岢岚县	80760	84395	69324	23653	33042	37590	43253	44797	37068	37507	39598	32256
	河曲县	138811	145136	123505	39232	58614	65997	73031	77090	64840	65780	68046	58665
	保德县	146995	160035	144218	28302	50524	75880	76873	85298	76373	70122	74737	67845
	偏关县	112324	112111	73382	27118	43924	37953	59690	57902	38200	52634	54209	35182
	原平市	471853	491213	413922	151810	202562	227046	244751	252985	211906	227102	238228	202016
	曲沃县	222391	237033	216595	47922	71794	97988	113641	120616	110366	108750	116417	106229
	翼城县	303258	311471	264181	30128	89856	112644	154157	156710	129749	149101	154761	134432
	襄汾县	466163	442614	425553	66806	136327	160963	236842	222169	211433	229321	220445	214120
	洪洞县	693261	733420	637812	123156	240740	252220	353984	371532	318176	339277	361888	319636
	古县	84696	91798	79816	20529	29327	41246	44469	48771	41768	40227	43027	38048
	安泽县	76139	82012	75574	19318	26145	35202	39969	43936	39648	36170	38076	35926
	浮山县	121323	127831	98833	16399	37450	42238	62857	66119	50156	58466	61712	48677
	吉县	97096	106407	87374	4958	27111	37012	49952	54736	44847	47144	51671	42527
	乡宁县	216408	233167	206892	29867	62659	84800	112753	123313	109007	103655	109854	97885

续表

省份	地区	常住人口			城镇人口			男性人口数			女性人口数		
		2000 年	2010 年	2020 年	2000 年	2010 年	2020 年	2000 年	2010 年	2020 年	2000 年	2010 年	2020 年
山西省	大宁县	56037	64501	52166	13693	23522	28220	28814	33365	28158	27223	31136	24008
	隰县	95895	103617	91394	16943	37223	46266	49273	54000	47326	46622	49617	44068
	永和县	61001	63649	49946	15843	21007	23197	31839	32968	26075	29162	30681	23871
	蒲县	98860	107339	95679	29460	40851	46680	53428	59257	52287	45432	48082	43392
	汾西县	133836	144791	104627	27216	51138	50440	70045	74857	53926	63791	69934	50701
	侯马市	225123	240005	257854	99184	137020	175373	113997	121413	129328	111126	118592	128526
	霍州市	274955	282905	272987	132514	156853	183575	142316	145244	138252	132639	137661	134735
	文水县	401641	421199	372580	65236	109819	152454	203482	214566	190167	198159	206633	182413
	交城县	207404	230521	226768	50974	103223	126862	107523	118050	116769	99881	112471	109999
	兴县	259451	279373	183484	42964	79723	82919	134791	146216	98814	124660	133157	84670
	临县	553440	579077	394713	47445	119358	133412	289772	300447	208697	263668	278630	186016
	柳林县	282840	320676	287969	57309	97422	140139	147811	172883	152971	135029	147793	134998
	石楼县	101858	111815	96808	16117	38859	52577	53175	58414	50453	48683	53401	46355
	岚县	163897	174182	148315	18109	43168	63879	86592	90118	78078	77305	84064	70237
	方山县	135598	143809	112692	21568	36113	45018	71647	76778	60749	63951	67031	51943
	中阳县	131812	141374	138498	11203	79157	89741	69662	75444	73753	62150	65930	64745
	交口县	107461	119918	95313	28322	38717	44574	57360	63123	50269	50101	56795	45044
	孝义市	414154	468770	477289	141635	268253	337489	215941	243456	244269	198213	225314	233020
	汾阳市	387046	416212	407647	118677	149222	207473	199129	212100	205922	187917	204112	201725

续表

省份	地区	常住人口			城镇人口			男性人口数			女性人口数		
		2000 年	2010 年	2020 年	2000 年	2010 年	2020 年	2000 年	2010 年	2020 年	2000 年	2010 年	2020 年
内蒙古自治区	土默特左旗	340606	312532	263131	69410	88477	105947	179464	162482	135515	161142	150050	127616
	托克托县	185582	200840	166192	44378	72484	76352	98353	104839	86070	87229	96001	80122
	和林格尔县	176474	169856	162476	30309	51106	82219	93611	86236	81960	82863	83620	80516
	清水河县	125748	93887	76674	23133	34503	36566	65205	48981	40042	60543	44906	36632
	武川县	157530	108726	95869	34793	47002	53034	83775	56517	49751	73755	52209	46118
	土默特右旗	314290	276453	237421	70035	130150	116238	164479	145791	122257	149811	130662	115164
	固阳县	170643	175574	118624	35808	108200	54002	90651	91795	62444	79992	83779	56180
	达尔罕茂明安联合旗	98325	101486	69563	23185	44165	37358	51984	52992	36203	46341	48494	33360
	阿鲁科尔沁旗	297090	272205	240360	51274	79430	107140	151579	141553	121361	145511	130652	118999
	巴林左旗	332550	327765	277522	53931	90259	109060	169666	165778	139927	162884	161987	137595
	巴林右旗	174275	175543	155027	52940	84779	94024	88776	91185	78085	85499	84358	76942
	林西县	235947	200619	186663	61762	99301	109890	120249	100784	93872	115698	99835	92791
	克什克腾旗	242957	211155	186143	43519	78295	97052	125188	115298	95093	117769	95857	91050
	翁牛特旗	464211	433298	333970	54560	123532	127237	238804	221982	170380	225407	211316	163590
	喀喇沁旗	362458	293246	262792	35399	92372	107771	188826	150861	134729	173632	142385	128063
	宁城县	591684	546845	484397	85688	117976	153827	307581	282510	248592	284103	264335	235805
	敖汉旗	580842	547043	448712	61041	118673	144417	300020	280928	227927	280822	266115	220785

续表

省份	地区	常住人口			城镇人口			男性人口数			女性人口数		
		2000 年	2010 年	2020 年	2000 年	2010 年	2020 年	2000 年	2010 年	2020 年	2000 年	2010 年	2020 年
内蒙古自治区	科尔沁左翼中旗	511196	514741	399631	83621	148310	119166	261995	261945	205226	249201	252796	194405
	科尔沁左翼后旗	387577	379237	321438	72008	107530	106278	199366	194766	163374	188211	184471	158064
	开鲁县	382836	396166	313364	66979	111502	123077	195491	200521	156472	187345	195645	156892
	库伦旗	172419	167020	151133	37696	55778	60938	89116	86332	77239	83303	80688	73894
	奈曼旗	421049	401509	375312	66911	110318	131429	215743	202805	189918	205306	198704	185394
	扎鲁特旗	292484	279371	251806	68300	92510	118424	149139	142730	127345	143345	136641	124461
	霍林郭勒市	66945	102214	138676	54179	101496	130239	33948	53966	72183	32997	48248	66493
	达拉特旗	311608	322101	328593	94548	204300	207102	167031	172294	170287	144577	149807	158306
	准格尔旗	271298	356501	359184	90459	211331	250568	146399	203975	197999	124899	152526	161185
	鄂托克前旗	66866	68282	92724	28127	38296	54710	34793	37896	51486	32073	30386	41238
	鄂托克旗	100072	148844	162726	47008	119423	128829	53619	85066	89601	46453	63778	73125
	杭锦旗	122744	111102	110824	41623	59005	69101	65285	59212	57884	57459	51890	52940
	乌审旗	96873	124527	158566	34533	62522	98830	51146	70962	91164	45727	53565	67402
	伊金霍洛旗	147739	226752	247983	41705	144135	187774	80820	138582	139358	66919	88170	108625
	阿荣旗	304210	278744	257815	88217	83098	124589	157262	143310	131314	146948	135434	126501
	莫力达瓦达斡尔族自治旗	294501	276912	228822	63045	72821	82870	153703	142497	117053	140798	134415	111769
	鄂伦春自治旗	292097	223752	174023	185950	151156	128919	150635	113726	88127	141462	110026	85896

续表

省份	地区	常住人口			城镇人口			男性人口数			女性人口数		
		2000 年	2010 年	2020 年	2000 年	2010 年	2020 年	2000 年	2010 年	2020 年	2000 年	2010 年	2020 年
内蒙古自治区	鄂温克族自治旗	146808	134979	141102	123205	109665	108893	75381	70330	71088	71427	64649	70014
	陈巴尔虎旗	67882	58244	50556	42042	22338	37231	35385	30658	26727	32497	27586	23829
	新巴尔虎左旗	41647	40258	37007	18117	19681	20713	19078	21024	18970	17686	19234	18037
	新巴尔虎右旗	41467	36356	38358	16325	38194	25206	21618	19845	20732	20029	16511	17626
	满洲里市	181112	249472	150508	181112	248420	150508	92853	128853	76282	88259	120619	74226
	牙克石市	405806	366323	256396	386434	167493	239742	207451	183206	128132	198355	168967	128264
	扎兰屯市	409051	352173	318933	162239	338275	174049	211922	187603	162036	197129	178720	156897
	额尔古纳市	87829	110438	68482	73191	89194	54164	45425	39126	34925	42404	37541	33557
	根河市	157337	110438	71437	156839	55076	71164	80485	55841	36319	76852	54597	35118
	五原县	269082	260480	224809	82136	119330	112379	140204	132969	114404	128878	127511	110405
	磴口县	117561	117091	90196	48908	53326	50639	60832	60153	46253	56729	56938	43943
	乌拉特前旗	319376	293269	257826	81018	106495	136352	166820	160280	132406	152556	132989	125420
	乌拉特中旗	133309	134204	112159	40338	55724	61286	70328	80360	59688	62981	53844	52471
	乌拉特后旗	48090	65207	53946	24403	36736	35121	25212	39137	29437	22878	26070	24509
	杭锦后旗	284279	257943	217573	62613	82225	114058	145622	135037	109911	138657	122906	107662
	卓资县	172867	136965	85648	33260	42501	38058	91964	73272	45616	80903	63693	40032
	化德县	129161	123535	95273	40611	55951	56643	65864	62378	48566	63297	61157	46707
	商都县	276156	234417	173926	50194	80200	81789	143340	118873	87608	132816	115544	86318

续表

省份	地区	常住人口			城镇人口			男性人口数			女性人口数		
		2000 年	2010 年	2020 年	2000 年	2010 年	2020 年	2000 年	2010 年	2020 年	2000 年	2010 年	2020 年
内蒙古自治区	兴和县	250261	220067	167881	36487	53395	75800	129501	112606	85382	120760	107461	82499
	凉城县	197098	185954	119061	30696	48056	48884	103270	97012	61873	93828	88942	57188
	察哈尔右翼前旗	209468	164434	125172	35614	36301	54179	107923	84803	65629	101545	79631	59543
	察哈尔右翼中旗	167203	149483	86108	26638	32180	29775	87974	77605	45038	79229	71878	41070
	察哈尔右翼后旗	164980	150174	103599	35138	52464	52048	85377	76383	53025	79603	73791	50574
	四子王旗	180568	176818	129372	36645	61353	64979	94556	90749	66428	86012	86069	62944
	丰镇市	264204	245608	195229	82291	123811	122193	137562	126036	100614	126642	119572	94615
	乌兰浩特市	269162	327081	356035	226314	276406	318009	135406	164064	175183	133756	163017	180852
	阿尔山市	45189	68311	32301	45189	55770	29045	23568	38267	16695	21621	30044	15606
	科尔沁右翼前旗	341574	299834	285392	43060	52520	85917	177261	154946	145912	164313	144888	139480
	科尔沁右翼中旗	247031	251461	207380	54158	97796	97559	125842	128098	105637	121189	123363	101743
	扎赉特旗	392979	392346	315153	100522	122741	141147	207957	203752	161734	185022	188594	153419
	突泉县	292852	274213	220668	68678	73129	82506	150461	139510	112078	142391	134703	108590
	二连浩特市	47025	74179	75794	47025	71455	74252	24625	38151	38807	22400	36028	36987
	锡林浩特市	173796	245886	349953	142846	214382	327112	89527	126599	176194	84269	119287	173759
	阿巴嘎旗	46975	43574	38589	21097	19755	22778	24407	23575	20583	22568	19999	18006
	苏尼特左旗	37612	33652	33643	16347	16487	18205	19582	17878	18165	18030	15774	15478
	苏尼特右旗	76880	71063	62402	46738	50791	47424	39650	36808	31910	37230	34255	30492

续表

省份	地区	常住人口			城镇人口			男性人口数			女性人口数		
		2000 年	2010 年	2020 年	2000 年	2010 年	2020 年	2000 年	2010 年	2020 年	2000 年	2010 年	2020 年
内蒙古自治区	东乌珠穆沁旗	85909	93962	70610	39958	53988	68613	45316	50801	36659	40593	43161	33951
	西乌珠穆沁旗	72163	87614	99255	25018	44202	61756	36831	47790	55077	35332	39824	44178
	太仆寺旗	170261	112339	109370	31655	38416	49564	87860	56971	56021	82401	55368	53349
	镶黄旗	26843	28450	27399	11830	18261	18860	13528	14762	14395	13315	13688	13004
	正镶白旗	63639	54443	42950	18751	21000	23427	33044	27734	22415	30595	26709	20535
	正蓝旗	71186	81967	69908	17995	40717	38590	36684	42812	35820	34502	39155	34088
	多伦县	102879	100893	103736	30461	39004	67316	54821	52914	53068	48058	47979	50668
	阿拉善左旗	148672	173494	176744	101080	129242	142493	79963	94537	92388	68709	78957	84356
	阿拉善右旗	25281	25430	22647	15617	17077	17629	13171	13919	12047	12110	11511	10600
	额济纳旗	22326	32410	35756	16863	25881	30456	11203	17748	18852	11123	14662	16904
辽宁省	康平县	324956	316819	278384	72426	91316	94738	166759	160877	139177	158197	155942	139207
	法库县	420362	399587	340933	74126	92237	123539	216062	204966	172953	204300	194621	167980
	新民市	653719	657763	565634	146540	173476	218041	333683	333611	284076	320036	324152	281558
	长海县	99532	77951	66824	29274	38577	46568	51681	40300	34667	47851	37651	32157
	瓦房店市	956063	942197	905082	371972	413921	454388	489377	489013	461728	466686	453184	443354
	庄河市	835062	841321	742496	195093	304233	348028	422677	423665	368179	412385	417656	374317
	台安县	354706	332542	300764	88698	101079	143744	181759	169338	152135	172947	163204	148629
	岫岩满族自治县	491918	475381	413007	128076	155763	175582	254281	243456	210846	237637	231925	202161

续表

省份	地区	常住人口			城镇人口			男性人口数			女性人口数		
		2000 年	2010 年	2020 年	2000 年	2010 年	2020 年	2000 年	2010 年	2020 年	2000 年	2010 年	2020 年
辽宁省	海城市	1181130	1293877	1067905	598195	687223	680033	606805	662209	542640	574325	631668	525265
	抚顺县	223297	162588	83125	37306	14188	15341	115593	83924	43072	107704	78664	40053
	新宾满族自治县	284704	254118	217259	96941	84352	93127	146487	129292	109547	138217	124826	107712
	清原满族自治县	317842	290370	238890	122273	114426	119968	163232	147870	120511	154610	142500	118379
	本溪满族自治县	293834	296218	230850	111326	15868	139319	151474	152083	116179	142360	144135	114671
	桓仁满族自治县	293505	319026	229953	98297	11242	105886	151215	166230	116080	142290	152796	113873
	宽甸满族自治县	409386	407713	334636	135561	161155	148338	211195	213982	168528	198191	193731	166108
	东港市	640340	627475	568566	226684	290957	357229	324344	319561	286461	315996	307914	282105
	凤城市	560384	543933	469376	265130	247219	252921	288402	274781	235165	271982	269152	234211
	黑山县	617664	615085	451206	184215	194836	177115	313996	307716	226046	303668	307369	225160
	义县	422553	396602	305996	63361	93682	94720	216093	202359	154491	206460	194243	151505
	凌海市	647310	508079	412513	178665	134716	167909	332906	258731	206648	314404	249348	205865
	北镇市	527217	514898	422289	156399	127101	152033	270153	261202	212330	257064	253696	209959
	盖州市	883811	691595	559271	167771	218478	228059	455641	355463	285293	428170	336132	273978
	大石桥市	714670	704891	607098	313250	330328	309066	370713	362098	308404	343957	342793	298694
	阜新蒙古族自治县	714244	664971	545749	102014	117183	146325	363667	337646	274215	350577	327325	271534
	彰武县	389969	363712	333643	68679	87248	126979	198254	183704	167155	191715	180008	166488
	辽阳县	570566	573509	372131	114688	140922	121499	295840	295096	189623	274726	278413	182508

续表

省份	地区	常住人口			城镇人口			男性人口数			女性人口数		
		2000 年	2010 年	2020 年	2000 年	2010 年	2020 年	2000 年	2010 年	2020 年	2000 年	2010 年	2020 年
辽宁省	灯塔市	502149	496122	354617	181104	163064	185623	259895	254719	179417	242254	241403	175200
	盘山县	281562	285116	223210	40463	60468	95266	144757	143759	112369	136805	141357	110841
	铁岭县	351194	339045	324383	33065	61408	120353	181726	174555	162945	169468	164490	161438
	西丰县	309416	290635	225123	64214	70947	77160	159183	147906	114177	150233	142729	110946
	昌图县	959439	847924	711818	207092	178839	259006	489746	427858	356751	469693	420066	355067
	调兵山市	239636	241431	206058	204060	195673	179480	121471	122029	102065	118165	119402	103993
	开原市	529736	545624	460927	196517	242412	257822	271422	279255	232045	258314	266369	228882
	朝阳县	584959	486774	404460	42899	46378	80419	300740	247419	207732	284219	239355	196728
	建平县	543405	505437	455826	125945	160891	196344	276564	256468	230582	266841	248969	225244
	喀喇沁左翼蒙古族自治县	397469	360419	346133	64135	106585	139707	203380	181637	175785	194089	178782	170348
	北票市	573836	496164	439998	204930	168620	190315	291584	249906	221148	282252	246258	218850
	凌源市	620121	570660	540832	201030	200354	247488	324554	298090	280232	295567	272570	260600
	绥中县	600101	586620	545963	101643	169943	223005	311271	301289	276990	288830	285331	268973
	建昌县	555121	520537	453436	55891	95127	126184	288435	266423	233284	266686	254114	220152
	兴城市	524527	546176	490300	147186	178291	219545	269567	277916	250604	254960	268260	239696
吉林省	农安县	1076134	960759	763983	175598	179184	196832	551332	490234	388645	524802	470525	375338
	榆树市	1155670	1160568	836098	219514	280961	253344	592213	586900	422713	563457	573668	413385

续表

省份	地区	常住人口			城镇人口			男性人口数			女性人口数		
		2000 年	2010 年	2020 年	2000 年	2010 年	2020 年	2000 年	2010 年	2020 年	2000 年	2010 年	2020 年
吉林省	德惠市	878349	748369	635476	194453	187956	202988	448146	380101	322457	430203	368268	313019
	公主岭市	1041735	1092936	862313	305382	337851	384715	532134	552907	435479	509601	540029	426834
	永吉县	423301	394486	243469	117334	138241	93845	216951	201156	125564	206350	193330	117905
	蛟河市	474109	447226	328925	207818	201712	168313	243510	226997	165292	230599	220229	163633
	桦甸市	444415	444843	341308	238655	193537	184810	228624	226250	171822	215791	218593	169486
	舒兰市	660065	645702	406744	257126	254850	176692	340293	328088	204714	319772	317614	202030
	磐石市	530470	505779	370238	212513	228004	163592	273219	257882	186362	257251	247897	183876
	梨树县	871117	782630	537145	209305	254842	193144	448388	402162	273030	422729	380468	264115
	伊通满族自治县	482134	475245	331873	77544	124604	110229	250130	241615	168381	232004	233630	163492
	双辽市	404499	420720	317758	152180	180700	146716	206071	214086	157803	198428	206634	159955
	东丰县	408679	355078	307302	116298	129020	112665	211619	181476	155448	197060	173602	151854
	东辽县	396121	348905	226185	58470	81959	55287	205589	179211	115248	190532	169694	110937
	通化县	255163	247140	175114	91032	110167	77528	132586	129412	88391	122577	117728	86723
	辉南县	360103	359329	237113	164299	172792	123574	185020	182547	118757	175083	176782	118356
	柳河县	375027	363836	274414	106974	114123	102743	194950	185828	140021	180077	178008	134393
	梅河口市	617674	615154	509336	327125	268259	291138	317226	314208	256387	300448	300946	252949
	集安市	239849	232278	169220	92293	95971	81982	124475	118324	84956	115374	113954	84264
	抚松县	306736	297960	233759	205577	218680	185588	158677	152585	117310	148059	145375	116449

续表

省份	地区	常住人口			城镇人口			男性人口数			女性人口数		
		2000 年	2010 年	2020 年	2000 年	2010 年	2020 年	2000 年	2010 年	2020 年	2000 年	2010 年	2020 年
吉林省	靖宇县	141120	131631	108478	76029	73122	66218	73465	68266	55057	67655	63365	53421
	长白朝鲜族自治县	84667	72550	58266	42803	41375	40959	44105	36964	29484	40562	35586	28782
	临江市	184901	174970	121616	139613	133435	87555	94904	88211	60531	89997	86759	61085
	前郭尔罗斯蒙古族自治县	567246	607640	407385	111834	171908	160878	290563	306723	204560	276683	300917	202825
	长岭县	625830	639205	451620	146122	198717	125129	319683	325029	228661	306147	314176	222959
	乾安县	300745	301438	205542	96245	111586	93731	152783	151633	103221	147962	149805	102321
	扶余市	733746	718987	475017	100620	164673	124874	375475	365790	240853	358271	353197	234164
	镇赉县	320960	298301	217387	89877	125088	105997	170762	155265	108978	150198	143036	108409
	通榆县	348344	353482	281589	119532	131624	113347	178106	179588	140977	170238	173894	140612
	洮南市	441096	432122	307215	201042	164976	115946	224878	219011	153596	216218	213111	153619
	大安市	430512	431017	270911	212781	202322	136823	219682	220368	135215	210830	210649	135696
	延吉市	432339	562959	686136	362905	505516	630612	223342	280099	331434	208997	282860	354702
	图们市	132368	134452	85248	101941	109342	71023	67067	67768	42139	65301	66684	43109
	敦化市	480834	483464	392486	286554	293396	241929	247966	244758	196287	232868	238706	196199
	珲春市	211091	241777	239359	137163	174355	189760	108873	124304	119044	102218	117473	120315
	龙井市	261551	177234	129286	162897	122065	96972	132150	89893	65060	129401	87341	64226
	和龙市	215266	189532	117087	141903	112337	80419	110051	97300	59623	105215	92232	57464

续表

省份	地区	常住人口			城镇人口			男性人口数			女性人口数		
		2000 年	2010 年	2020 年	2000 年	2010 年	2020 年	2000 年	2010 年	2020 年	2000 年	2010 年	2020 年
吉林省	汪清县	255882	255411	167911	162456	155514	114193	131304	129934	84601	124578	125477	83310
	安图县	220315	225987	168826	129999	124927	104649	113586	116163	86115	106729	109824	82711
黑龙江省	依兰县	364108	388319	258345	116184	145666	113401	187045	197866	130533	177063	190453	127812
	方正县	225513	203853	183789	100385	92102	99903	116301	103541	90939	109212	100312	92850
	宾县	538710	551271	444314	114025	146031	162735	276729	280897	226109	261981	270374	218205
	巴彦县	611556	590555	420409	134118	143909	135099	311342	299435	213354	300214	291120	207055
	木兰县	258972	277685	176245	57932	74977	60560	133315	142215	89726	125657	135470	86519
	通河县	203515	210650	179828	83155	102009	104952	104722	107392	90473	98793	103258	89355
	延寿县	237655	242455	182725	66443	89667	81979	122870	125193	93050	114785	117262	89675
	尚志市	582764	585386	463358	267942	269699	246880	298966	301595	235424	283798	283791	227934
	五常市	888782	881224	724705	262584	259836	256842	454587	448207	368570	434195	433017	356135
	龙江县	570606	572764	414285	121027	133204	125179	293328	292703	209431	277278	280061	204854
	依安县	447706	480035	353872	82622	108962	104985	229113	244546	179975	218593	235489	173897
	泰来县	310160	302027	249153	82311	95257	92066	162020	155162	126520	148140	146865	122633
	甘南县	360555	368734	288203	91705	102716	97033	184896	186999	145078	175659	181735	143125
	富裕县	284964	276537	224040	97254	108929	102726	146297	140916	114208	138667	135621	109832
	克山县	450687	403175	255041	96300	89510	83153	230253	201602	128384	220434	201573	126657
	克东县	264563	264285	156983	66391	78507	60866	135582	130085	78941	128981	134200	78042

续表

省份	地区	常住人口			城镇人口			男性人口数			女性人口数		
		2000 年	2010 年	2020 年	2000 年	2010 年	2020 年	2000 年	2010 年	2020 年	2000 年	2010 年	2020 年
黑龙江省	拜泉县	517996	519766	282019	82856	100826	75954	266132	263105	142440	251864	256661	139579
	讷河市	672295	625892	436906	179096	233724	193396	343873	310509	219831	328422	315383	217075
	鸡东县	285489	273871	211855	84362	106611	95091	148578	140452	107789	136911	133419	104066
	虎林市	311509	317884	267870	149222	193028	184294	160842	162631	134934	150667	155253	132936
	密山市	438277	407451	339103	174453	176612	186287	224565	207871	170620	213712	199580	168483
	萝北县	228353	220131	206072	126317	137050	145075	116717	111230	102493	111636	108901	103579
	绥滨县	176086	174063	139795	59101	72882	76515	90363	88596	70654	85723	85467	69141
	集贤县	301932	299890	243945	103215	114428	119384	155707	151797	123761	146225	148093	120184
	友谊县	110033	110790	101080	57776	65916	74068	56421	55549	49796	53612	55241	51284
	宝清县	399083	400487	331377	125561	149147	156506	204472	202967	167192	194611	197520	164185
	饶河县	150007	149632	130519	61423	80214	87898	78131	76359	66102	71876	73273	64417
	肇州县	371451	387463	306036	91020	116806	108439	189004	196556	155783	182447	190907	150253
	肇源县	377388	388828	330340	77145	137173	141326	192958	195625	166582	184430	193203	163758
	林甸县	228630	244578	191238	56531	73558	72283	116385	123578	96104	112245	121000	95134
	杜尔伯特蒙古族自治县	220531	233838	199293	67254	85657	90064	112953	118184	99794	107578	115654	99499
	嘉荫县	81004	68579	56523	35092	35224	34840	42033	34961	28533	38971	33618	27990
	汤旺县	60648	52126	33245	60648	45922	30563	31056	26342	16730	29592	25784	16515

续表

省份	地区	常住人口			城镇人口			男性人口数			女性人口数		
		2000年	2010年	2020年	2000年	2010年	2020年	2000年	2010年	2020年	2000年	2010年	2020年
黑龙江省	丰林县	117048	98894	62214	117048	98355	58652	59562	49582	31202	57486	49312	31012
	大箐山县	37492	32259	57697	37492	31649	46660	18898	15992	28738	18594	16267	28959
	南岔县	140846	118593	82895	140846	105302	68285	71594	59336	41591	69252	59257	41304
	铁力市	354601	349369	225960	277640	235148	173360	181024	173651	112827	173577	175718	113133
	桦南县	421901	468698	286855	120660	134270	114107	217361	239691	145239	204540	229007	141616
	桦川县	185412	202827	145876	41701	85706	74379	95096	103628	73431	90316	99199	72445
	汤原县	228405	255211	173688	68562	114663	85452	118325	130321	87930	110080	124890	85758
	同江市	164595	179791	176112	65225	99829	112222	85426	92690	88801	79169	87101	87311
	富锦市	420579	437165	414090	138010	215237	240925	215650	225069	208388	204929	212096	205702
	抚远市	77474	126694	97329	27242	74435	79754	40167	68565	49591	37307	58129	47738
	勃利县	320736	299484	199583	121709	119659	106061	164495	152053	100934	156241	147431	98649
	林口县	418136	368956	238193	115873	120953	96140	216005	188876	121733	202131	180080	116460
	绥芬河市	69052	132315	114564	55317	128363	111455	35945	67985	57514	33107	64330	57050
	海林市	435677	400859	292755	282714	216633	180669	222525	203175	146276	213152	197684	146479
	宁安市	437328	437452	322127	129692	128469	123311	223201	219763	161048	214127	217689	161079
	穆棱市	310096	293271	197065	121029	112882	91287	158623	151699	99710	151473	141572	97355
	东宁市	207012	200716	195489	108859	112425	96018	106370	103138	98868	100642	97578	96621
	逊克县	101816	101411	82134	22987	35675	35919	52628	51217	41390	49188	50194	40744

续表

省份	地区	常住人口			城镇人口			男性人口数			女性人口数		
		2000 年	2010 年	2020 年	2000 年	2010 年	2020 年	2000 年	2010 年	2020 年	2000 年	2010 年	2020 年
黑龙江省	孙吴县	95867	102821	73387	36099	4892	40266	49549	52296	37094	46318	50525	36293
	北安市	442474	436444	308237	221381	248471	213850	226743	218050	154744	215731	218394	153493
	五大连池市	338689	326391	243283	81195	148465	135828	176002	167225	123526	162687	159166	119757
	嫩江市	500201	495519	355528	147595	251492	223587	256514	251070	177969	243687	244449	177559
	望奎县	442867	458525	286848	96050	111616	97036	226700	229766	145101	216167	228759	141747
	兰西县	428377	424562	308684	77158	97960	91569	220028	206829	156752	208349	217733	151932
	青冈县	410534	474422	287557	110854	127431	103214	210749	243406	144801	199785	231016	142756
	庆安县	358363	386162	260592	79388	115205	104230	183687	197107	131351	174676	189055	129241
	明水县	294482	320695	198271	66770	91015	71656	151035	164563	100808	143447	156132	97463
	绥棱县	294955	331343	211907	85376	121801	142759	150994	168476	105766	143961	162867	106141
	安达市	473091	472826	357535	225863	223486	196645	243349	240541	179753	229742	232285	177782
	肇东市	832657	903067	666532	229417	358606	312289	424694	460521	337399	407963	442546	329133
	海伦市	720008	769437	480216	144242	188461	164766	368751	389853	242211	351257	379584	238005
	漠河市	80982	83414	54036	77117	71307	53460	41941	43475	27714	39041	39939	26322
	呼玛县	60140	51861	36362	30235	28992	23199	31391	26848	18675	28749	25013	17687
	塔河县	93194	92473	51056	85472	81480	47941	47831	47676	26002	45363	44797	25054
江苏省	江阴市	1315472	1595138	1779515	555454	1013670	1331352	665719	822321	920161	649753	772811	859354
	宜兴市	1164275	1235476	1285785	534600	710497	889871	592095	634955	654989	572180	600587	630796

续表

省份	地区	常住人口			城镇人口			男性人口数			女性人口数		
		2000 年	2010 年	2020 年	2000 年	2010 年	2020 年	2000 年	2010 年	2020 年	2000 年	2010 年	2020 年
江苏省	丰县	1068404	963531	935200	197420	390717	504761	546636	486511	468942	521768	477020	466258
	沛县	1183048	1141935	1038337	292675	495950	596272	606940	574727	521117	576108	567208	517220
	睢宁县	1217820	1039315	1088553	216711	426297	614577	623037	512262	547412	594783	527053	541141
	新沂市	962656	920628	969922	285150	402169	549911	491509	464345	490412	471147	456283	479510
	邳州市	1539922	1458038	1462563	366496	631572	850815	791332	739611	740611	748590	718427	721952
	溧阳市	740871	749522	785092	294429	368409	495507	375694	375696	404194	365177	373826	380898
	常熟市	1239637	1510453	1677050	565178	929124	1230599	598034	758458	872242	641603	751995	804808
	张家港市	957223	1246762	1432044	432352	762625	1055893	466771	631019	738317	490452	615743	693727
	昆山市	750074	1644860	2092496	434429	1118617	1652159	377433	866440	1113706	372641	778420	978790
	太仓市	515063	711854	831113	284415	435225	586830	250788	364764	437875	264275	347090	393238
	如东县	1085478	995983	880006	228694	479170	512131	532069	478054	429701	553409	517929	450305
	启东市	1057073	972525	967313	392959	479243	580157	495819	447908	467719	561254	524617	499594
	如皋市	1362533	1267066	1238448	340836	614909	761879	659720	604253	602131	702813	662813	636317
	海门市	942952	907598	991782	303543	453781	661983	431066	411363	484870	511886	496235	506912
	海安市	921999	866337	874334	221345	424900	601165	436442	404695	434264	485557	461642	440070
	东海县	1110952	952668	1047357	206815	398794	506989	571891	474186	529864	539061	478482	517493
	灌云县	1030069	817509	725047	197305	320405	358508	538121	417608	371355	491948	399901	353692
	灌南县	697710	622296	612345	95094	243471	323820	364343	316829	312365	333367	305467	299980

续表

省份	地区	常住人口			城镇人口			男性人口数			女性人口数		
		2000 年	2010 年	2020 年	2000 年	2010 年	2020 年	2000 年	2010 年	2020 年	2000 年	2010 年	2020 年
江苏省	涟水县	1003294	859787	829699	150299	336643	465057	515134	420602	415067	488160	439185	414632
	盱眙县	712499	658759	607211	215196	288664	374436	362913	327149	302423	349586	331610	304788
	金湖县	363377	321251	289456	97390	143346	177633	182905	157233	144333	180472	164018	145123
	响水县	562411	509880	459156	137174	225319	268785	291030	262329	233854	271381	247551	225302
	滨海县	1050251	957215	820084	241928	415187	458804	545055	485584	416467	505196	471631	403617
	阜宁县	1035035	843464	794036	268176	378267	465096	532122	425714	400486	502913	417750	393550
	射阳县	1053680	897073	759403	364209	424955	452678	535543	449659	381466	518137	447414	377937
	建湖县	789566	741764	609346	269089	355021	378759	402159	375789	305799	387407	365975	303547
	东台市	1164653	990306	888410	354827	489815	524562	583122	478906	440338	581531	511400	448072
	宝应县	869972	752425	682219	230087	333643	391839	434842	362946	337714	435130	389479	344505
	仪征市	610356	564021	532571	254666	271969	356995	311144	286409	269029	299212	277612	263542
	高邮市	797752	744685	709572	225160	341069	422816	392863	359914	351884	404889	384771	357688
	丹阳市	877232	960662	988900	339123	500572	792584	442296	486281	501587	434936	474381	487313
	扬中市	301672	334977	315462	131431	179771	221434	150538	170801	159696	151134	164176	155766
	句容市	594316	617706	639266	199807	299033	412996	302713	314019	323689	291603	303687	315577
	兴化市	1441659	1253548	1128204	412891	575288	649849	745856	641297	577484	695803	612251	550720
	靖江市	639665	684360	663408	252903	388119	453970	316885	348823	333229	322780	335537	330179
	泰兴市	1235454	1073921	994445	404306	553079	619033	618158	525763	495881	617296	548158	498564

续表

省份	地区	常住人口			城镇人口			男性人口数			女性人口数		
		2000 年	2010 年	2020 年	2000 年	2010 年	2020 年	2000 年	2010 年	2020 年	2000 年	2010 年	2020 年
江苏省	沭阳县	1705303	1541083	1674978	400027	730810	986247	874577	773142	852454	830726	767941	822524
	泗阳县	1162470	831112	829562	242411	387900	510517	603223	423219	414975	559247	407893	414587
	泗洪县	1022670	909298	858740	232836	376726	525208	527944	459039	428675	494726	450259	430065
浙江省	桐庐县	378060	406450	453106	136267	228918	318780	191283	206647	231206	186777	199803	221900
	淳安县	382347	336843	328957	68359	110677	153611	190940	166055	163856	191407	170788	165101
	建德市	473062	430750	442709	166717	183518	233658	242606	217344	224353	230456	213406	218356
	象山县	484236	503279	567665	184868	276125	348453	245253	253374	287779	238983	249905	279886
	宁海县	518186	646074	695958	208712	363121	437960	264413	331001	361292	253773	315073	334666
	余姚市	852719	1010659	1254032	348812	672909	1013866	429835	512316	654380	422884	498343	599652
	慈溪市	1214537	1462383	1829488	675727	1059942	1457510	615279	746733	968835	599258	715650	860653
	永嘉县	722390	789154	869624	277649	441744	482975	379334	417513	464828	343056	371641	404796
	平阳县	740448	761664	863088	371296	375144	532286	388020	393942	449919	352428	367722	413169
	苍南县	1167589	1184643	843962	522369	648219	575197	615972	619630	438781	551617	565013	405181
	文成县	264878	212077	288178	79282	83892	125062	141399	110682	151517	123479	101395	136661
	泰顺县	279799	233443	265980	78704	93659	119245	151402	122949	138488	128397	110494	127492
	瑞安市	1207788	1424667	1520386	465230	927383	1012731	627593	743814	802213	580195	680853	718173
	乐清市	1162765	1389332	1452707	488980	725972	949585	605494	723435	766951	557271	665897	685756
	龙港市			464732			450286			246738			217994

续表

省份	地区	常住人口			城镇人口			男性人口数			女性人口数		
		2000 年	2010 年	2020 年	2000 年	2010 年	2020 年	2000 年	2010 年	2020 年	2000 年	2010 年	2020 年
浙江省	嘉善县	425972	574187	648160	137112	288588	473639	214896	294425	345596	211076	279762	302564
	海盐县	387723	430940	456775	119420	204433	297920	194340	216181	235649	193383	214759	221126
	海宁市	666080	806966	1076199	231629	397690	752775	331349	405366	566704	334731	401600	509495
	平湖市	507899	671834	671326	171529	346892	449636	249848	332806	348233	258051	339028	323093
	桐乡市	713399	815848	1029754	249692	400417	690641	360567	408390	529720	352832	407458	500034
	德清县	436524	491789	548568	146845	246022	341128	220492	250741	287294	216032	241048	261274
	长兴县	611518	641982	673776	170928	314372	430311	315743	328240	344964	295775	313742	328812
	安吉县	432139	466552	586409	138153	221553	355179	223684	237940	307314	208455	228612	279095
	新昌县	414907	380444	419036	176142	199541	261282	215542	194372	215185	199365	186072	203851
	诸暨市	1070675	1157938	1218072	469031	606683	762917	535820	580569	619590	534855	577369	598482
	嵊州市	671221	679762	675226	296761	345674	386087	345614	346692	346427	325607	333070	328799
	武义县	301223	349899	462462	87819	216434	287898	156180	182627	245677	145043	167272	216785
	浦江县	364138	437346	460726	116973	245741	209274	189737	230214	240373	174401	207132	220353
	磐安县	175834	174665	177161	42313	69696	93187	89180	87826	90275	86654	86839	86886
	兰溪市	607196	560514	574801	193856	208272	318165	314090	284960	292973	293106	275554	281828
	义乌市	912670	1234015	1859390	560317	878903	1481384	461103	647079	1002838	451567	586936	856552
	东阳市	753094	804398	1087950	364412	455912	738721	375565	402282	560471	377529	402116	527479
	永康市	557067	723490	964203	265423	376246	638563	290946	383947	520017	266121	339543	444186

续表

省份	地区	常住人口			城镇人口			男性人口数			女性人口数		
		2000 年	2010 年	2020 年	2000 年	2010 年	2020 年	2000 年	2010 年	2020 年	2000 年	2010 年	2020 年
浙江省	常山县	265467	241368	259966	57692	91070	127705	137470	122243	133100	127997	119125	126866
	开化县	271611	245088	258810	63803	93045	131023	136977	119580	127837	134634	125508	130973
	龙游县	368157	362380	360229	84672	129689	185813	194193	188570	186734	173964	173810	173495
	江山市	473222	467862	494412	193886	200341	289269	241301	234508	247880	231921	233354	246532
	岱山县	197483	202164	207982	69274	123391	142851	98280	110084	123467	99203	92080	84515
	嵊泗县	88362	76108	66903	43109	47476	43886	45465	38779	34606	42897	37329	32297
	三门县	315405	328887	379469	79360	140032	202924	162537	169665	195866	152868	159222	183603
	天台县	407270	382812	474711	111192	193896	251383	204350	191920	242816	202920	190892	231895
	仙居县	367585	342676	431888	105989	177590	223978	188197	173458	221407	179388	169218	210481
	温岭市	1162783	1366794	1416199	533810	749013	920913	604031	710722	740335	558752	656072	675864
	临海市	948618	1028813	1114146	348192	503377	551458	479625	524783	572295	468993	504030	541851
	玉环市	460091	616346	644014	276488	362135	468554	243731	325511	341741	216360	290835	302273
	青田县	361062	336542	509053	125848	145077	270319	187715	174912	263277	173347	161630	245776
	缙云县	362252	358917	405318	81507	153793	230304	187097	182500	207826	175155	176417	197492
	遂昌县	207087	190165	194385	48582	75311	106969	109014	97241	99820	98073	92924	94565
	松阳县	197340	185051	204880	45996	66183	97751	102688	94581	105192	94652	90470	99688
	云和县	103273	111591	129216	31782	64798	94499	54991	58012	67647	48282	53579	61569
	庆元县	179449	141541	142551	48590	65056	90524	92930	71948	72676	86519	69593	69875

续表

省份	地区	常住人口			城镇人口			男性人口数			女性人口数		
		2000 年	2010 年	2020 年	2000 年	2010 年	2020 年	2000 年	2010 年	2020 年	2000 年	2010 年	2020 年
浙江省	景宁畲族自治县	153011	107106	111011	38876	43226	64616	82128	55642	57257	70883	51464	53754
	龙泉市	250398	234626	248866	95188	117239	165567	131534	120252	126997	118864	114374	121869
安徽省	长丰县	894204	671343	783982	80878	188225	471250	465022	342814	407835	429182	328529	376147
	肥东县	1006886	861960	884792	166073	303171	601520	524429	439900	464542	482457	422060	420250
	肥西县	907219	858895	967508	167581	297150	612477	476334	441231	506811	430885	417664	460697
	庐江县	1145874	973850	888238	202241	387895	475100	600162	491156	457599	545712	482694	430639
	巢湖市	778864	780711	727162	335830	1574316	492952	396961	392202	366481	381903	388509	360681
	芜湖县	497564	294039	344016	106072	112093	241358	260016	149384	178210	237548	144655	165806
	繁昌县	430530	257764	243907	71145	113011	146003	223357	131900	125189	207173	125864	118718
	南陵县	490130	404278	431148	86396	141831	232557	253156	200500	218791	236974	203778	212357
	无为市	1252081	1180069	817997	136385	424165	417265	647888	599655	421140	604193	580414	396857
	怀远县	1234561	1028066	935335	138808	251452	347234	649422	523605	477802	585139	504461	457533
	五河县	648856	621973	523531	76945	193933	233023	335592	319949	266733	313264	302024	256798
	固镇县	595513	541644	501449	97563	134303	157596	307008	277634	254135	288505	264010	247314
	凤台县	683421	667070	633385	92633	203629	237410	363436	351272	331680	319985	315798	301705
	寿县	1112569	1008116	838507	240285	352612	359700	579646	503392	434304	532923	504724	404203
	当涂县	629340	624771	446991	97825	281600	281650	324639	321195	229390	304701	303576	217601
	含山县	405070	376436	336588	76289	125647	187909	207612	191498	172460	197458	184938	164128

续表

省份	地区	常住人口			城镇人口			男性人口数			女性人口数		
		2000 年	2010 年	2020 年	2000 年	2010 年	2020 年	2000 年	2010 年	2020 年	2000 年	2010 年	2020 年
安徽省	和县	591560	562036	410899	100178	231820	205671	306176	290578	211404	285384	271458	199495
	濉溪县	1136969	1000955	932402	143991	264855	433211	586004	506037	473942	550965	494918	458460
	枞阳县	757951	838712	469051	119824	189973	241942	373410	423191	233271	384541	415521	235780
	怀宁县	673677	592750	496683	69388	221545	241120	336292	302983	252258	337385	289767	244425
	太湖县	498882	515283	430465	64038	117512	176506	254184	266073	218868	244698	249210	211597
	宿松县	649975	571025	612586	89546	169766	245326	336065	292465	317862	313910	278560	294724
	望江县	479099	526712	462367	70395	173554	160313	233037	265415	230468	246062	261297	231899
	岳西县	361632	321636	323837	54456	75481	124212	186393	161967	164811	175239	159669	159026
	桐城市	660772	664455	593629	170088	269346	398423	321098	331009	293717	339674	333446	299912
	潜山市	515261	500292	441224	75470	165779	238099	260308	252543	222466	254953	247749	218758
	歙县	454593	409247	362962	73308	117510	161253	230647	207799	185229	223946	201448	177733
	休宁县	242260	250457	211456	46963	70803	88754	123149	128289	107076	119111	122168	104380
	黟县	93919	80722	76211	21783	28411	32209	48072	40417	39502	45847	40305	36709
	祁门县	173405	157768	145644	42565	50863	74438	88659	79297	74724	84746	78471	70920
	来安县	449188	432021	416048	74319	144675	238798	228047	216021	215051	221141	216000	200997
	全椒县	413220	383885	395633	81805	173905	256177	211515	194102	203666	201705	189783	191967
	定远县	801966	779174	671361	95911	214062	303835	418365	405278	350057	383601	373896	321304
	凤阳县	683049	644895	631934	118322	180319	315375	356744	331937	329820	326305	312958	302114

续表

省份	地区	常住人口			城镇人口			男性人口数			女性人口数		
		2000 年	2010 年	2020 年	2000 年	2010 年	2020 年	2000 年	2010 年	2020 年	2000 年	2010 年	2020 年
安徽省	天长市	590745	602840	603780	180114	324625	433085	297550	300772	305101	293195	302068	298679
	明光市	569585	532732	485627	155007	204323	269573	290126	266799	244954	279459	265933	240673
	临泉县	1690872	1543218	1658442	202783	306687	505006	865299	749979	836107	825573	793239	822335
	太和县	1371482	1361145	1379982	262543	463837	614876	708352	683983	702513	663130	677162	677469
	阜南县	1272431	1168112	1183602	145314	267769	346564	658889	567532	600947	613542	600580	582655
	颍上县	1309243	1196535	1198830	195038	359533	475233	685953	602139	618890	623290	594396	579940
	界首市	640878	561956	650870	209421	214776	308493	327384	278140	328045	313494	283816	322825
	砀山县	862356	800408	765564	83374	286981	373965	438757	405678	386016	423599	394730	379548
	萧县	1196377	1130916	1054597	144016	247117	374732	613516	565488	533832	582861	565428	520765
	灵璧县	1051325	975308	974720	67014	246395	354086	538524	491900	493895	512801	483408	480825
	泗县	805184	798650	763310	91747	147684	306522	408835	403269	386288	396349	395381	377022
	霍邱县	1461066	1380368	944985	226146	296081	334257	763088	719777	493157	697978	660591	451828
	舒城县	906984	749273	697250	141906	299470	319456	465691	365049	353824	441293	384224	343426
	金寨县	582067	514456	496501	71803	157811	208351	305306	263935	260861	276761	250521	235640
	霍山县	332930	315144	286197	67344	187343	198342	171158	160324	145129	161772	154820	141068
	涡阳县	1293192	1212054	1170719	231164	319949	447959	671530	619265	601112	621662	592789	569607
	蒙城县	1106749	1062080	1101640	169488	272836	480168	577814	537029	563673	528935	525051	537967
	利辛县	1327028	1167087	1187254	258630	291618	444796	701702	585605	608038	625326	581482	579216

续表

省份	地区	常住人口			城镇人口			男性人口数			女性人口数		
		2000 年	2010 年	2020 年	2000 年	2010 年	2020 年	2000 年	2010 年	2020 年	2000 年	2010 年	2020 年
安徽省	东至县	475194	468280	398414	81715	204663	221424	239137	236259	199627	236057	232021	198787
	石台县	105506	92238	80612	21481	29508	34012	54924	46518	41133	50582	45720	39479
	青阳县	253280	246732	248464	44942	99541	128607	130621	124897	126244	122659	121835	122220
	郎溪县	316592	320627	311513	66085	104038	197399	165884	164468	159119	150708	156159	152394
	泾县	333586	299555	275837	71233	112479	145568	176388	155332	143008	157198	144223	132829
	绩溪县	177091	156127	138784	41939	64230	82619	91409	79841	70295	85682	76286	68489
	旌德县	142064	120039	112368	23933	44639	64703	74126	61655	58022	67938	58384	54346
	宁国市	381842	376857	384644	117775	231090	270991	199915	194740	198606	181927	182117	186038
	广德市	485757	487243	499132	45135	224940	314649	254626	251311	259817	231131	235932	239315
福建省	闽侯县	580048	662118	988200	142629	294677	593963	304434	343796	513754	275614	318322	474446
	连江县	599962	561490	639498	216481	197677	323972	310781	284416	328276	289181	277074	311222
	罗源县	232351	207677	255214	71012	76358	182607	123963	110107	135496	108388	97570	119718
	闽清县	288598	237643	256181	85143	72619	112260	152287	122003	131568	136311	115640	124613
	永泰县	324344	249455	281216	81755	79573	121768	168196	129462	144590	156148	119993	136626
	平潭县	371922	357760	385981	73876	113927	207444	187000	177499	195302	184922	180261	190679
	福清市	1174540	1234838	1390487	376310	470824	744774	597890	627553	713892	576650	607285	676595
	仙游县	855439	824707	905068	168425	303816	473860	426921	412983	456232	428518	411724	448836
	明溪县	109102	102667	98930	31910	46856	51851	56641	53116	51447	52461	49551	47483

续表

省份	地区	常住人口			城镇人口			男性人口数			女性人口数		
		2000 年	2010 年	2020 年	2000 年	2010 年	2020 年	2000 年	2010 年	2020 年	2000 年	2010 年	2020 年
福建省	清流县	135660	136248	118029	38180	54650	59896	71930	72451	61084	63730	63797	56945
	宁化县	298434	272443	261579	59788	82807	126219	152586	138170	132651	145848	134273	128928
	大田县	331019	311631	299513	80565	133659	162066	173228	165011	159135	157791	146620	140378
	尤溪县	392759	352067	341638	80152	129610	166631	208981	186141	179197	183778	165926	162441
	沙县	228548	226669	250503	99592	129762	176226	120889	118547	128361	107659	108122	122142
	将乐县	158491	148867	144943	56370	70302	85175	83271	77710	74044	75220	71157	70899
	泰宁县	114187	110278	104071	38947	47636	60330	59521	57645	52576	54666	52633	51495
	建宁县	133918	119979	114400	28153	41962	56258	68657	60743	58209	65261	59236	56191
	永安市	334852	347042	344793	190456	213732	248425	180109	185311	180564	154743	161731	164229
	惠安县	897381	944231	1030626	229104	465638	584053	435136	457643	516724	462245	486588	513902
	安溪县	1011437	977435	1003599	213837	336073	498061	513544	505585	530093	497893	471850	473506
	永春县	516781	452217	422531	186598	238630	258934	266627	232206	216869	250154	220011	205662
	德化县	301834	277867	332148	129988	193120	259496	155765	143100	175769	146069	134767	156379
	石狮市	498786	636700	685930	374448	469969	589902	264700	341333	366614	234086	295367	319316
	晋江市	1479259	1986447	2061551	480433	1172827	1416151	772066	1065855	1100438	707193	920592	961113
	南安市	1385276	1418451	1517514	456702	718516	936897	700218	729871	795254	685058	688580	722260
	云霄县	403617	415835	411558	126058	166051	223883	210310	215664	214150	193307	200171	197408
	漳浦县	795347	802971	847535	213827	302634	466953	406417	408970	436642	388930	394001	410893

续表

省份	地区	常住人口			城镇人口			男性人口数			女性人口数		
		2000 年	2010 年	2020 年	2000 年	2010 年	2020 年	2000 年	2010 年	2020 年	2000 年	2010 年	2020 年
福建省	诏安县	568156	597798	560969	142633	196355	255173	294171	307810	287850	273985	289988	273119
	长泰县	190288	206809	228235	43499	84667	135414	97577	107520	119651	92711	99289	108584
	东山县	206152	211505	219511	85020	102791	141511	103689	107630	111089	102463	103875	108422
	南靖县	342165	333969	305259	124054	135639	162029	176348	170338	156089	165817	163631	149170
	平和县	532649	498533	455042	122425	162472	215480	281453	260089	237722	251196	238444	217320
	华安县	159099	159152	134276	44188	59262	71401	82597	82206	70304	76502	76946	63972
	龙海市	816318	877762	952000	278654	422993	584371	415936	452039	491273	400382	425723	460727
	顺昌县	231599	191588	179064	83504	87489	92001	120682	97382	91365	110917	94206	87699
	浦城县	321272	304583	297719	90513	129391	143301	166806	153947	150898	154466	150636	146821
	光泽县	142214	134113	130294	45727	55976	65611	74467	68568	66896	67747	65545	63398
	松溪县	142453	125472	130867	40427	51438	64444	74654	64179	66913	67799	61293	63954
	政和县	193169	171715	179413	51339	67099	93025	103879	91115	93725	89290	80600	85688
	邵武市	288401	275112	273721	170547	183457	217836	151117	140818	138836	137284	134294	134885
	武夷山市	212156	233554	259668	100582	122801	159308	112006	121317	132257	100150	112237	127411
	建瓯市	478651	452174	434451	155062	192557	226100	249624	231583	221244	229027	220591	213207
	长汀县	403121	393390	397470	121153	161833	212617	199309	198069	202261	203812	195321	195209
	上杭县	433700	374047	376392	80020	114849	193718	214956	187410	191167	218744	186637	185225
	武平县	329916	278182	278238	68809	82280	147995	167551	139334	140080	162365	138848	138158

续表

省份	地区	常住人口			城镇人口			男性人口数			女性人口数		
		2000 年	2010 年	2020 年	2000 年	2010 年	2020 年	2000 年	2010 年	2020 年	2000 年	2010 年	2020 年
福建省	连城县	297498	248645	250518	86081	82974	124550	152808	126691	129186	144690	121954	121332
	漳平市	264757	240194	253394	97375	113739	147462	140779	126611	132750	123978	113583	120644
	霞浦县	456474	461176	475936	152914	175159	289598	246379	242303	248686	210095	218873	227250
	古田县	398990	323700	323771	91783	110224	160506	212753	168518	166699	186237	155182	157072
	屏南县	168482	137724	139815	45412	50319	68975	89937	71794	72977	78545	65930	66838
	寿宁县	230571	175874	177960	41558	72244	88595	122473	92611	93356	108098	83263	84604
	周宁县	168887	112701	149567	54971	49128	78954	89422	59260	78889	79465	53441	70678
	柘荣县	92434	88387	92989	30440	49969	58596	49800	46095	47787	42634	42292	45202
	福安市	554057	563640	609779	228294	326019	397068	296379	297685	319474	257678	265955	290305
	福鼎市	521070	529534	553132	235806	266779	351341	276419	276740	284129	244651	252794	269003
江西省	南昌县	938361	1018675	1452502	122535	428785	916463	492473	532770	761668	445888	485905	690834
	安义县	220358	180194	252591	45619	87202	133067	113069	93031	135931	107289	87163	116660
	进贤县	687203	690446	620254	137258	182868	315258	360125	358279	319223	327078	332167	301031
	浮梁县	279008	303563	280376	31920	177503	175595	143890	159495	144991	135118	144068	135385
	乐平市	729639	810353	753787	232485	286351	336173	381937	424334	394929	347702	386019	358858
	莲花县	224668	236328	216938	33557	84374	106275	115342	118370	109099	109326	117958	107839
	上栗县	453437	467214	469957	43578	188532	245922	236166	238500	241728	217271	228714	228229
	芦溪县	263182	257423	260194	51107	108217	137738	138081	131323	133597	125101	126100	126597

续表

省份	地区	常住人口			城镇人口			男性人口数			女性人口数		
		2000 年	2010 年	2020 年	2000 年	2010 年	2020 年	2000 年	2010 年	2020 年	2000 年	2010 年	2020 年
江西省	武宁县	345292	360269	322161	59793	139172	163506	179468	183476	162819	165824	176793	159342
	修水县	745976	739986	710620	138048	206335	346853	391282	369511	363497	354694	370475	347123
	永修县	351457	376107	316365	83368	178889	187887	183000	194191	163891	168457	181916	152474
	德安县	196647	222322	167090	59771	133786	110922	101547	114516	85812	95100	107806	81278
	都昌县	671906	716370	577684	78220	154850	241667	349379	360295	297427	322527	356075	280257
	湖口县	261031	275797	227462	47137	90454	124172	134962	141741	117498	126069	134056	109964
	彭泽县	331085	353149	284757	64707	151152	152411	169247	179332	146879	161838	173817	137878
	瑞昌市	398844	419047	403655	132531	150531	246592	209755	214387	208963	189089	204660	194692
	共青城市			194689			143451			96963			97726
	庐山市	221109	245526	231525	47025	101630	139355	114846	127640	119716	106263	117886	111809
	分宜县	293429	299386	274549	87899	133378	167834	154326	157878	143157	139103	141508	131392
	贵溪市	535517	558451	540572	162123	210319	294025	282662	296589	282625	252855	261862	257947
	信丰县	590662	664047	673763	85761	231982	350502	296928	335239	345199	293734	328808	328564
	大余县	261611	289378	264995	94039	135480	142268	135147	148018	134234	126464	141360	130761
	上犹县	256238	257464	268557	35882	70126	129108	130644	131821	136775	125594	125643	131782
	崇义县	187919	187234	177831	41580	56089	83504	97189	95302	90849	90730	91932	86982
	安远县	309541	340740	346435	27351	108044	160257	158090	174756	177540	151451	165984	168895
	定南县	179123	172771	209914	49657	96598	132171	92880	86723	108488	86243	86048	101426

续表

省份	地区	常住人口			城镇人口			男性人口数			女性人口数		
		2000 年	2010 年	2020 年	2000 年	2010 年	2020 年	2000 年	2010 年	2020 年	2000 年	2010 年	2020 年
江西省	全南县	170847	180691	169503	45632	74766	92179	87818	91097	86898	83029	89594	82605
	宁都县	657241	794806	702394	131847	200779	344965	342690	414902	365155	314551	379904	337239
	于都县	746608	853457	905439	93469	223395	396118	385656	420062	457751	360952	433395	447688
	兴国县	611163	719830	715149	62650	169184	319517	316203	371466	366311	294960	348364	348838
	会昌县	388115	445137	451513	66851	185768	244184	200213	228413	229937	187902	216724	221576
	寻乌县	271854	288207	280219	52693	99498	141305	142001	148225	145362	129853	139982	134857
	石城县	265286	278246	283182	44285	85692	135954	137932	143821	147738	127354	134425	135444
	瑞金市	535499	618885	613894	110874	216229	306358	280328	314406	314148	255171	304479	299746
	龙南市	283514	300301	319166	61079	152051	205197	143806	147761	164164	139708	152540	155002
	吉安县	409606	464295	469513	53023	165722	249544	213205	242144	244670	196401	222151	224843
	吉水县	437081	501337	421849	105668	198368	218610	229909	266647	222124	207172	234690	199725
	峡江县	155762	184483	149954	33951	62502	74617	81177	97918	78891	74585	86565	71063
	新干县	286348	329830	286077	58165	99833	140831	149905	174655	149744	136443	155175	136333
	永丰县	379279	428276	388464	60008	137502	189336	199574	225799	202504	179705	202477	185960
	泰和县	496567	512225	467807	133063	184065	237651	256778	261865	238248	239789	250360	229559
	遂川县	506955	535974	512109	68397	144031	203438	263988	279545	264579	242967	256429	247530
	万安县	268196	301699	250991	52427	93121	111770	137552	153695	128350	130644	148004	122641
	安福县	372202	385631	329053	70913	126509	146462	192041	198628	167434	180161	187003	161619

续表

省份	地区	常住人口			城镇人口			男性人口数			女性人口数		
		2000 年	2010 年	2020 年	2000 年	2010 年	2020 年	2000 年	2010 年	2020 年	2000 年	2010 年	2020 年
江西省	永新县	430046	475580	393984	31104	182296	202566	221975	244342	200267	208071	231238	193717
	井冈山市	145769	152310	155976	43337	86673	97149	74722	77213	78295	71047	75097	77681
	奉新县	293065	312956	268617	72865	124386	161938	152753	162478	138714	140312	150478	129903
	万载县	462189	476856	486435	67180	131478	249318	242857	244647	248182	219332	232209	238253
	上高县	334535	326697	343767	104130	131805	200846	174858	168897	178394	159677	157800	165373
	宜丰县	265836	274046	252974	57981	108740	154832	138706	142240	130553	127130	131806	122421
	靖安县	139630	144800	121800	38440	54943	67242	73018	75786	62749	66612	69014	59051
	铜鼓县	131616	135139	116418	46426	51529	63449	68990	70151	59388	62626	64988	57030
	丰城市	1216412	1336392	1065641	320548	379914	501475	644029	708100	555464	572383	628292	510177
	樟树市	527823	555120	485649	140962	188586	271341	273691	285682	248120	254132	269438	237529
	高安市	788329	811633	744694	186513	295507	413419	416678	429435	391406	371651	382198	353288
	南城县	294307	306236	286260	74383	131245	179326	149926	156809	146653	144381	149427	139607
	黎川县	217914	230086	205205	46662	91041	122655	113628	119420	106685	104286	110666	98520
	南丰县	260738	287932	271888	55496	91079	144505	135184	148732	140193	125554	139200	131695
	崇仁县	298734	347837	302181	73479	111769	157528	159072	181262	158737	139662	166575	143444
	乐安县	329045	345766	307909	79171	106225	152590	172670	182893	161271	156375	162873	146638
	宜黄县	205961	224039	201127	29459	57617	106565	106893	115135	104350	99068	108904	96777
	金溪县	261049	294826	253828	55152	84333	122373	135631	153446	132463	125418	141380	121365

续表

省份	地区	常住人口			城镇人口			男性人口数			女性人口数		
		2000 年	2010 年	2020 年	2000 年	2010 年	2020 年	2000 年	2010 年	2020 年	2000 年	2010 年	2020 年
江西省	资溪县	104939	111983	95826	39154	50623	57830	54405	56571	49336	50534	55412	46490
	广昌县	209274	235395	204375	39426	79731	115941	108111	122037	105937	101163	113358	98438
	玉山县	515934	574369	519357	79903	231491	305770	271761	295527	262950	244173	278842	256407
	铅山县	383936	426998	386200	68355	226611	218838	199674	221267	199677	184262	205731	186523
	横峰县	166738	184870	187326	28791	100956	105647	86873	95793	97387	79865	89077	89939
	弋阳县	330523	353379	338817	66555	144142	171504	174303	185981	177086	156220	167398	161731
	余干县	804597	887616	840498	62435	234210	380261	419365	463696	438518	385232	423920	401980
	鄱阳县	1191526	1296757	1184097	129982	366169	482376	622350	675772	617585	569176	620985	566512
	万年县	324922	359098	357449	46961	142013	171912	168495	187599	185766	156427	171499	171683
	婺源县	318658	334020	314985	58760	134209	163900	163631	169724	158841	155027	164296	156144
	德兴市	297784	293201	293596	114925	148565	183621	155178	151856	152317	142606	141345	141279
山东省	平阴县	344386	331712	323072	84225	151185	173298	171590	162972	161170	172796	168740	161902
	商河县	574789	564125	527311	59908	121936	177107	290620	281313	264187	284169	282812	263124
	胶州市	783478	843054	987820	289436	404216	613996	388207	420446	506086	395271	422608	481734
	平度市	1321975	1357424	1191348	345937	427694	519957	670685	682778	600887	651290	674646	590461
	莱西市	728796	750225	720103	235264	347452	389242	366400	377645	364643	362396	372580	355460
	桓台县	474908	504011	489479	124820	263011	347331	233098	250470	245623	241810	253541	243856
	高青县	351348	347867	313130	51810	120011	133021	176381	173440	156988	174967	174427	156142

续表

省份	地区	常住人口			城镇人口			男性人口数			女性人口数		
		2000 年	2010 年	2020 年	2000 年	2010 年	2020 年	2000 年	2010 年	2020 年	2000 年	2010 年	2020 年
山东省	沂源县	540695	549491	515058	104330	214801	263000	273176	276831	259693	267519	272660	255365
	滕州市	1548817	1603659	1574648	506623	783473	937438	811999	844098	816084	736818	759561	758564
	利津县	288832	281252	238189	49470	71603	95502	145324	139999	119568	143508	141253	118621
	广饶县	472841	507523	521742	97092	187010	320308	238753	258323	265926	234088	249200	255816
	龙口市	671335	688255	729880	287024	388770	516205	337507	347992	368549	333828	340263	361331
	莱阳市	897681	878591	794986	330269	358092	425631	453293	444069	405180	444388	434522	389806
	莱州市	889361	883896	824708	366564	379789	450375	450192	448574	418612	439169	435322	406096
	招远市	593705	566244	543127	226734	281780	316468	297504	284990	273981	296201	281254	269146
	栖霞市	651357	589620	435405	178088	204633	179396	331148	299686	220700	320209	289934	214705
	海阳市	654594	638729	582711	180227	244600	293099	329202	322775	294677	325392	315954	288034
	临朐县	869470	834314	806314	188190	246962	443653	444727	424816	415173	424743	409498	391141
	昌乐县	593009	615910	583799	124445	256002	335877	299679	312326	295847	293330	303584	287952
	青州市	894468	940355	960882	280492	384358	534528	450090	471061	484786	444378	469294	476096
	诸城市	1053695	1086222	1078178	379142	586652	679204	531390	549076	544967	522305	537146	533211
	寿光市	1081991	1139454	1163364	415466	476274	728588	548020	580569	594901	533971	558885	568463
	安丘市	1096782	926894	840553	333849	300160	458893	554403	470776	429883	542379	456118	410670
	高密市	842403	895582	877393	298610	466786	552844	420956	447238	441874	421447	448344	435519
	昌邑市	683182	603482	564501	164802	287720	314094	340763	302992	285381	342419	300490	279120

续表

省份	地区	常住人口			城镇人口			男性人口数			女性人口数		
		2000 年	2010 年	2020 年	2000 年	2010 年	2020 年	2000 年	2010 年	2020 年	2000 年	2010 年	2020 年
山东省	微山县	645728	633357	613421	118145	243993	324656	339356	335764	319693	306372	297593	293728
	鱼台县	426172	437146	420010	66968	117368	181059	215996	224623	214949	210176	212523	205061
	金乡县	602555	625262	634144	106407	211815	382212	302999	320797	323633	299556	304465	310511
	嘉祥县	761086	818188	820036	114931	175793	351877	389751	422056	422799	371335	396132	397237
	汶上县	702095	684617	687544	118782	206304	384532	357251	341934	351708	344844	342683	335836
	泗水县	552028	536087	542895	100596	163794	237604	283678	270705	274239	268350	265382	268656
	梁山县	675392	730652	730683	89957	210007	308731	339852	371772	374099	335540	358880	356584
	曲阜市	625313	640498	621971	247660	302805	395524	317685	314778	306217	307628	325720	315754
	邹城市	1101003	1116692	1166559	518486	513418	755941	571761	575166	595051	529242	541526	571508
	宁阳县	777546	754647	668520	149747	251834	340612	395681	373907	330920	381865	380740	337600
	东平县	725877	741566	687385	118779	245852	365328	363736	370468	342120	362141	371098	345265
	新泰市	1344395	1315942	1338254	471084	672207	774715	687569	664875	670728	656826	651067	667526
	肥城市	948602	946627	894115	407676	472775	600866	476032	466478	442364	472570	480149	451751
	荣成市	732147	714355	714211	323226	363420	448370	368156	360716	363265	363991	353639	350946
	乳山市	580326	572481	464078	208784	259876	252895	291047	288112	234250	289279	284369	229828
	五莲县	503219	484883	443600	117727	166067	214732	256231	245926	226082	246988	238957	217518
	莒县	1034519	995552	973252	202578	250350	452756	518238	501625	494754	516281	493927	478498
	沂南县	869535	822727	806390	168365	363801	390976	440298	412693	409310	429237	410034	397080

续表

省份	地区	常住人口			城镇人口			男性人口数			女性人口数		
		2000 年	2010 年	2020 年	2000 年	2010 年	2020 年	2000 年	2010 年	2020 年	2000 年	2010 年	2020 年
山东省	郯城县	972268	936166	885156	191271	357744	326202	495528	474158	451546	476740	462008	433610
	沂水县	1057758	998331	967570	175624	420826	439908	534088	497657	481471	523670	500674	486099
	兰陵县	1128161	1161932	1104391	170270	364340	442619	579579	598415	565314	548582	563517	539077
	费县	904696	923475	798403	168708	389343	387467	464868	474254	415177	439828	449221	383226
	平邑县	974213	900167	892276	219154	323317	423736	507510	456774	453455	466703	443393	438821
	莒南县	964591	886376	841035	201866	319820	345704	488018	445908	430553	476573	440468	410482
	蒙阴县	535070	489537	485252	158911	184895	223178	272403	245613	244949	262667	243924	240303
	临沭县	597850	617081	586024	146147	276356	342722	303897	313020	299572	293953	304061	286452
	宁津县	432880	449891	473314	53241	142309	263589	218172	227473	240530	214708	222418	232784
	庆云县	286427	294684	318105	37234	91851	149274	146922	151069	162836	139505	143615	155269
	临邑县	508213	511105	473421	146909	210891	179097	256524	255364	236764	251689	255741	236657
	齐河县	593341	602042	576375	140460	290342	317019	299626	303931	292205	293715	298111	284170
	平原县	439701	442948	419088	72705	166244	173175	219579	223019	209058	220122	219929	210030
	夏津县	479817	500514	458112	61890	203768	180955	239184	253997	231000	240633	246517	227112
	武城县	361179	376063	353721	64942	177058	192523	180833	190503	178020	180346	185560	175701
	乐陵市	615833	652415	559166	233927	214238	208689	313642	336297	280980	302191	316118	278186
	禹城市	494301	490031	488014	195849	203724	243123	248103	243537	244160	246198	246494	243854
	阳谷县	722863	770725	700083	136475	238947	318516	362473	392743	353874	360390	377982	346209

续表

省份	地区	常住人口			城镇人口			男性人口数			女性人口数		
		2000 年	2010 年	2020 年	2000 年	2010 年	2020 年	2000 年	2010 年	2020 年	2000 年	2010 年	2020 年
山东省	莘县	921225	958827	930370	133248	279050	366773	464317	488795	471242	456908	470032	459128
	东阿县	413735	352630	346053	75735	114315	191349	206997	175326	173140	206738	177304	172913
	冠县	707137	764864	719354	104955	182875	294764	354200	391713	367271	352937	373151	352083
	高唐县	456464	473422	455193	94022	177673	241410	228062	237225	227011	228402	236197	228182
	临清市	694247	719611	794529	305575	343274	436304	348411	366176	401676	345836	353435	392853
	惠民县	604751	602491	569975	79380	216254	192755	302532	300413	286135	302219	302078	283840
	阳信县	419591	427014	421502	40579	131036	186938	211766	216033	212436	207825	210981	209066
	无棣县	423113	418687	465837	70669	180697	279833	216110	213756	240092	207003	204931	225745
	博兴县	462815	487116	508140	101386	241964	328842	231577	246934	261856	231238	240182	246284
	邹平市	686590	778777	774517	145331	389003	529857	342701	392349	392053	343889	386428	382464
	曹县	1335422	1365675	1384282	264451	431653	595392	677163	685823	705429	658259	679852	678853
	单县	1050701	1063243	1026555	155357	375780	509945	527641	535852	517946	523060	527391	508609
	成武县	596339	612016	595159	114143	207316	282518	298944	306653	300136	297395	305363	295023
	巨野县	839438	860581	923923	109330	320767	442277	423590	432084	466262	415848	428497	457661
	郓城县	1025800	1040690	1120854	140988	380847	536351	519545	525031	574750	506255	515659	546104
	鄄城县	715684	721898	747972	97826	223580	374123	365585	362707	379396	350099	359191	368576
	东明县	691206	711080	760956	145923	236093	427452	354755	361383	387508	336451	349697	373448

续表

省份	地区	常住人口			城镇人口			男性人口数			女性人口数		
		2000 年	2010 年	2020 年	2000 年	2010 年	2020 年	2000 年	2010 年	2020 年	2000 年	2010 年	2020 年
河南省	中牟县	673058	727440	973665	99104	175011	544564	347238	374331	507325	325820	353109	466340
	巩义市	777202	807911	785242	258754	366265	511241	395784	411355	400350	381418	396556	384892
	荥阳市	619840	613804	730135	180195	269655	424072	316049	310697	380761	303791	303107	349374
	新密市	779014	797256	826031	219437	359148	529272	406291	410906	425509	372723	386350	400522
	新郑市	609173	758128	1172237	251630	337356	787544	315462	387552	606367	293711	370576	565870
	登封市	609085	668637	729332	154373	293028	426744	321081	351380	398510	288004	317257	330822
	杞县	1002592	956533	932126	84768	236715	362118	513437	490986	477646	489155	465547	454480
	通许县	552363	567495	539222	46637	140344	222665	282598	290539	275114	269765	276956	264108
	尉氏县	812150	879713	839809	63239	217349	357529	419415	452442	433129	392735	427271	406680
	兰考县	718177	677826	777278	68300	169931	364379	367048	333809	390439	351129	344017	386839
	孟津县	418065	414637	416845	93386	142975	240244	211552	208155	209941	206513	206482	206904
	新安县	481740	470198	483375	76802	160908	264091	249898	240811	251747	231842	229387	231628
	栾川县	312838	342848	327121	47971	126891	195900	164457	179062	167964	148381	163786	159157
	嵩县	527768	507052	543417	16870	102135	224710	278333	255315	278272	249435	251737	265145
	汝阳县	397833	408009	434770	51443	92999	200694	207464	207103	218344	190369	200906	216426
	宜阳县	650356	636491	576104	92427	132658	270333	335634	320518	290450	314722	315973	285654
	洛宁县	422972	421262	386124	40026	83988	154575	218393	211637	194044	204579	209625	192080
	伊川县	708387	756669	792841	43676	160595	389489	366568	382505	398444	341819	374164	394397

续表

省份	地区	常住人口			城镇人口			男性人口数			女性人口数		
		2000 年	2010 年	2020 年	2000 年	2010 年	2020 年	2000 年	2010 年	2020 年	2000 年	2010 年	2020 年
河南省	偃师市	816026	666696	545632	174030	300743	352621	414890	336745	275774	401136	329951	269858
	宝丰县	473287	490269	498157	78820	149876	231994	245457	252298	251623	227830	237971	246534
	叶县	838691	777203	702345	68275	204466	246783	434010	398729	356269	404681	378474	346076
	鲁山县	822541	789901	788472	92227	196522	256935	434309	407693	398181	388232	382208	390291
	郏县	533168	571524	506377	81481	171992	197410	278423	297312	255840	254745	274212	250537
	舞钢市	313089	313828	294839	106917	147521	173152	164347	163058	148492	148742	150770	146347
	汝州市	923245	927934	974541	140311	296913	466464	474090	473753	490589	449155	454181	483952
	安阳县	1116162	849057	821530	115303	293878	335818	565768	404328	410939	550394	444729	410591
	汤阴县	432806	430803	455136	82464	150975	234400	217165	209067	223853	215641	221736	231283
	滑县	1182162	1263289	1169072	87034	190777	425261	594958	632977	572313	587204	630312	596759
	内黄县	678730	693498	682070	19221	120152	182078	346338	350310	338373	332392	343188	343697
	林州市	982254	789702	950939	251367	321755	539951	501659	332625	457943	480595	457077	492996
	浚县	656550	665338	624728	74946	151012	231457	335475	340640	316508	321075	324698	308220
	淇县	249986	269149	262303	11838	115614	152504	127925	138585	132303	122061	130564	130000
	新乡县	424138	339942	354688	65674	147532	199093	213964	173454	183251	210174	166488	171437
	获嘉县	381227	402950	398137	57013	140064	202101	193344	203118	201515	187883	199832	196622
	原阳县	642409	659380	542849	8169	131481	215228	329003	333046	279702	313406	326334	263147
	延津县	457771	469280	443068	18249	122055	173088	232048	239287	228290	225723	229993	214778

续表

省份	地区	常住人口			城镇人口			男性人口数			女性人口数		
		2000 年	2010 年	2020 年	2000 年	2010 年	2020 年	2000 年	2010 年	2020 年	2000 年	2010 年	2020 年
河南省	封丘县	719510	743837	704532	18993	180852	277599	367737	381278	356130	351773	362559	348402
	卫辉市	464371	495744	476867	115302	167454	227143	233151	249899	238393	231220	245845	238474
	辉县市	776326	740435	845588	188702	261767	429057	394763	366773	425155	381563	373662	420433
	长垣市	765740	809535	905436	26259	259565	521702	392362	403756	447456	373378	405779	457980
	修武县	274418	287814	248585	10823	100047	133105	142612	148499	127676	131806	139315	120909
	博爱县	419228	436319	350140	94136	169937	206007	214606	222672	177701	204622	213647	172439
	武陟县	642544	713945	661341	37934	172433	319494	326411	362339	339072	316133	351606	322269
	温县	404621	421796	393838	72898	150604	215276	203586	211670	196584	201035	210126	197254
	沁阳市	446404	447701	447487	160245	223647	279809	224725	223839	222469	221679	223862	225018
	孟州市	354302	367113	334213	76046	138393	190965	178658	183462	166313	175644	183651	167900
	清丰县	654160	635927	592425	63826	104292	196789	332684	317790	294746	321476	318137	297679
	南乐县	468360	458487	476557	33641	94610	167445	236898	220770	233506	231462	237717	243051
	范县	479818	469874	447760	36745	96459	160678	249314	234041	217655	230504	235833	230105
	台前县	325872	332124	323113	28437	66914	117318	166116	167289	160409	159756	164835	162704
	濮阳县	1081832	1046654	968721	146399	298828	418131	554299	526942	485980	527533	519712	482741
	鄢陵县	564477	551611	547411	15808	148475	245851	293837	287092	275182	270640	264519	272229
	襄城县	679863	671315	674832	28640	179267	287233	351883	339483	337599	327980	331832	337233
	禹州市	1122669	1131896	1109782	206751	372815	565152	587728	587465	566302	534941	544431	543480

续表

省份	地区	常住人口			城镇人口			男性人口数			女性人口数		
		2000 年	2010 年	2020 年	2000 年	2010 年	2020 年	2000 年	2010 年	2020 年	2000 年	2010 年	2020 年
河南省	长葛市	646306	687130	710033	157758	281578	396741	332022	352229	363351	314284	334901	346682
	舞阳县	498970	538447	447130	40922	173430	192930	254517	274466	223400	244453	263981	223730
	临颍县	632427	710845	593673	107130	245200	297683	326357	365932	302386	306070	344913	291287
	渑池县	328947	346434	310130	62019	122568	166528	172870	175802	155222	156077	170632	154908
	卢氏县	356439	352449	317132	49875	89022	138395	187832	183265	162526	168607	169184	154606
	义马市	136543	144779	135819	136543	136461	131745	73411	74981	67537	63132	69798	68282
	灵宝市	722890	721049	656571	182188	231101	279168	377872	370291	333338	345018	350758	323233
	南召县	561784	557153	545475	106030	154794	230233	299616	292619	279335	262168	264534	266140
	方城县	886230	922467	873731	48079	230181	381945	466349	472494	438852	419881	449973	434879
	西峡县	412988	444414	450418	74306	162555	243180	219232	231608	233986	193756	212806	216432
	镇平县	852360	859564	829780	117254	245418	379965	445879	448921	424308	406481	410643	405472
	内乡县	583233	575210	549068	124995	161987	265290	305306	293834	276065	277927	281376	273003
	淅川县	641327	685683	538569	105192	205991	279603	335276	351119	271687	306051	334564	266882
	社旗县	580280	633786	561573	61599	175412	237977	302659	326260	279913	277621	307526	281660
	唐河县	1151733	1282262	1078632	170952	371000	479917	602973	663728	544508	548760	618534	534124
	新野县	629106	629210	602827	93529	179229	273782	325582	319578	299690	303524	309632	303137
	桐柏县	403359	393942	375206	81861	132051	199493	210959	203103	187471	192400	190839	187735
	邓州市	1290656	1468157	1247807	250338	415082	534993	677791	759032	613094	612865	709125	634713

续表

省份	地区	常住人口			城镇人口			男性人口数			女性人口数		
		2000 年	2010 年	2020 年	2000 年	2010 年	2020 年	2000 年	2010 年	2020 年	2000 年	2010 年	2020 年
河南省	民权县	805063	703428	746389	60768	168694	307299	411311	348583	369337	393752	354845	377052
	睢县	757080	711136	723771	81767	181494	281426	389365	353394	361115	367715	357742	362656
	宁陵县	562794	523403	562657	48396	117205	230906	289148	259222	279224	273646	264181	283433
	柘城县	876537	778158	799213	40177	188526	320115	455391	386270	392753	421146	391888	406460
	虞城县	1025261	954785	972091	78511	241261	411655	532400	479535	485848	492861	475250	486243
	夏邑县	1033519	915291	896578	93055	241516	382963	532308	456221	441750	501211	459070	454828
	永城市	1264607	1240382	1256409	163587	414312	644718	654047	623163	626492	610560	617219	629917
	罗山县	574100	504577	493208	91718	150439	219624	298045	255781	244720	276055	248796	248488
	光山县	649578	585353	593486	87418	162287	249694	339378	299475	297166	310200	285878	296320
	新县	269773	275304	278620	46855	99355	144197	139201	139144	139087	130572	136160	139533
	商城县	570181	495526	459488	45866	135173	184718	294009	244817	223931	276172	250709	235557
	固始县	1188599	1023929	1041399	150924	291031	465901	606121	520057	524776	582478	503872	516623
	潢川县	679278	630376	636679	122804	244949	361232	345912	314308	317030	333366	316068	319649
	淮滨县	569829	570197	549603	79935	158433	234516	293015	281043	273288	276814	289154	276315
	息县	770280	793802	666168	80009	220796	249958	395595	401637	333183	374685	392165	332985
	扶沟县	666779	625819	553830	63643	169513	223014	347246	317609	277254	319533	308210	276576
	西华县	820319	787918	692846	97449	212680	275033	427069	403445	347530	393250	384473	345316
	商水县	1093686	940792	960453	69372	227378	383034	572849	462379	479746	520837	478413	480707

续表

省份	地区	常住人口			城镇人口			男性人口数			女性人口数		
		2000 年	2010 年	2020 年	2000 年	2010 年	2020 年	2000 年	2010 年	2020 年	2000 年	2010 年	2020 年
河南省	沈丘县	1079278	983583	956631	136604	261029	390421	556826	482409	466389	522452	501174	490242
	郸城县	1151994	1003910	1057093	96681	267136	378669	599665	496608	520794	552329	507302	536299
	太康县	1254680	1102952	1152685	96568	280366	468046	652829	550324	573121	601851	552628	579564
	鹿邑县	1068984	910251	958617	68499	261887	368713	551059	432053	466254	517925	478198	492363
	项城市	1052468	1003698	973197	188589	355449	493654	546760	494464	478540	505708	509234	494657
	西平县	767214	700152	647311	73921	180994	270448	390876	353002	322487	376338	347150	324824
	上蔡县	1198534	1084210	1005745	76101	280040	347593	619168	534698	489877	579366	549512	515868
	平舆县	842250	748398	728672	84782	207874	311620	433320	373514	356660	408930	374884	372012
	正阳县	690505	645034	625123	68512	137990	231850	358743	317668	309427	331762	327366	315696
	确山县	553157	406021	403044	57460	121195	163130	284356	198081	200015	268801	207940	203029
	泌阳县	813273	810409	695239	69097	224429	316424	432183	424811	355251	381090	385598	339988
	汝南县	784005	769995	612551	83688	199173	225114	401923	391111	300111	382082	378884	312440
	遂平县	547541	493930	441370	57012	146192	194549	282205	257976	220736	265336	235954	220634
	新蔡县	918237	851362	823829	58270	185004	278585	474111	419600	405629	444126	431762	418200
	济源市		675757	727265		334697	490682		344371	368766		331386	358499
湖北省	阳新县	949886	827631	901971	222462	237980	403473	505769	427271	469827	444117	400360	432144
	大冶市	873859	909724	871214	346853	449998	529170	460417	480090	461040	413442	429634	410174
	郧西县	492015	447482	371012	63889	130444	151455	263007	235050	190991	229008	212432	180021

续表

省份	地区	常住人口			城镇人口			男性人口数			女性人口数		
		2000 年	2010 年	2020 年	2000 年	2010 年	2020 年	2000 年	2010 年	2020 年	2000 年	2010 年	2020 年
湖北省	竹山县	438787	417079	346069	72190	120782	142969	238851	223970	182597	199936	193109	163472
	竹溪县	338534	315259	283578	45780	90069	122558	184535	168282	147331	153999	146977	136247
	房县	471311	390991	369776	57836	119220	164660	251120	204387	192191	220191	186604	177585
	丹江口市	501126	443755	409940	241022	190021	260570	262922	228184	208762	238204	215571	201178
	远安县	217389	184532	166174	53782	71431	89816	114693	96756	86145	102696	87776	80029
	兴山县	182691	170630	133886	33097	63481	66632	96139	89392	70835	86552	81238	63051
	秭归县	398043	367107	299642	54485	110658	123233	207908	189341	153954	190135	177766	145688
	长阳土家族自治县	416782	388228	305740	64673	94009	95467	219877	202555	159666	196905	185673	146074
	五峰土家族自治县	205897	188923	156026	33798	56687	63045	108292	98429	81865	97605	90494	74161
	宜都市	385779	384598	347388	142496	176233	208903	196716	195298	175014	189063	189300	172374
	当阳市	495946	468293	397465	176580	183823	224057	253125	236455	199920	242821	231838	197545
	枝江市	508835	495995	408487	165240	218396	243784	257013	248673	205664	251822	247322	202823
	南漳县	573303	533661	455690	131546	180047	211310	298533	273122	233711	274770	260539	221979
	谷城县	551042	523607	483293	172882	197670	255128	285319	262478	242648	265723	261129	240645
	保康县	286729	254596	223622	55740	84639	102160	152650	133100	117216	134079	121496	106406
	老河口市	509468	471482	420495	309634	212645	241431	257204	235712	210929	252264	235770	209566
	枣阳市	1054374	1004741	888794	344918	442367	481004	538588	510830	450097	515786	493911	438697
	宜城市	522835	512530	469417	210098	201945	244410	266340	258862	236086	256495	253668	233331

续表

省份	地区	常住人口			城镇人口			男性人口数			女性人口数		
		2000 年	2010 年	2020 年	2000 年	2010 年	2020 年	2000 年	2010 年	2020 年	2000 年	2010 年	2020 年
湖北省	沙洋县	669469	581443	395717	191656	175994	184893	354820	302897	206992	314649	278546	188725
	钟祥市	1021998	1022514	868897	391102	439019	439394	516758	514906	437716	505240	507608	431181
	京山市	696008	636776	544843	200206	266341	272963	357830	322914	276934	338178	313862	267909
	孝昌县	612166	588666	483367	84069	182818	223866	321407	303958	254049	290759	284708	229318
	大悟县	605786	614902	486153	118697	222404	238832	320288	317540	252337	285498	297362	233816
	云梦县	571591	524799	434124	148408	218853	243691	299740	274488	224503	271851	250311	209621
	应城市	650485	593812	476596	305507	302026	304741	340907	306465	246337	309578	287347	230259
	安陆市	611990	568590	498356	162216	237409	280695	314089	288029	251929	297901	280561	246427
	汉川市	1057396	1015507	903296	301811	468868	547969	552093	529732	475777	505303	485775	427519
	公安县	1009690	881128	747134	214398	292930	337206	512653	440041	373983	497037	441087	373151
	监利县	1363132	1162770	1120822	280994	356136	491011	707483	601369	584001	655649	561401	536821
	江陵县	389653	331344	278192	54115	99429	122390	202067	167977	142224	187586	163367	135968
	石首市	602649	577022	473707	188409	213851	240082	310486	290267	237905	292163	286755	235802
	洪湖市	877775	819446	698188	335618	278685	304073	459997	429810	367074	417778	389636	331114
	松滋市	859941	765911	654762	220548	271514	306049	437980	384226	327175	421961	381685	327587
	团风县	375931	338609	266218	74891	88213	108531	200090	177757	138964	175841	160852	127254
	红安县	648400	602148	510189	132136	187134	242775	342145	309007	263281	306255	293141	246908
	罗田县	554196	544650	473195	71214	169380	209804	295896	288997	247244	258300	255653	225951

续表

省份	地区	常住人口			城镇人口			男性人口数			女性人口数		
		2000 年	2010 年	2020 年	2000 年	2010 年	2020 年	2000 年	2010 年	2020 年	2000 年	2010 年	2020 年
湖北省	英山县	384015	357296	310180	79100	104618	122928	202811	181833	157414	181204	175463	152766
	浠水县	1008569	872649	716273	172152	235909	256925	527844	444640	367959	480725	428009	348314
	蕲春县	949479	727805	792101	204638	233844	304208	500811	371774	406996	448668	356031	385105
	黄梅县	966416	858806	759928	157200	283627	360586	507330	447044	392485	459086	411762	367443
	麻城市	1129047	849090	893654	258848	302671	435076	595391	433322	461130	533656	415768	432524
	武穴市	719426	644247	676264	294512	270882	379040	381959	337072	354155	337467	307175	322109
	嘉鱼县	358646	319196	285642	138637	119470	152445	186898	164899	149049	171748	154297	136593
	通城县	427867	380758	426288	85636	124125	199634	223305	194116	217447	204562	186642	208841
	崇阳县	456792	410623	427130	96432	152607	212269	239508	206468	220414	217284	204155	206716
	通山县	378849	361079	391311	86141	112003	173289	198728	187813	202181	180121	173266	189130
	赤壁市	510926	478410	470355	271018	202542	289798	267233	248186	243989	243693	230224	226366
	随县	1598752	787730	637548	535769	161741	250226	818936	401861	328487	779816	385869	309061
	广水市	885936	755910	710900	320278	272402	387070	458607	383173	363880	427329	372737	347020
	恩施市	755725	749574	836781	169877	320107	492268	397284	377775	419451	358441	371799	417330
	利川市	786984	654094	750670	114404	195749	337946	417988	334206	386739	368996	319888	363931
	建始县	510555	412038	411622	50937	103973	173194	266673	207431	209388	243882	204607	202234
	巴东县	485338	420840	395376	69531	109476	158088	256008	215018	202547	229330	205822	192829
	宣恩县	335984	310368	284955	33836	73352	109931	176585	160382	148990	159399	149986	135965

续表

省份	地区	常住人口			城镇人口			男性人口数			女性人口数		
		2000 年	2010 年	2020 年	2000 年	2010 年	2020 年	2000 年	2010 年	2020 年	2000 年	2010 年	2020 年
湖北省	咸丰县	363710	300618	318827	49308	85347	138079	192517	153228	164861	171193	147390	153966
	来凤县	316707	242870	283255	57416	55483	129303	164156	122615	144850	152551	120255	138405
	鹤峰县	220187	199892	174650	34450	52157	70442	115495	103440	90743	104692	96452	83907
	仙桃市	1474078	1175085	1268715	518807	553029	752155	774487	613294	666277	699591	561791	602438
	潜江市	992438	946277	886547	372811	437757	494334	506290	476281	443459	486148	469996	443088
	天门市	1613739	1418913	1158640	425090	612515	502908	849283	748097	606285	764456	670816	552355
湖南省	长沙县	774707	979472	1374491	127754	486428	1024407	403933	514434	720632	370774	465038	653859
	浏阳市	1307572	1279469	1429384	286516	588081	886257	680610	656455	731835	626962	623014	697549
	宁乡市	1247218	1166138	1263332	95766	498055	759080	644213	587816	640346	603005	578322	622986
	攸县	679839	693458	630427	126475	281377	358748	348901	350639	315001	330938	342819	315426
	茶陵县	493059	575436	491849	78241	276812	255958	249879	292197	246524	243180	283239	245325
	炎陵县	164807	202071	160274	33694	77630	89681	84535	107758	80392	80272	94313	79882
	醴陵市	934396	947387	885987	236428	449067	566537	484127	482244	448979	450269	465143	437008
	湘潭县	1061269	917616	792829	81786	237322	357475	549016	468394	404382	512253	449222	388447
	湘乡市	807718	788216	730103	156056	210799	361924	413489	398776	370407	394229	389440	359696
	韶山市	95299	86036	103357	14299	27613	57570	48304	42769	51761	46995	43267	51596
	衡阳县	1087777	1103677	888433	141650	337126	388569	576995	578005	461614	510782	525672	426819
	衡南县	982217	954619	796327	127152	310683	365574	524034	504374	415417	458183	450245	380910

续表

省份	地区	常住人口			城镇人口			男性人口数			女性人口数		
		2000 年	2010 年	2020 年	2000 年	2010 年	2020 年	2000 年	2010 年	2020 年	2000 年	2010 年	2020 年
湖南省	衡山县	381300	384196	335704	47167	110634	158223	197609	197025	171500	183691	187171	164204
	衡东县	594131	630029	565423	77548	178617	207921	307687	319773	288589	286444	310256	276834
	祁东县	884957	979855	766920	145399	319059	321182	466828	510033	399537	418129	469822	367383
	耒阳市	1180235	1151554	1140675	254217	476173	529641	631431	597899	593742	548804	553655	546933
	常宁市	795223	810447	790676	213236	332927	399286	428332	426212	413512	366891	384235	377164
	新邵县	686810	743073	612943	89865	195437	271317	363061	388254	320816	323749	354819	292127
	邵阳县	887378	915600	752125	92157	228180	339664	469719	477577	395062	417659	438023	357063
	隆回县	1056727	1095392	1009778	106494	274368	426265	558702	577224	525712	498025	518168	484066
	洞口县	752581	770473	675495	136942	207429	326549	392409	398901	345074	360172	371572	330421
	绥宁县	339235	351139	290664	35264	65080	117185	176030	180785	150577	163205	170354	140087
	新宁县	557120	560742	513777	55036	154167	235603	290142	290426	263674	266978	270316	250103
	城步苗族自治县	241517	250633	227911	43614	66316	96140	125616	129245	116549	115901	121388	111362
	武冈市	694847	734870	640181	121698	187436	316994	363904	379627	328753	330943	355243	311428
	邵东市	1139536	896619	1038416	200101	369271	590331	596561	466851	543351	542975	429768	495065
	岳阳县	709512	716829	561888	119691	244922	300315	375671	391804	291347	333841	325025	270541
	华容县	703416	708898	553800	123057	213620	291161	363176	363450	282391	340240	345448	271409
	湘阴县	646180	680875	583984	92606	298015	309110	336846	347139	301716	309334	333736	282268
	平江县	931996	947574	951112	77063	292803	505076	493998	487170	485191	437998	460404	465921

续表

省份	地区	常住人口			城镇人口			男性人口数			女性人口数		
		2000 年	2010 年	2020 年	2000 年	2010 年	2020 年	2000 年	2010 年	2020 年	2000 年	2010 年	2020 年
湖南省	汨罗市	658867	692080	560725	112777	321074	239947	342113	354293	286937	316754	337787	273788
	临湘市	448452	498319	433200	188651	225054	253804	235723	260365	225435	212729	237954	207765
	安乡县	543602	525844	427412	90901	168346	179923	279718	267186	216573	263884	258658	210839
	汉寿县	764213	800019	706249	109892	215907	339945	397770	404826	356425	366443	395193	349824
	澧县	824902	826655	721927	140441	264143	430517	422103	410838	358430	402799	415817	363497
	临澧县	411971	400839	373043	71346	155906	167210	212799	200729	186157	199172	200110	186886
	桃源县	932771	853662	809220	136517	227325	346040	486904	436465	408990	445867	417197	400230
	石门县	673435	599287	559457	90610	187127	265734	351837	304238	282327	321598	295049	277130
	津市市	243242	250898	212739	127389	156230	137979	126619	131292	110132	116623	119606	102607
	慈利县	636659	602736	562493	96551	158104	264339	329845	306846	283904	306814	295890	278589
	桑植县	402733	380885	376082	42907	87672	154962	209770	194948	193268	192963	185937	182814
	南县	703823	725288	489267	72763	261934	232018	363182	368398	248511	340641	356890	240756
	桃江县	775444	769863	685596	81561	255276	360520	403905	394694	348777	371539	375169	336819
	安化县	900759	900995	780969	93168	223995	270402	473408	461547	399177	427351	439448	381792
	沅江市	700236	666270	567159	228097	281097	278146	363730	338385	289159	336506	327885	278000
	桂阳县	725168	696922	709372	111085	243371	382199	381851	363879	369970	343317	333043	339402
	宜章县	534250	579340	567970	74279	207410	291781	279400	302633	299780	254850	276707	268190
	永兴县	576848	572655	538532	69047	187369	290574	302600	295882	280279	274248	276773	258253

续表

省份	地区	常住人口			城镇人口			男性人口数			女性人口数		
		2000 年	2010 年	2020 年	2000 年	2010 年	2020 年	2000 年	2010 年	2020 年	2000 年	2010 年	2020 年
湖南省	嘉禾县	307657	296811	343169	37484	109709	168964	162221	154938	180733	145436	141873	162436
	临武县	303290	338445	322987	38353	91774	164415	160077	175191	169386	143213	163254	153601
	汝城县	342861	330260	344617	26257	87459	158902	180779	172131	177692	162082	158129	166925
	桂东县	167045	226562	160956	15924	53433	60982	86508	121137	81498	80537	105425	79458
	安仁县	361098	382708	351927	45068	132202	164035	187678	196938	180831	173420	185770	171096
	资兴市	351581	337294	322990	138215	215707	213615	181632	171452	163933	169949	165842	159057
	祁阳县	944602	852204	791939	208959	307648	301479	495375	436007	406136	449227	416197	385803
	东安县	556501	546744	490385	85872	178501	197806	291475	282558	253170	265026	264186	237215
	双牌县	161510	164947	157140	30535	57951	75384	85818	86827	81887	75692	78120	75253
	道县	624199	606299	621275	145059	185181	298236	345769	327262	333247	278430	279037	288028
	江永县	235893	231898	225622	57112	49131	77236	123293	121404	117604	112600	110494	108018
	宁远县	738259	702562	684121	98102	232023	328055	396100	374262	362876	342159	328300	321245
	蓝山县	332937	328385	329909	54935	119485	171657	175188	170040	172004	157749	158345	157905
	新田县	358831	328982	343595	51748	87354	167638	188956	170616	178703	169875	158366	164892
	江华瑶族自治县	437835	411539	448195	66196	79659	160935	233147	212771	232435	204688	198768	215760
	中方县	236675	236649	233378	25263	54433	101655	124339	122642	121149	112336	114007	112229
	沅陵县	599680	582582	510054	87388	174242	212592	314209	302061	265314	285471	280521	244740
	辰溪县	478708	453565	407578	93329	133524	164808	248476	235151	211242	230232	218414	196336

续表

省份	地区	常住人口			城镇人口			男性人口数			女性人口数		
		2000 年	2010 年	2020 年	2000 年	2010 年	2020 年	2000 年	2010 年	2020 年	2000 年	2010 年	2020 年
湖南省	溆浦县	798983	741014	757797	119333	211166	207405	415715	379487	390170	383268	361527	367627
	会同县	331392	318686	291067	42663	79509	112469	172162	165023	150081	159230	153663	140986
	麻阳苗族自治县	335027	343309	313305	39326	92503	147618	172974	178108	161575	162053	165201	151730
	新晃侗族自治县	241690	244322	220775	37340	61916	96010	130740	131267	117717	110950	113055	103058
	芷江侗族自治县	334229	339161	307661	43817	86352	144538	175350	174104	158111	158879	165057	149550
	靖州苗族侗族自治县	245444	245116	233638	82578	97753	120761	126855	127674	120917	118589	117442	112721
	通道侗族自治县	206327	206651	201047	32927	49535	85745	107168	107082	104655	99159	99569	96392
	洪江市	485061	477996	341706	168983	197753	139505	250434	242745	174395	234627	235251	167311
	双峰县	840626	854069	685917	104374	170637	277740	434761	441065	350437	405865	413004	335480
	新化县	1207436	1111160	1196538	156023	244064	359490	631245	572688	616504	576191	538472	580034
	冷水江市	339701	327146	329912	160665	238275	260400	175071	168033	166448	164630	159113	163464
	涟源市	996893	995515	862099	257929	245360	310829	521941	515142	449549	474952	480373	412550
	吉首市	294297	302065	408812	165059	212328	319566	151422	151835	205931	142875	150230	202881
	泸溪县	256869	275370	240937	53648	94191	106027	132592	140357	123735	124277	135013	117202
	凤凰县	343878	346814	351619	49188	82472	148170	178684	179454	182283	165194	167360	169336
	花垣县	253750	288581	249238	37172	98331	88947	132071	148786	128458	121679	139795	120780
	保靖县	260034	278169	238792	39093	85117	108556	136690	144351	124282	123344	133818	114510

续表

省份	地区	常住人口			城镇人口			男性人口数			女性人口数		
		2000 年	2010 年	2020 年	2000 年	2010 年	2020 年	2000 年	2010 年	2020 年	2000 年	2010 年	2020 年
湖南省	古丈县	119202	127297	108798	24784	38443	49916	63120	66247	57114	56082	61050	51684
	永顺县	445224	429672	413470	53369	129924	199085	231192	221250	214675	214032	208422	198795
	龙山县	490363	501590	476439	64883	144510	241740	251620	255517	243639	238743	246073	232800
广东省	始兴县	205684	205452	198060	72996	76313	81780	102216	101330	98281	103468	104122	99779
	仁化县	163213	200354	186009	72669	73858	76629	84292	101773	94793	78921	98581	91216
	翁源县	310956	331320	322482	98794	103372	114951	159731	167049	164279	151225	164271	158203
	乳源瑶族自治县	177894	177471	187276	56557	73580	86827	93768	90167	95771	84126	87304	91505
	新丰县	179388	206091	195430	49358	99897	102680	91760	105214	100566	87628	100877	94864
	乐昌市	423444	397779	383498	210108	191457	199438	223788	206751	195656	199656	191028	187842
	南雄市	372844	316179	353916	143912	140017	171215	185330	156263	178040	187514	159916	175876
	南澳县	70352	60304	64429	59407	45638	51269	35650	29715	32209	34702	30589	32220
	台山市	948716	941095	907744	293725	394855	433266	478773	476691	463992	469943	464404	443752
	开平市	668692	699242	748777	343233	371019	430035	326560	350451	379008	342132	348791	369769
	鹤山市	405779	494938	530684	201043	282580	334432	202461	258875	281958	203318	236063	248726
	恩平市	464898	492814	483907	151626	244257	251742	240765	257345	253849	224133	235469	230058
	遂溪县	807015	886452	824608	208458	252792	289536	426131	460029	430961	380884	426423	393647
	徐闻县	616478	698474	633258	145844	238246	238402	323584	364865	329606	292894	333609	303652
	廉江市	1205764	1443099	1363470	369365	359225	443812	642214	765030	720765	563550	678069	642705

续表

省份	地区	常住人口			城镇人口			男性人口数			女性人口数		
		2000 年	2010 年	2020 年	2000 年	2010 年	2020 年	2000 年	2010 年	2020 年	2000 年	2010 年	2020 年
广东省	雷州市	1268298	1427664	1321091	463820	344043	412291	674213	745887	692074	594085	681777	629017
	吴川市	822482	927275	907354	317602	332672	388714	429336	481746	472900	393146	445529	434454
	高州市	1219132	1288665	1328657	393675	352006	490301	639497	672606	692999	579635	616059	635658
	化州市	1007796	1178809	1291668	319850	320418	472746	529550	611243	680112	478246	567566	611556
	信宜市	907978	913708	1014577	276419	333965	418731	464088	462745	525813	443890	450963	488764
	广宁县	399611	423941	408112	60743	156304	164249	201236	216765	209075	198375	207176	199037
	怀集县	736444	813032	805177	93434	161544	221882	366196	400673	413144	370248	412359	392033
	封开县	385692	398258	374848	71803	116798	124170	197786	200516	193228	187906	197742	181620
	德庆县	308589	341211	331438	66553	85036	99967	160695	175426	171042	147894	165785	160396
	四会市	409804	542873	640910	209261	355709	452536	209936	291320	349127	199868	251553	291783
	博罗县	780477	1038198	1210878	240550	471902	712593	398162	547437	646752	382315	490761	564126
	惠东县	713141	908390	1018076	289034	473147	640377	362120	476945	537768	351021	431445	480308
	龙门县	267949	307180	319183	74932	90831	146193	139849	157455	166260	128100	149725	152923
	大埔县	352013	374666	330948	139040	161014	154719	176348	187489	167700	175665	187177	163248
	丰顺县	449769	478974	478731	144908	207417	254264	226583	237864	246430	223186	241110	232301
	五华县	879286	1050528	916961	136661	245631	331583	435885	530612	463843	443401	519916	453118
	平远县	215856	230045	190482	86569	106250	95296	109330	115505	95004	106526	114540	95478
	蕉岭县	203173	205849	184355	85575	98287	101777	104781	102422	91753	98392	103427	92602

续表

省份	地区	常住人口			城镇人口			男性人口数			女性人口数		
		2000 年	2010 年	2020 年	2000 年	2010 年	2020 年	2000 年	2010 年	2020 年	2000 年	2010 年	2020 年
广东省	兴宁市	871507	962883	779411	381745	392000	365661	436749	483012	390627	434758	479871	388784
	海丰县	649412	793408	802454	325859	489304	537278	337937	413354	420476	311475	380054	381978
	陆河县	229623	291534	249242	76327	150902	133178	116531	148276	127610	113092	143258	121632
	陆丰市	1164767	1358265	1235827	569299	579527	545474	600959	690862	638165	563808	667403	597662
	紫金县	502077	640133	551095	110703	231072	207394	253938	318132	280948	248139	322001	270147
	龙川县	586155	694480	595471	113049	190368	197714	289438	340861	300207	296717	353619	295264
	连平县	287382	337002	285224	66559	110851	105906	147847	168618	144334	139535	168384	140890
	和平县	350760	374709	353903	72103	103233	115301	175919	186883	180083	174841	187826	173820
	东源县	312282	439964	348386	38406	94751	86903	160830	223656	181842	151452	216308	166544
	阳西县	380272	452625	434076	105001	153771	189866	202233	243120	230343	178039	209505	203733
	阳春市	840581	849504	875896	270309	28739	360359	440930	440671	455286	399651	408833	420610
	佛冈县	255341	302906	315502	58343	118429	136789	133296	154922	163983	122045	147984	151519
	阳山县	400776	356095	367175	92912	125246	154401	204214	178044	188730	196562	178051	178445
	连山壮族瑶族自治县	99070	90515	95136	36813	32200	38758	52175	46835	48913	46895	43680	46223
	连南瑶族自治县	133814	129258	134691	50912	57302	61042	69313	65096	68406	64501	64162	66285
	英德市	810446	941952	941325	277261	346927	398066	421964	482827	492403	388482	459125	448922
	连州市	409360	367642	377220	159936	161667	176572	212292	184509	192314	197068	183133	184906

续表

省份	地区	常住人口			城镇人口			男性人口数			女性人口数		
		2000 年	2010 年	2020 年	2000 年	2010 年	2020 年	2000 年	2010 年	2020 年	2000 年	2010 年	2020 年
广东省	饶平县	885290	882201	817442	334188	418709	394636	449733	442057	416555	435557	440144	400887
	揭西县	716789	825727	674829	116397	247236	209233	364467	423407	346159	352322	402320	328670
	惠来县	961658	1097596	1040779	286581	434958	437430	489148	548701	526003	472510	548895	514776
	普宁市	1856402	2055552	1998619	646327	874954	935668	954242	1044626	1023589	902160	1010926	975030
	新兴县	384890	431635	430831	141213	160209	185930	193497	218556	220518	191393	213079	210313
	郁南县	379299	388732	371661	135538	152342	160255	196521	200097	191880	182778	188635	179781
	罗定市	866190	959006	936931	248035	263338	317060	449131	486624	482788	417059	472382	454143
广西壮族自治区	隆安县	313306	300215	325140	47494	70103	110307	167173	156473	170963	146133	143742	154177
	马山县	399439	390900	382430	58908	76096	116196	207337	197481	197095	192102	193419	185335
	上林县	379986	343590	359323	60648	87912	122426	199028	174973	185640	180958	168617	173683
	宾阳县	852881	782255	801407	208895	265157	362779	452111	411430	422564	400770	370825	378843
	横县	889733	863001	896099	133047	232183	372273	471459	446573	464266	418274	416428	431833
	柳城县	356148	353796	314242	65769	121395	151595	188751	183776	163985	167397	170020	150257
	鹿寨县	418665	421019	337298	57571	177290	186714	230275	228205	178756	188390	192814	158542
	融安县	283029	285641	253360	68618	95898	113841	151970	150983	134154	131059	134658	119206
	融水苗族自治县	425608	402054	412445	49787	103627	159467	222457	208915	215785	203151	193139	196660
	三江侗族自治县	304149	272223	321538	27471	72807	91236	159263	140323	166203	144886	131900	155335
	阳朔县	264640	443994	273124	37308	119339	85931	138900	233438	140101	125740	210556	133023

续表

省份	地区	常住人口			城镇人口			男性人口数			女性人口数		
		2000 年	2010 年	2020 年	2000 年	2010 年	2020 年	2000 年	2010 年	2020 年	2000 年	2010 年	2020 年
广西壮族自治区	灵川县	318036	350832	422776	72129	123534	210194	166347	183224	218993	151689	167608	203783
	全州县	652963	633174	565696	75556	143042	214979	356160	332989	294190	296803	300185	271506
	兴安县	353920	329507	307043	28265	97693	117537	186027	170084	154837	167893	159423	152206
	永福县	235368	233504	228646	24922	53174	88363	126360	122560	119878	109008	110944	108768
	灌阳县	231288	233598	208412	19192	48898	85330	126029	124325	107079	105259	109273	101333
	龙胜各族自治县	160796	154889	139483	19726	33501	48702	85225	80221	70976	75571	74668	68507
	资源县	156946	146824	139212	5905	27111	51173	82384	76422	71268	74562	70402	67944
	平乐县	394575	370455	340921	51324	92870	101187	207826	193282	174821	186749	177173	166100
	恭城瑶族自治县	271216	352472	245432	31497	134908	81521	144757	181777	124724	126459	170695	120708
	荔浦市	346169	250853	334527	75966	49063	146753	181540	131028	170639	164629	119825	163888
	苍梧县	646855	550368	276766	122299	215734	82743	346112	286045	145845	300743	264323	130921
	藤县	848648	835470	795612	136437	202425	380903	454961	436341	419421	393687	399129	376191
	蒙山县	187918	192953	164420	31672	58778	68131	99409	101243	83889	88509	91710	80531
	岑溪市	731623	772113	724364	196208	337052	397639	384212	402869	373318	347411	369244	351046
	合浦县	864601	871207	864193	209990	264530	305822	461940	455846	455507	402661	415361	408686
	上思县	205307	204094	194774	39418	47308	71345	115056	112234	106208	90251	91860	88566
	东兴市	108131	144709	216053	65455	92267	155538	58939	78579	114210	49192	66130	101843
	灵山县	1140799	1152674	1218140	143649	248437	391284	619567	600232	635695	521232	552442	582445

续表

省份	地区	常住人口			城镇人口			男性人口数			女性人口数		
		2000 年	2010 年	2020 年	2000 年	2010 年	2020 年	2000 年	2010 年	2020 年	2000 年	2010 年	2020 年
广西壮族自治区	浦北县	718104	728619	683964	120764	165945	225138	390039	385244	356105	328065	343375	327859
	平南县	1055782	1128030	1104273	199770	488330	584474	571329	594399	576878	484453	533631	527395
	桂平市	1359035	1496904	1511011	277012	508212	652210	716617	776699	794095	642418	720205	716916
	容县	621498	633139	654916	133389	185002	277620	326270	322614	332304	295228	310525	322612
	陆川县	718439	762372	804427	120887	252296	364251	378502	395404	416142	339937	366968	388285
	博白县	1247518	1342504	1390612	266907	367495	599279	674783	703311	734448	572735	639193	656164
	兴业县	531496	560394	508344	69683	167348	191425	285228	295049	267299	246268	265345	241045
	北流市	1049035	1132216	1211637	258076	652853	573761	557967	585532	622911	491068	546684	588726
	田东县	360123	356810	352007	93351	94689	155950	185799	181819	179869	174324	174991	172138
	德保县	276335	297907	269758	5964	53451	84307	145119	156353	140395	131216	141554	129363
	那坡县	170158	153686	171781	15101	29602	41049	87794	79270	89140	82364	74416	82641
	凌云县	175573	185869	188194	17024	30042	71892	91420	97065	96528	84153	88804	91666
	乐业县	144816	148504	146397	17885	29794	49572	75292	76964	76327	69524	71540	70070
	田林县	236799	225043	224828	17788	36626	64766	122762	115089	116020	114037	109954	108808
	西林县	139282	138647	142098	37307	27597	48899	72391	71330	74434	66891	67317	67664
	隆林各族自治县	347462	341401	350765	31717	45598	93051	182491	173248	178270	164971	168153	172495
	靖西市	456292	498524	489163	62996	92786	150456	236465	259434	254732	219827	239090	234431
	平果市	392800	434289	455643	93234	164135	277500	204629	222814	232376	188171	211475	223267

续表

省份	地区	常住人口			城镇人口			男性人口数			女性人口数		
		2000 年	2010 年	2020 年	2000 年	2010 年	2020 年	2000 年	2010 年	2020 年	2000 年	2010 年	2020 年
广西壮族自治区	昭平县	353298	340647	330116	63241	124323	159706	189087	179571	171093	164211	161076	159023
	钟山县	460021	351124	351057	119876	113246	155076	247304	182336	182963	212717	168788	168094
	富川瑶族自治县	273507	256811	266530	50322	72087	113719	144446	132721	135358	129061	124090	131172
	南丹县	318844	278350	275554	114269	98233	138640	176857	147120	143871	141987	131230	131683
	天峨县	141649	155017	143155	17157	48110	62858	74420	80464	75183	67229	74553	67972
	凤山县	164807	161457	169845	13877	22029	58927	85033	82145	87259	79774	79312	82586
	东兰县	246715	213028	219549	30476	36657	65804	127616	108307	112740	119099	104721	106809
	罗城仫佬族自治县	322116	298261	272672	57742	70238	122161	170602	153114	138628	151514	145147	134044
	环江毛南族自治县	332067	272328	276076	55563	67292	111118	177714	141653	143170	154353	130675	132906
	巴马瑶族自治县	218724	224637	236152	27997	37267	90491	112108	114130	119639	106616	110507	116513
	都安瑶族自治县	543019	516629	538061	33636	83348	245021	283579	260223	272759	259440	256406	265302
	大化瑶族自治县	367970	360802	365001	62188	71802	134949	191436	184012	184464	176534	176790	180537
	忻城县	343556	312441	297825	57077	74501	110567	179063	159577	153017	164493	152864	144808
	象州县	293548	285202	281846	55553	91020	115461	156401	147990	147429	137147	137212	134417
	武宣县	347794	353253	340312	61628	112768	151671	184797	184468	176778	162997	168785	163534
	金秀瑶族自治县	134934	124037	130313	30529	36205	48629	71977	64754	68390	62957	59283	61923
	合山市	131249	114496	98938	75102	66118	48873	69205	59505	50476	62044	54991	48462
	扶绥县	366397	379118	408921	80426	127371	192689	196130	201336	218086	170267	177782	190835

续表

省份	地区	常住人口			城镇人口			男性人口数			女性人口数		
		2000 年	2010 年	2020 年	2000 年	2010 年	2020 年	2000 年	2010 年	2020 年	2000 年	2010 年	2020 年
广西壮族自治区	宁明县	342993	337133	319386	26218	68391	106750	182261	177913	167763	160732	159220	151623
	龙州县	255790	221768	232068	47321	67203	82587	132656	112205	119009	123134	109563	113059
	大新县	314323	296555	282563	44382	58829	101841	162092	151262	143262	152231	145293	139301
	天等县	311400	330814	280473	28314	54201	87043	160191	170613	143264	151209	160201	137209
	凭祥市	107046	112159	129843	76156	65044	81773	57445	60014	68983	49601	52145	60860
海南省	五指山市	100836	104119	112269	54589	53258	67645	53146	55710	58724	47690	48409	53545
	琼海市	449845	483217	528238	168903	194400	262524	236560	255908	277477	213285	227309	250761
	文昌市	509271	537426	560894	175524	251795	341862	260432	274980	287340	248839	262446	273554
	万宁市	513604	545597	545992	131964	221263	225608	272751	292045	288309	240853	253552	257683
	东方市	358318	408309	444458	130352	153726	257936	188840	215598	237437	169478	192711	207021
	定安县	279335	284614	284690	82898	104960	115856	150426	151727	152404	128909	132887	132286
	屯昌县	251121	256931	255335	77053	100684	114523	134701	135804	135161	116420	121127	120174
	澄迈县	434598	467161	497953	113985	184266	300915	239547	256982	269329	195051	210179	228624
	临高县	389734	427873	420594	76305	155595	210779	207943	227902	220713	181791	199971	199881
	白沙黎族自治县	164494	167918	164699	33112	42524	32680	89567	91044	88684	74927	76874	76015
	昌江黎族自治县	219502	223839	232124	99707	106960	140954	116444	119793	123844	103058	104046	108280
	乐东黎族自治县	447382	458875	464435	100891	132625	145063	237916	241790	248415	209466	217085	216020
	陵水黎族自治县	303272	320468	372511	45887	118176	158159	161287	170071	198333	141985	150397	174178

续表

省份	地区	常住人口			城镇人口			男性人口数			女性人口数		
		2000 年	2010 年	2020 年	2000 年	2010 年	2020 年	2000 年	2010 年	2020 年	2000 年	2010 年	2020 年
海南省	保亭黎族苗族自治县	139506	146684	156108	30466	46000	54223	74947	79174	83127	64559	67510	72981
	琼中黎族苗族自治县	171598	174076	179586	39759	51767	54785	93271	93999	96456	78327	80077	83130
重庆市	城口县	225841	192967	197497	22462	49039	81260	122134	98387	101422	103707	94580	96075
	丰都县	774054	649182	557374	111793	224003	274294	403318	327027	282481	370736	322155	274893
	垫江县	862323	704458	650694	139106	241424	320460	449119	354462	329061	413204	349996	321633
	忠县	954075	751424	720976	145011	247406	348004	490111	378446	367034	463964	372978	353942
	云阳县	1219647	912912	929034	150857	293636	491309	638673	456793	475675	580974	456119	453359
	奉节县	871743	834259	744836	114119	269302	368869	453447	426888	385019	418296	407371	359817
	巫山县	571959	495072	462462	61382	148597	200671	302177	254793	236762	269782	240279	225700
	巫溪县	483759	414073	388685	36120	105111	156732	254777	209870	197758	228982	204203	190927
	石柱土家族自治县	484876	415050	389001	49765	134173	225190	248402	210866	195461	236474	204184	193540
	秀山土家族苗族自治县	507522	501590	496194	53382	150566	224955	264950	255904	251312	242572	245686	244882
	酉阳土家族苗族自治县	594287	578058	607338	45647	137635	256260	312786	296694	312974	281501	281364	294364
	彭水苗族土家族自治县	590228	545094	530599	42296	137409	256007	313113	282397	276384	277115	262697	254215

续表

省份	地区	常住人口			城镇人口			男性人口数			女性人口数		
		2000 年	2010 年	2020 年	2000 年	2010 年	2020 年	2000 年	2010 年	2020 年	2000 年	2010 年	2020 年
四川省	金堂县	772273	717227	800371	135627	186844	419000	401493	363823	400699	370780	353404	399672
	大邑县	490373	502199	515962	115355	175898	259291	253272	255164	257680	237101	247035	258282
	蒲江县	247548	239562	255563	74980	73069	121044	125448	119099	127349	122100	120463	128214
	都江堰市	621980	657996	710056	262421	317627	436619	314845	331637	346077	307135	326359	363979
	彭州市	770749	762887	780399	245869	263199	383409	389697	383326	389088	381052	379561	391311
	邛崃市	631577	612753	602973	239331	190099	322777	321382	306862	302465	310195	305891	300508
	崇州市	650698	661120	735723	147466	206448	391259	330345	331186	375779	320353	329934	359944
	简阳市	1412523	1071214	1117265	270997	365386	591224	728353	532507	567795	684170	538707	549470
	荣县	862003	590640	469488	117063	180247	204961	443273	295962	234441	418730	294678	235047
	富顺县	1120376	826195	722073	142276	252451	305613	578458	415855	360392	541918	410340	361681
	米易县	207300	219227	227011	27597	58299	99881	106501	111941	117138	100799	107286	109873
	盐边县	193618	207717	178797	20794	40183	57434	101083	107458	92992	92535	100259	85805
	泸县	824639	840336	764362	118749	269241	315076	418805	421097	382820	405834	419239	381542
	合江县	720198	709476	688731	138859	214805	288189	373803	362450	346407	346395	347026	342324
	叙永县	610652	584299	552979	81598	139129	193064	323176	303796	285855	287476	280503	267124
	古蔺县	693792	713083	651958	79447	121995	212656	364703	366110	338357	329089	346973	313601
	中江县	1395789	1186762	946019	225763	269255	392548	735471	607498	485937	660318	579264	460082
	广汉市	577298	591115	626132	222043	235872	368933	289596	296501	316995	287702	294614	309137

续表

省份	地区	常住人口			城镇人口			男性人口数			女性人口数		
		2000 年	2010 年	2020 年	2000 年	2010 年	2020 年	2000 年	2010 年	2020 年	2000 年	2010 年	2020 年
四川省	什邡市	432579	412758	406775	163125	187473	223320	218447	205319	203433	214132	207439	203342
	绵竹市	515830	477868	439958	168713	192001	232761	263098	237921	214770	252732	239947	225188
	三台县	1395841	1042064	955811	231098	206740	245091	728045	529098	490326	667796	512966	465485
	盐亭县	566541	417221	370739	91545	97248	143008	292701	210259	189633	273840	206962	181106
	梓潼县	362712	302246	276996	64689	61950	93249	187202	153404	139515	175510	148842	137481
	北川羌族自治县	160301	197108	174132	15168	55671	59976	84555	101490	88855	75746	95618	85277
	平武县	187799	170959	126357	34502	41632	36388	99147	88971	66096	88652	81988	60261
	江油市	849761	762140	731343	366716	312154	387892	436112	380418	360701	413649	381722	370642
	旺苍县	459119	385787	330108	108164	136405	143920	241189	195002	167496	217930	190785	162612
	青川县	253416	222253	156387	36590	41830	55231	132830	115117	79727	120586	107136	76660
	剑阁县	667978	457656	423859	98793	105487	159689	348177	229939	215357	319801	227717	208502
	苍溪县	777721	559180	512617	105096	127728	168843	399558	274149	254395	378163	285031	258222
	蓬溪县	672546	553239	430344	129686	149400	168158	345744	282309	224107	326802	270930	206237
	大英县	485842	478964	387299	98509	141597	172275	250487	241528	196766	235355	237436	190533
	射洪市	963237	924531	732380	235988	358735	442852	492727	460531	370234	470510	464000	362146
	威远县	744778	626482	547059	203358	260044	278052	383443	317861	277946	361335	308621	269113
	资中县	1278563	1192060	845579	148030	265058	335392	662839	612719	434512	615724	579341	411067
	隆昌市	745033	633210	568900	141635	289494	275419	378493	317794	280566	366540	315416	288334

续表

省份	地区	常住人口			城镇人口			男性人口数			女性人口数		
		2000 年	2010 年	2020 年	2000 年	2010 年	2020 年	2000 年	2010 年	2020 年	2000 年	2010 年	2020 年
四川省	犍为县	506834	434409	416673	78492	114294	169399	262011	219242	211073	244823	215167	205600
	井研县	384060	282222	280641	56062	73047	114234	196640	139153	141883	187420	143069	138758
	夹江县	348481	338346	305441	59383	85238	143741	177116	169533	152731	171365	168813	152710
	沐川县	229945	216737	192313	36997	45281	64194	123318	113367	99161	106627	103370	93152
	峨边彝族自治县	141166	139210	121554	33101	35844	45876	75949	72463	63111	65217	66747	58443
	马边彝族自治县	170425	176530	188251	13337	24510	69203	89091	90023	96522	81334	86507	91729
	峨眉山市	423070	437068	419107	128874	220349	252682	217201	222479	209748	205869	214589	209359
	南部县	1186897	929923	817235	217385	249559	367146	615770	459723	412515	571127	470200	404720
	营山县	804083	749734	620480	75147	183789	273674	418574	381641	317655	385509	368093	302825
	蓬安县	639314	567373	461485	130526	200531	174461	335715	290390	237765	303599	276983	223720
	仪陇县	916807	930028	729141	79626	346569	262911	476547	481092	376324	440260	448936	352817
	西充县	576576	513746	420023	80347	141280	180243	299379	262458	216245	277197	251288	203778
	阆中市	787809	728935	622667	198447	242535	303044	400390	364130	309010	387419	364805	313657
	仁寿县	1398462	1233074	1110017	150377	266795	472472	722650	617483	561906	675812	615591	548111
	洪雅县	331055	300217	295744	69577	90176	134025	169364	149336	146603	161691	150881	149141
	丹棱县	162096	141953	148820	20787	52244	63633	82419	70141	73664	79677	71812	75156
	青神县	198997	167559	167990	24032	58445	78718	100800	82999	84416	98197	84560	83574
	江安县	488174	399829	424470	102964	118708	201779	254353	205986	218056	233821	193843	206414

续表

省份	地区	常住人口			城镇人口			男性人口数			女性人口数		
		2000 年	2010 年	2020 年	2000 年	2010 年	2020 年	2000 年	2010 年	2020 年	2000 年	2010 年	2020 年
四川省	长宁县	391832	339972	327904	81895	103101	161171	206493	177020	168558	185339	162952	159346
	高县	472335	411123	380893	67763	103900	160494	246734	212080	195975	225601	199043	184918
	珙县	401312	379798	339200	113273	157012	177778	213586	198418	175039	187726	181380	164161
	筠连县	366487	329053	332805	55721	76094	136519	190984	170643	171767	175503	158410	161038
	兴文县	401510	377166	380036	67155	85494	152533	213499	196876	196029	188011	180290	184007
	屏山县	250620	249751	245184	33554	28592	77415	130564	127896	125620	120056	121855	119564
	岳池县	1062585	778639	742747	128429	174693	295562	552439	387162	374575	510146	391477	368172
	武胜县	758957	585624	555897	85344	131910	208632	388665	291884	281780	370292	293740	274117
	邻水县	857198	704695	707537	102919	188626	299055	448807	357032	361681	408391	347663	345856
	华蓥市	352257	278359	272332	165000	119228	145959	183962	130097	136816	168295	139350	135516
	宣汉县	1047230	1006826	954090	119528	295993	425188	551218	518997	491098	496012	487829	462992
	开江县	509469	430877	414310	95137	125558	180354	270420	221371	213918	239049	209506	200392
	大竹县	952734	876884	841960	120026	273536	383959	504214	451961	438514	448520	424923	403446
	渠县	1236602	1156481	917508	85912	285024	384700	643081	591051	477207	593521	555430	440301
	万源市	536685	407594	406685	92277	129617	172148	278918	205280	209337	257767	202314	197348
	荥经县	142683	147955	131491	32382	58223	67097	73958	75756	66623	68725	72199	64868
	汉源县	347471	324408	285558	51786	53910	122577	178510	166538	147145	168961	157870	138413
	石棉县	123261	123600	114116	26068	39436	87277	65055	63632	57651	58206	59968	56465

续表

省份	地区	常住人口			城镇人口			男性人口数			女性人口数		
		2000年	2010年	2020年	2000年	2010年	2020年	2000年	2010年	2020年	2000年	2010年	2020年
四川省	天全县	141084	134152	132033	29303	52983	62409	73365	67480	67503	67719	66672	64530
	芦山县	121520	109027	99824	16951	40501	53851	65035	55139	49999	56485	53888	49825
	宝兴县	56137	56060	48040	12134	15640	20878	29653	29457	25117	26484	26603	22923
	通江县	676370	687369	521875	58186	129222	203337	349467	351070	266283	326903	336299	255592
	南江县	593720	606992	467609	54128	115831	177443	309645	309836	238654	284075	297156	228955
	平昌县	833294	862620	658644	71997	212420	263361	422624	437950	337955	410670	424670	320689
	安岳县	1424518	1141347	950939	125492	226648	291881	737046	582654	478209	687472	558693	472730
	乐至县	844599	546767	490573	103765	157625	199057	437590	275888	248100	407009	270879	242473
	马尔康市	55046	58437	58390	22455	28783	31405	28308	30678	30277	26738	27759	28113
	汶川县	111935	100771	82971	27634	39928	43382	59286	53183	40918	52649	47588	42053
	理县	43668	46556	36926	7245	15127	14396	22380	25275	19336	21288	21281	17590
	茂县	103570	104829	95361	13458	39183	48245	54158	53643	49009	49412	51186	46352
	松潘县	69079	72309	66937	9773	19511	23954	35815	37686	35637	33264	34623	31300
	九寨沟县	62157	81394	66055	18220	41592	35892	32457	43272	35300	29700	38122	30755
	金川县	69098	65976	58068	12116	21394	19802	35572	33495	30986	33526	32481	27082
	小金县	76709	77731	64813	8799	12269	24970	39849	40537	34184	36860	37194	30629
	黑水县	57000	60704	44564	7313	10729	17591	28688	31358	23020	28312	29346	21544
	壤塘县	33550	39173	44679	4580	3832	11530	17118	19939	22885	16432	19234	21794

续表

省份	地区	常住人口			城镇人口			男性人口数			女性人口数		
		2000 年	2010 年	2020 年	2000 年	2010 年	2020 年	2000 年	2010 年	2020 年	2000 年	2010 年	2020 年
四川省	阿坝县	62312	72391	80467	7893	13664	24763	31694	37662	42355	30618	34729	38112
	若尔盖县	65413	74619	76712	5817	11852	25374	33185	37675	38569	32228	36944	38143
	红原县	37931	43818	46644	7355	12609	20025	19439	22821	23854	18492	20997	22790
	康定市	109349	130142	126785	40610	60439	69728	56835	70276	64548	52514	59866	62237
	泸定县	77855	83386	84204	13318	25527	39777	40631	43136	43018	37224	40250	41186
	丹巴县	55753	59696	49872	7260	10028	15733	28434	30622	25836	27319	29074	24036
	九龙县	50816	62133	53738	4327	7974	14619	26435	33646	27799	24381	28487	25939
	雅江县	39701	50225	51162	3714	7294	14778	20363	26732	28844	19338	23493	22318
	道孚县	44848	55396	53378	12552	9657	11883	22625	28522	27805	22223	26874	25573
	炉霍县	39603	46558	47185	6754	8259	12989	20057	24172	24161	19546	22386	23024
	甘孜县	55703	68523	72698	7815	10135	21485	27911	34555	36662	27792	33968	36036
	新龙县	40505	50393	45698	2830	3644	8498	20272	25514	23746	20233	24879	21952
	德格县	63989	81503	88542	2725	6418	24512	32355	41782	45722	31634	39721	42820
	白玉县	42013	56290	59524	3168	4274	13705	21120	26688	29882	20893	29602	29642
	石渠县	63489	80834	103633	3436	6859	16042	32050	41299	53117	31439	39535	50516
	色达县	41450	58606	64681	4780	7037	15801	19904	29143	31334	21546	29463	33347
	理塘县	49453	69046	67293	6189	20982	26686	24808	36037	34693	24645	33009	32600
	巴塘县	43814	48649	49967	5882	8518	13855	22203	24572	25353	21611	24077	24614

续表

省份	地区	常住人口			城镇人口			男性人口数			女性人口数		
		2000 年	2010 年	2020 年	2000 年	2010 年	2020 年	2000 年	2010 年	2020 年	2000 年	2010 年	2020 年
四川省	乡城县	26879	33170	31407	3288	4832	9317	13762	17763	17340	13117	15407	14067
	稻城县	28228	31113	32916	2600	4843	7748	14292	15780	17048	13936	15333	15868
	得荣县	23791	26209	24748	2443	3143	6272	12104	13403	12871	11687	12806	11877
	西昌市	615212	712434	955041	245848	466732	636367	318658	365946	482009	296554	346488	473032
	会理县	433185	430066	122944	33015	133074	28410	224284	221839	63630	208901	208227	59314
	木里藏族自治县	124462	131726	340898	12366	28802	110149	63862	70102	178339	60600	61624	162559
	盐源县	313765	350176	216533	30752	59427	92630	164482	185425	110530	149283	164751	106003
	德昌县	188980	214405	390531	26934	71200	176562	97677	109364	200750	91303	105041	189781
	会东县	351310	362944	346082	23497	69925	141625	189263	193624	181064	162047	169320	165018
	宁南县	169962	170673	184293	28947	54414	71243	88260	87790	96796	81702	82883	87497
	普格县	139156	155740	180052	16187	17408	30092	74180	81515	91867	64976	74225	88185
	布拖县	138604	160151	185553	10816	18906	38284	71716	82105	94112	66888	78046	91441
	金阳县	140028	165121	170063	12069	20932	32013	73003	85119	86678	67025	80002	83385
	昭觉县	207712	251836	252435	11950	22784	45183	107598	128378	127593	100114	123458	124842
	喜德县	137676	165906	158139	9194	32665	41170	71151	85414	79986	66525	80492	78153
	冕宁县	324332	351245	369166	60441	100195	144474	166871	180449	187925	157461	170796	181241
	越西县	237800	269896	301865	17737	59085	95515	122772	137100	152570	115028	132796	149295
	甘洛县	175426	195100	205991	35834	38296	46815	92814	102037	106290	82612	93063	99701
	美姑县	176214	221505	238624	8200	12948	12210	90368	111616	120889	85846	109889	117735
	雷波县	207873	223885	240149	14232	40759	52833	109044	116207	123319	98829	107678	116830

续表

省份	地区	常住人口			城镇人口			男性人口数			女性人口数		
		2000 年	2010 年	2020 年	2000 年	2010 年	2020 年	2000 年	2010 年	2020 年	2000 年	2010 年	2020 年
贵州省	开阳县	389252	358248	343871	87149	112365	186254	204975	184470	176777	184277	173778	167094
	息烽县	221583	212897	219835	43678	60130	104498	117341	110119	113383	104242	102778	106452
	修文县	262039	248926	288090	55251	72813	131379	138196	128905	150561	123843	120021	137529
	清镇市	471305	467790	629088	194290	166916	350665	248079	241299	331647	223226	226491	297441
	水城县	678228	704615	746407	4951	18878	241908	363125	374281	388855	315103	330334	357552
	盘州市	1070802	1035345	1074073	139431	176237	420894	561196	543884	555699	509606	491461	518374
	桐梓县	575580	521840	529471	120705	147718	247297	299492	267311	270806	276088	254529	258665
	绥阳县	457104	380083	379677	76708	104199	172541	236364	192736	192919	220740	187347	186758
	正安县	504832	389634	396159	49073	99795	167211	262951	197953	199725	241881	191681	196434
	道真仡佬族苗族自治县	286715	244159	243846	42682	62295	128274	149516	121338	120323	137199	122821	123523
	务川仡佬族苗族自治县	386164	321657	308466	46354	85411	168349	199992	163808	155324	186172	157849	153142
	凤冈县	370253	313128	304156	47279	82080	144414	191304	158908	151761	178949	154220	152395
	湄潭县	411613	377358	372865	54637	104997	188220	212681	189590	185494	198932	187768	187371
	余庆县	252965	234739	223952	47631	77274	106030	131161	118843	111792	121804	115896	112160
	习水县	591208	523180	584947	58754	134646	247219	305661	267539	299826	285547	255641	285121
	赤水市	251780	237052	247287	77921	80884	138699	130227	119810	124111	121553	117242	123176

续表

省份	地区	常住人口			城镇人口			男性人口数			女性人口数		
		2000 年	2010 年	2020 年	2000 年	2010 年	2020 年	2000 年	2010 年	2020 年	2000 年	2010 年	2020 年
贵州省	仁怀市	520759	546477	655300	114304	171005	361723	270091	281536	340906	250668	264941	314394
	普定县	353803	378452	376285	40693	71086	144892	186484	197675	193282	167319	180777	183003
	镇宁布依族苗族自治县	308569	284063	299696	50515	69662	114644	162512	146488	154783	146057	137575	144913
	关岭布依族苗族自治县	280755	301363	283497	39282	55455	105448	147716	157115	146122	133039	144248	137375
	紫云苗族布依族自治县	297348	270345	293651	25899	39941	95977	156064	139400	150512	141284	130945	143139
	黔西县	697075	695947	857578	91440	214803	323897	369911	362100	442011	327164	333847	415567
	大方县	851729	776324	732008	79100	187914	340348	449694	403863	375619	402035	372461	356389
	金沙县	496063	560575	544033	68541	168400	274114	264094	294677	282915	231969	265898	261118
	织金县	825350	784119	815661	102120	202443	347931	440893	407997	420022	384457	376122	395639
	纳雍县	661772	670272	716703	54311	167248	292089	345714	345082	367424	316058	325190	349279
	威宁彝族回族苗族自治县	1056009	1263521	1280116	89660	239160	463564	557529	660040	661537	498480	603481	618579
	赫章县	611243	649357	648471	38210	109155	169215	319713	332956	331663	291530	316401	316808
	江口县	189288	172761	184764	24264	40624	81867	101101	90147	95489	88187	82614	89275
	玉屏侗族自治县	126462	118525	150457	38234	46863	78588	68213	62300	77756	58249	56225	72701

续表

省份	地区	常住人口			城镇人口			男性人口数			女性人口数		
		2000 年	2010 年	2020 年	2000 年	2010 年	2020 年	2000 年	2010 年	2020 年	2000 年	2010 年	2020 年
贵州省	石阡县	334508	304387	297086	39150	73359	102074	174492	156067	151494	160016	148320	145592
	思南县	543389	499336	457745	56330	115462	189270	275805	251102	229795	267584	248234	227950
	印江土家族苗族自治县	335263	284220	294490	46366	66334	121416	172297	143576	148491	162966	140644	145999
	德江县	388639	367920	393596	44227	80437	184746	199991	185829	198945	188648	182091	194651
	沿河土家族自治县	474331	449819	429893	53559	77468	171066	245039	227345	218811	229292	222474	211082
	松桃苗族自治县	547488	486748	487737	64946	84901	166569	287279	249823	251124	260209	236925	236613
	兴义市	719605	783120	1004132	303592	335243	649497	375079	406478	512392	344526	376642	491740
	兴仁市	425091	417919	425770	53123	113043	169210	220915	216241	217789	204176	201678	207981
	普安县	259881	254247	242958	33998	51617	75258	136769	131242	125141	123112	123005	117817
	晴隆县	258031	246809	234162	40165	48956	76937	136653	126475	120095	121378	120334	114067
	贞丰县	314785	303883	307313	43751	68402	117914	159996	154306	155756	154789	149577	151557
	望谟县	273113	251966	235243	28027	44579	88704	140731	125400	119707	132382	126566	115536
	册亨县	215030	190413	189709	31847	33400	61671	110686	96503	96675	104344	93910	93034
	安龙县	399384	356255	375825	64235	93593	151747	207346	183183	191061	192038	173072	184764
	凯里市	433236	479011	709057	213868	274922	519243	230692	250361	363758	202544	228650	345299
	黄平县	292121	263363	244125	41937	49900	93992	154114	133487	124428	138007	129876	119697
	施秉县	137171	130464	125518	27542	38558	50758	72155	66753	63962	65016	63711	61556

续表

省份	地区	常住人口			城镇人口			男性人口数			女性人口数		
		2000年	2010年	2020年	2000年	2010年	2020年	2000年	2010年	2020年	2000年	2010年	2020年
贵州省	三穗县	170167	155735	162798	30720	43501	78555	89355	80249	83318	80812	75486	79480
	镇远县	222766	203622	189715	46440	69439	94217	117949	106356	96800	104817	97266	92915
	岑巩县	187734	162444	168441	21649	32509	74366	99124	84728	86493	88610	77716	81948
	天柱县	348302	263850	273588	49476	61161	115893	187034	138200	141798	161268	125650	131790
	锦屏县	190429	154869	155182	29672	41868	69863	99432	79516	79340	90997	75353	75842
	剑河县	189085	180624	188507	21596	35546	74541	99891	95935	99079	89194	84689	89428
	台江县	142386	112319	122861	15615	25704	45554	74201	58745	63864	68185	53574	58997
	黎平县	458533	391047	412813	61031	73034	162522	241140	203389	210602	217393	187658	202211
	榕江县	300369	286322	297572	37128	46610	102099	158728	151199	155407	141641	135123	142165
	从江县	301513	290960	313887	29258	39935	72219	159210	153445	161953	142303	137515	151934
	雷山县	132004	117190	124835	21081	27315	49801	71979	63372	67030	60025	53818	57805
	麻江县	203481	167641	131081	24310	34252	51117	107982	87024	68150	95499	80617	62931
	丹寨县	135400	122430	138642	19202	24631	57263	72126	64971	72645	63274	57459	65997
	都匀市	463426	443721	529688	223538	217091	348954	241421	227779	268995	222005	215942	260693
	福泉市	292720	283904	297899	115166	125389	153763	155972	147713	155155	136748	136191	142744
	荔波县	171366	144865	154896	35196	32667	66145	90130	75193	80605	81236	69672	74291
	贵定县	267809	231118	250146	78347	74899	130913	140331	118453	123373	127478	112665	126773
	瓮安县	390245	380318	395536	65013	123254	241886	205671	195654	201621	184574	184664	193915

续表

省份	地区	常住人口			城镇人口			男性人口数			女性人口数		
		2000 年	2010 年	2020 年	2000 年	2010 年	2020 年	2000 年	2010 年	2020 年	2000 年	2010 年	2020 年
贵州省	独山县	317910	265212	264266	49549	66415	126745	165351	135759	135826	152559	129453	128440
	平塘县	267368	228560	234417	40320	48536	79179	140363	117963	118372	127005	110597	116045
	罗甸县	293994	257236	257551	39493	42318	142544	151814	131196	130847	142180	126040	126704
	长顺县	226235	191129	201540	39658	42719	86653	119432	99147	104106	106803	91982	97434
	龙里县	192436	180865	236221	41590	48914	127891	101582	93533	124163	90854	87332	112058
	惠水县	388896	342647	395878	56268	71721	193872	200942	175514	199224	187954	167133	196654
	三都水族自治县	297442	283139	276347	30329	36209	101991	156395	146461	143448	141047	136678	132899
云南省	富民县	140046	145554	149506	20729	43410	78898	71808	73853	78186	68238	71701	71320
	宜良县	396677	419399	384875	84019	176843	210672	202714	212571	194955	193963	206828	189920
	石林彝族自治县	223978	246218	240827	36539	87955	107107	115442	127137	122765	108536	119081	118062
	嵩明县	330514	287095	410929	48135	106518	220650	169212	146613	208707	161302	140482	202222
	禄劝彝族苗族自治县	429355	396404	378881	25146	83220	154828	223163	201405	192099	206192	194999	186782
	寻甸回族彝族自治县	481721	457068	460739	47310	98706	135188	249430	233492	234816	232291	223576	225923
	安宁市	295173	341341	483753	183021	242151	399779	161481	184523	257302	133692	156818	226451
	陆良县	581764	622397	599266	148931	225046	234000	304888	325133	309899	276876	297264	289367
	师宗县	349770	392361	376902	49019	107004	170829	184473	205979	195986	165297	186382	180916

续表

省份	地区	常住人口			城镇人口			男性人口数			女性人口数		
		2000 年	2010 年	2020 年	2000 年	2010 年	2020 年	2000 年	2010 年	2020 年	2000 年	2010 年	2020 年
云南省	罗平县	515211	549680	535565	67846	194378	210951	273990	288488	279620	241221	261192	255945
	富源县	657474	722640	675229	68337	249312	166806	349788	381260	354220	307686	341380	321009
	会泽县	844485	908292	794279	72887	234295	308987	457712	484733	416641	386773	423559	377638
	宣威市	1292825	1302891	1189813	217988	584076	691922	691846	689209	621337	600979	613682	568476
	通海县	275063	300800	289891	68483	135923	160858	138300	152192	147550	136763	148608	142341
	华宁县	196519	214650	190425	48134	81456	77566	100776	110578	98514	95743	104072	91911
	易门县	169581	177110	151671	52852	69279	77752	88426	92755	79299	81155	84355	72372
	峨山彝族自治县	151426	162831	143903	37913	60511	66594	78140	83927	75135	73286	78904	68768
	新平彝族傣族自治县	264615	285344	262771	53505	82108	105747	138725	151068	137522	125890	134276	125249
	元江哈尼族彝族傣族自治县	199931	217399	195647	38203	70170	91083	104413	113308	102904	95518	104091	92743
	澄江市	149748	169366	173161	42172	69008	81492	75493	85602	90582	74255	83764	82579
	施甸县	314187	305223	293022	13807	49929	63019	159840	154971	150219	154347	150252	142803
	龙陵县	260097	277319	272769	17966	42986	67423	137445	146526	143799	122652	130793	128970
	昌宁县	333241	343566	319858	23175	80440	105510	172902	176633	163890	160339	166933	155968
	腾冲市	593925	644765	642481	49552	135318	238974	309411	336234	333171	284514	308531	309310
	鲁甸县	345740	390654	398447	17656	60056	157168	180275	204595	209067	165465	186059	189380

续表

省份	地区	常住人口			城镇人口			男性人口数			女性人口数		
		2000 年	2010 年	2020 年	2000 年	2010 年	2020 年	2000 年	2010 年	2020 年	2000 年	2010 年	2020 年
云南省	巧家县	461034	516349	462173	11536	67272	148593	250711	280329	249635	210323	236020	212538
	盐津县	323860	369881	317463	18429	64579	102392	168620	194185	167599	155240	175696	149864
	大关县	235802	263225	209116	14443	53870	71713	125988	139366	111165	109814	123859	97951
	永善县	362943	394267	349157	13559	68875	136660	191554	210431	184275	171389	183836	164882
	绥江县	141989	153091	135468	35093	60165	64723	73155	79693	70057	68834	73398	65411
	镇雄县	1097093	1328371	1349795	138491	209210	380958	569255	696342	711670	527838	632029	638125
	彝良县	477811	521838	503376	30945	35652	148101	252272	274000	266028	225539	247838	237348
	威信县	328184	385865	352318	22743	55097	144760	168006	199823	183463	160178	186042	168855
	水富市	89973	102143	103532	19684	44647	68389	46970	53401	52712	43003	48742	50820
	玉龙纳西族自治县	366705	214697	224039	88977	27747	78961	189771	112002	116411	176934	102695	107628
	永胜县	375769	392024	336832	50642	79938	106881	190537	198580	171926	185232	193444	164906
	华坪县	154968	168028	159695	26127	63201	75042	81366	90061	83940	73602	77967	75755
	宁蒗彝族自治县	229204	258869	244525	18458	33120	97735	116738	135502	127582	112466	123367	116943
	宁洱哈尼族彝族自治县	188106	185719	162711	32658	49348	68881	99638	96929	84619	88468	88790	78092
	墨江哈尼族自治县	355364	360507	281554	30562	48893	89997	194898	193807	152022	160466	166700	129532
	景东彝族自治县	352089	359527	303109	36494	60984	90245	185832	186391	158450	166257	173136	144659
	景谷傣族彝族自治县	288794	291672	277417	43696	66140	86176	155007	156008	146365	133787	135664	131052

续表

省份	地区	常住人口			城镇人口			男性人口数			女性人口数		
		2000 年	2010 年	2020 年	2000 年	2010 年	2020 年	2000 年	2010 年	2020 年	2000 年	2010 年	2020 年
云南省	镇沅彝族哈尼族拉祜族自治县	205709	208606	179503	19887	47121	68445	110388	110882	96265	95321	97724	83238
	江城哈尼族彝族自治县	100243	121545	111033	16309	42619	45181	53333	63831	58766	46910	57714	52267
	孟连傣族拉祜族佤族自治县	208593	135538	144693	34179	82030	61764	131152	69700	75575	77441	65838	69118
	澜沧拉祜族自治县	464016	491884	441455	71736	70533	102933	247007	259473	233730	217009	232411	207725
	西盟佤族自治县	86598	91335	87291	13910	16199	33490	46165	47421	45981	40433	43914	41310
	凤庆县	426943	458322	385420	30380	76529	106946	222116	237642	197695	204827	220680	187725
	云县	416507	449460	389180	11141	107425	129255	222244	237666	204857	194263	211794	184323
	永德县	339918	369702	328864	30498	63420	80176	180820	199612	175430	159098	170090	153434
	镇康县	182258	176356	172879	30533	29562	54887	99857	94843	92654	82401	81513	80225
	双江拉祜族佤族布朗族傣族自治县	165982	176549	164756	9510	48589	56992	86307	92976	86586	79675	83573	78170
	耿马傣族佤族自治县	313220	296302	285683	48757	80657	99117	173859	152517	150094	139361	143785	135589
	沧源佤族自治县	202579	179098	160262	23114	42928	52827	114546	93421	84337	88033	85677	75925
	楚雄市	503682	588620	631530	216199	331991	426823	261315	300893	316365	242367	287727	315165

续表

省份	地区	常住人口			城镇人口			男性人口数			女性人口数		
		2000 年	2010 年	2020 年	2000 年	2010 年	2020 年	2000 年	2010 年	2020 年	2000 年	2010 年	2020 年
云南省	禄丰县	414258	422770	133884	106435	149154	45852	215319	216989	70930	198939	205781	62954
	双柏县	153403	159867	149437	14180	36111	63626	81085	83752	77056	72318	76115	72381
	牟定县	195322	208726	203704	19329	49648	65431	100146	106957	102841	95176	101769	100863
	南华县	227970	236133	164165	21375	49998	57693	116760	120161	84807	111210	115972	79358
	姚安县	199071	197676	228961	29072	53445	77222	102366	100091	116812	96705	97585	112149
	大姚县	279838	273315	97985	29320	49532	37905	143586	139987	51178	136252	133328	46807
	永仁县	103606	109304	201510	14178	26915	82471	54046	56775	103821	49560	52529	97689
	元谋县	202779	215795	239059	36521	52498	90360	104326	110125	121333	98453	105670	117726
	武定县	262601	271963	366512	30023	58429	135875	134598	138724	189861	128003	133239	176651
	个旧市	453311	459781	419314	309486	163528	310521	243377	240531	215740	209934	219250	203574
	开远市	292039	322693	323031	190692	210801	227231	152771	165707	165840	139268	156986	157191
	蒙自市	340051	417156	585976	111332	212724	430355	175910	216229	297505	164141	200927	288471
	弥勒市	495642	539725	538083	99502	213462	287637	255795	277380	279111	239847	262345	258972
	屏边苗族自治县	149088	153964	129448	13821	16699	41017	78255	80750	68395	70833	73214	61053
	建水县	513712	531456	534205	133164	193199	271874	265109	270618	274691	248603	260838	259514
	石屏县	277580	299114	271951	42002	93657	111857	141451	150686	137825	136129	148428	134126
	泸西县	365585	400734	389138	58220	120044	143256	194496	212272	204488	171089	188462	184650
	元阳县	362950	396777	359155	18107	25428	59418	195047	212209	188560	167903	184568	170595

续表

省份	地区	常住人口			城镇人口			男性人口数			女性人口数		
		2000 年	2010 年	2020 年	2000 年	2010 年	2020 年	2000 年	2010 年	2020 年	2000 年	2010 年	2020 年
云南省	红河县	267627	296480	284607	15953	20440	58896	138983	154754	146779	128644	141726	137828
	金平苗族瑶族傣族自治县	316171	356227	331377	26318	50457	89341	167090	188133	176714	149081	168094	154663
	绿春县	201256	222180	210166	18341	21672	43432	105428	116623	110184	95828	105557	99982
	河口瑶族自治县	95451	104609	101971	19246	38326	61462	50666	55436	54425	44785	49173	47546
	文山市	429639	481505	623772	170769	229430	424760	224563	247547	317344	205076	233958	306428
	砚山县	437508	463261	476587	65519	147701	227250	228817	240194	248160	208691	223067	228427
	西畴县	236120	255286	203630	19113	35843	49415	125885	133795	107875	110235	121491	95755
	麻栗坡县	267986	277960	243587	22215	50283	49531	143422	145557	129908	124564	132403	113679
	马关县	350002	367507	318704	66245	89859	109507	186272	192380	167822	163730	175127	150882
	丘北县	434009	477441	468172	33021	73560	123079	230955	252281	245417	203054	225160	222755
	广南县	730376	787449	771948	79297	114529	212334	387000	417462	404029	343376	369987	367919
	富宁县	382913	407537	396818	40789	67078	107241	201013	209329	204364	181900	198208	192454
	景洪市	443672	519935	642737	138989	205523	358517	229846	269139	339650	213826	250796	303087
	勐海县	314068	331850	353720	34241	94945	122048	162562	171326	183850	151506	160524	169870
	勐腊县	235657	281730	304950	55632	84625	131985	123574	146921	161265	112083	134809	143685
	大理市	521169	652045	771128	255263	367122	549189	262564	325748	387585	258605	326297	383543
	漾濞彝族自治县	105380	102305	97610	8099	23964	30661	56426	52684	50585	48954	49621	47025

续表

省份	地区	常住人口			城镇人口			男性人口数			女性人口数		
		2000 年	2010 年	2020 年	2000 年	2010 年	2020 年	2000 年	2010 年	2020 年	2000 年	2010 年	2020 年
云南省	祥云县	437371	455605	406642	67713	154072	185948	223916	230990	205995	213455	224615	200647
	宾川县	324412	348754	341319	51936	105933	105589	166740	178232	175381	157672	170522	165938
	弥渡县	296860	313156	261205	35004	94913	96685	151607	158156	131964	145253	155000	129241
	南涧彝族自治县	209887	211433	192942	25309	55792	63544	108294	107403	97960	101593	104030	94982
	巍山彝族回族自治县	296124	304368	267474	41050	55204	118687	149231	153317	135343	146893	151051	132131
	永平县	178438	175163	164613	27391	70011	40020	94735	89910	84140	83703	85253	80473
	云龙县	196978	199880	182977	25565	46201	51298	102090	105783	94841	94888	94097	88136
	洱源县	315003	268313	248147	46553	48474	59051	158600	135045	125000	156403	133268	123147
	剑川县	165900	169973	160471	16541	41971	48528	83654	85889	81412	82246	84084	79059
	鹤庆县	249030	255328	243031	23182	57738	81862	125069	128830	123162	123961	126498	119869
	瑞丽市	155210	180627	267638	100360	99148	208658	80532	93391	146544	74678	87236	121094
	芒市	337406	389891	439931	233095	131425	216426	172038	200090	225093	165368	189801	214838
	梁河县	150985	154175	134268	12529	33229	41936	77583	80024	69434	73402	74151	64834
	盈江县	268992	305167	292508	38859	94491	105367	137680	158989	150957	131312	146178	141551
	陇川县	170006	181580	181364	86550	55100	71550	87233	92280	94208	82773	89300	87156
	泸水市	171974	184835	203977	28787	53997	148759	98342	98867	107554	73632	85968	96423
	福贡县	88127	98616	114372	7849	10405	33912	46095	50541	59232	42032	48075	55140

续表

省份	地区	常住人口			城镇人口			男性人口数			女性人口数		
		2000 年	2010 年	2020 年	2000 年	2010 年	2020 年	2000 年	2010 年	2020 年	2000 年	2010 年	2020 年
云南省	贡山独龙族怒族自治县	34746	37894	38471	6524	6827	16312	18943	20094	20585	15803	17800	17886
	兰坪白族普米族自治县	196977	212992	195874	29193	53736	90376	103651	113398	102103	93326	99594	93771
	香格里拉市	147416	172988	186412	40360	66382	75300	77254	91830	97802	70162	81158	88610
	德钦县	60085	66589	54736	5294	10217	8674	30734	35948	28356	29351	30641	26380
	维西傈僳族自治县	146017	160605	146363	10703	23013	36437	76463	85295	76932	69554	75310	69431
西藏自治区	林周县	50895	50246	50596	2308	2922	4890	25124	25130	25674	25771	25116	24922
	当雄县	39169	46463	47900	2562	5538	8495	19429	23403	24886	19740	23060	23014
	尼木县	27375	28149	29989	1988	3178	6605	13464	14279	15777	13911	13870	14212
	曲水县	29690	31860	41851	3409	4924	7692	14780	16244	22698	14910	15616	19153
	墨竹工卡县	38920	44674	49511	2310	4144	8902	19688	22964	26760	19232	21710	22751
	南木林县	69214	74930	83531	1767	4575	5472	35094	39274	43945	34120	35656	39586
	江孜县	61431	63503	68650	7006	7007	16228	30474	31790	35036	30957	31713	33614
	定日县	46585	50818	58173	2077	3296	4166	23418	25787	29878	23167	25031	28295
	萨迦县	42590	47304	48766	3944	5720	6837	21613	24489	25493	20977	22815	23273
	拉孜县	45895	49286	56355	3970	5390	12315	23175	25245	29405	22720	24041	26950
	昂仁县	45172	51472	55108	1491	1041	1763	22732	26113	28346	22440	25359	26762

续表

省份	地区	常住人口			城镇人口			男性人口数			女性人口数		
		2000 年	2010 年	2020 年	2000 年	2010 年	2020 年	2000 年	2010 年	2020 年	2000 年	2010 年	2020 年
西藏自治区	谢通门县	39955	42280	45573	2129	4162	5544	20407	22047	23573	19548	20233	22000
	白朗县	40111	42551	44564	1855	4932	6013	20450	22242	23678	19661	20309	20886
	仁布县	28255	27826	33530	410	1419	3644	14489	14333	18565	13766	13493	14965
	康马县	19501	20522	20864	1263	1579	2701	9704	10343	10691	9797	10179	10173
	定结县	17691	20319	20362	1784	3663	5042	8924	10785	10611	8767	9534	9751
	仲巴县	17860	22147	26897	347	700	3127	8960	11338	13648	8900	10809	13249
	亚东县	12038	12920	15449	4180	5895	6973	5835	6269	8202	6203	6651	7247
	吉隆县	12174	14972	17536	2660	3697	5015	6181	7890	9338	5993	7082	8198
	聂拉木县	15479	17568	17009	4180	4127	2134	7982	9330	8987	7497	8238	8022
	萨嘎县	11947	14036	16220	387	2056	2411	6159	7261	8425	5788	6775	7795
	岗巴县	9201	10464	11276	440	508	474	4611	5379	5888	4590	5085	5388
	江达县	68993	76026	92800	1827	2432	1338	35021	39218	48857	33972	36808	43943
	贡觉县	43160	40434	40009		2892	7276	21932	20534	20481	21228	19900	19528
	类乌齐县	40895	49870	58856	847	6228	8038	20836	25195	30091	20059	24675	28765
	丁青县	60586	69888	98677	2884	4151	13469	30606	36168	51191	29980	33720	47486
	察雅县	53009	56789	57065	2265	4321	11040	26354	28517	28862	26655	28272	28203
	八宿县	38170	39021	43538	2909	4561	7100	19298	19790	22230	18872	19231	21308
	左贡县	41803	44320	46608	1368	3578	5326	21016	22501	23919	20787	21819	22689

续表

省份	地区	常住人口			城镇人口			男性人口数			女性人口数		
		2000 年	2010 年	2020 年	2000 年	2010 年	2020 年	2000 年	2010 年	2020 年	2000 年	2010 年	2020 年
西藏自治区	芒康县	73155	81399	79001	5198	4293	8937	36737	43417	41569	36418	37982	37432
	洛隆县	41144	47491	53185	3454	5810	12503	20599	23988	27199	20545	23503	25986
	边坝县	30818	35767	42716	1798	2969	7863	15464	18252	21788	15354	17515	20928
	工布江达县	24971	29929	32874	2589	4037	6241	12597	15061	16855	12374	14868	16019
	米林县	18047	22834	26176	5370	5433	5915	9263	11589	14205	8784	11245	11971
	墨脱县	9699	10963	14889	1024	1985	3318	5044	5852	8528	4655	5111	6361
	波密县	26748	33480	34858	3928	8972	10114	14123	17620	18578	12625	15860	16280
	察隅县	25939	27255	28237	3007	4202	6221	13177	13702	14900	12762	13553	13337
	朗县	14283	15946	17648	2189	1675	5170	7228	8146	9416	7055	7800	8232
	扎囊县	58808	35473	36656	32584	1824	9918	29877	17599	18641	28931	17874	18015
	贡嘎县	44624	45708	53701	12592	11211	14101	22460	23096	28653	22164	22612	25048
	桑日县	16033	17261	18041	1248	1934	2297	8093	8790	10150	7940	8471	7891
	琼结县	17031	17093	15199	2193	2469	2728	8253	8326	7333	8778	8767	7866
	曲松县	16037	14280	12962	2387	2687	3117	8227	7188	6618	7810	7092	6344
	措美县	13529	13641	12132	9578	4267	4881	6667	6775	6222	6862	6866	5910
	洛扎县	18407	18453	19865	7326	3349	4923	9061	9215	10320	9346	9238	9545
	加查县	18263	23434	23534	1572	3336	4946	9078	12556	12362	9185	10878	11172
	隆子县	32184	34141	33570	14552	5070	5527	15812	17381	17005	16372	16760	16565

续表

省份	地区	常住人口			城镇人口			男性人口数			女性人口数		
		2000 年	2010 年	2020 年	2000 年	2010 年	2020 年	2000 年	2010 年	2020 年	2000 年	2010 年	2020 年
西藏自治区	浪卡子县	15277	34767	13932	2648	2313	2871	7461	17576	7136	7816	17191	6796
	错那县	32635	15124	32835	8953	2851	3551	16282	7438	16466	16353	7686	16369
	嘉黎县	24953	32356	38797	/	2882	11061	12657	16473	20175	12296	15883	18622
	比如县	45222	60179	72618	/	4290	16644	22400	31450	36440	22822	28729	36178
	聂荣县	28192	32376	35163	/	2272	5356	13830	16030	17586	14362	16346	17577
	安多县	32843	37802	39683	/	6296	11720	16575	19200	20101	16268	18602	19582
	申扎县	16487	20285	21768	/	2894	4384	8298	10355	11048	8189	9930	10720
	索县	34736	43621	52923	1297	4698	11753	17325	22322	27076	17411	21299	25847
	班戈县	32287	36842	39309	/	5119	7235	15685	18269	19549	16602	18573	19760
	巴青县	35895	48284	56200	/	2399	10147	17926	27162	28680	17969	21122	27520
	尼玛县	34309	41855	33006	/	1450	4808	17159	21476	16465	17150	20379	16541
	双湖县	/	/	10881	/	/	1486	/	/	5523	/	/	5358
	普兰县	7919	9657	12242	1432	2463	4542	3945	5028	6708	3974	4629	5534
	札达县	6384	6883	8454	1214	1497	3692	3265	3456	4536	3119	3427	3918
	噶尔县	13364	16901	31052	7507	10282	23824	7167	9285	17632	6197	7616	13420
	日土县	7175	9738	11167	611	2010	4163	3616	5042	5975	3559	4696	5192
	革吉县	12826	15483	18012	644	508	3291	6630	8093	9271	6196	7390	8741
	改则县	17502	22177	25327	1716	2765	8396	8883	11297	12851	8619	10880	12476
	措勤县	12083	14626	17027	1563	2385	5931	6135	7601	8631	5948	7025	8396

续表

省份	地区	常住人口			城镇人口			男性人口数			女性人口数		
		2000 年	2010 年	2020 年	2000 年	2010 年	2020 年	2000 年	2010 年	2020 年	2000 年	2010 年	2020 年
陕西省	蓝田县	560283	514026	491975	25434	118768	168019	285984	261002	255116	274299	253024	236859
	周至县	597153	562768	557482	90125	127853	162351	314299	291651	287198	282854	271117	270284
	宜君县	93141	91160	71714	12239	19192	27288	51151	48125	38325	41990	43035	33389
	凤翔县	484464	483471	386156	78379	153560	168795	247587	246773	195821	236877	236698	190335
	岐山县	446579	459064	365209	111322	161538	177127	229124	236734	185152	217455	222330	180057
	扶风县	438324	416402	313231	60037	85982	108297	228015	217612	159138	210309	198790	154093
	眉县	290315	299990	281211	66836	75939	107803	151106	155871	143965	139209	144119	137246
	陇县	241751	248901	208482	18413	66445	81707	125245	129675	104141	116506	119226	104341
	千阳县	121532	123959	99510	24418	36606	47801	63285	64425	50957	58247	59534	48553
	麟游县	85782	90728	73297	15929	20833	28398	44525	48415	40827	41257	42313	32470
	凤县	104633	105492	79165	23003	48651	47907	56186	56581	41809	48447	48911	37356
	太白县	51332	50928	39630	11896	16471	19220	28046	27163	20987	23286	23765	18643
	三原县	388842	403524	357250	54084	190672	193269	196422	202890	179107	192420	200634	178143
	泾阳县	485791	487749	460108	87121	138898	144717	247121	246333	233345	238670	241416	226763
	乾县	544846	527088	456680	33685	167554	209316	283010	273065	234123	261836	254023	222557
	礼泉县	455278	447771	365555	61188	83882	142284	234210	231431	187355	221068	216340	178200
	永寿县	187446	184642	160230	43572	47839	62781	98597	95810	82490	88849	88832	77740
	长武县	167274	167570	148404	14976	51984	60924	88660	89509	78871	78614	78061	69533

续表

省份	地区	常住人口			城镇人口			男性人口数			女性人口数		
		2000 年	2010 年	2020 年	2000 年	2010 年	2020 年	2000 年	2010 年	2020 年	2000 年	2010 年	2020 年
陕西省	旬邑县	261666	261566	211932	15360	57542	76938	138089	138556	110258	123577	123010	101674
	淳化县	186867	193377	141756	14225	45553	55466	96105	100008	73618	90762	93369	68138
	武功县	389394	411312	317733	65898	89765	122083	201177	210433	159173	188217	200879	158560
	兴平市	551523	541554	494887	375962	247539	309463	284879	279111	252224	266644	262443	242663
	彬州市	313216	323256	300226	37592	106710	160298	165718	171462	156116	147498	151794	144110
	潼关县	147833	155463	125317	36957	49993	64727	75079	80418	63898	72754	75045	61419
	大荔县	706948	693392	592888	109696	146274	248343	358168	348768	295000	348780	344624	297888
	合阳县	432313	436441	360683	64895	110667	165973	219025	219303	179686	213288	217138	180997
	澄城县	372150	386150	304089	33771	131006	138571	190529	193216	151509	181621	192934	152580
	蒲城县	738675	743000	662603	105077	190871	290039	377385	377647	332252	361290	365353	330351
	白水县	277716	279679	223832	38727	89767	107560	144011	143951	113743	133705	135728	110089
	富平县	747942	743385	642452	114291	171207	276070	384129	380206	321995	363813	363179	320457
	韩城市	387041	391164	383097	140600	196574	268583	201881	202114	196883	185160	189050	186214
	华阴市	242488	258113	205119	127962	127987	109472	125006	132881	102539	117482	125232	102580
	延长县	128551	125391	117965	36295	46688	56452	67024	64897	62027	61527	60494	55938
	延川县	164902	168375	139713	48150	98041	85912	86066	88111	73128	78836	80264	66585
	志丹县	124449	140489	155129	31190	66251	94501	66000	75102	81552	58449	65387	73577
	吴起县	112524	145061	146167	17937	64776	93005	58720	77368	77040	53804	67693	69127

续表

省份	地区	常住人口			城镇人口			男性人口数			女性人口数		
		2000 年	2010 年	2020 年	2000 年	2010 年	2020 年	2000 年	2010 年	2020 年	2000 年	2010 年	2020 年
陕西省	甘泉县	76705	77188	76929	19543	35273	47424	40715	40844	39801	35990	36344	37128
	富县	141760	149727	142891	32910	44826	63763	75708	78766	75612	66052	70961	67279
	洛川县	200573	220684	201663	37563	56135	90204	104581	116996	105584	95992	103688	96079
	宜川县	111685	117203	112090	16435	35103	53173	57844	60283	57609	53841	56920	54481
	黄龙县	49039	49392	41198	9133	17645	23212	26312	25910	21774	22727	23482	19424
	黄陵县	133988	129803	127015	46863	61363	79779	72811	72772	69414	61177	57031	57601
	子长市	207972	216910	217735	46596	119587	135474	107049	112882	114763	100923	104028	102972
	城固县	455408	464903	442035	133400	160685	208768	234667	235049	220105	220741	229854	221930
	洋县	384374	383981	345354	73277	103173	149896	203120	198891	175264	181254	185090	170090
	西乡县	345074	341812	321535	85676	97201	123977	180970	175533	161986	164104	166279	159549
	勉县	397131	388123	344935	92539	155101	177100	204543	197340	174319	192588	190783	170616
	宁强县	313395	308885	256373	42119	102896	116593	162701	159667	129812	150694	149218	126561
	略阳县	201498	201645	143989	53989	73999	68296	107981	110877	74831	93517	90768	69158
	镇巴县	251522	246817	210871	24955	53851	87735	135033	130557	110897	116489	116260	99974
	留坝县	46294	43398	35325	8747	13916	16932	25723	22976	18586	20571	20422	16739
	佛坪县	33695	30075	26597	7639	11003	13942	18731	16224	13969	14964	13851	12628
	府谷县	224957	260585	255397	61985	148874	170867	121494	149473	142552	103463	111112	112845
	靖边县	272836	355939	389002	40066	191366	252595	141951	185611	203790	130885	170328	185212

续表

省份	地区	常住人口			城镇人口			男性人口数			女性人口数		
		2000 年	2010 年	2020 年	2000 年	2010 年	2020 年	2000 年	2010 年	2020 年	2000 年	2010 年	2020 年
陕西省	定边县	285416	319370	339077	51667	121766	170084	148387	167129	179139	137029	152241	159938
	绥德县	310880	296088	255294	55549	91909	113480	159107	152075	130070	151773	144013	125224
	米脂县	200626	154953	141324	23676	52120	64118	103213	80196	72508	97413	74757	68816
	佳县	238496	204666	113035	23520	40498	37942	124125	106259	60208	114371	98407	52827
	吴堡县	72781	75748	53938	14076	27597	30779	37642	39483	27983	35139	36265	25955
	清涧县	176644	128938	115645	23305	38746	49038	92196	67435	61515	84448	61503	54130
	子洲县	248619	173986	138612	34430	49965	56470	127858	88656	72442	120761	85330	66170
	神木市	360774	455493	571869	127289	282650	403133	193218	255305	318326	167556	200188	253543
	汉阴县	240359	246147	240188	33335	61985	105704	128517	130722	124359	111842	115425	115829
	石泉县	159503	171097	153221	34172	56642	70980	86419	92101	80393	73084	78996	72828
	宁陕县	75778	70435	59905	18999	26302	28228	41874	38345	32038	33904	32090	27867
	紫阳县	285018	283947	260971	38881	75084	113893	152830	151237	138547	132188	132710	122424
	岚皋县	148311	154157	135006	27641	47708	60238	81078	83023	72289	67233	71134	62717
	平利县	201392	192959	181286	24259	62079	86238	107446	102771	94388	93946	90188	86898
	镇坪县	53719	50966	47356	10709	14048	20292	28791	26742	24405	24928	24224	22951
	旬阳县	426173	426677	357876	56855	138876	172313	226934	226565	186232	199239	200112	171644
	白河县	180235	163395	162774	20680	47397	72830	95724	87145	83698	84511	76250	79076
	洛南县	455183	441613	365736	70717	112201	176415	239735	231291	185504	215448	210322	180232

续表

省份	地区	常住人口			城镇人口			男性人口数			女性人口数		
		2000 年	2010 年	2020 年	2000 年	2010 年	2020 年	2000 年	2010 年	2020 年	2000 年	2010 年	2020 年
陕西省	丹凤县	295833	295349	247259	44960	93037	118704	157257	154448	126224	138576	140901	121035
	商南县	227636	221569	203796	31762	63830	96878	120717	115153	102481	106919	106416	101315
	山阳县	400993	422255	359967	39158	72507	172999	213771	223597	186334	187222	198658	173633
	镇安县	276488	275862	253786	16602	70770	121876	149909	147010	133464	126579	128852	120322
	柞水县	158421	153398	137709	25346	70978	65207	86433	82177	71994	71988	71221	65715
甘肃省	永登县	478039	418789	285549	86679	138111	138883	244998	210239	145490	233041	208550	140059
	皋兰县	161212	131785	125157	24068	42222	70757	82615	66858	68127	78597	64927	57030
	榆中县	415513	437163	473882	46039	139630	233289	215551	223861	243072	199962	213302	230810
	永昌县	246668	235489	177641	62180	92752	101084	129067	123136	91369	117601	112353	86272
	靖远县	463076	454925	373050	38817	113709	147185	237699	232949	191208	225377	221976	181842
	会宁县	568634	541273	401581	34886	104419	141900	290495	275590	202129	278139	265683	199452
	景泰县	227043	225755	198965	61708	92355	111860	116166	115253	101992	110877	110502	96973
	清水县	279207	266908	240597	13504	40978	79146	143451	134311	120934	135756	132597	119663
	秦安县	545273	515423	416337	21460	93899	140593	276759	256842	210421	268514	258581	205916
	甘谷县	553377	559713	506801	83209	97961	183768	283547	275210	251264	269830	284503	255537
	武山县	399911	437268	363727	40128	87293	130600	209064	225321	181665	190847	211947	182062
	张家川回族自治县	294569	286063	244406	36705	53665	73179	150520	142806	120779	144049	143257	123627
	民勤县	302085	241251	178470	42330	45805	71594	155964	123635	91309	146121	117616	87161

续表

省份	地区	常住人口			城镇人口			男性人口数			女性人口数		
		2000 年	2010 年	2020 年	2000 年	2010 年	2020 年	2000 年	2010 年	2020 年	2000 年	2010 年	2020 年
甘肃省	古浪县	367048	388720	250177	28524	65937	79337	187728	198747	125187	179320	189973	124990
	天祝藏族自治县	221347	174793	151031	26107	56234	70040	116487	90058	77292	104860	84735	73739
	肃南裕固族自治县	36678	33653	27762	7030	10464	10920	19179	17912	14523	17499	15741	13239
	民乐县	230196	219356	192476	13683	48691	89881	118809	113855	98207	111387	105501	94269
	临泽县	144875	134328	115946	19696	37245	54306	74008	68441	58395	70867	65887	57551
	高台县	162159	143446	125705	21131	34785	64231	83734	72610	62732	78425	70836	62973
	山丹县	191158	161299	150031	53939	66168	82687	98171	81072	75324	92987	80227	74707
	泾川县	306267	281145	222210	28263	68318	86982	154844	139316	110175	151423	141829	112035
	灵台县	204537	183937	156224	15390	35892	53879	104616	92652	78858	99921	91285	77366
	崇信县	99449	102116	82138	14611	31752	35332	53186	54004	42525	46263	48112	39613
	庄浪县	395850	382827	335684	13839	55663	95390	201742	186211	165989	194108	196616	169695
	静宁县	437059	423827	365637	22759	68506	112976	223409	211029	183497	213650	212798	182140
	华亭市	168944	189333	182449	46355	88454	110695	89841	99597	92920	79103	89736	89529
	金塔县	136173	147460	121766	22677	47006	61024	70668	75783	66197	65505	71677	55569
	瓜州县	99615	148798	129299	35497	44325	51674	53413	79419	67266	46202	69379	62033
	肃北蒙古族自治县	13046	14979	15093	4711	7610	9932	7661	9121	9128	5385	5858	5965
	阿克塞哈萨克族自治县	8891	10545	10970	6481	10040	10231	5219	6093	6013	3672	4452	4957

续表

省份	地区	常住人口			城镇人口			男性人口数			女性人口数		
		2000 年	2010 年	2020 年	2000 年	2010 年	2020 年	2000 年	2010 年	2020 年	2000 年	2010 年	2020 年
甘肃省	玉门市	188931	159792	137736	122264	78940	87544	99832	84455	73417	89099	75337	64319
	敦煌市	187578	186027	185231	135722	111535	129853	96679	94622	93288	90899	91405	91943
	庆城县	318929	261898	235154	104719	67802	95391	165759	134998	122526	153170	126900	112628
	环县	321116	302918	304687	26962	56493	110333	166504	155986	159546	154612	146932	145141
	华池县	127684	120875	119346	9264	25605	50304	66680	62838	62310	61004	58037	57036
	合水县	154778	145722	135908	16369	31928	53877	79713	74788	69796	75065	70934	66112
	正宁县	206019	180909	173243	17606	43605	71405	106282	90938	87716	99737	89971	85527
	宁县	483069	405614	336316	36466	60294	108778	249288	201394	167739	233781	204220	168577
	镇原县	491696	415727	361206	28915	55273	104689	254128	210021	181675	237568	205706	179531
	通渭县	432897	349539	323648	11910	44955	87686	223205	173686	166697	209692	175853	156951
	陇西县	468779	453259	427373	69226	162315	219132	242769	231946	214643	226010	221313	212730
	渭源县	336982	324215	277608	19277	46358	79098	177061	167031	141922	159921	157184	135686
	临洮县	516498	507386	480149	51843	121345	188693	265549	255502	242136	250949	251884	238013
	漳县	186286	192957	167309	3845	37777	56594	96741	99716	84365	89545	93241	82944
	岷县	429514	450654	425627	24454	54199	115495	224040	230887	214180	205474	219767	211447
	成县	251670	242343	241587	37593	83624	121129	132467	124749	121572	119203	117594	120015
	文县	234908	218796	196906	22042	33215	63996	122902	113667	100725	112006	105129	96181
	宕昌县	272785	274313	254944	20939	41039	69620	142806	143554	130484	129979	130759	124460

续表

省份	地区	常住人口			城镇人口			男性人口数			女性人口数		
		2000 年	2010 年	2020 年	2000 年	2010 年	2020 年	2000 年	2010 年	2020 年	2000 年	2010 年	2020 年
甘肃省	康县	194839	180061	162418	12434	28709	49296	104127	95624	83106	90712	84437	79312
	西和县	365662	393272	351069	12195	46125	97876	193246	201756	178507	172416	191516	172562
	礼县	483449	458237	424135	15467	51130	128219	255880	239991	218935	227569	218246	205200
	徽县	215236	200294	189888	25835	54610	79190	113547	103111	96622	101689	97183	93266
	两当县	49782	45398	39709	7623	15662	18050	26612	24124	20718	23170	21274	18991
	临夏市	202498	274466	355968	97654	220895	315082	104017	138883	177893	98481	135583	178075
	临夏县	348091	326123	322628	1941	25668	51207	180515	164618	162544	167576	161505	160084
	康乐县	231721	233173	255955	6784	24863	58785	120335	116487	127865	111386	116686	128090
	永靖县	192033	180161	180650	30756	69698	94847	99529	92314	90983	92504	87847	89667
	广河县	197428	227466	260596	12483	43313	89677	101688	114378	129202	95740	113088	131394
	和政县	182924	185083	204529	6590	29176	56898	94584	93536	102335	88340	91547	102194
	东乡族自治县	256828	284507	290034	3380	34563	56506	134074	146485	144428	122754	138022	145606
	积石山保安族东乡族撒拉族自治县	216939	235698	239390	10089	18710	52369	112987	118534	120857	103952	117164	118533
	合作市	76027	90290	112173	45114	57384	75650	39589	46668	56579	36438	43622	55594
	临潭县	141030	137001	127387	4139	25113	47804	72659	70099	64212	68371	66902	63175
	卓尼县	95659	100522	95387	6794	15205	33274	49383	51955	48718	46276	48567	46669
	舟曲县	127889	132108	125367	/	16826	39991	65614	67790	63394	62275	64318	61973

续表

省份	地区	常住人口			城镇人口			男性人口数			女性人口数		
		2000 年	2010 年	2020 年	2000 年	2010 年	2020 年	2000 年	2010 年	2020 年	2000 年	2010 年	2020 年
甘肃省	迭部县	51165	52166	52192	/	8931	19872	26145	26711	26598	25020	25455	25594
	玛曲县	41399	54745	57076	/	11069	31744	21718	29176	29659	19681	25569	27417
	碌曲县	29675	35630	35871	/	6496	16296	14936	18319	18086	14739	17311	17785
	夏河县	77262	86670	86355	12868	25068	27804	39178	44552	44124	38084	42118	42231
青海省	大通回族土族自治县	416968	435937	403368	102649	144484	205729	215227	223746	204972	201741	212191	198396
	湟源县	129814	136632	109802	31042	35201	57710	66771	70060	56065	63043	66572	53737
	民和回族土族自治县	346748	350118	326964	55378	80600	131715	180210	181138	166284	166538	168980	160680
	互助土族自治县	357089	356437	337941	29903	57489	122069	184722	185777	175438	172367	170660	162503
	化隆回族自治县	213706	203317	200474	14907	39212	41904	109772	102123	100720	103934	101194	99754
	循化撒拉族自治县	104452	123814	134260	10790	21131	48386	52407	62385	66974	52045	61429	67286
	门源回族自治县	141426	147710	138335	28472	36727	52218	73292	76439	70194	68134	71271	68141
	祁连县	45394	46473	48538	15805	20652	26617	23076	23869	24992	22318	22604	23546
	海晏县	32879	37788	37729	8023	20910	28136	17550	19227	19171	15329	18561	18558
	刚察县	39223	41333	40720	2705	11308	16026	20883	21781	20906	18340	19552	19814
	同仁市	77040	92601	101519	18697	28829	49962	38703	47207	51556	38337	45394	49963
	尖扎县	51064	55325	58173	12097	16114	23951	26000	27825	29245	25064	27500	28928

续表

省份	地区	常住人口			城镇人口			男性人口数			女性人口数		
		2000 年	2010 年	2020 年	2000 年	2010 年	2020 年	2000 年	2010 年	2020 年	2000 年	2010 年	2020 年
青海省	泽库县	54288	69416	75659	/	10164	23180	27401	35038	37996	26887	34378	37663
	河南蒙古族自治县	32250	39374	40864	/	10853	17717	16289	20124	20731	15961	19250	20133
	共和县	111974	122966	133409	34091	45519	67463	57666	62675	67764	54308	60291	65645
	同德县	48741	64369	60268	/	15644	15160	24798	33245	30551	23943	31124	29717
	贵德县	91552	101771	105645	3238	27210	47976	46388	51849	53169	45164	49922	52476
	兴海县	59580	76025	75833	/	19774	32044	30248	39427	38160	29332	36598	37673
	贵南县	63579	76560	71841	/	17595	20064	31950	38769	36164	31629	37791	35677
	玛沁县	35778	51245	58117	12869	24098	33004	18494	27439	31144	17284	23806	26973
	班玛县	22088	27185	31794	/	4370	9892	11270	14138	16649	10818	13047	15145
	甘德县	25494	34840	41046	/	3840	6089	13020	18282	21216	12474	16558	19830
	达日县	24354	30995	40197	/	6593	13239	12560	16109	20665	11794	14886	19532
	久治县	19336	26081	29929	/	2859	4747	9846	13485	15311	9490	12596	14618
	玛多县	10890	11336	14490	/	3158	8661	5673	5932	7492	5217	5404	6998
	玉树市	77854	120447	141308	25960	56802	85497	38891	62085	72140	38963	58362	69168
	杂多县	38654	58268	68759	/	20671	35857	19433	29714	34787	19221	28554	33972
	称多县	40391	55619	57159	/	4644	21385	20031	28988	29135	20360	26631	28024
	治多县	24194	30037	34496	/	12293	25735	12060	15118	17430	12134	14919	17066
	囊谦县	57387	85825	90307	/	18359	30521	28991	44307	45767	28396	41518	44540

续表

省份	地区	常住人口			城镇人口			男性人口数			女性人口数		
		2000 年	2010 年	2020 年	2000 年	2010 年	2020 年	2000 年	2010 年	2020 年	2000 年	2010 年	2020 年
青海省	曲麻莱县	24181	28243	33170	/	8753	16250	12295	14550	16719	11886	13693	16451
	格尔木市	135897	215214	221863	114330	186341	197153	73572	117951	121353	62325	97263	100510
	德令哈市	83585	78184	88227	54622	54844	65424	45968	41427	46036	37617	36757	42191
	茫崖市	/	31017	18856	/	31006	18856	/	17884	12884	/	13133	5972
	乌兰县	36015	38272	31507	14582	17544	20116	18866	21683	16888	17149	16589	14619
	都兰县	57670	76623	68273	11559	25851	32720	31462	41265	35579	26208	35358	32694
	天峻县	18927	33923	23203	/	15610	13938	9845	20897	12077	9082	13026	11126
宁夏回族自治区	永宁县	191668	218260	321618	25434	76590	207698	98685	112877	164901	92983	105383	156717
	贺兰县	178458	222981	341507	50465	83382	222070	91489	116466	174335	86969	106515	167172
	灵武市	249890	261677	294156	65276	125976	200920	128364	145054	160984	121526	116623	133172
	平罗县	257445	253010	274206	69185	94095	163459	132886	128918	139468	124559	124092	134738
	盐池县	153584	146560	159209	40357	44558	88016	79182	75974	84321	74402	70586	74888
	同心县	328741	318153	320801	41428	104261	140077	166687	160875	162480	162054	157278	158321
	青铜峡市	248640	264717	244309	105122	99357	142349	129121	135819	124868	119519	128898	119441
	西吉县	403209	354321	315827	20739	55027	96776	206083	177454	162621	197126	176867	153206
	隆德县	197160	160754	109451	18574	28539	41744	101226	81348	55689	95934	79406	53762
	泾源县	81310	101026	85023	6504	19861	30003	41146	50805	43629	40164	50221	41394
	彭阳县	230981	200201	160512	12481	45880	61573	118268	101697	82815	112713	98504	77697

续表

省份	地区	常住人口			城镇人口			男性人口数			女性人口数		
		2000年	2010年	2020年	2000年	2010年	2020年	2000年	2010年	2020年	2000年	2010年	2020年
宁夏回族自治区	中宁县	249270	312921	334022	21261	106745	163702	127140	159134	171168	122130	153787	162854
	海原县	343960	389305	333518	30416	51815	117462	175123	198885	170578	168837	190420	162940
新疆维吾尔自治区	乌鲁木齐县	328536	83187	73590	11164	11997	18351	179059	43959	43524	149477	39228	30066
	鄯善县	196929	231297	242310	66265	70742	98455	102359	122072	127069	94570	109225	115241
	托克逊县	102150	118221	134235	18784	36752	91384	52346	63512	73533	49804	54709	60702
	巴里坤哈萨克自治县	85964	75442	65531	12995	26628	26928	44068	40038	36106	41896	35404	29425
	伊吾县	17418	24783	38464	3022	7177	28690	9056	13531	24144	8362	11252	14320
	昌吉市	387169	426253	607441	232645	303938	451234	202275	221686	318871	184894	204567	288570
	阜康市	152965	165006	181144	70959	67598	125080	80372	87821	96332	72593	77185	84812
	呼图壁县	210643	210201	192638	37902	87196	126662	110686	112628	100893	99957	97573	91745
	玛纳斯县	170533	237558	192098	43003	100214	125419	89953	126798	100685	80580	110760	91413
	奇台县	204796	210566	219811	43105	88014	114985	106346	112513	117236	98450	98053	102575
	吉木萨尔县	117867	113284	153197	31633	36851	91164	61420	61674	90698	56447	51610	62499
	木垒哈萨克自治县	78172	65719	67256	20374	21813	32531	40512	33918	36001	37660	31801	31255
	博乐市	224869	235585	246706	76239	120138	177536	116506	120952	126006	108363	114633	120700
	阿拉山口市	/	/	11097	/	/	11097	/	/	7060	/	/	4037
	精河县	133530	141593	125968	32205	37079	71442	69259	73989	65455	64271	67604	60513

续表

省份	地区	常住人口			城镇人口			男性人口数			女性人口数		
		2000 年	2010 年	2020 年	2000 年	2010 年	2020 年	2000 年	2010 年	2020 年	2000 年	2010 年	2020 年
新疆维吾尔自治区	温泉县	65641	66502	49696	13034	19043	24624	33980	34458	25707	31661	32044	23989
	库尔勒市	381943	549324	779352	226542	425182	490961	199344	281262	403814	182599	268062	375538
	轮台县	91986	116166	137327	17126	29750	59904	47599	61235	73692	44387	54931	63635
	尉犁县	103681	96068	101866	17787	19033	54630	54960	50206	53627	48721	45862	48239
	若羌县	28636	35580	43045	7030	11654	27631	15643	20067	25980	12993	15513	17065
	且末县	55540	65572	69236	14755	18208	31646	29122	34148	36595	26418	31424	32641
	焉耆回族自治县	117529	127628	122961	34792	48034	57090	61959	67101	68107	55570	60527	54854
	和静县	161157	160804	147859	30391	43792	84773	83836	84344	76856	77321	76460	71003
	和硕县	62970	72556	59299	13023	16267	32541	32267	38111	30337	30703	34445	28962
	博湖县	53528	54788	48288	12531	11946	22283	27794	28240	24824	25734	26548	23464
	阿克苏市	561822	535657	715319	245602	284872	470601	295811	273975	372806	266011	261682	342513
	库车市	388593	462588	530328	73750	184835	262771	201066	240245	273240	187527	222343	257088
	温宿县	219219	233933	266002	31734	61036	83110	115111	121934	137563	104108	111999	128439
	沙雅县	202992	257502	278516	32493	66032	92275	105620	134552	147581	97372	122950	130935
	新和县	139806	172064	194473	14850	34846	78597	71548	88393	98462	68258	83671	96011
	拜城县	203665	229252	231113	30140	54401	67379	105351	118129	119326	98314	111123	111787
	乌什县	177410	197990	205571	17381	23166	40452	91203	102254	105383	86207	95736	100188
	阿瓦提县	209654	237562	242481	27748	49606	74301	108585	123417	124716	101069	114145	117765

续表

省份	地区	常住人口			城镇人口			男性人口数			女性人口数		
		2000 年	2010 年	2020 年	2000 年	2010 年	2020 年	2000 年	2010 年	2020 年	2000 年	2010 年	2020 年
新疆维吾尔自治区	柯坪县	38584	44261	50619	6021	6184	18739	20127	22709	25982	18457	21552	24637
	阿图什市	200345	240368	290936	41765	58427	105855	101867	121782	148218	98478	118586	142718
	阿克陶县	163024	199065	226005	12917	22867	58133	83922	101438	115749	79102	97627	110256
	阿合奇县	34317	38876	44369	8377	11910	14127	17638	19872	22831	16679	19004	21538
	乌恰县	42002	47261	60912	11011	11250	18203	21640	24568	33237	20362	22693	27675
	喀什市	340640	506640	782662	189266	310448	392730	172136	253082	391809	168504	253558	390853
	疏附县	345282	311960	263014	12352	18508	57912	177099	159435	131892	168183	152525	131122
	疏勒县	284853	312455	355544	22177	35788	68445	145252	157845	177674	139601	154610	177870
	英吉沙县	213338	262067	276641	22510	32280	67579	109205	134636	134331	104133	127431	142310
	泽普县	181721	206936	214543	46078	40755	54635	92193	104397	107071	89528	102539	107472
	莎车县	620329	762385	860800	88148	133835	283622	316912	387967	430157	303417	374418	430643
	叶城县	370229	454328	525436	61555	77552	139558	188577	229250	260709	181652	225078	264727
	麦盖提县	201810	258978	224154	26640	53823	69806	102731	130581	111046	99079	128397	113108
	岳普湖县	129441	147688	162675	13929	25584	44920	66139	74096	81076	63302	73592	81599
	伽师县	311733	381767	424821	23394	27614	142535	159307	192930	212960	152426	188837	211861
	巴楚县	375883	336274	366141	49495	47537	85146	198466	171883	184259	177417	164391	181882
	塔什库尔干塔吉克自治县	30454	37843	39946	5112	10515	11556	15657	19535	21321	14797	18308	18625

续表

省份	地区	常住人口			城镇人口			男性人口数			女性人口数		
		2000 年	2010 年	2020 年	2000 年	2010 年	2020 年	2000 年	2010 年	2020 年	2000 年	2010 年	2020 年
新疆维吾尔自治区	和田市	186127	322300	501028	101750	119804	293056	94034	163950	250126	92093	158350	250902
	和田县	261498	269941	342603	46254	3724	27257	134799	137086	179888	126699	132855	162715
	墨玉县	405634	500114	571648	15339	29823	109787	209070	256594	285255	196564	243520	286393
	皮山县	216024	258210	281573	31612	23392	47551	110663	130956	140215	105361	127254	141358
	洛浦县	235716	232916	286900	14676	16267	56209	121200	118966	144741	114516	113950	142159
	策勒县	132139	147050	157792	10462	17634	36083	67592	74801	80191	64547	72249	77601
	于田县	212061	249899	257038	15121	34167	75124	108769	128584	125655	103292	121315	131383
	民丰县	32111	33932	42649	7188	10794	14812	16666	17339	22328	15445	16593	20321
	伊宁市	357519	515082	778047	256588	368813	654726	179862	257515	383147	177657	257567	394900
	奎屯市	285299	166261	229122	109893	145456	224471	148740	83979	115947	136559	82282	113175
	霍尔果斯市	/	/	71466	/	/	44701	/	/	37671	/	/	33795
	伊宁县	385829	372590	365307	13850	32494	87543	198905	192268	188768	186924	180322	176539
	察布查尔锡伯自治县	161834	179744	157764	22592	43698	56616	83552	92866	81525	78282	86878	76239
	霍城县	333013	352689	243303	41073	89083	102885	171564	181327	124331	161449	171362	118972
	巩留县	153100	164860	175766	20102	32704	77106	78643	84944	89987	74457	79916	85779
	新源县	269842	282718	306525	53619	72358	164797	141164	147620	167076	128678	135098	139449
	昭苏县	145027	148187	146887	19548	38576	56151	73946	76774	75409	71081	71413	71478

续表

省份	地区	常住人口			城镇人口			男性人口数			女性人口数		
		2000 年	2010 年	2020 年	2000 年	2010 年	2020 年	2000 年	2010 年	2020 年	2000 年	2010 年	2020 年
新疆维吾尔自治区	特克斯县	133900	142718	148945	28428	39443	58507	68451	75088	76239	65449	67630	72706
	尼勒克县	142513	157743	155737	20137	34240	57885	73584	83859	80405	68929	73884	75332
	塔城市	149210	161037	158098	56472	75122	122447	76056	83693	80159	73154	77344	77939
	乌苏市	190359	298907	262906	73609	131661	156437	100288	157248	140293	90071	141659	122613
	额敏县	178309	187112	188642	41822	79051	119464	91780	99894	96057	86529	87218	92585
	沙湾县	188715	365196	301046	54601	136925	150317	99274	195043	155853	89441	170153	145193
	托里县	79882	93098	85451	26488	39926	39732	40692	47935	43495	39190	45163	41956
	裕民县	48147	51919	50819	11462	18669	24121	25009	27697	26124	23138	24222	24695
	和布克赛尔蒙古自治县	57775	62100	61785	16683	34228	42608	30076	32806	32157	27699	29294	29628
	阿勒泰市	178510	190064	221454	88591	112711	147301	91207	96984	113571	87303	93080	107883
	布尔津县	61633	66758	72894	15927	19446	34278	31446	34461	37992	30187	32297	34902
	富蕴县	80986	87886	99748	22290	20454	44673	41407	45787	51734	39579	42099	48014
	福海县	77830	81845	75537	14599	29492	30941	40936	44025	41631	36894	37820	33906
	哈巴河县	73403	82507	82524	14184	19580	31864	37518	43559	42846	35885	38948	39678
	青河县	53843	58858	61680	10145	13919	28644	27454	30670	31777	26389	28188	29903
	吉木乃县	35462	35365	34336	11234	13616	20605	18313	18230	17307	17149	17135	17029
	石河子市	590115	380130	498587	298885	313768	461663	305253	193713	258996	284862	186417	239591

续表

省份	地区	常住人口			城镇人口			男性人口数			女性人口数		
		2000 年	2010 年	2020 年	2000 年	2010 年	2020 年	2000 年	2010 年	2020 年	2000 年	2010 年	2020 年
新疆维吾尔自治区	阿拉尔市	/	158593	328241	/	65175	239647	/	85730	181110	/	72863	147131
	图木舒克市	/	135727	263245	/	34808	128056	/	73184	143892	/	62543	119353
	五家渠市	/	96436	141065	/	75088	118893	/	52091	73012	/	44345	68053
	北屯市	/	/	20414	/	/	13874	/	/	11019	/	/	9395
	铁门关市	/	/	104746	/	/	77969	/	/	60281	/	/	44465
	双河市	/	/	54731	/	/	43263	/	/	28661	/	/	26070
	可克达拉市	/	/	69524	/	/	39257	/	/	35875	/	/	33649
	昆玉市	/	/	63487	/	/	32591	/	/	35283	/	/	28204
	胡杨河市	/	/	29891	/	/	24769	/	/	17160	/	/	12731